裁判精要与规则适用丛书

担保责任纠纷裁判精要与规则适用

人民法院出版社
《法律家》实践教学编委会 编

DANBAO ZEREN JIUFEN
CAIPAN JINGYAO YU GUIZE SHIYONG

人民法院出版社

图书在版编目（CIP）数据

担保责任纠纷裁判精要与规则适用 / 人民法院出版社,《法律家》实践教学编委会编. --北京：人民法院出版社，2021.6
（裁判精要与规则适用丛书）
ISBN 978-7-5109-3210-6

Ⅰ.①担… Ⅱ.①人… ②法… Ⅲ.①担保－经济纠纷－案例－中国 Ⅳ.①D923.25

中国版本图书馆CIP数据核字（2021）第124348号

担保责任纠纷裁判精要与规则适用
人民法院出版社、《法律家》实践教学编委会　编

策划编辑　李安尼　　**责任编辑**　刘晓宁
封面设计　天平文创视觉设计 / 尹苗苗
出版发行　人民法院出版社
地　　址　北京市东城区东交民巷27号（100745）
电　　话　（010）67550572（责任编辑）　67550558（发行部查询）
65223677（读者服务部）
客 服 QQ　2092078039
网　　址　http：//www.courtbook.com.cn
E- mail　courtpress@sohu.com
印　　刷　三河市国英印务有限公司
经　　销　新华书店

开　　本　787毫米×1092毫米　1/16
字　　数　420千字
印　　张　27.5
版　　次　2021年6月第1版　2021年6月第1次印刷
书　　号　ISBN 978-7-5109-3210-6
定　　价　89.00元

《担保责任纠纷裁判精要与规则适用》
编辑委员会

主　编：张　春

副主编：刘泽羽　姜　琨　聂国丰　马腾溪　张东齐

李丽娟　白　雪

编　委：（按姓氏笔画排序）

王旭辉　王育民　王梓伊　刘　杨　杜德斌　李圣楠

李　畅　李　娜　吴晓朦　陈亚倩　陈诗萱　郑文超

姜　丽　秦　利　郭庆香　郭英杰　郭晓萍　曹营珠

梁红玉　梁梦晨　程　芳　廉丽昕

前　言

最高人民法院一向重视案例在司法审判中的作用，二十世纪五六十年代开始，就有通过编选案例来总结审判工作经验、指导审判工作的习惯。自1985年起，最高人民法院编辑的《最高人民法院公报》定期公开出版发行，并在《最高人民法院公报》中发布典型案例，登载该案例的裁判摘要或裁判要点。2010年最高人民法院发布《关于案例指导工作的规定》，建立了在司法审判中“类案参照适用”的规则与制度。同时，最高人民法院规定了作为“类案”标准的“指导性案例”的来源、甄选、审查、发布的规则。到目前为止，最高人民法院已经发布一定数量的指导性案例。这些案例对统一法律适用、提高审判质量、维护司法公正起到了相当大的作用。

与此同时应当看到，最高人民法院对推出指导性案例较为慎重，司法实践中对指导性案例的需求量又很大，现有指导性案例尚不能完全满足司法实践中对指导性案例的需求。因此，就需要有其他具有一定权威性和规范性的典型案例在司法审判工作中类比参考适用。

2020年5月28日，第十三届全国人民代表大会第三次会议审议通过了《中华人民共和国民法典》，标志着我国正式进入民法的法典化时代。为帮助广大读者更好地理解适用《民法典》，满足司法实践中对具有指导性作用案例的需求，人民法院出版社与《法律家》实践教学编委会对《民法典》开展深入研究，继续组织编撰《裁判精要与规则适用》丛书。本丛书从最近几年《最高人民法院公报》中发布的案例和最高人民法院各审判庭选择公布的案例中精选部分对我国司法审判工作有一定指导与示范作用的典型案例，根据《民法典》条文的最新规定，提炼出体现认定事实和适用法律裁量标准范式的“裁判要旨”，在法理上深入论述，并着重指出比照适用的要点。

本丛书为开放式丛书，本次编纂拟推出6册，分别为：《担保责任纠纷裁判精要与规则适用》《物权纠纷裁判精要与规则适用》《劳动争议裁判精要与规则适用》《房地产纠纷裁判精要与规则适用》《保险责任纠纷裁判精要与规则适用》《知识产权纠纷裁判精要与规则适用》。每一分册在体例上均包含案例来源、基本案情、判决主文、裁判要旨、重点提示五部分。

本丛书具有以下显著特色：

1. 权威准确。本丛书由专家、学者编选、审定，通过对每个案例核心内容的深入阐述、分析和解读，形成对认定事实和适用法律的一般性规则，具有较高的权威性和准确性。

2. 实用方便。本丛书对选取案例进行逐个梳理，通过对案例裁判要旨的提炼、法律修订前后的对比，编辑出契合司法审判中常遇问题的专家观点，使本丛书更具实用性，方便易用。

3. 内容丰富。本丛书选取的案例均是各级人民法院民事审判实践中涉及最多的案例。本丛书依托案例大数据资源，对民事审判实践中较常见的争议点进行归纳总结，准确抓住案件认定事实和适用法律的关键点，对民事审判实践中适用本案例时要注意的问题，作了重点提示。

4. 传统纸媒与数字内容深度融合。鉴于本丛书涉及的案例和裁判文书原文内容庞大，悉数收录全文将增大图书内容篇幅、不便于阅读，遂本丛书纸质部分仅提供了案例来源、基本案情、判决主文、裁判要旨、重点提示五部分内容。读者可扫描相应位置的二维码，进入“法律家”数据平台查看裁判文书原文。

最后，要着重强调，正是由于本书所选取的案例中裁判法官们具有深厚的学术造诣、严谨的执法态度以及在司法实践中积极探索的精神，才使本丛书中的案例成为司法实践中具有指导性作用的案例，成为中国法学理论界、法律实务界和社会各界学习、研究、适用法律的范本，在此特别表示感谢。

人民法院出版社
《法律家》实践教学编委会
二〇二一年六月十八日

目 录

第一章 担保物权概论（7例）

第二章 保证担保（48 例）

第四章 质押担保（14 例）

第五章 留置担保（2例）

第六章 定金担保（5例）

第七章 非典型担保（6例）

第一章　担保物权概论（7 例）

一、担保物权的设立（4 例）

1. 公司法定代表人越权对外担保的效力认定

案例来源

×× 银行股份有限公司大连 ×× 支行诉大连 ×× 集团有限公司、大连 ××× 涂料股份有限公司借款合同纠纷案

发布单位：《最高人民法院公报》2015 年第 2 期（总第 220 期）

审判法院：最高人民法院

判决日期：2014 年 4 月 22 日

案　　号：（2012）民提字第 156 号

基本案情

集团公司（大连 ×× 集团有限公司）系涂料公司（大连 ××× 涂料股份有限公司）的股东和实际控制人，除此之外，涂料公司还有创投公司（天津 ××× 创业投资管理有限公司）、实业公司（×× 实业有限公司）、科创公司（×× 科技创业投资有限责任公司）、绿色产业公司（×× 绿色产业有限公司）、风投公司（×× 科技风险投资基金有限公司）、王 ××、张 ××7 个股东。

2006 年 4 月，大连支行（×× 银行股份有限公司大连 ×× 支行）与集团公司签订借款合同，约定借款金额为 1496.5 万元，借款期限为 2 个月，用于借新还旧。涂料公司法定代表人周 ×× 为该借款与大连支行签订《不可撤销担保书》，同意为该债务承担连带担保责任，并以其名下的国有土地使用权和房产为抵押物签订《抵押合同》并办理相应的抵押登记手续。

其中，涂料公司提供给大连支行的《股东会担保决议》上，创投公司、实业公司盖章均系伪造，加盖的“×× 科技创业投资责任公司”公章与科创公司名称存在差异、风投公司加盖的公章无数码，与该公司章程修正案中加盖的带有数码的公章不同。王 ×× 与绿色产业公司未在该决议上签字盖章。该决议的事项未经过涂料公司股东会同意，涂料公司亦未就此事召开过股东大会。

同年 6 月，大连支行按照合同约定将 1496.5 万元贷款转入集团公司账户内。贷款到期后，集团公司未能偿还借款本息，涂料公司也未履行担保义务。

2008 年 6 月，大连支行以借款到期后，集团公司未如期还款，涂料公司亦未履行担保责任为由，提起诉讼，请求判令集团公司偿还贷款本金 1496.5 万元及至给付之日的利息（包括逾期利息），涂料公司对上述债务承担连带责任。

判决主文

一审法院认定：原告大连支行与被告集团公司签订的借款合同合法有效，被告集团公司逾期未清偿债务，应承担偿还贷款本金及利息的义务。被告涂料公司出具的关于担保的公司决议违反《公司法》第 16 条的规定，应为无效，其法定代表人周 ×× 无权签订抵押合同及担保函。原告大连支行对《股东会担保决议》中伪造公司印章等明显瑕疵未尽审查义务，且被告集团公司作为被告涂料公司的控股股东，不应参与本决议的表决，却在决议中盖章，原告大连支行亦未尽到审查义务，应认定其知道或应该知道。因此，本案中抵押合同及《不可撤销担保书》应认定为无效。根据双方的过错程度，被告涂料公司应对被告集团公司不能清偿部分的债务承担 1/2 的赔偿责任。

一审法院判决：被告集团公司偿还原告大连支行借款本金 1496.5 万元及利息；在被告集团公司不能清偿上述款项时，由被告涂料公司对不能清偿部分的 1/2 承担赔偿责任；驳回原告大连支行的其他诉讼请求。

原告大连支行不服一审法院判决，提起上诉称：首先，被上诉人涂料公司出具的《不可撤销担保书》及《抵押合同》有该公司印章及其法定代表人签字，并已依法进行了抵押登记，本公司享有合法抵押权。其次，本公司对《股东会担保决议》无审查义务且无审查能力，被上诉人涂料公司未在法定期间内行使撤销权，故该决议应为有效。同时，该决议加盖公司公章并有法定代表人签字，形式完整，本公司已尽到必要的审查义务，无过错，伪造公章的相应责任不应由本公司其承担。综上所述，请求依法改判被上诉人涂料公司为原审被告集团公司借款承担连带担保责任或发回重审。

被上诉人涂料公司辩称：本公司的担保因未经股东会同意，应属无效；原审被告集团公司作为本公司股东，在担保决议上盖章，违背了表决回避制度。在决议上加盖的印章或是伪造或是存在瑕疵，且公司股东不同意担保，故股东会系不存在；上诉人大连支行审查不严，具有过错，应对担保无效承担责任。因此，请求驳回上诉，维持原判。

原审被告集团公司同意被上诉人涂料公司的答辩意见，请求依法判决。

二审法院判决：驳回上诉，维持原判。

上诉人大连支行不服二审法院判决，申请再审称：首先，涉抵押物已办理抵押登记手续，且本行发放贷款无过错，依据善意取得制度本行应取得抵押权，二审法院适用法律错误。其次，本行作为金融机构，不具备工商、律所等专业机构的审查能力，且法律并未规定相应审查义务，故应认定本行的审查义务仅限于形式审查而非实质审查。最后，本行在审查过程中不存在过错，被申请人涂料公司应承担连带担保责任。综上所述，请求依法改判。

被申请人涂料公司辩称：善意取得制度不适用本案，申请人大连支行未尽合理审慎注意义务；因股东会议决议系伪造且担保未经股东会同意，故《抵押合同》《不可撤销担保书》无效，申请人大连支行对无效结果存在过错，本公司只应承担相应比例的赔偿责任。因此，请求驳回申请人大连支行的再审请求。

再审法院判决：撤销二审法院判决及一审法院判决第二项、第三项；维持一审法院判决第一项；被申请人涂料公司对原审被告集团公司上述债务承担连带担保责任。

裁判要旨

公司为其股东或者实际控制人提供担保的，必须经股东会或者股东大会决议的规定，是关于公司内部控制管理的决定，属于管理性规范，不应以此作为评价合同效力的依据。担保人抗辩认为其法定代表人订立抵押合同的行为超越代表权，债权人以其对相关股东会决议履行了形式审查义务，主张担保人的法定代表人构成表见代表的，人民法院应予支持。

重点提示

司法实践中，认定公司法定代表人未经股东会或股东大会决议擅自对外提供担保的法律效力时，应当注意以下几点：（1）《公司法》的规定及性质。对公司为公司股东或实际控制人提供担保的，《公司法》第16条明确规定应当经过股东会或者股东大会的决议，但该条款能否约束交易相对人，则要判断其法律性质是对公司内部进行约束的管理性规范，还是直接影响行为效力的强制性规范。我国《公司法》的立法目的在于规范公司的组织和行为，保护公司、股东和债权人的合法权益，其实质是对公司内部组织机构和成员进行管理和控制，而不能约束公司以外的交易相对人。因此，应当认定《公司法》中的有关规定为管理性规范，并不必然直接影响担保合同的法律效力。（2）认定法定代表人的行为是否构成表见代表。所谓表见代表，是指法人或者其他组织的法定代表人或负责人超越代表权限实施民事法律行为的，善意相对人基于一定客观事实有正当理由相信其没有超越代表权限的，其代表行为有效的制度。构成表见代表应具备以下要件：首先，该民事行为应当是以法人或者其他组织的名义实施的；其次，法定代表人实施的民事法律行为超越了其代表权限；最后，善意相对人有合理理由相信法定代表人或负责人没有超越代表权限。在认定公司法定代表人的担保行为构成表见代表时，应认定担保合同对公司发生效力。（3）判断债权人是否属于善意相对人。最高人民法院《关于适用〈中华人民共和国民法典〉有关担保制度的解释》第7条规定：公司的法定代表人违反《公司法》关于公司对外担保决议程序的规定，超越权限代表公司与相对人订立担保合同，相对人善意的，担保合同对公司发生效力。其中，善意是指相对人在订立担保合同时不知道且不应当知道法定代表人超越权限，相对人有证据证明已对公司决议进行了合理审查，人民法院应认定其构成善意。据此可知，债权人对公司法定代表人提供的同意担保的股东会担保决议是否尽到了审查义务，决定了其是否属于善意相对人，进而决定了担保行为是否对公司发生效力。但应当注意的是，该审查义务应仅限于形式审查，即审查担保人提供的同意担保的股东会决议是否具有符合法律规定的签名、印鉴等，至于签名、印鉴的真伪需要通过专业机构进行鉴定方可识别，要求债权人对此进行审查属于过于苛求债权人，不利于维护交易安全及交易效率。综上，在债权人对公司法定代表人提供的同意担保的股东会决议完成形式审查之后，即可认定债权人尽到了审查义务，属于善意相对人，该担保合同对公司发生效力。

2. 债务人与担保人之间的特殊约定对担保合同效力的影响

案例来源

×××国际贸易公司诉北京×××科技发展有限公司、北京××房地产开发有限公司进出口代理合同纠纷案

发布单位：最高人民法院民事审判第二庭《最高人民法院商事审判指导案例》（合同与借贷担保：2012）

审判法院：最高人民法院

判决日期：2012 年 11 月 30 日

案　　号：（2012）民提字第 64 号

基本案情

2008 年 6 月，科技公司（北京×××科技发展有限公司）与贸易公司（×××国际贸易公司）签订《委托代理进口协议书》，约定了代理范围、科技公司委托贸易公司代理进口商品、交货方式、费用及结算、双方权利与义务等内容，同时约定科技公司将房地产公司（北京××房地产开发有限公司）拥有的部分房地产抵押给贸易公司，作为其履行协议项下义务的担保。

之后，科技公司、贸易公司与房地产公司签署《抵押担保协议书》，约定房地产公司以部分房地产作为抵押物，贸易公司将按照抵押物评估值的70%计算代理开证额度，在任一时间，贸易公司代理科技公司开证的总额度（减去已归还款项）均不超过抵押物抵押总值的70%。随后，三方签订《抵押担保合同》，合同载明：为确保贸易公司、科技公司签订的《委托代理进口协议书》的履行，房地产公司以其有权处分的财产作抵押为科技公司提供担保。同时约定了担保范围、担保方式、抵押登记、抵押解除、抵押财产的处分、担保人声明及保证等内容。上述合同签订后，贸易公司与房地产公司共同前往有关部门办理了抵押登记手续。之后，贸易公司取得了《房屋他项权证》和《土地他项权利证明书》。

次月，贸易公司与鸿贸国际公司签订七份精炼食用棕榈油销售合同，科技公司分三次向贸易公司支付了七份《销售合同》项下的开证保证金，贸易公司先后开出七份期限为90天的远期信用证。《销售合同》项下的货物实际到货数量为20 602.07吨，总价值22 112 755.4美元。为此，贸易公司受科技公司委托，分别向三家公司出具委托书，记载了棕榈油的到货时间，并称科技公司为货物所有人，委托科技公司与上述公司签订中转协议。随后，贸易公司将七份《销售合同》项下的相关单据一并寄送至三家公司。同年10月，科技公司向贸易公司致函，表示由于棕榈油市场下跌，资金回笼慢，申请将到期合同给予90日延期，在此期间尽快归还相应款项。信用证到期前，贸易公司向科技公司催要款项，科技公司未足额支付，七份信用证均由贸易公司对外付款，折合人民币1.5亿余元。科技公司除支付货款50万元外，其余款项均未支付，欠付的款项包括货款、银行开证费、承兑费以及代理费。

另查明，房地产公司提交了其与科技公司于2008年6月签订的《借款合同》，载明科技公司为贷款方、房地产公司为借款方，双方依据《抵押担保合同》签订内容，约定房地产公司向科技公司借款金额与期限，同时在《借款合同》中为保证房地产公司能归还本项借款，科技公司应同意并按房地产公司确定的时间办理抵押权人同意房地产公司在《抵押担保合同》中的用于抵押物进行销售的证明文件，如房地产公司还清借款，到期贸易公司未解除房地产抵押，则科技公司承担全部连带担保责任。

2009 年 1 月，房地产公司致函贸易公司称：因科技公司严重违约，决定解除双方的《借款合同》及其与贸易公司、科技公司签订的《抵押担保合同》，并解除抵押手续。贸易公司表示对房地产公司与科技公司之间存在借款关系不知情，科技公司亦表示未告知贸易公司其与房地产公司的借款关系，同时表示其已向房地产公司付款，房地产公司对此表示否认。

之后，贸易公司以科技公司违约，房地产公司应承担连带责任为由，提起诉讼，请求依法判令科技公司支付货款、代理费和银行手续费分别为 136 268 562.38 元、1 818 288.75 元和 383 277 元，并赔偿从应付款之日起到实际支付日止按中国人民银行规定的同期贷款利率计算的利息损失，支付违约金人民币 43 156 296.73 元，以上总金额为人民币 185 946 233.15 元，房地产公司以抵押财产对上述债务承担连带清偿责任。

判决主文

一审法院认定：《委托代理进口协议书》系当事人真实意思表示，且未违反法律法规的强制性规定，合法有效，且无证据表明《抵押担保合同》存在欺诈、胁迫等手段，应认定为有效。原告贸易公司在《委托代理进口协议书》签订后，履行了相应的合同义务，但被告科技公司未依约支付相应款项，应依约偿还原告贸易公司垫付的费用及利息和违约金。根据《抵押担保合同》的约定，被告科技公司违约的，原告贸易公司有权向被告房地产公司主张权利。同时，委托代理协议中原告贸易公司与被告科技公司约定了留置条款，在被告科技公司不能按时履约时，原告贸易公司可自行处置货物，亦可行使担保权利。被告科技公司未依约支付相应费用的行为构成根本违约，原告贸易公司有权选择行使留置权或抵押权。被告房地产公司主张原告贸易公司与被告科技公司恶意串通无事实依据，应以其抵押财产对被告科技公司的相关债务承担担保责任。

一审法院判决：被告科技公司支付原告贸易公司货款人民币 135 768 562.38

元、代理费 1 818 288.75 元、银行手续费 383 277 元；被告科技公司支付原告贸易公司货款、代理费、银行手续费，自实际垫付之日起至款项付清之日止按照中国人民银行同期企业活期存款利率计算的利息；被告科技公司支付原告贸易公司违约金 41 841 426.04 元；被告科技公司支付原告贸易公司银行保函费、翻译费共计人民币 596 292 元；原告贸易公司对其与被告房地产公司签订的《抵押担保合同》中所涉抵押房产在抵押担保范围内享有优先受偿权；驳回原告贸易公司的其他诉讼请求。

原告贸易公司不服一审法院判决，提起上诉称：一审法院判决本公司因借款偿付信用证下的款项按活期存款利率计算利息不当，应按定期存款利率计算，请求依法改判。

被告房地产公司不服一审法院判决，提起上诉称：首先，被上诉人科技公司已涉嫌刑事犯罪，本案应中止审理，等待刑事案件处理结果。其次，本公司提供的担保是附条件担保，在条件未成就时不承担担保责任。再次，上诉人贸易公司放弃行使留置权，本公司的担保责任应予免除。最后，一审法院在未查清货物去向的情况下判决本公司承担担保责任属认定事实不清，且判决的违约金过高。综上，请求驳回上诉人贸易公司的诉讼请求，免除本公司的担保责任。

被上诉人科技公司辩称：请求驳回上诉人贸易公司关于利息的上诉请求；本公司并不存在犯罪行为，上诉人房地产公司主张担保的前提为借款的事实，以及货物的去向均与本案无关。

二审法院判决：维持一审判决第四项、第五项、第六项；撤销一审判决第一项、第二项、第三项；被上诉人科技公司向上诉人贸易公司支付货款人民币 135 768 562.38 元、银行手续费人民币 383 277 元，共计人民币 136 151 839.38 元；被上诉人科技公司向上诉人贸易公司支付上述款项，自实际垫付之日起至款项付清之日止按照中国人民银行同期企业活期存款利率计算的利息；被上诉人科技公司向上诉人贸易公司支付代理费人民币 1 818 288.75 元；被上诉人科技公司向上诉人贸易公司支付违约金 40 730 568.7 元。

被上诉人科技公司不服二审法院判决，申请再审称：本公司与被申请人贸易公司签订合同后，因经济危机影响导致无法履约，本公司与申请人房地产公司也是经济危机的受害者，故应当合理调整本公司应承担的违约金数额。因此，请求撤销二审法院判决第六项，依法改判，并在被申请人贸易公司损失的30% 限额内计算本公司应支付的违约金数额。

上诉人房地产公司不服二审法院判决，申请再审称：首先，本公司提供的担保是以申请人科技公司承诺向本公司借款为附生效条件，该条件未成就，亦无证据表明被申请人贸易公司对此不知情，且《抵押担保合同》中存在违法条款，应认定该合同无效。其次，原审判决认定本公司承担担保责任的依据为《委托代理进口协议》而非《抵押担保合同》，于法无据，《抵押担保合同》中存在无效条款，原审判决对此予以回避存在错误。再次，被申请人贸易公司在明知申请人科技公司存在违约的情况下，未采取措施防止损失扩大，反而要求本公司承担扩大损失违反法律规定。最后，申请人科技公司未完全执行《委托代理进口协议书》的相关内容，其与被申请人贸易公司未经本公司同意修改合同内容，应免除本公司的担保责任。

被申请人贸易公司辩称：申请人房地产公司的再审申请缺乏事实与法律依据，应予驳回。

再审法院判决：维持二审法院判决。

裁判要旨

在担保法律关系中，担保人与债务人就担保合同的生效条件单独作出特殊约定，债权人未参与其中的，该约定与债权债务关系及担保关系均非同一法律关系，不符合附生效条件合同的要件，且债务人与担保人之间的约定对债权人不具有约束力，故该约定不能对抗债权人，对担保合同的效力也不产生影响。

重点提示

附条件合同是指当事人在合同中特别规定一定的条件，以条件是否成就来决定合同效力的发生或消灭的合同。司法实践中，在担保人与债务人约定了担保合同生效条件的情形下，认定担保人可否以条件未成就抗辩债权人，主张担保合同未生效的问题时，应当注意以下两点：（1）附生效条件合同的成立要件。附条件合同的成立，其所附的条件应当满足一定的要求：首先，合同所附的条件应当是由双方当事人约定的，并且作为合同的一个条款列入合同，由于法定条件由法律规定，具有普遍约束力，故不得以法定条件作为附条件合同的所附条件。其次，条件应当是将来可能发生的事实，过去、现存的事实、将来必定发生或必然不可能发生的事实均不能作为合同所附条件。再次，所附条件并非合同内容的一部分，而是合同当事人用来限制合同法律效力的附属意思表示。最后，所附条件应当是合法的事实，违法事实不得作为合同所附条件。

（2）担保人与债务人之间的特殊约定对担保合同效力的影响。在担保合同中，判断担保人与债务人之间的约定是否为担保合同的附生效条件的关键在于，判断双方之间的约定与主债权债务关系是否为同一法律关系。所谓同一法律关系，是指基于同一法律事实而产生的法律关系。担保人与债务人之间就担保合同的生效条件单独做出特殊约定，债权人未参与其中的，该约定与债权人和债务人之间的主债权债务关系，以及担保关系均非同一法律关系，不应认定其构成担保合同的附生效条件。同时，基于合同的相对性原则，合同只能对合同当事人产生约束力，债权人并非担保人与债务人所约定的合同当事人，担保人与债务人之间的约定对债权人不具有法律约束力。因此，担保人以担保合同所附条件未成就为由抗辩债权人，主张担保合同未生效的，人民法院应不予支持。

3. 主合同无效致担保合同无效时担保人赔偿责任的认定

案例来源

成都××房地产开发有限公司诉中国××股份有限公司××省分行等抵押合同纠纷案

发布单位：国家法官学院《中国法院2012年度案例：借款担保纠纷》

审判法院：四川省高级人民法院

判决日期：2010年10月17日

案　　号：（2010）川民终字第177号

基本案情

1996年6月，装饰公司（四川××装饰有限公司）法定代表人魏×与房地产公司（成都××房地产开发有限公司）约定：以装饰公司名义贷款，以房地产公司房产抵押，采取在银行开远期信用证的方式到美国购买装饰材料运至香港卖出，将款转回来的方式获取款项。2日后，省分行（中国××股份有限公司××省分行）与装饰公司签订《借款合同》、与房地产公司签订《抵押合同》并办理抵押登记。其后，装饰公司以伪造的单据骗取省分行对银行承兑汇票进行承兑，随后在进口代理商向省分行批注“单证不符，缺少邮政收据，请拒付”的情况下，房地产公司、装饰公司共同向省分行出具了同意承兑的函件。次年4月，省分行对外付款210万美元，魏×将该承兑汇票直接贴现并汇回装饰公司。因装饰公司一直未归还贷款，省分行向法院提起诉讼，要求装饰公司归还贷款及利息，房地产公司承担连带责任。一审判决作出后，房地产公司提出上诉。二审法院以魏×的行为涉嫌犯罪为由将该案移送省公安厅立案查处。2005年，魏×以信用证诈骗罪被判有期徒刑十五年。

2000年，省分行将其对装饰公司的本案借款债权转让给资产公司（中国××资产管理公司成都办事处），后资产公司又将该债权转让给管理公司（四川省××资产管理有限公司）。省分行、资产公司、管理公司均未从魏×处追回被骗款项。

2009年，房地产公司以装饰公司与省分行签订的《借款合同》系实现和掩盖犯罪目的的无效合同，导致其与省分行签订的《抵押合同》无效为由，提起诉讼，请求确认《抵押合同》及抵押登记无效；管理公司、省分行、资产公司撤销抵押登记并承担违法抵押给其造成的损失800万元。

省分行及资产公司辩称：其不是适格被告，且本案已经他案法院审理并判决，房地产公司再次起诉违反一事不再理原则。

管理公司以房地产公司与装饰公司有贷款欺诈的共谋，共同实施的贷款欺诈行为构成共同侵权，且房地产公司主观上有恶意，不适用主合同无效、从合同无效的规定为由，提起反诉，请求判令房地产公司对贷款本金及利息承担赔偿责任。

房地产公司辩称：本公司不构成与装饰公司的共同诈骗，对《借款合同》无效没有过错，不应承担责任。

判决主文

一审法院判决：被告省分行与原告房地产公司签订的《抵押合同》无效；原告房地产公司赔偿被告管理公司 210 万美元及利息。

原告房地产公司不服一审法院判决，以一审起诉意见提起上诉。

二审法院判决：确认被上诉人省分行与上诉人房地产公司签订的《抵押合同》无效；上诉人房地产公司赔偿被上诉人管理公司 63 万美元及相应利息。

裁判要旨

在因担保合同无效而给债权人造成损失的情形下，应当以过错责任原则认定担保人的责任承担问题。在主合同无效导致担保合同无效的情形下，担保人无过错时不应承担赔偿责任，担保人有过错的，其承担的赔偿责任不应超过债务人不能清偿部分 1/3。

重点提示

所谓担保合同，就是指为促使债务人履行其债务，保障债权人的债权得以实现，而在债权人和债务人之间，或在债权人、债务人和担保人之间协商形成的，当债务人不履行或无法履行债务时，以一定方式保证债权人债权得以实现的协议。司法实践中，认定担保合同的效力以及其无效的法律后果等问题时，应当注意以下几点：（1）担保合同无效的情形。实务中导致担保合同无效的原因主要有：①主体违法，即签订担保合同的当事人为无行为能力人或限制行为能力人，或者担保人资格不合法，如学校、幼儿园、医院等以公益事业为目的的事业单位，国家机关，企业法人的分支机构等；②客体违法，具体包括以赃物及遗失物等法律禁止流通或者不可转让的财产设定担保的；③目的违法，如以转移资产、逃避债务为目的，或以侵占、侵吞国家、集体或者他人财产等非法目的设定的担保；④以欺诈等手段签订担保合同，骗取债权人财产，以谋取非法利益的担保合同无效；⑤违反《民法典》有关担保规定的担保合同无效。此外，主合同无效时，担保合同作为从合同亦无效。（2）担保合同无效的归责原则。《民法典》第 157 条规定：民事法律行为无效、被撤销或者确定不发生效力后，行为人因该行为取得的财产，应当予以返还；不能返还或者没有必要返还的，应当折价补偿。有过错的一方应当赔偿对方由此所受到的损失；各方都有过错的，应当各自承担相应的责任。法律另有规定的，依照其规定。由此可知，因担保合同无效造成损失的赔偿原则应为“过错责任原则”，所谓过错责任原则，是指以行为人主观过错为承担民事责任基本条件的认定责任的准则，即行为人仅在有过错的情况下才承担民事责任，无过错则不担责。（3）担保合同无效时担保人的法律责任。根据最高人民法院《关于适用〈中华人民共和国民法典〉有关担保制度的解释》第 17 条的规定可知，认定担保合同无效的法律后果，应当首先判断主合同的效力：①在主合同有效而担保合同无效时，若债权人无过错而担保人有过错的，担保人对债务人不能清偿的部分承担赔偿责任；若债权人和担保人均有过错的，则担保人承担的赔偿责任不应超过债务人不能清偿部分的 1/2；若担保人无过错，则不承担赔偿责任。②在主合同无效导致担保合同无效时，担保人有过错的，其承担的赔偿责任不应超过债务人不能清偿部分的 1/3；担保人无过错的，则不承担赔偿责任。据此，无论何种情形，担保人对于担保合同无效不存在过错的，均不承担赔偿责任。

4. 法定代表人违反公司章程提供反担保的效力认定

案例来源

江苏 ××× 氨基酸肥料有限公司诉宜兴 ×× 油脂有限公司、南通 ×× 港储开发有限公司保证合同纠纷案

发布单位：国家法官学院《中国法院 2012 年度案例：借款担保纠纷》

审判法院：江苏省无锡市中级人民法院

判决日期：2010 年 7 月 16 日

案　　号：（2010）锡商终字第 0155 号

基本案情

2008 年 10 月，油脂公司（宜兴 ×× 油脂有限公司）与无锡分行（×× 银行股份有限公司无锡分行）签订借款合同，约定油脂公司向无锡分行借款 2000 万元，借款期限自 2008 年 10 月 28 日至 2009 年 10 月 23 日。同日，肥料公司（江苏 ××× 氨基酸肥料有限公司）作为保证人，与无锡分行签订保证合同，约定保证方式为连带责任保证；同时与开发公司（南通 ×× 港储开发有限公司）法定代表人朱 × 签订反担保保证合同，约定由开发公司为无锡分行与肥料公司签订的担保合同提供反担保保证，保证方式为连带责任保证，该合同加盖了开发公司的单位公章及朱 × 的私人印章。上述合同签订后，无锡分行按约将借款本金汇至油脂公司银行账户。之后，因油脂公司资金困难、涉及重大诉讼等因素，肥料公司为油脂公司提前归还了部分利息，并在无锡分行书面通知其履行担保责任后归还了其余借款本息。

另查明，肥料公司曾与宜兴支行（中国 ×× 银行股份有限公司宜兴市支行）签订最高额保证合同，同意为油脂公司向宜兴支行借款在最高额 4000 万元范围内提供担保，且肥料公司已根据宜兴支行的书面通知，为油脂公司支付该合同项下的借款利息 7 万余元。此外，开发公司提供的公司章程载明：法定代表人“只依照董事会的具体决定、决议和指示行事”“在任何财政年度里批准涉及总额超过 50 万美元或董事会不时确定的其他数额的任何担保协议，应有不少于 2 名董事投赞成票方可通过”。

2009 年 5 月，肥料公司以油脂公司资不抵债，不能清偿到期债务为由，申请对油脂公司进行破产还债。次月，法院裁定宣告油脂公司破产还债。

现肥料公司以其已履行保证责任，开发公司作为反担保人应当承担反担保责任为由提起诉讼，请求判令油脂公司、开发公司连带支付借款本金 2000 万元、利息损失 564 607.60 元，并判令油脂公司支付宜兴支行的利息损失 71 425.63 元。

油脂公司辩称：肥料公司已为本公司的借款向无锡分行提供了担保，本公司确实结欠肥料公司借款本金2000万元，将依法在破产财产中予以清偿。

开发公司辩称：朱 × 代表本公司签署反担保合同违反公司章程，反担保无效。

判决主文

一审法院判决：原告肥料公司对被告油脂公司享有的债权本金2000万元（偿还无锡分行）、利息160 425元（偿还无锡分行）、利息70 026.10元（偿还宜兴支行），由被告油脂公司以其破产财产依法予以清偿；被告开发公司对原告肥料公司偿还无锡分行的借款本金2000万元、利息160 425元承担连带保证责任。

被告开发公司不服一审法院判决，提起上诉称：首先，反担保合同上加盖的本公司公章与现存公章存在明显差异，并非本公司合法有效的公章。其次，本公司章程对法定代表人的权限有明确的限制，且已在工商部门登记公示，被上诉人肥料公司在具备查询条件的情况下怠于查询，亦未向本公司索要董事会文件，违反法律有关规定，主观上存在恶意，应对自身的疏忽和过错承担相应的法律后果。最后，反担保合同中约定了仲裁条款，一审法院对本案不具有管辖权。综上所述，请求撤销一审法院判决，改判本公司无须对原审被告油脂公司的债务承担责任。

原审被告油脂公司述称：对一审判决认定的事实无异议，一审判决正确，应予维持。

二审法院判决：驳回上诉，维持原判。

裁判要旨

公司章程仅为公司内部的管理性规范，而非强制性规定，其约束的对象仅为公司内部人员，且审查公司章程并非合同相对人的法定义务。因此，公司法定代表人违反公司章程规定对外签订的反担保合同并不必然无效，公司不得以担保人未尽审查义务抗辩其不承担反担保责任。

重点提示

关于公司的法定代表人违反公司章程规定对外担保决议程序的规定，超越权限代表公司与相对人订立担保合同的效力问题，最高人民法院《关于适用〈中华人民共和国民法典〉有关担保制度的解释》第7条已作出明确规定，但对于此情形下提供的反担保的效力，则未作出明确规定。司法实践中，认定公司法定代表人违反公司章程规定向担保人提供反担保的效力，应当注意以下两点：（1）导致反担保合同无效的原因。反担保是由债务人或第三人向担保人设定的担保，在担保人因清偿债务人的债务而遭受损失时，由债务人或第三人向担保人进行清偿。由此可知，反担保具有一定的从属性，即反担保依附于本担保的存在而存在，本担保是反担保存在的前提，若本担保不成立，则反担保也不成立。这是由于设定反担保的目的在于保障担保人对债务人追偿权的实现，若担保人未向债权人提供担保或担保合同未成立，则担保法律关系不存在，反担保也自然无效。（2）主合同无效会导致担保合同无效，进而导致反担保合同也无效。但应当注意的是，在上述两种情况下，若当事人之间在合同中约定了反担保合同的效力独立于担保合同，或担保合同的效力独立于主合同时，反担保合同并不必然无效。此外，根据最高人民法院《关于适用〈中华人民共和国民法典〉有关担保制度的解释》第19条的规定可知，当事人仅以担保合同无效为由主张反担保合同无效的，人民法院应不予支持。（3）公司法定代表人违反公司章程规定提供反担保的效力认定。《公司法》第16条规定："公司向其他企业投资或者为他人提供担保，依照公司章程的规定，由董事会或者股东会、股东大会决议；公司章程对投资或者担保的总额及单项投资或者担保的数额有限额规定的，不得超过规定的限额。公司为公司股东或者实际控制人提供担保的，必须经股东会或者股东大会决议。前款规定的股东或者受前款规定的实际控制人支配的股东，不得参加前款规定事项的表决。"上述规定是关于公司内部实施一定行为所应当遵循的程序性规范，属于公司内部的管理性规范，而非第三人必须遵守的强制性规定，其约束的对象也仅为公司内部机构及人员，合同相对人并不必须遵守，因此，不应以此作为判断公司对外订立合同效力的依据。另外，我国相关法律法规并未明确规定，合同相对人应当或必须对公司章程履行审查义务。综上所述，不得以公司法定代表人提供反担保的行为违反公司章程规定，或者合同相对人未对公司章程尽到审查义务为由而主张反担保合同无效。

二、担保物权的实现（3例）

1. 实现担保物权程序的适用及管辖

案例来源

江苏省 ×× 信用担保有限公司诉朱 ×× 建筑物和其他土地附着物抵押权纠纷案

发布单位：《人民法院报》2013年3月21日刊载

审判法院：江苏省南京市鼓楼区人民法院

判决日期：2013年3月15日

案　　号：（2013）鼓商特字第4号

基本案情

交行江苏分行与科技公司（南京 ×× 科技实业有限公司）于2011年11月22日签订了一份借款合同，约定由科技公司向交行江苏分行借款600万元，之后交行江苏分行与担保公司（江苏省 ×× 信用担保有限公司）签订了一份保证合同，约定由担保公司为上述借款承担连带保证责任。科技公司与担保公司签订一份委托担保合同，约定由担保公司为上述借款提供担保，科技公司则将多个第三人所有的四处房产设为抵押物，向担保公司提供反担保。借款合同签订后，交行江苏分行按约放贷。次年1月13日，担保公司与朱 ×× 签订一份抵押合同，约定由朱 ×× 为主合同中的 74 万元提供担保，并将上述四处房产中朱 ×× 所有的一处房产作为反担保抵押物，为该未设定其他在先抵押的房产办理了抵押登记。后因科技公司未按约还贷，担保公司为其代偿贷款本息 6 211 560 元。

担保公司以其未从朱 ×× 处索得代垫款项为由，提起诉讼，申请拍卖或变卖朱 ×× 所有房产，其优先受偿所得价款。

判决主文

一审法院裁定：准予拍卖、变卖被申请人朱 ×× 所有的房产，申请人担保公司对所得款项在 74 万元范围内优先受偿。

裁判要旨

实现不动产担保物权特别程序具有非讼性，管辖异议等诉讼案件中的程序规定不应适用。如抵押房产未设定在先抵押，担保的债权确定，担保物权实现条件成就的证明材料齐备，即可裁定对抵押财产进行拍卖或变卖。不符合法律规定的，则裁定驳回申请。

重点提示

实现担保物权程序案件是《民事诉讼法》第十五章规定的特别程序案件，司法实践中，该程序的适用及管辖问题始终是争议的焦点，在解决此类问题的过程中应当注意以下几点：（1）实现担保物权程序的适用前提。根据我国《民事诉讼法》第 196 条的规定："申请实现担保物权，由担保物权人以及其他有权请求实现担保物权的人依照物权法等法律，向担保财产所在地或者担保物权登记地基层人民法院提出。"可知，适用实现担保物权特别程序案件的前提是，申请实现担保物权的主体应当是担保物权人和其他有权请求实现担保物权的人。通常情况下，只有抵押权人可以申请实现抵押权，但在抵押权人进入破产程序等特殊情况下，破产管理人或清算组有权取代抵押权人的地位，成为申请实现抵押权的主体。而对于抵押担保类案件来讲，其适用实现担保物权特别程序还需要满足另一个前提条件，即抵押权人与抵押人之间仅对于抵押权实现的方式存在争议，如是对抵押权本身存在实体性争议，则双方应当通过诉讼程序解决争议。（2）实现担保物权程序的管辖。实现担保物权特别程序案件是典型的非讼案件，所谓非讼案件，是指无利害关系人双方讼争的案件。而管辖异议条款是针对一审诉讼案件所作出的规定，实现担保物权特别程序案件作为非讼案件不适用级别管辖和管辖异议等诉讼案件中的程序。故《民事诉讼法》明确规定了实现担保物权特别程序的管辖法院，是由担保财产所在地或者担保物权登记地基层人民法院管辖，可以有效避免管辖异议被滥用，造成司法资源的浪费。（3）实现担保物权案件申请的司法审查。《民事诉讼法》第197条规定："人民法院受理申请后，经审查，符合法律规定的，裁定拍卖、变卖担保财产，当事人依据该裁定可以向人民法院申请执行；不符合法律规定的，裁定驳回申请，当事人可以向人民法院提起诉讼。"因此，人民法院受理抵押权人实现担保物权的申请后，应当对该申请进行审查，如抵押权人提供的真实合法的材料可以证明其担保物权实现条件成就时，可以裁定对抵押财产进行拍卖或变卖，否则应当裁定驳回申请。虽然法律未对审查内容作出详细规定，但综合实务操作来看，该类案件的具体审查内容包括以下几个方面：第一，审查抵押房产是否设有在先抵押。抵押人可以就同一抵押物设定多个抵押权，且登记在先的抵押权优先于登记在后的抵押权，只有顺位在先的抵押权人实现抵押权后，剩余变价款可以用于偿还其他债务。故在实现担保物权案件中，抵押物上有在先的其他抵押，则应裁定驳回申请，要求当事人另行起诉。第二，审查抵押担保的债权是否确定。在被担保的债权既有物保又有人保，或多个抵押物为同一债务提供担保时，不同担保主体所应承担的保证份额及受偿次序均有可能存在不同，在债权不确定的情况下，则不宜通过实现担保物权特别程序处理。此外，人民法院还应对抵押权人提供的证明材料尽到一定的审查义务，以确保其真实性、合法性。

2. 实现担保物权程序的审查原则

案例来源

××银行股份有限公司××分行申请执行蓝×抵押合同纠纷案

发布单位：最高人民法院《人民司法·案例》2013年第14期（总第673期）

审判法院：广东省东莞市第一人民法院

案　　号：（2013）东一法民特字第12号

基本案情

××分行（××银行股份有限公司××分行）于2008年2月14日与蓝×签订了个人住房抵押贷款合同，约定由××分行向蓝×发放借款人民币188 000元，贷款期限为30年，双方还约定了年利息以及罚息。同时约定蓝×以其名下的涉案房屋（坐落于××市××区××路南侧×××园4号楼1906号）为上述贷款提供抵押担保，并办理抵押登记手续；若蓝×未能按约偿还本息，××分行有权依据合同单方宣布合同项下已发放贷款本金全部提前到期，并要求蓝×立即偿还到期本金并结算利息，且××分行有权处理抵押物。合同签订后，蓝×取得了上述贷款，但在合同履行过程中，未能按约分期偿还贷款。截至2013年4月8日，已有九期未按时偿还贷款本息。

××分行以蓝×逾期不偿还贷款，损害了其合法权益为由，向法院提起申请，请求法院裁定拍卖蓝×的抵押房屋，用于偿还蓝×的全部借款本金175 996.77元、利息7021.92元、复利237.35元、罚息58.21元，合计183 314.25元。

蓝×对××分行提交的证据以及其拖欠贷款数额、抵押房产等事实无异议，并确认其共有九期贷款本息未予偿还。

判决主文

一审法院裁定：拍卖、变卖被申请人蓝 × 名下的涉案房产。

裁判要旨

《民事诉讼法》确定了实现担保物权特别程序，因该特别程序属于非讼程序的范畴，应当适用非讼法理，故法院对案件的审查应以形式审查为原则，法官仅对申请人提供证据的合法性、完整性、有效性进行形式审查，并保障担保人、债务人的抗辩权。在审查过程中，当事人对有关担保物权的实体法律关系出现争议时，法院应裁定驳回申请，争议主体可以通过诉讼程序进行权利救济。

重点提示

实务中，通过诉讼程序实现担保物权的方式无法保证抵押权人能够快速实现抵押权，故我国《民事诉讼法》设立了实现担保物权的特别程序，在此类案件的审理过程中，应当注意以下几点：（1）人民法院应当以形式审查为原则。《民法典》第410条规定："抵押权人与抵押人未就抵押权实现方式达成协议的，抵押权人可以请求人民法院拍卖、变卖抵押财产。"由此可知，实现抵押权特别程序作为非讼程序案件，其适用范围仅包括当事人双方对抵押权的实现方式存在争议的案件，而不能就抵押权的效力等实体法律关系存在争议的案件适用。《民事诉讼法》设立实现担保物权特别程序的目的就在于简化诉讼程序，节约司法资源，提升司法效率，若要求人民法院在审判过程中进行实质审查则显然有悖于该立法目的。故人民法院在此类案件中应当坚持以形式审查为原则，即只对债权与抵押权形式上的合法性、债务履行期限是否届满等申请实现抵押权的成就条件进行形式审查，而不得依职权进行实质审查，即使当事人对实质内容存在争议，人民法院也不应当审查，而应裁定驳回起诉，要求当事人通过诉讼程序解决争议。（2）人民法院应当充分保障担保人、债务人的抗辩权。我国法律并未对人民法院的审查方式作出明文规定，但综合实务中的案件情况来看，人民法院可以采取公开听证的形式给予当事人陈述和申辩的机会，也可以通过书面审查、调查取证等方式审查申请人的请求。但无论采取何种方式进行审查，人民法院均应当确保债务人、担保人享有抗辩权，而不能仅以申请人单方面的材料判断其能否实现担保物权。（3）对于审查过程中出现的异议的处理及裁判。实现担保物权特别程序案件中，被申请人有权对申请人的申请提出异议，从而实现阻却拍卖、变卖抵押财产的目的，但只有实体方面的异议可以作为阻却拍卖的事由，该事由具体包括主债务的真实性及有效性、担保物权成立与否、担保范围及数额、是否存在其他在先优先权等内容。虽然被申请人有提出异议的权利，但为了避免被申请人滥用权利，人民法院应当对其异议进行审查，只有能够使法官产生合理怀疑的，才可以裁定驳回申请，并要求其通过诉讼渠道解决争议。人民法院在完成上述审查后，认为案件事实清楚，主债权与抵押权均合法有效且主债务履行期限届满未受偿的，应当裁定拍卖、变卖抵押财产，并由申请人就拍卖价款优先受偿。

3. 担保物权实现中如何确定债权数额

案例来源

××银行杭州分行诉浙江××××公司抵押权纠纷案

发布单位：《人民法院报》2013年7月4日刊载

审判法院：浙江省安吉县人民法院

判决日期：2013年1月9日

案　　号：（2013）湖安商特字第1号

基本案情

××分行（××银行杭州分行）与浙江公司（浙江××××公司）于2011年8月末订立《最高额抵押担保合同》，合同载明：浙江公司将其所有的土地使用权及厂房作为抵押，为7500万元以及利息、复利、罚息及相关费用提供担保。2011年9月中旬，双方办理了抵押登记。次日，××分行与浙江公司订立贷款合同，合同载明：浙江公司向××分行贷款6000万元，期限1年，利率以同档次基准利率上浮15%，利息按季结算。若浙江公司未依约还款，××分行可按照50%罚息利率加收利息，对不能按时支付的利息，依据罚息利率收取复息。合同签订后，××分行于当日向浙江公司发放了6000万元贷款。8日后，双方再次签订贷款合同，合同载明：浙江公司向××分行贷款1500万元，期限1年，利率以同档次基准利率上浮30%，利息按季结算。若浙江公司未依约还款，××分行可按照50%罚息利率加收利息，对不能按时支付的利息，依据罚息利率收取复息。当日，××分行向浙江公司发放了1500万元贷款。此后，浙江公司支付利息至同年12月20日，而后再未予支付。

××分行以浙江公司逾期不归还借款为由，提出申请，请求法院裁定通过拍卖、变卖浙江公司的土地使用权及厂房等方式实现其担保物权。

判决主文

一审法院裁定：对被申请人浙江公司所有担保房地产财产准予采取拍卖、变卖等方式依法变价，申请人××分行对变价后所得款项在其借款本金7500万元及利息、罚息、复利的范围内优先受偿。

裁判要旨

实现担保物权特别程序案件审理的前提就是必须确定债权数额，债权数额的确定应有程序保障。可通过公开听证方式，为双方当事人提供陈述与申辩的机会，审查实现担保物权债权，确保裁判公开、公平、公正。

重点提示

实现担保物权案件程序作为特别程序，规定在《民事诉讼法》第196条和第197条，其中第196条规定了实现担保物权申请人范围、管辖法院，第197条规定了法院受理后的处理方式。但是对具体的审理细节，如申请如何审查、被申请人的程序权利如何保障以及债权数额确定等问题并未明确规定，但只有解决这些问题才有利于解决实现担保物权纠纷。司法实践中，处理实现担保物权特别程序案件时，应注意以下几点：（1）实现担保物权案件程序的特点。由于实现担保物权案件属于非讼案件，遂特点主要包括三个方面：第一，实行一审终审制，即一般的实现担保物权案件都是由审判员一人独任审理，只有特别重大、疑难的案件是由审判员组成合议庭审理；第二，不适用普通程序和简易程序中的反诉、和解、调解等诉讼制度；第三，审理时限短，通常是在立案之日起30日内或者公告期满后30日内审结，如需要延长的，由法院院长批准。因此，如无特殊情况，申请实现担保物权案件的程序应在30日内审结。（2）适用实现担保物权程序，应当首先确定债权数额。实现担保物权特别程序案件作为法定的非讼程序案件，双方当事人存在的争议只是实现担保物权的形式。《民法典》第386条规定："担保物权人在债务人不履行到期债务或者发生当事人约定的实现担保物权的情形，依法享有就担保财产优先受偿的权利，但是法律另有规定的除外。"由此可知，优先受偿权是抵押权人申请实现抵押权的核心内容，若要通过实现担保物权程序裁定抵押权人以拍卖、变卖抵押财产的形式实现抵押权，在对抵押权的效力无异议的情况下，案件审理的重点就在于优先受偿的具体内容，即应当确定优先受偿的具体债权数额。在同一债权上既存在物的担保又存在人的担保，或多个抵押物为同一债权提供担保时，各个担保物权所应承担的份额可能有所不同，也就是债权数额无法确认，此时即使完成对抵押财产的拍卖、变卖，仍无法保证抵押权人的优先受偿权。因此，只有确定债权数额，才能以拍卖、变卖等方式实现担保物权。（3）债权数额确定的程序保障。由前述分析可知，在申请实现担保物权案件程序中，对债权数额进行确定是裁定债权人有权通过拍卖、变卖等形式实现债权的前提，但应当注意的是，债权数额不由债权人确定，而应通过债权人债务人双方商议或通过法院裁判文书进行确认。我国并无相关法律法规及司法解释对如何确定债权数额进行规定，但基于其在审判实务中的重要性，应当给予其一定的程序保障，以充分保证其公平性、公正性以及公开性。通常情况下，人民法院可以通过组织公开听证的方式，给予双方进行陈述与申辩的机会，从而完成审查实现担保物权债权的目的。

第二章　保证担保（48 例）

一、保证和保证人（5 例）

1. 借新还旧情形下担保人主观状态的认定

案例来源

严 ×× 诉陈 ××、陈 × 彬民间借贷纠纷案

发布单位：最高人民法院《人民司法·案例》2017 年第 26 期（总第 793 期）

审判法院：浙江省湖州市中级人民法院

判决日期：2016 年 8 月 25 日

案　　号：（2016）浙 05 民终 921 号

基本案情

2015 年 2 月 17 日，经结算，针对此前双方的多次借款，陈 ×× 向严 ×× 出具借条载明：陈 ×× 共计从严 ×× 处借到人民币 60 万元，8 月底还清 30 万元，次年 2 月底还清 30 万元。该借条的借款人处有陈 ×× 签名，担保人处有陈 × 彬签字，日期注明为“2015.2.17”。还款期限届满后，陈 ×× 未如约归还借款给严 ××。

为此，严 ×× 以其共计借款给陈 ××60 万元，陈 ×× 未按约偿还借款为由，提起诉讼，请求判令陈 ×× 归还借款本金 70 万元及利息，陈 × 彬在借款本金 60 万元、利息 6.6 万元内承担连带担保责任。

庭审中，严××变更诉讼请求为：请求判令陈××归还借款本金60万元、利息6.6万元（按月息1%，要求计算至借款归还之日），陈×彬对借款本息承担连带担保责任。

陈××辩称：本人与严××之间并不存在60万元借款的事实，本人在2014年共向严××借款20万元，该借款已偿还，故请求驳回严××的诉讼请求。

陈×彬辩称：首先，庭审中严××变更了诉讼请求，应重新举证证明。其次，陈××让本人做担保人是出于资金周转之需，借条中约定的60万元并未实际支付，本人无须承担担保责任，且借条中未约定利息，对利息部分本人无须承担担保责任。最后，即使借款真实存在，但借条中载明的第一次还款的30万元已超过担保期限。

判决主文

一审法院认定：本案所涉的借贷关系合法有效，被告陈××未按约定还款，应承担清偿责任。原告严××要求被告陈×彬承担连带保证责任，因被告陈×彬不知道签字上的借条系原告严××与被告陈××多次借款形成的债务，且原告严××不能证明被告陈×彬已知道事实情况或征得其同意后才作为担保人签字。因此，不支持原告严××对被告陈×彬的诉讼请求。

一审法院判决：被告陈××归还原告严××借款人民币60万元并支付利息（其中第一期以30万元为基数，按年利率6%自2015年9月1日起计算至实际清偿日止，第二期以30万元为基数，按年利率6%自2016年3月1日起计算至实际清偿日止）；驳回原告严××的其他诉讼请求。

原告严××不服一审法院判决，提起上诉称：被上诉人陈×彬作为担保人在借条上签字时已经知道60万元借款系之前多次结算的借款，其担保有效。因此，请求改判被上诉人陈×彬与上诉人陈××共同承担偿还借款责任。

上诉人陈××辩称：在签订60万元借款前，本方与上诉人严××有20万元的工程投入款的往来，后本方陆续偿还共计29.5万元。关于60万元的借条，是受上诉人严××的胁迫所出具的，且骗取被上诉人陈×彬在借条担保人处签字。因此，上诉人严 ×× 的上诉事实不成立。

被告陈 ×× 不服一审法院判决，提起上诉称：上诉人严 ×× 一审起诉时述称本人因资金周转向其借钱，但庭审中却变更为对之前借款的结算，应举证证明。上诉人严 ×× 胁迫本人在 60 万元的借款上签字，却未支付借款。故请求驳回上诉人严 ×× 的诉讼请求。

上诉人严 ×× 辩称：本人并未胁迫上诉人陈 ×× 出具借条，被上诉人陈 × 彬应对自己的行为承担责任。

被上诉人陈 × 彬辩称：首先，上诉人严 ×× 一审中提交的取现凭证在时间上不能证明其已向上诉人陈 ×× 交付了 60 万元的借款。其次，本人不知道所担保的借款是对之前借款的结算。综上所述，请求驳回上诉人严 ×× 的上诉请求。

二审法院判决：维持一审法院判决第一项、第二项；被上诉人陈 × 彬对一审法院判决第一项债务承担连带责任，被上诉人陈 × 彬履行本案债务的连带保证责任后，可就其实际清偿额有权立即向主债务人即上诉人陈 ×× 进行追偿。

裁判要旨

根据最高人民法院《关于适用〈中华人民共和国民法典〉有关担保制度的解释》第 16 条的规定可知，在借新还旧中，债权人有证据证明新贷的担保人提供担保时对以新贷偿还旧贷的事实知道或者应当知道的，新贷的担保人应当承担担保责任。实务中，对新贷的担保人知道或者应当知道的判断，不能机械地运用证据规则将举证责任分配给债权人，而应根据借贷双方及担保人之间的人身关系、经济往来、注意义务等因素综合判断。

重点提示

借新还旧，是指贷款到期后不能按时偿还，由借贷双方共同协商，又重新出借贷款用于归还部分或全部原贷款的行为。司法实践中，认定在借新还旧的情况下，担保人应否承担担保责任时，应当注意以下几点：（1）关于借新还旧情形下担保责任的法律规定。最高人民法院《关于适用〈中华人民共和国民法典〉有关担保制度的解释》第16条第1款规定："主合同当事人协议以新贷偿还旧贷，债权人请求旧贷的担保人承担担保责任的，人民法院不予支持；债权人请求新贷的担保人承担担保责任的，按照下列情形处理：（一）新贷与旧贷的担保人相同的，人民法院应予支持；（二）新贷与旧贷的担保人不同，或者旧贷无担保新贷有担保的，人民法院不予支持，但是债权人有证据证明新贷的担保人提供担保时对以新贷偿还旧贷的事实知道或者应当知道的除外。"由此可知，新贷的担保人对以新贷偿还旧贷承担保证责任有两种情形：一是新贷与旧贷系同一保证人；二是新贷与旧贷的协议约定，新贷的担保人知道或者应当知道。除此之外，新贷的担保人不承担担保责任。（2）新贷的担保人承担担保责任的理由。基于前述分析可知，担保人只有在知道或者应当知道新贷偿还旧贷的约定，或者对新贷提供担保时，才对新贷承担担保责任。其一，在新贷的担保人对以新贷偿还旧贷知情或者应当知情的情况下，表明借贷双方不存在对新贷担保人的欺诈，此时保证合同合法有效，新贷的担保人应承担担保责任。其二，在新贷与旧贷系同一担保人的情况下，因担保人对该借新还旧知情，且虽其承担两份借款合同的担保责任，但在以新贷偿还旧贷的情况下，旧贷消灭，此时担保人对旧贷的担保责任亦消灭，由于其继续承担新贷的担保责任并未加重其保证风险，故担保人应承担新贷的担保责任。（3）担保人知道或者应当知道以新贷偿还旧贷的认定。根据前述司法解释第16条第1款的规定，关于担保人知道或者应当知道的判定，系要求债权人提供相应的证据予以证明。第一，当事人身份关系的影响。若担保人与借款人之间的关系较为亲密，如亲属或者朋友等，且担保人对借款人的经济状况有所了解，可不考虑借款关系的背景即可提供担保，则可推断担保人提供担保的意思表示应当为无论何种借贷性质均可提供担保。第二，担保人的注意义务。担保人作为完全民事行为能力的成年人，在借条担保人处签字时，应当预见其所承担的法律后果，并有义务向借款人了解借款的事实。若担保人怠于了解借款事实，则应当认为其明知借款关系的真实情况，或自愿承担无论何种借款情况项下的担保责任。第三，借款人与担保人除特定身份关系外的其他关系。如双方的经济关系，即担保人在借款人其他借款中提供担保，多次扮演担保人角色，二人经济关系密切，则可推定担保人了解借款人的经济状况、借款情况，对因担保所需承担的法律责任系明知。

2. 借贷关系中保证人身份的认定

案例来源

崔 × 诉阮 ××、刘 ×× 民事借贷纠纷案

发布单位：最高人民法院民事审判第一庭《民间借贷纠纷审判案例指导》

审判法院：山东省青岛市中级人民法院

判决日期：2016 年 4 月 19 日

案　　号：（2016）鲁 02 民再 12 号

基本案情

陈 ×× 曾向崔 × 借款，偿还部分款项后，余款尚未还清。2008 年 11 月 14 日，陈 ×× 向崔 × 出具还款协议书，载明：陈 ×× 尚欠崔 × 本金 200 万元、利息损失费用 70 万元，共计 270 万元，承诺在 2009 年 1 月 30 日之前，将余款全部还清；如未按照约定还款，经双方协商，陈 ×× 用个人及公司资产作抵押，即以洪洞洗煤厂（洪洞 ×× 洗煤厂）库存原煤以实际成交价变现还款。阮 ×× 在该协议上签署“洪洞 ×× 洗煤厂”并签字。刘 ×× 向崔 × 出具担保书，承诺陈 ××10 日内支付全部欠款及逾期利息。之后，陈 ×× 未在担保书约定时间内还款。

2009 年 12 月，崔 × 以陈 ×× 逾期未偿还欠款为由，提起诉讼，请求判令陈 ××、阮 ××、刘 ×× 立即偿还借款本金、利息、损失费用共计 252 万元以及逾期还款利息。次年 5 月，崔 × 撤回对陈 ×× 的起诉。

阮 ×× 辩称：关于管辖权。本人与刘 ×× 有不同的担保人身份，确定享有管辖权的依据是“承担连带责任担保人的担保合同发生纠纷，由担保人住所地法院管辖”，管辖仅限于承担连带责任的担保人刘 ××，而本人仅是一般责任担保人，不应当作为被告共同审理。关于身份问题。本人仅在主债权合同下签署个人名字，无保证人字样，身份系见证人并非担保人，本人无义务为此还款协议承担责任。综上所述，本人依法不应承担责任。

判决主文

一审法院认定：被告阮 ×× 为保证人，系以保证人身份在协议中签字，应承担保证责任，债务人陈 ×× 仍有还款责任，并不能减轻清偿义务。

一审法院判决：被告阮 ×× 向原告崔 × 偿还借款，包括本金、利息及损失费用共计 252 万元；驳回原告崔 × 对被告阮 ×× 的其他诉讼请求；驳回原告崔 × 对被告刘 ×× 的诉讼请求。

原告崔 × 不服一审法院判决，提起上诉称：按照还款协议，截至还款期限上诉人阮 ×× 尚欠 252 万元。根据《合同法》及相关法律的规定，债务人应对债务利息承担清偿责任。故请求改判上诉人阮 ×× 支付逾期还款利息 24 万元。

上诉人阮 ×× 辩称：本人不应承担债务人陈 ×× 欠上诉人崔 × 的欠款，亦不应承担保证责任。上诉人崔 × 要求的逾期付款利息无法律和事实依据。

上诉人阮 ×× 不服一审法院判决，提起上诉称：（1）本人身份为见证人。双方未以书面形式订立保证合同。还款协议签字时亦未前缀保证人字样。（2）一审法院认定本人为保证人的录音证据当庭并未播放，出庭作证的两位证人与上诉人崔 × 有利害关系，证人证言及债务人的书面证据不能作为定案依据。（3）即使本人系保证人，因未约定保证期间，上诉人崔 × 向本人主张保证责任的期间，已经超过了自主债务履行期届满之日起 6 个月，应不予支持。（4）原审被告刘 ×× 提供的担保书是一审法院错误裁判的证据。本人提出管辖权异议且原审被告刘 ×× 的身份系伪造，一审法院依据被告刘 ×× 的担保书裁定其有管辖权不当。综上所述，请求依法改判，驳回上诉人崔 × 的诉讼请求。

上诉人崔 × 辩称：本人已提交证据证明上诉人阮 ×× 为保证人，且保证权利未过保证期间。

二审法院另查明：2011 年 5 月 12 日，陈 ×× 出具证明称出具本案所涉 270 万元欠条时，上诉人阮 ×× 仅是证明人。鉴于陈 ×× 因涉嫌刑事犯罪被羁押不能出庭，法院依法对陈 ×× 进行了调查，其认可上述证明的真实性。并称上诉人崔 × 曾让其在所涉还款协议书上写下“证明阮 ×× 是担保人”的内容，证人张 ×× 在场。

上诉人崔 × 申请的证人白 × 和孙 ×× 出庭作证，述称：确实存在 270 万元还款协议书，上诉人崔 × 找陈 ×× 签完协议后想让上诉人阮 ×× 作为担保人在上面签字，后来上诉人崔 × 找上诉人阮 ×× 要求还钱；但不知上诉人阮 ×× 是如何回答的。

二审法院认定，根据《担保法》第 13 条的规定，保证人与债权人应当以书面形式订立保证合同。本案中，上诉人崔 × 与陈 ×× 签订的还款协议中未约定担保条款，故不能根据该协议确认被上诉人阮 ×× 为保证人。关于上诉人崔 × 提交的陈 ×× 于 2010 年 1 月 10 出具的证明，因陈 ×× 另出具一份证明，除证明被上诉人阮 ×× 为证明人而非保证人外，另说明上诉人崔 × 提交的证明系其被羁押期间，上诉人崔 × 要求其出具的，且证人张 ×× 在场。故法院对陈 ×× 进行调查核实上述情况后，对 2010 年 1 月 10 日证明的证据效力不予认可。关于上诉人崔 × 提交的录音证据，因该录音中并未确认被上诉人阮 ×× 的保证人身份，故该证据的证明力不予认可。关于上诉人崔 × 申请的多名证人出庭作证，因证人宋 ×× 与上诉人崔 × 存在重大利益关系，证人张 ×× 的妹妹与被上诉人阮 ×× 存在多起诉讼纠纷，遂对二人的证言不予采信；证人白 ×、孙 ×× 的证言均不能证明上诉人阮 ×× 系保证人。

二审法院判决：维持一审法院判决第三项；撤销一审法院判决第一项、第二项；驳回上诉人崔 × 对上诉人阮 ×× 的诉讼请求。

上诉人崔 × 不服二审法院判决，申请再审称：首先，对于债务人陈 ×× 先后出具的两份不同证明，二审法院仅根据对债务人陈 ×× 的个人调查，即作出否定第一份证明效力的认定，没有事实和法律依据。其次，根据证人宋 ××、张 ××、白 ×、孙 ×× 的证言及录音证据，能够证明本人按照担保人即被申请人阮 ×× 的要求给债务人陈 ×× 汇款 200 万元。因此，请求改判

被申请人阮 ×× 承担担保责任。

被申请人阮 ×× 辩称：申请人崔 × 与债务人陈 ×× 签订的还款协议并无保证条款，故本人仅是以见证人的身份在还款协议上签字，不应承担还款责任。因此，二审判决认定事实清楚，适用法律正确，应予维持。

再审另查明，2010 年 1 月 10 日，债务人陈 ×× 在还款协议复印件上注明"证明此协议阮 ×× 为担保人"。一审庭审中，申请人崔 × 提交中国 × 行借记卡账户历史明细查询单一份，证明 2008 年 11 月 21 日债务人陈 ×× 向其还款 4 万元，11 月 22 日被申请人阮 ×× 向其还款 24 万元的事实。

申请人崔 × 另提交其与被申请人阮 ×× 于 2009 年 11 月 16 日的谈话录音一份。该录音中，在申请人崔 × 提到签字问题时，被申请人阮 ×× 称："拍良心说，你跟老陈定下来了，你说必须让我签个字，让我作担保。咱们现在拍良心说，是不是我跟你这么说的。"

再审法院判决：撤销二审法院判决；维持一审法院判决第二项、第三项；变更一审法院判决第一项为：被告阮 ×× 于本判决生效后 10 日内给付原告崔 × 借款本金、利息及损失费用 242 万元。

裁判要旨

最高人民法院《关于审理民间借贷案件适用法律若干问题的规定》第 20 条规定："他人在借据、收据、欠条等债权凭证或者借款合同上签名或者盖章，但是未表明其保证人身份或者承担保证责任，或者通过其他事实不能推定其为保证人，出借人请求其承担保证责任的，人民法院不予支持。"由此可知，通过在案证据及其他事实能够判断保证人身份的，保证人应承担保证责任，且其承担保证责任后，有权在承担的保证责任范围内向债务人追偿。

重点提示

实务中，常常出现借贷双方出具的借条不规范的情形，导致人民法院在审理案件时对真实的法律关系难以确定，案件审理难度加大，因此对借贷关系中各方身份的认定常成为解决借贷纠纷的关键点。司法实践中，认定借贷关系中保证人的身份时，应当注意以下几点：（1）保证人的资格。保证人，是指与债权人约定，为主合同债务提供担保，当债务人不能履行债务时，由其按照约定履行债务或者承担责任的一方当事人。作为保证人，需要具备以下要件：第一，具备基本资格。具有代为清偿能力是保证人的基本资格要求，目的在于保证债权人的债权得以实现，使其债权得到清偿。第二，主体合格，即要求保证人是具有代为清偿债务能力的法人、其他组织或者公民。第三，非禁止提供保证的主体，该主体主要是指未经国务院批准的国家机关以及学校、医院等以公益为目的的事业单位、社会团体，此类主体不得作为保证人。（2）认定保证人身份的标准。保证人的资格条件是确定保证人身份的前提，基于前述分析得出保证人具备资格后，可进一步确定保证人的身份。最高人民法院《关于审理民间借贷案件适用法律若干问题的规定》第 20 条规定："他人在借据、收据、欠条等债权凭证或者借款合同上签名或者盖章，但是未表明其保证人身份或者承担保证责任，或者通过其他事实不能推定其为保证人，出借人请求其承担保证责任的，人民法院不予支持。"由此可知，确定借贷关系中保证人的身份，需要具备以下条件：一是在债权凭证上签字或盖章；二是明示承担保证责任，该处的"明示"可以理解为：直接明确表示承担保证责任；或者明确表明保证人身份，如在担保人或保证人后签字；或者通过其他事实和证据链条推定其明知或应知是以保证人身份签字却仍签字确认的。（3）保证人身份认定后的法律后果。根据前述分析可知，第三人在主债权合同上签字，且通过其他事实能够推定其为保证人的，应认定其具有保证人的身份。由于保证人身份的设立，是为了保证债权人的债权得以实现，遂确定保证人身份后，该保证人应向债权人承担保证责任。但保证人承担保证责任后，其可根据《民法典》第 700 条"保证人承担保证责任后，除当事人另有约定外，有权在其承担保证责任的范围内向债务人追偿，享有债权人对债务人的权利，但是不得损害债权人的利益"的规定取得追偿权，在其承担的保证责任范围内向债务人进行追偿。

3. 以不特定个人资产提供抵押担保的性质

案例来源

江苏省无锡 ×× 动力机车贸易有限公司诉张 ×× 保证合同纠纷案

发布单位：最高人民法院《人民司法·案例》2012 年第 16 期（总第 651 期）

审判法院：江苏省无锡市中级人民法院

判决日期：2012 年 4 月 26 日

案　　号：（2012）锡商终字第 0169 号

基本案情

2009 年 5 月，贸易公司（江苏省无锡 ×× 动力机车贸易有限公司）与天津公司（天津 ×× 自行车业有限公司）签订的供货合同约定：贸易公司向天津公司供货；若天津公司无法承担所有债务，则由天津公司签字个人以其个人资产为抵押，负责偿还贸易公司的所有货款。贸易公司、天津公司分别在该合同上加盖印章，张 ×× 代表天津公司在合同上签字。次年，因天津公司未按约履行付款义务，贸易公司遂将天津公司、张 ×× 诉至法院。同年 12 月，受诉法院认定，合同中虽约定了若无法承担债务，天津公司签字个人以其个人资产为抵押负责偿还货款，但双方未约定抵押财产，事后亦未补正，无法根据主合同补正及推定，因此认定抵押不成立，张 ×× 不承担民事责任。据此，受诉法院作出第 0850 号［（2010）× 法 × 初字第 0850 号］民事判决书，判决天津公司给付贸易公司货款及逾期付款利息。判决生效后，天津公司未依判决履行义务，该案现已进入执行程序。

2011 年 6 月，贸易公司以张 ×× 应承担一般保证责任为由，提起诉讼，请求判令张 ×× 对第 0850 号民事判决书中确定的天津公司债务承担一般保证责任。

张 ×× 辩称：贸易公司与天津公司之间的纠纷已经得到解决，本人不承担民事责任。现贸易公司就同一事实再次提起诉讼，属于重复起诉，请求驳回贸易公司的诉讼请求。

判决主文

一审法院判决：在对债务人天津公司的财产依法强制执行后仍不能履行第 0850 号民事判决书中确定的债务时，由被告张 ×× 承担保证责任。

被告张 ×× 不服一审法院判决，提起上诉称：第 0850 号民事判决对债务人天津公司与被上诉人贸易公司签订的供货合同中的抵押部分的效力进行认定，认定该抵押不成立，故本人不应承担保证责任。

被上诉人贸易公司辩称：一审判决认定事实清楚，适用法律正确，请求维持原判。

二审法院判决：驳回上诉，维持原判。

裁判要旨

当事人之间达成以个人资产作抵押为债权提供担保的约定，但未对个人资产进行特定化说明，因个人资产属集合概念，通常处于动态变化中，不具有特定性，与法律规定的抵押财产须特定化不符，故该约定不能起到抵押担保的作用。但该约定实质是当事人以其个人资产信用为债权提供担保，符合民法典法律规定，应认定为保证担保。

重点提示

根据《民法典》的规定，抵押担保和保证担保是两种完全不同的担保形式，抵押担保是一种担保物权，保证担保是一种人保。因此，司法实践中，认定当事人以不特定的个人资产作抵押为债权提供担保是属于抵押还是担保，应当注意以下几点：（1）个人资产的含义。个人资产是指公民通过合法手段取得的财产，是集合概念，是由个人的不动产、动产、权利等构成，包括房屋、车辆、现金、物品、股份、股票等。由此可知，个人资产并未特定化，其财产的范围、价值、权属状态均处于不确定的动态变化。（2）抵押担保与保证担保的区分。抵押担保是指债务人或者第三人不转移对某一特定物的占有，而将该财产作为债权的担保，债务人不履行债务时，债权人有权依照《民法典》有关担保的规定以该财产折价或者以拍卖、变卖该财产的价款优先受偿。保证担保是指保证人与贷款人约定，当借款人违约或者无力归还贷款，保证人按约定履行债务或承担责任的行为。由此可知，抵押担保与保证担保最根本的区别在于二者的客体不同：抵押担保的客体是特定的财产，具有特定性，即抵押物应当是现存的、特定的财产，而保证担保的客体是保证人提供的信用担保。因此，认定担保物权，必须是抵押权人对特定的财产所享有的权利，如抵押物不具有特定性，则一般不能成立抵押担保。也就是说，对于保证人承诺以其不具有现实性、特定性的个人资产作抵押为债权提供担保，但未约定以何种资产进行抵押的，因其资产始终处于动态之中，故保证人的担保行为实质是一种信用担保，即保证担保，而非抵押担保。（3）保证方式的确定。《民法典》第686条规定："保证的方式包括一般保证和连带责任保证。当事人在保证合同中对保证方式没有约定或者约定不明确的，按照一般保证承担保证责任。"据此可知，在当事人对保证方式未进行约定或者约定不明时，视为保证人承担一般保证责任。也就是说，在当事人明确约定保证人承担一般保证责任或者连带保证责任时，则按照约定确定保证人承担保证责任的方式。

4. 关于高中生作为担保人的责任分析

案例来源

自贡市××区农村信用合作联社诉雷×先、雷×鱼金融借款合同纠纷案

发布单位：国家法官学院《中国法院2012年度案例：借款担保纠纷》

审判法院：四川省自贡市贡井区人民法院

案　　号：（2010）贡井民一初字第173号

基本案情

2008年2月，雷×先向农村信用社（自贡市××区农村信用合作联社）借款40万元，并以其自有营业房作抵押担保。双方签订借款和抵押合同，并约定借款金额，借款期限为 1 年，月利率为 9.135‰，罚息利率为月利率的 13.7025‰。雷 × 鱼为该笔借款担保，以担保人身份签名承担连带保证责任，并以涉案房屋（自房市交他字第 00080928 号）办理了他项权登记，设定抵押期限为 2008 年 2 月 5 日至 2011 年 1 月 29 日。2009 年 1 月，雷 × 先不能按期还款，提出延期 1 年，与农村信用社签订了借款延期协议，约定还款期限延期至 2010 年 1 月 18 日，月利率为 7.56675‰。延期届满后，雷 × 先归还 5 万元本金，同时结清了至 2010 年 1 月 18 日的借款利息。

另查明，雷 × 鱼系雷 × 先之女，其以担保人身份签字时，系高中学生，但已年满 18 周岁。

农村信用社以雷 × 先逾期拒不还款为由，提起诉讼，请求判令雷 × 先归还剩余欠款、利息以及相关涉案费用，雷 × 鱼承担担保责任。

判决主文

一审法院判决：被告雷 × 先偿还农村信用社余款 35 万元，雷 × 鱼对余款承担连带保证责任。

宣判后，双方当事人均未提起上诉，判决已经发生法律效力。

裁判要旨

根据《民法典》的相关规定可知，18 周岁以上的自然人为完全民事行为能力人，可以独立实施民事法律行为。即年满 18 周岁的高中生具备保证人主体资格，其以担保人身份作出的担保具有法律效力，应当承担担保责任。

重点提示

担保人即保证人，是指第三人和债权人约定，当债务人不履行债务时，第三人按照约定履行债务或者承担责任，这里的第三人即担保人，包括具有代为清偿债务能力的法人、其他组织或者公民。司法实践中，认定高中生作为担保人为债权提供担保的责任效力时，应当注意以下几点：（1）公民作为担保人的条件。基于担保的含义可知，担保是一种民事法律行为，由担保人基于自身的真实意思表示与债权人设立的民事法律关系的行为，《民法典》第 143 条规定："具备下列条件的民事法律行为有效：（一）行为人具有相应的民事行为能力；（二）意思表示真实；（三）不违反法律、行政法规的强制性规定，不违背公序良俗。"据此可知，公民设立担保行为，需要担保人具有相应的民事行为能力，意思表示真实且不违反法律规定等。关于民事行为能力，《民法典》明确规定，年满 18 周岁的自然人为成年人，且成年人为完全民事行为能力人，可以独立实施民事法律行为，或者 16 周岁以上的未成年人，以自己的劳动收入为主要生活来源的，视为完全民事行为能力人。（2）高中生作为担保人的条件。基于前述分析可知，担保人需要是完全民事行为能力人，故年满 18 周岁的高中生具备作为担保人的条件，只要其出于真实的意思表示，明确表明为债务人提供担保，且债权人未对该担保提出异议的，担保行为成立，此时高中生即为担保人。（3）未约定担保方式的保证责任承担问题。《民法典》第 686 条规定："保证的方式包括一般保证和连带责任保证。当事人在保证合同中对保证方式没有约定或者约定不明确的，按照一般保证承担保证责任。"由此可知，担保人与债权人在保证条款中未约定保证方式是一般保证还是连带责任保证时，应当认定担保人承担的是一般保证责任。

5. 债权人不明时保证是否成立

案例来源

泰安市 ×× 建筑装饰有限公司诉周 ×、徐 ×× 装饰装修合同纠纷案

发布单位：山东省高级人民法院民事审判第一庭《民事审判指导》2011 年第 1 集（总第 1 集）

审判法院：山东省高级人民法院

基本案情

2006 年 3 月，装饰公司（泰安市 ×× 建筑装饰有限公司）作为承包方与作为发包方的徐 ×× 签订《建筑装饰工程施工合同》，约定工程价款 120 万元，其中关于合同价款支付方式部分约定：徐 ×× 分三次支付工程款，尾款竣工结算时一次结清，第一次拨款 10 万元，第二次开工之日起 15 日再付 30 万元，完工之日付至工程总造价的 80%。合同签订后，徐 ×× 陆续支付工程款合计 64.85 万元。在履行合同过程中，由于徐 ×× 未按合同约定支付工程款，致装饰工程未能按照约定时间竣工交付。其后，徐 ××、周 × 与装饰公司签订《补充协议》，变更了工程交付时间等，另约定：担保方应积极配合督促，履行义务，以确保本协议的完全执行，周 × 在补充协议上作为担保人签字。当日，徐 ×× 向装饰公司支付工程款 13 万元。之后，装饰公司逾期交付涉案工程，但徐 ×× 方的驻工地代表艾 ×× 已对该工程进行检验并签字认可，徐 ×× 亦实际接收使用了该工程。

装饰公司以徐 ×× 拖欠工程款后又明确拒绝履行合同义务，且其无履行合同的诚意及能力为由，提起诉讼，请求判令徐 ×× 支付工程款 100 万元，周 × 承担连带责任。之后，装饰公司变更诉讼请求，由原来请求支付工程款 100 万元变更为支付工程款 57 万元，并要求徐 ×× 赔偿同期银行贷款利息损失。

徐 ×× 辩称：首先，本人支付工程款的条件未成就，装饰公司要求支付工程款应不予支持。其次，装饰公司施工工程存在严重的质量问题，达不到约定的优良等级，工程严重拖期，且拒不履行法定的和约定的维修、保修义务，应承担违约责任，并赔偿因不能正常使用和延迟使用所造成的损失。最后，本人已支付工程款共计 67.35 万元，且垫付的部分原材料和设备费用应从工程款中扣除。综上所述，请求驳回装饰公司诉讼请求并赔偿损失。

周 × 辩称：首先，装饰公司起诉本人承担保证责任于法无据，本人在补充协议中作出的保证，是向徐 ×× 的保证，即装饰公司不履行义务时才承担保证责任。其次，装饰公司的工程质量确实存在严重的质量问题，工程严重拖期，且《补充协议》签订后，装饰公司未履行约定的质量保修义务，故《补充协议》中约定的付款条件和付款程序均未成就。最后，因装饰公司未履行合同义务，对存在的质量问题没有加以整修，致使徐 ×× 无法使用涉案工程，造成很大损失。因此，请求驳回装饰公司的诉讼请求。

判决主文

一审法院认定：原告装饰公司与被告徐××签订《建筑装饰工程施工合同》事实清楚，证据充分，双方及被告周×对此均无异议。合同履行过程中，因被告徐××未按约定支付工程款，致工程未按约定时间竣工交付，对此被告徐××违约在先；之后，原告装饰公司与被告徐××签《订补充协议》，对原合同工程交付时间等内容进行了变更，原告装饰公司在被告徐××支付13万元工程款后，逾期交付，应根据《补充协议》的约定承担逾期交付工程的违约责任。此外，《补充协议》约定由被告周×作为原告装饰公司和被告徐××履行协议的担保人，事实清楚，证据充分，但因对被告周×的担保责任约定不明，被告周×应承担连带责任。案件审理期间，原告装饰公司与被告徐××约定的保修期间已届满，原告装饰公司不再承担保修义务。

一审法院判决：被告徐××支付原告装饰公司工程款516 979.07元，并赔偿原告装饰公司利息损失；被告周×对被告徐××支付的工程款承担连带责任；驳回原告装饰公司其他诉讼请求。

被告周×不服一审法院判决，提起上诉称：首先，一审法院认定事实错误，装饰装修合同应定性为无效合同，而非以有效合同定性和处理；其次，因涉案装饰装修合同是无效合同，基于该无效合同签订的保证合同也应无效，本人不应承担担保责任。综上所述，请求撤销一审法院判决，改判本人不承担责任或者发回重审。

被上诉人装饰公司辩称：首先，装饰装修合同是本公司与被上诉人徐××基于真实意思表示签订的，且内容不违反法律法规的强制性规定，一审法院认定合同有效正确，程序合法；其次，在本公司与被上诉人徐××、上诉人周×签订的《补充协议》中，明确约定上诉人周×作为协议履行的担保人，该协议经三方当事人签字确认，合法有效，上诉人周×应承担保证责任。综上所述，请求驳回上诉人周×的上诉请求。

被上诉人徐××辩称：首先，装饰装修合同的承包人是被上诉人装饰公司，该公司并无相应的施工资质，该合同应认定为无效。其次，被上诉人装饰公司延迟交付存在严重质量问题的工程，致工程无法正常使用，应承担赔偿责任。最后，被上诉人装饰公司是在原本应 5 月交工的工程拖延到 9 月仍然未交付且质量严重不合格，在本人催促交工的情况下，找上诉人周 × 向本人提供担保，故上诉人周 × 的部分上诉理由成立，被上诉人装饰公司的答辩与事实和法律不符，一审判决认定事实和适用法律错误，应予撤销。

二审法院判决：维持一审法院判决第一项、第三项；撤销一审法院判决第二项。

裁判要旨

保证是一种人的担保方式，是保证人代替债务人向主债权人履行债务或赔偿损失的单方义务，是单方法律行为，具有从属性。保证是第三人对债权人所提供的担保，保证的成立，是以债权的存在为前提，以担保特定债权为目的，如果债权人、债权不明确的，则保证无法成立。

重点提示

保证，是指保证人和债权人约定，当债务人不履行债务时，保证人按照约定履行债务或者承担责任的行为。司法实践中，在债权人不明确的情况下，分析保证是否成立时，应当注意以下几点：（1）保证的特征。基于保证的定义可知，保证具有以下法律特征：其一，保证是人的保证，即是以保证人的信用为基础的担保方式；其二，保证具有从属性，即保证与所担保的债形成主从关系，保证之债是一种从债，从属于主债；其三，保证具有单务性，即在保证担保中，保证人向债权人所提供的担保，在性质上是保证人代替债务人向主债权人履行债务或者赔偿损失的单方义务，只有保证人一方负有保证债务。（2）保证成立的条件。《民法典》第 684 条规定：“保证合同的内容一般包括被保证的主债权的种类、数额，债务人履行债务的期限，保证的方式、范围和期间等条款。”第 685 条第 2 款规定：“第三人单方以书面形式向债权人作出保证，债权人接收且未提出异议的，保证合同成立。”由此可知，基于保证从属性的特征，保证的成立是以债权的存在为前提，以担保特定的债权为目的，若债权不明确，则保证合同也无法成立。也就是说，保证的成立，需要主债权有效成立，而主债权有效的首要条件即是债权特定、债权人确定，因此在债权人和债权均不明确，保证没有明确的指向和内容的情况下，应认定保证不成立。（3）保证不成立的法律后果。《民法典》第682条第2款规定："保证合同被确认无效后，债务人、保证人、债权人有过错的，应当根据其过错各自承担相应的民事责任。"由此可知，在保证不成立的情况下，保证人无须承担保证责任，但保证人对保证不成立的后果具有过错的，应当承担相应的过错责任。

二、保证合同（5例）

1. 公益性民办学校为借款提供担保的效力认定

案例来源

重庆市两江新区××小额贷款有限公司诉何×、刘×、重庆×××食品有限责任公司、重庆市××技工学校金融借款合同纠纷案

发布单位：最高人民法院《人民司法·案例》2018年第5期（总第808期）

审判法院：重庆市第五中级人民法院

判决日期：2016年10月28日

案　　号：（2016）渝05民终5168号

基本案情

2014年9月，何×、刘×与贷款公司（重庆市两江新区××小额贷款有限公司）签订《个人借款合同》，约定何×、刘×向贷款公司借款100万元，借款期限至2015年9月3日，利率为固定月利率9.9‰；食品公司（重

庆 ××× 食品有限责任公司）和技工学校（重庆市 ×× 技工学校，属于民办非企业单位）为前述借款承担连带责任保证，担保范围包括贷款本金及主债权的衍生利息、违约金、罚息及贷款公司追索前述主债权发生的调查费、保全费、诉讼费、律师费等所有费用；若食品公司和技工学校未按约履行担保责任，何 ×、刘 × 或食品公司、技工学校应支付贷款金额的 20% 违约金。同日，何 ×、刘 × 与贷款公司签订的《还款计划》载明：何 ×、刘 × 未按时还款的，贷款公司可随时以通知的方式解除借款合同关于借款期限的约定，宣布借款提前到期，要求何 ×、刘 × 立即偿还借款本息；并可在约定贷款利率的基础上上浮 50% 计收逾期利息。同日，贷款公司即发放借款 100 万元。截至同年 12 月，何 ×、刘 × 向贷款公司偿还本息共计 279 699.99 元。之后，贷款公司向何 ×、刘 × 发放通知，称借款于 2015 年 2 月 26 日提前到期。此后，何 ×、刘 × 未按约履行还款义务。

贷款公司以何 ×、刘 × 未按合同约定偿还贷款本息为由，提起诉讼，请求判令何 ×、刘 × 偿还借款本金 769 386.76 元、利息 25 838.17 元，并以 769 386.76 元为基数，按照银行同期同类贷款利率的 4 倍支付从 2015 年 2 月 4 日开始计算至还清日止的违约金和逾期利息，并判令食品公司和技工学校承担连带清偿责任。

判决主文

一审法院认定：本案中的被告技工学校是民办的私立学校，既不属于事业单位也不属于社会团体。其经费并非来源于国家，主要的经营目的是营利。其对合法所有的财产享有所有权，能够独立承担民事责任。

一审法院判决：被告何 ×、刘 × 偿还原告贷款公司借款本金 726 916.94 元及截至 2015 年 2 月 3 日的利息 14 392.96 元，并支付从 2015 年 2 月 4 日起至付清日止以 769 386.76 元为基数按年利率 17.82% 计收的逾期利息；被告技工学校、食品公司对上述债务承担连带清偿责任；驳回原告贷款公司的其他诉讼请求。

被告技工学校不服一审法院判决，提起上诉称：本校虽然是民办的私立学校，但却是以公益为目的非营利性学校，对学校的资产只享有管理和使用权，虽然原审被告何 × 是学校的出资人，但也只能享受合理的回报，其提供的担保无效。因此，请求撤销一审法院判决，改判本校提供的担保无效。

被上诉人贷款公司辩称：上诉人技工学校是由原审被告何 × 出资，既不属于事业单位，又不属于社会团体，应当承担相应的担保责任。因此，请求维持一审法院判决。

二审法院判决：维持一审法院判决第一项；原审被告食品公司对原审被告何 ×、刘 × 的上述债务承担连带清偿责任；驳回上诉人贷款公司的其他诉讼请求。

裁判要旨

民办技工学校作为非企业单位具有社会公益性，所签订的借款担保合同因不符合法定的保证人主体资格而无效，但对担保合同无效仍应承担缔约过失的赔偿责任。

重点提示

保证合同是一种由法律直接规定其名称及内容的有名合同，保证人与债权人签订的保证合同应当遵循《民法典》以及最高人民法院《关于适用〈中华人民共和国民法典〉有关担保制度的解释》的规定。司法实践中，认定民办非企业单位以保证人身份签订的保证合同的效力时，应当注意以下几点：（1）保证合同无效的情形。关于保证合同无效的内容，我国《民法典》仅在第 682 条中提到“保证合同随主债权合同的无效而无效”以及不适合作为保证人的主体类型，并未对保证合同无效的情形予以列举。但最高人民法院《关于适用〈中华人民共和国民法典〉有关担保制度的解释》则在“保证合同因主合同无效而无效”的情形之外，进一步规定了保证合同因保证人主体不适格而无效的内容。依据该解释第 5 条、第 6 条的规定，无特殊情况下，以下主体提供担保的，保证合同无效：机关法人；居民委员会、村民委员会；以公益为目的的非营利性学校、幼儿园、医疗机构、养老机构等。但以下三种主体在“特殊情况”下提供的担保有效：一是机关法人经国务院批准为使用外国政府或者国际经济组织贷款进行转贷；二是依法代行村集体经济组织职能的村民委员会，依照《村民委员会组织法》规定的讨论决定程序对外提供担保；三是以公益为目的的非营利性企事业单位在购入或者以融资租赁方式承租教育设施、医疗卫生设施、养老服务设施和其他公益设施时，出卖人、出租人为担保价款或者租金实现而在该公益设施上保留所有权；以及以教育设施、医疗卫生设施、养老服务设施和其他公益设施以外的不动产、动产或者财产权利设立担保物权。（2）民办非企业单位公益性或营利性的判断。根据前述分析可知，非营利性的企事业单位不具备担保人资格，其签订的担保合同无效。非营利法人，是指为公益目的或者其他非营利目的成立，不向出资人、设立人或者会员分配所取得利润的法人，包括事业单位、社会团体、基金会、社会服务机构等。结合最高人民法院《关于适用〈中华人民共和国民法典〉有关担保制度的解释》第 6 条第 2 款的规定“登记为营利法人的学校、幼儿园、医疗机构、养老机构等提供担保，当事人以其不具有担保资格为由主张担保合同无效的，人民法院不予支持”可知，对于民办非企业的公益性或营利性的判断不能仅以企业性质登记为唯一标准，而应同时审查其所从事的实质性经营活动、利润分配等情况。（3）非营利性民办非企业单位作为担保人的法律后果。基于前述分析可知，非营利性民办非企业单位作为担保人，其签订的担保合同无效，但是担保合同的无效并非意味着其不承担任何民事责任。《民法典》第 682 条第 2 款规定：“保证合同被确认无效后，债务人、保证人、债权人有过错的，应当根据其过错各自承担相应的民事责任。”因此，担保合同无效后，民办非企业单位应当按照法律规定，根据其过错责任承担相应的民事责任。

2. 第三人单方出具的担保书的性质

案例来源

成都 ×× 平安建筑工程有限公司诉重庆 ×× 建设（集团）有限公司保证合同纠纷案

发布单位：中国裁判文书网

审判法院：最高人民法院

判决日期：2014 年 6 月 18 日

案　　号：（2013）民提字第 219 号

基本案情

2007 年 1 月，集团公司［重庆 ×× 建设（集团）有限公司］设立四川公司［重庆 ×× 建设（集团）有限公司四川公司］。同年 6 月，集团公司与投资经营公司（成都市 ×× 驿区国有资产投资经营有限公司）就涉案工程（“黎明新村三期”安居工程项目）签订《投资建设合同》(《成都市 ×× 驿区黎明新村三期安居工程投资建设合同》)，约定由集团公司作为实际投资人、四川公司作为实际承办人，共同完成该项目的投资建设。合同签订之后，集团公司与建筑公司（成都 ×× 平安建筑工程有限公司）签订《建设工程施工合同》，约定涉案工程项下的 A 工程（A 组团安居房工程）由建筑公司承建，且由建筑公司设立的第八分公司（成都 ×× 平安建筑工程有限公司第八分公司）负责实施。其中，刘 ×× 为第八分公司负责人，全面管理 A 工程，并负责工程垫资资金的筹措，以及因工程所发生的全部债权债务问题。次年 5 月，集团公司与刘 ×× 签订《内部经营合同》，约定刘 ×× 代表集团公司全面管理 A 工程，工程垫资资金由刘 ×× 负责筹措，工程所发生的债权、债务均由刘 ×× 承担，集团公司收取刘 ×× 管理费。次月，四川公司为第八分公司在 A 工程建设中的质量、安全、债权债务向建筑公司担保，并出具《担保书》。

2009 年 5 月至 7 月，刘 ×× 因 A 工程建设向苏 ×× 借款，并由四川公司出具《担保书》。借款到期后，刘××、第八分公司未履行偿还义务。苏××诉至另案法院，另案法院经审理判决建筑公司、刘××共同向苏××偿还借款本金及利息、违约金共计15 736 000元。判决生效后，苏××申请强制执行，但因建筑公司、刘××无可供执行的财产，另案法院裁定终结执行。

同年12月，集团公司与第八分公司就A工程进行施工结算，工程结算总价为102 412 600元。次年6月，经集团公司与第八分公司核对，2008年至2010年四川公司共计向第八分公司支付112 902 331.87元。

建筑公司以四川公司向其出具《担保书》为由，提起诉讼，请求判令集团公司、四川公司对其应向苏××支付的15 857 216元款项承担连带清偿责任或者向苏××承担赔偿责任。

一审期间，苏××以另案生效判决已经确认其对刘××、建筑公司的债权为由，提起诉讼，请求判令集团公司、四川公司对已生效判决确认的建筑公司、刘××应当承担的民事责任承担连带清偿责任。

判决主文

一审法院认定：关于第三人苏××与建筑公司、刘××另案起诉的欠款纠纷，另案法院已作出判决且已生效。该生效判决已确认第三人苏××对第三人刘××、原告建筑公司的债权金额。而被告四川公司自愿出具《担保书》为第三人刘××负责的第八分公司经营中发生的全部债权债务进行担保，并在第三人刘××向第三人苏××借款时出具《担保书》，第三人苏××有权要求被告四川公司按照《担保书》承担清偿责任。

一审法院判决：被告集团公司应当对原告建筑公司、第三人刘××向第三人苏××支付的15 857 216元债务承担连带清偿责任；驳回原告建筑公司的其他诉讼请求；驳回第三人苏××的其他诉讼请求。

被告集团公司不服一审法院判决，提起上诉，请求撤销一审判决第一项，改判驳回原告建筑公司、第三人苏××的诉讼请求。

二审法院判决：维持一审判决第一项、第二项；撤销一审判决三项；驳回被上诉人苏××的诉讼请求。

上诉人集团公司不服二审法院判决，申请再审称：首先，一、二审法院并未对担保合同、主债务进行审理，直接判决本集团对未参加的诉讼承担连带责任明显缺乏依据，且 15 736 000 元债务数额的确定缺乏充分证据证明。其次，原审被告四川公司未经本集团书面授权不具有保证人资格，且《担保书》是 2008 年 6 月 3 日出具的，而本集团承担担保责任的债务发生在 2009 年 5 月 7 日以后，属于担保在前，债务在后，明显违反借款合同和担保合同的订立顺序，故本集团不应承担担保责任。综上所述，请求撤销二审判决第一项，改判驳回被上诉人建筑公司及苏 ×× 的诉讼请求，本集团不承担责任。

被申请人建筑公司辩称：原审被告四川公司自愿为本公司的债务提供保证，并出具《担保书》，应当承担法律责任。

被申请人苏 ×× 辩称：首先，本案属于合同债务纠纷，被申请人建筑公司的请求权基础是“向第三人履行的合同”，本人的请求权基础是“债务加入合同”，均不是保证合同纠纷，一、二审法院认定本案案由为保证合同纠纷错误。本案 15 736 000 元债务是另案法院的生效判决确认的，而申请人集团公司参与了该案诉讼，在诉讼中，本人已提交证据证明了该债务存在的事实和具体金额，申请人集团公司认为一、二审判决 15 736 000 元债务缺乏证据没有事实和法律依据。其次，二审法院判决申请人集团公司承担连带责任是基于原审被告四川公司出具的《担保书》，认定事实和适用法律正确。最后，原审被告四川公司及申请人集团公司与本人之间达成了债务加入的合意，二审判决认定不构成债务加入错误。综上所述，请求驳回申请人集团公司的再审请求。

再审法院判决：撤销二审法院判决；撤销一审法院判决；驳回被申请人建筑公司的诉讼请求；驳回被申请人苏 ×× 的诉讼请求。

裁判要旨

保证合同的成立必须要保证人具有“保证”的意思，即其表示出承诺对债务承担全部责任，即使该承诺是保证人单方作出，但在债权人知悉该承诺并未提出异议的情况下，应视为双方之间的保证合同成立，保证人应承担保证责任。

重点提示

实务中，保证合同的形式多种多样，除标准的保证合同外，还存在特殊形式的保证合同，如具有保证意思的内部协议、承诺函、会议纪要等，但如何认定其中的保证系真实意思表示且成立保证合同，则需要具体分析，厘清其认定标准。司法实践中，认定第三人单方出具的担保书是否成立保证合同时，应当注意以下几点：（1）第三人单方出具的担保书成立保证合同的要件。《民法典》第 685 条第 2 款规定："第三人单方以书面形式向债权人作出保证，债权人接收且未提出异议的，保证合同成立。"由此可知，第三人单方出具的担保书成立保证合同应具备以下要件：第三人有作出保证的意思表示；该意思表示的相对方为债权人；债权人未提出异议。（2）保证意思表示的判断。基于前述分析可知，保证的意思表示是保证合同的核心要素。作为双方法律行为，保证合同必须是基于保证人和债权人的意思表示一致的基础成立，且以意思表示真实为合同生效要件。对于保证人具有保证意思的判断标准，理论上存在三种学说：一是客观标准说，即只要保证人在客观上有承担保证责任的表示，就认定保证合同成立。如第三人在主合同上的保证人处签字盖章，就推定其具有保证意思，具有保证人身份。二是主观标准说，该学说要求深究保证人的真实意思，以主观的真实意图作为保证意思的判断标准。三是主客观标准结合说，即对于保证是否具备保证的意思表示，要从保证人是否有主观的保证意思及客观上的保证行为进行判断。即要求第三人具有在主合同的保证人处签字盖章的客观行为，且主观上承诺承担保证责任，此时才认定保证合同成立。对于三种判断说的适用，实务中仍存在争议，但根据我国相关法律的规定来看，显然是以主客观标准结合说作为是否具有保证意思表示的判断标准。（3）债权人接受第三人单方作出保证的法律后果。从《民法典》第 685 条第 2 款规定的内容来看，单方保证是一种单务合同，其作出主体是第三人，只要债权人对书面保证的内容没有提出异议，双方即成立保证合同。法律并没有明确限制为第三人当场对债权人作出单方保证，也就是说，该保证可以是债务人向债权人出示，债权人未提出异议，也可是第三人向债权人出示，债权人未提出异议。因此，只要债权人同意第三人作为保证人，并向债务人出借款项，在债务人不能履行债务时，债权人就可要求保证人承担保证责任。

3. 主合同和保证合同无效时债权人能否要求保证人担责

案例来源

浙江省宁波 ×× 融资担保有限公司诉顾 ××、丁 ×、沈 ×× 保证合同纠纷案

发布单位：最高人民法院《人民司法·案例》2013 年第 4 期（总第 663 期）

审判法院：浙江省奉化市人民法院

判决日期：2011 年 10 月 20 日

案　　号：（2011）甬奉商初字第 698 号

基本案情

2008 年 9 月，顾 ×× 与未取得有关部门发放贷款许可、营业执照注明以融资性担保业务为经营范围的融资担保公司（浙江省宁波 ×× 融资担保有限公司）签订借款合同，约定顾 ×× 向融资担保公司借款 200 万元，借款期限截至 2008 年 9 月 29 日，9 月 5 日前每日按 0.4% 计收手续费，9 月 6 日至 29 日每日按 0.36% 计收手续费。同日，融资担保公司与丁 ×、沈 ×× 签订保证合同，约定：由丁 ×、沈 ×× 对上述借款提供连带责任保证，并约定保证期间为借款合同履行期限届满之日起 2 年。顾 ×× 在收到 200 万元借款的当日，向融资担保公司出具了一份借据。之后，经融资担保公司催讨，顾 ×× 归还借款 150 万元，但余款未予归还。

融资担保公司以其与顾 ×× 签订的借款合同无效，顾 ×× 尚余 50 万元借款未予归还，丁 ×、沈 ×× 亦未按约履行保证责任为由，提起诉讼，请求判令顾 ×× 归还尚欠的借款 50 万元，并支付按银行同期贷款利率按本金 50 万元自 2008 年 9 月 30 日起至款清日止的利息损失；丁 ×、沈 ×× 对上述债务承担连带清偿责任。

诉讼中，融资担保公司将第二项诉讼请求变更为：丁 ××、沈 ×× 对 50 万元债务承担 1/3 的赔偿责任。

判决主文

一审法院判决：被告顾 ×× 归还原告融资担保公司借款 50 万元，并赔偿原告融资担保公司按中国人民银行同期同档次贷款基准利率按本金 50 万元自 2008 年 9 月 30 日计算至判决确定的履行之日止的利息损失；驳回原告融资担保公司的其他诉讼请求。

宣判后，双方当事人均未提起上诉，判决已经发生法律效力。

裁判要旨

未经批准从事放贷业务而签订的借款合同无效，作为借款合同从合同的保证合同亦无效。在保证合同被认定无效的情况下，保证合同约定的保证期间仍然具有法律意义，当事人仍应按照该保证期间主张权利。且在保证合同无效的情况下，债权人所获得的利益不应当超过保证合同有效时所获得的利益，故债权人未在保证期间内主张权利的，无权要求保证人就保证合同的无效承担相应的赔偿责任。

重点提示

中国银行保险监督管理委员会、公安部、国家市场监督管理总局、中国人民银行《关于规范民间借贷行为维护经济金融秩序有关事项的通知》规定："未经有权机关依法批准，任何单位和个人不得设立从事或者主要从事发放贷款业务的机构或以发放贷款为日常业务活动。"由此可知，未经批准不得设立放贷业务机构，也不得从事放贷活动。司法实践中，在未经批准放贷的情况下，认定保证人应否承担保证责任的问题时，应当注意以下几点：（1）未经批准放贷，签订的借款合同和保证合同均无效。首先，《民法典》关于合同无效的情形并未具体列举，但该法第 508 条规定："本编对合同的效力没有规定的，适用本法第一编第六章的有关规定。”即关于合同效力的规定，可以适用第一编总则部分中民事法律行为章节的规定。根据《民法典》第153条的规定可知，未取得放贷业务活动批准的债权人与债务人签订借款合同放贷的，借款合同因违反行政法规的强制性规定而无效。其次，借款合同与保证合同是主合同与从合同的关系，按照《民法典》第682条第1款规定：“保证合同是主债权债务合同的从合同。主债权债务合同无效的，保证合同无效，但是法律另有规定的除外。”借款合同无效的，保证合同也无效，且自始没有法律约束力。（2）主合同和保证合同均无效，保证人承担的是缔约过失责任。《民法典》第682条第2款规定：“保证合同被确认无效后，债务人、保证人、债权人有过错的，应当根据其过错各自承担相应的民事责任。”最高人民法院《关于适用〈中华人民共和国民法典〉有关担保制度的解释》第17条第2款规定：“主合同无效导致第三人提供的担保合同无效，担保人无过错的，不承担赔偿责任；担保人有过错的，其承担的赔偿责任不应超过债务人不能清偿部分的三分之一。”由此可知，保证合同无效后，保证人承担的是过错责任，且是缔约过失责任。缔约过失责任是指在合同订立过程中，一方因违背其依据的诚实信用原则所产生的义务，而致另一方的信赖利益的损失，应承担的损害赔偿责任。即保证人承担的缔约过失责任的赔偿范围，实际是债权人损失的“信赖利益”，而信赖利益是指缔约人信赖合同有效成立，但因法定事由发生，致使合同不成立、无效或被撤销等而造成的损失。按照最高人民法院《关于适用〈中华人民共和国民法典〉有关担保制度的解释》的规定，信赖利益造成的损失即履行损失，以债务人不能清偿债务的1/3为限。（3）债权人未在保证期间内要求保证人承担过错责任的，保证人无须担责。保证期间的设立目的是督促债权人及时行使权利，过期则丧失对保证人的追偿权，故保证合同中约定的保证期间是保证人与债权人对各自权利义务行使期限的唯一合理预期，按照该期间确定双方的利益关系，符合双方的缔约本意。在保证合同被认定无效的情况下，保证合同约定的保证期间仍然具有法律意义，债权人仍应按照该保证期间向保证人主张其承担保证合同无效后的过错责任，债权人未在该保证期间内主张权利的，则其无权要求保证人就保证合同的无效承担相应的赔偿责任。

4. 保证期间届满后保证人在催款通知书上签字或盖章的效力

案例来源

中国 ×× 资产管理有限公司诉云南 ×× 集团有限责任公司、云南 ×× 塑料制品有限公司、云南省 ×× 市制鞋总厂借款合同纠纷案

发布单位：最高人民法院立案一庭、二庭《立案工作指导》2012 年第 2 辑（总第 33 辑）

审判法院：最高人民法院

判决日期：2011 年 6 月 28 日

案　　号：（2011）民申字第 638 号

基本案情

1993 年 1 月，塑料制品公司（云南 ×× 塑料制品有限公司）登记为中外合资经营企业，合资方为制鞋厂（云南省 ×× 市制鞋总厂）和台湾股份公司（台湾 ×× 企业股份有限公司）。同年 4 月，集团公司（云南 ×× 集团有限责任公司）向中国人民 ×× 银行承诺以其与塑料制品公司所贷外汇贷款 50 万美元本金及利息等费用等量的外汇额度为其外汇贷款提供担保，并出具《不可撤销外汇额度担保书》，确认担保范围为塑料制品公司在第 93425 号借款合同项下不按期偿还的全部或者部分到期借款本息等。次日，省分行（中国人民 ×× 银行 ×× 省分行）与塑料制品公司签订《外汇借款合同》，约定：借款金额为外汇贷款 50 万美元，还款期限至 1994 年 4 月 26 日止，但该合同未写明编号，仅在合同及附表右上角用笔写有"NO．93.4.25"字样。《外汇借款合同》签订后，省分行国际业务部出具《核放贷款通知》，载明：核定第 93425 号提款申请，本次核放贷款金额为 33.7 万美元。

1998 年 9 月及次年 1 月，省分行新兴支行两次向塑料制品公司出具《催还逾期贷款通知书》，确认塑料制品公司第 93425 号《外汇借款合同》的贷款已有 50 万美元到期，除已归还 16 万美元外，尚有 34 万美元逾期未还等。1999

年12月，省分行新兴支行将塑料制品公司的贷款债权本金33.7万美元及利息转让给资产公司成都办事处（中国 ×× 资产管理公司成都办事处），并于同日分别向集团公司、塑料制品公司出具《担保权利转让通知》《债权转让通知》，载明：其将债权本金33.7万美元及利息转让给资产公司成都办事处，集团公司法定代表人肖 ×× 在通知书上签章。

2001年3月，资产公司（中国 ×× 资产管理公司）将其昆明业务部升格为办事处，负责接收、处置及管理中国建设银行、国家开发银行在云南省辖区内分支机构的不良资产。资产公司昆明办事处（中国 ×× 资产管理公司昆明办事处）于2001年1月至2005年12月，通过《云南日报》向塑料制品公司和集团公司公告催收债权，且于2003年先后两次向集团公司出具《履行担保义务通知书》，并载明："根据省分行新兴支行与贵单位签订的《保证合同》，贵单位自愿对塑料制品公司的借款33.7万美元本金及利息承担连带保证责任。请求贵单位按《保证合同》继续承担连带保证责任，保证期间为本通知书签收之日起两年。"集团公司法定代表人肖 ×× 在两份通知书上签名盖章。

另查明：塑料制品公司的营业执照已于2007年10月被工商局依法吊销。

资产公司昆明办事处以塑料制品公司及制鞋厂迟延还款、集团公司不履行连带责任担保义务为由，提起诉讼，请求判令塑料制品公司、制鞋厂及集团公司连带赔偿借款本金33.7万美元及利息。

判决主文

一审法院认定：被告塑料制品公司在《逾期贷款催收通知书回执》上盖章的行为，是对原债务的重新确认，主债权未超过诉讼时效，被告塑料制品公司应承担还款责任。但原告资产公司昆明办事处向被告集团公司主张保证责任的时间已超过诉讼时效，且被告集团公司出具的《不可撤销外汇额度担保书》明确表示其担保的合同为第93425号借款合同，而《外汇借款合同》无编号，不足以证明两份合同的同一性。省分行的《催还逾期贷款通知书》与原告资产公司昆明办事处的《履行担保义务通知书》关于借款本金的额度存在矛盾，难以证明被告塑料制品公司尚欠款项；此外，由于《不可撤销外汇额度担保书》与被告集团公司法定代表人签字盖章的《履行担保义务通知书》中规定的保证方式均为连带责任保证，故《履行担保义务通知书》的签订不能成立新的保证合同关系。综上所述，被告集团公司不承担连带保证责任。

一审法院判决：省分行与被告塑料制品公司签订的《外汇借款合同》有效，省分行新兴支行与资产公司成都办事处所签订的《债权转让协议》有效，被告集团公司向中国人民 ×× 银行出具的《不可撤销外汇额度担保书》有效；被告塑料制品公司向原告资产公司昆明办事处偿还借款本金人民币 2 790 360 元及利息（按中国人民银行同期流动资金贷款利率计算，自 1993 年 4 月 26 日起至还清款项时止）；驳回原告资产公司昆明办事处对被告集团公司和被告制鞋厂的诉讼请求。

原告资产公司昆明办事处不服一审法院判决，提起上诉称：一审法院认定《外汇借款合同》即为第 93425 号借款合同错误。被上诉人集团公司法定代表人在两份《履行担保义务通知书》签章的行为能够证明已经成立新的保证合同关系。在 2 年的保证期间内，本办事处向被上诉人集团公司主张了担保责任，并在保证债权的诉讼时效内进行了催收，保证债权至今合法存续，一审法院不予认定该事实错误。综上所述，请求改判由被上诉人集团公司对被上诉人塑料制品公司的债务承担连带偿还责任。

被上诉人集团公司辩称：本公司在《不可撤销外汇额度担保书》中承诺担保的是第 93425 号借款合同，而非《外汇借款合同》，且上诉人资产公司昆明办事处主张的债权数额 33.7 万美元与《外汇借款合同》的《催还逾期贷款通知书》中载明的尚欠 34 万美元的数额不一致，可见并非同一债权，上诉人资产公司昆明办事处要求本公司对《外汇借款合同》承担保证责任于法无据。另外，上诉人资产公司昆明办事处主张的连带保证责任已超过诉讼时效，一审法院免除本公司连带保证责任的认定正确。因此，请求驳回上诉，维持原判。

二审法院判决：维持一审判决第一项、第二项；撤销一审判决第三项；由被上诉人集团公司对被上诉人塑料制品公司前述债务承担连带赔偿责任，在承担责任之后，被上诉人集团公司有权对被上诉人塑料制品公司进行追偿；驳回上诉人资产公司昆明办事处其他诉讼请求。

被上诉人集团公司不服二审法院判决，申请再审称：二审判决认定省分行已向被上诉人塑料制品公司核发了 33.7 万美元贷款，以及第 93425 号借款合同与《外汇借款合同》系同一合同，无事实依据，属认定事实错误。另外，二审判决本公司对 33.7 万美元债务承担连带保证责任无事实和法律依据；被申请人资产公司昆明办事处要求本公司承担担保责任已超过诉讼时效，二审判决将本公司原法定代表人在《履行担保义务通知书》回执中签章的行为，视为与被申请人资产公司昆明办事处订立了新的保证合同无法律依据。综上所述，请求对本案予以再审。

再审法院裁定：驳回申请人集团公司的再审申请。

裁判要旨

保证期间届满后，债权人以催款通知的形式要求保证人承担保证责任，保证人在通知书上签字或盖章的，一般应认定为保证人的签收行为。但若催款通知中载有明确的保证金额、保证方式、保证范围以及保证期间等内容，则应视为要约，保证人的签字确认行为则为承诺，双方之间形成了新的保证合同关系，保证人应按照催款通知中的规定承担保证责任。

重点提示

根据《民法典》第 692 条和第 693 条的规定可知，连带责任保证的债权人未在约定或法定的保证期间内向保证人主张担保权利的，则会丧失要求保证人承担保证责任的权利。然而在司法实践中，常常出现保证期间届满后，债权人以发送催款通知书的方式要求担保人承担保证责任的情形。此种情况下，在认定保证人应否承担连带保证责任时，应当注意以下几点：（1）保证期间的性质认定及其与诉讼时效的关系。根据《民法典》第 692 条的规定可知，保证期间不发生中止、中断和延长，故应认定保证期间的性质属于除斥期间。由此可见，保证期间是法律规定债权人行使请求权的效力存续期间，是保证合同的效力存续期间，保证期间届满即发生权利消灭的法律后果，债权人在此期间内没有行使请求权，保证人免除保证责任。而诉讼时效适用中止、中断和延长的规定，其与保证期间是不同的法律概念，区别在于法律效果不同，诉讼时效届满后的法律效果是债务人产生抗辩权，债权人丧失的仅仅是请求法院以强制方式要求债务人履行债务的权利，债权本身并没有消灭，双方之间的债务关系依然存在。（2）保证期间届满后保证人在催款通知书上签字或盖章的效力认定。最高人民法院《关于适用〈中华人民共和国民法典〉有关担保制度的解释》第 34 条规定：债权人在保证期间内未依法行使权利的，保证责任消灭。保证责任消灭后，债权人书面通知保证人要求承担保证责任，保证人在通知书上签字、盖章或者按指印，债权人请求保证人继续承担保证责任的，人民法院不予支持，但是债权人有证据证明成立了新的保证合同的除外。据此可知，除非有证据证明成立新的保证合同外，保证人并不因其在催款通知书上签字或者盖章而承担保证责任，债权人发送催款通知的行为应视为不能引起具有强制法律后果的告知行为。（3）保证人在催款通知书上签字或盖章构成新的保证合同的条件。根据《民法典》合同编的相关规定可知，合同成立要有明确的要约和承诺，也就是说，催款通知书中载明的内容应当能够构成一个保证合同的要约。同时，根据《民法典》担保部分的规定，保证合同应当包括主债权的种类、数额，债务人履行债务的期限，保证方式，保证范围，保证期间等内容。由此可见，如果债权人的催款通知书中载有明确的保证金额、保证方式、保证范围以及保证期间，即可认为构成了有效的要约。保证人在明知上述内容的情况下签字或盖章，即应认定为是对要约的承诺，应当承担担保责任。

5. 债转股对保证合同的影响

案例来源

河南投资 ×× 有限公司诉 ×× 集团有限公司等保证合同纠纷案

发布单位：最高人民法院立案一庭、立案二庭《立案工作指导》2012 年第 2 辑（总第 33 辑）

审判法院：最高人民法院

基本案情

1993 年，水泥厂（河南省 ××× 水泥厂）先后与建设银行（中国建设银行 ××× 分行营业部）签订了三份借款合同，借款金额分别为 150 万元、900 万元、1350 万元。建材公司（××× 市建筑材料总公司）为其中的 150 万元借款提供连带责任保证，工业公司（××× 炼焦化学工业有限公司）为其中的 900 万元提供连带保证担保，集团公司（××× 高压开关厂，后变更为 ×× 集团有限公司）为该三笔共计 2400 万元的借款提供连带责任保证。随后，资产管理公司（×× 资产管理公司 ×× 办事处）与建设银行签订债权转让协议，约定建设银行将上述债权本金、催收利息及相关担保权利转让给资产管理公司。次年，水泥厂与开发银行（国家开发银行 ×× 分行）签订四份借款合同，借款金额分别为 100 万元、1000 万元、100 万元、2500 万元；集团公司为该四笔借款提供连带责任保证。1999 年，资产管理公司与开发银行签订债权转让协议，约定开发银行将上述债权本金 3700 万元、利息及相关担保权利转让给资产管理公司。

此后，经国家有关部门批准，资产管理公司将对水泥厂的债权本金及部分利息转为股权，组建了星 × 公司（××× 市星 × 集团有限责任公司）。资产管理公司与星 × 公司签订《债转股后剩余债权确认书》，确认资产管理公司对星 × 公司享有债权 2 750 966.68 元（系债转股后剩余利息），本债权为到期债权，星 × 公司自即日起应按照中国人民银行规定还本付息。2004 年，星 × 公司仅偿还了 30 万元。对于尚拖欠的借款，资产管理公司于 2005 年在河南日报上以公告的形式催收未果。

资产管理公司以星 × 公司拖欠借款为由，提起诉讼，请求判令星 × 公司返还借款本金及相应利息，建材公司、工业公司及集团公司对星 × 公司的债务承担连带清偿责任。

判决主文

一审法院认定：原告资产管理公司与被告星 × 公司经协商一致达成协议，

将债务本金及部分利息转为原告资产管理公司在被告星 × 公司的股权，并对剩余利息进行了确认，该协议对签订双方具有法律约束力。原告资产管理公司与被告星 × 公司通过双方签订的《债转股协议》《债转股后剩余债权确认书》对原合同进行了重大变更，但未经保证人书面同意，保证人依法不再承担保证责任。

一审法院判决：被告星 × 公司偿还原告资产管理公司借款利息 2 450 966.68 元并支付逾期利息；驳回原告资产管理公司的其他诉讼请求。

原告资产管理公司不服一审法院判决，提起上诉。

2008 年，资产管理公司与投资公司（河南投资 ×× 有限公司）签订《债权转让合同》，约定资产管理公司将包含本案债权在内的共计 502 963.90 万元的债权转让给投资公司。2010 年 2 月，投资公司向二审法院提交撤诉申请书，请求撤回对工业公司、建材公司的起诉。

二审法院判决：维持一审法院判决第一项；撤销一审法院判决第二项；被上诉人集团公司对本案原审被告星 × 公司的债务承担连带清偿责任，被上诉人集团公司在承担保证责任后，有权向原审被告星 × 公司追偿。

被上诉人集团公司不服二审法院判决，申请再审称：首先，在被申请人资产管理公司的催收通知送达本公司时，本公司出于疏忽，在未认真核实的情况下，在催收通知书上签字盖章，不能作为担保的证据。其次，《债转股后剩余债权确认书》系原审被告星 × 公司与被申请人资产管理公司签订的合同，此为新的合同，对本公司无法律约束力。故二审判决本公司对原审被告星 × 公司在本案中的全部借款承担连带清偿责任是错误的。

再审法院裁定：驳回申请人集团公司的再审申请。

裁判要旨

债权转股权是债权人以其债权入股债务人，实现全部或部分债权的情形，该行为免除或减轻了保证人的担保责任，且债转股后剩余债权确认书只是进一步确认剩余债权，并非签订新的合同，原借款合同仍有效。同时，根据《民法典》第 695 条的规定可知，即使债权人和债务人变更主合同内容未经保证人同意，但若变更后的合同减轻了债务，则保证人应对变更后的债务承担保证责任。因此，对于债转股后的剩余债权，保证人仍应承担保证责任。

重点提示

所谓债转股，是指国家组建金融资产管理公司，收购银行的不良资产，把原来银行与企业间的债权债务关系，转变为金融资产管理公司与企业间的股权、产权关系。由此可知，债转股在本质上属于公司重组，债权人以其债权入股债务人，成为债务人的股东，之后参与公司治理的一种重组方式。此种情况下，债权人对债务人的债务消失，保证人无须承担保证责任。但在司法实践中，认定债转股后债权人与债务人就剩余债权达成的确认协议是否属于新的合同，以及保证人应否承担保证责任的问题时，应当注意以下几点：（1）债转股后剩余债权确认协议的性质。债权债务确认书通常是指债权人与债务人为了明确双方的债权债务关系而签订的书面证明，一般包括借款事实、借款利息、还款和还利息的方式等。而借款合同是借款人向贷款人借款，到期返还借款并支付利息的合同。《民法典》第 668 条第 2 款规定："借款合同的内容一般包括借款种类、币种、用途、数额、利率、期限和还款方式等条款。"由此可知，债转股后剩余债权确认协议只是进一步确认债权债务关系的存在，而借款合同是债权债务关系成立的前提，二者并不相同。因此，债转股后的剩余债权确认书，仅是以确认书的形式确认债转股后剩余借款的金额及利息，是对原债权债务合同的变更，并不构成新的借款合同。（2）债转股后剩余债权确认书对保证合同效力的影响。《民法典》第 682 条的规定确认了保证合同与主债权债务合同的从属关系，无非法定例外情形下，主债权债务合同无效的，保证合同无效。从前述分析可知，债转股剩余债权确认书是对债权转股权后剩余的债权金额的确认，实际上也是对原主债权债务合同的一种变更，该变更行为是债权人与债务人经协商一致达成的协议，故债转股剩余债权确认书应为合法有效的协议，从属于主债权债务合同的保证合同亦应有效，仅是担保的主债权份额发生变化。（3）债转股后保证人保证责任的认定。《民法典》第 695 条第 1 款规定："债权人和债务人未经保证人书面同意，协商变更主债权债务合同内容，减轻债务的，保证人仍对变更后的债务承担保证责任；加重债务的，保证人对加重的部分不承担保证责任。”由此可知，主债权债务合同内容的变更即使未经过保证人的同意，但保证人的保证责任并非一定免除。在加重债务的情况下，保证人对加重的部分免除责任；但在减轻债务的情况下，保证人仍应承担保证责任。在债转股案件中，因债权人已将部分或全部债务转换成了其对债务人的股权，对已经转换成股权的债权，债务人和保证人均无须承担偿还责任，因此，在债转股后剩余债权的金额小于原债权债务合同金额的情况下，属于减轻债务的情况，即使债权债务双方签订债转股后剩余债权的确认协议未经过保证人的同意，保证人仍应当承担保证责任。

三、保证方式（3例）

1. 连带保证债权人向部分保证人主张权利的效力

案例来源

李××诉珠海市××能源有限公司、珠海市××工贸有限公司、珠海××粤能石化有限公司、陆××、陈××借款合同纠纷案

发布单位：最高人民法院《人民司法·案例》2014年第20期（总第703期）

审判法院：广东省高级人民法院

判决日期：2014年7月31日

案　　号：（2014）粤高法民二申字第788号

基本案情

2010年1月，工贸公司（珠海市××工贸有限公司）与李××签订借款合同，约定：李 ×× 向工贸公司出借 2500 万元，借款期限截至本年 2 月 11 日，到期工贸公司不偿还借款本金或因其原因致合同中止的，工贸公司应赔偿李 ×× 遭受的经济损失，赔偿范围包括但不限于律师费等实现抵押权的费用。同日，能源公司（珠海市 ×× 能源有限公司）、石化公司（珠海 ×× 粤能石化有限公司）、陆 ××、陈 ×× 为工贸公司向李 ×× 的借款提供连带责任保证，但未约定保证期限。上述借款合同与担保合同签订后，李 ×× 依约向工贸公司支付了借款 2500 万元，借款到期后，工贸公司仅偿还部分借款，尚欠部分借款未予偿还。2011 年 9 月，李 ×× 向工贸公司、能源公司、石化公司、陆 ××、陈 ×× 发出借款催收通知，称：截至本月 8 日尚欠李 ×× 借款本金 1701 万元及逾期违约金 352 万元，请尽快筹集资金归还，工贸公司、能源公司、石化公司、陆 ××、陈 ×× 均未还款。

为此，李 ×× 以工贸公司未偿还借款，能源公司、石化公司、陆 ××、陈 ×× 未承担保证责任为由，提起诉讼，请求判令工贸公司偿还借款本金 1701 万元及逾期违约金，赔偿其律师费 338 万元；能源公司、石化公司、陆 ××、陈 ×× 对上述债务承担连带清偿责任。

一审期间，陆 ×× 出具《说明函》确认：李 ×× 在借款到期后两三个月内向其主张保证责任，借款合同和借款催收通知书上能源公司、石化公司的公章是由其拿到两公司加盖的。

判决主文

一审法院判决：被告工贸公司向原告李 ×× 偿还借款本金 1701 万元及逾期还款违约金，赔偿律师费损失 5 万元；被告能源公司、石化公司、陆 ××、陈 ×× 对被告工贸公司的上述债务承担连带清偿责任，承担责任后，可以向被告工贸公司追偿。

被告能源公司不服一审法院判决，提起上诉。

二审期间，被上诉人李 ×× 提供一份《催收回执》，证明其在保证期间内向上诉人能源公司主张过保证责任。

二审法院判决：驳回上诉，维持原判。

上诉人能源公司不服二审法院判决，申请再审称：（1）被申请人李××在举证期限届满后提交的证据及一份盖有本公司印章的《催收回执》，用于证明其在保证期间内已要求保证人承担责任，违反法定程序。（2）一审法院以被申请人李××在保证期限内向一审被告陆××即本公司代理人主张权利为由，判决本公司承担连带责任；而二审法院以被申请人李××在保证期间内向一审被告陆××主张权利，其效力及于其他保证人为由，判决本公司承担连带责任；两级法院的判决理由均与被申请人李××主张的事实和理由不同。（3）一审法官以诱导性方式向一审被告陆××提出询问，导致一审被告陆××出具《说明函》，确认被申请人李××在借款到期后两三个月内其主张过权利，属于事实认定不清。（4）二审判决适用《担保法》第12条、第18条、最高人民法院《关于审理民事案件适用诉讼时效制度若干问题的规定》等与《担保法》第26条的规定明显不符，属于适用法律错误。综上，请求撤销一、二审法院判决。

再审法院裁定：驳回申请人能源公司的再审申请。

裁判要旨

在保证期间内，债权人向连带责任保证的一个保证人或部分保证人主张权利的，该主张权利的行为产生的诉讼时效效力及于其他连带责任保证人，其他保证人亦应承担连带保证责任。

重点提示

关于连带保证的债权人向部分保证人主张保证责任，其效力是否及于其他保证人的问题，《民法典》以及最高人民法院《关于适用〈中华人民共和国民法典〉有关担保制度的解释》均未作出直接规定。司法实践中，认定并处理该问题时，应当注意以下几点：（1）连带责任保证中各保证人之间的关系。连带债务是“按份债务”的对称，是指具有连带关系的多数债务人所承担的债务。根据《民法典》第518条“债务人为二人以上，债权人可以请求部分或者全部债务人履行全部债务的，为连带债务”的规定可知，在连带债务中，任何一个连带债务人都有义务向债权人履行全部义务。基于该立法目的，从连带债务的特征出发，应认定在连带责任保证中，各个保证人不分履行顺序，均具有向债权人承担全部债务的清偿责任，因此，各保证人之间构成连带债务关系。（2）连带责任保证中债权人向部分保证人主张权利的效力。连带责任保证中，债权人向其中一个保证人或者一部分保证人主张权利的效力及于其他连带保证人，理由有两点：一是根据《民法典》第518条的规定，在连带共同保证中，债权人既可以向全部保证人主张全部保证责任，亦可向其中一个或者数个保证人主张全部保证责任，即债权人在主张权利时享有选择权。二是连带责任保证中的各个保证人之间是连带债务关系，而最高人民法院《关于审理民事案件适用诉讼时效制度若干问题的规定》第15条第2款规定："对于连带债务人中的一人发生诉讼时效中断效力的事由，应当认定对其他连带债务人也发生诉讼时效中断的效力。"因此，可认定债权人向连带保证人之一主张权利，对其他保证人亦发生诉讼时效中断的效力，即其他连带保证人的保证责任不能免除。（3）连带责任保证中保证债务诉讼时效的起算。《民法典》第694条第2款规定："连带责任保证的债权人在保证期间届满前请求保证人承担保证责任的，从债权人请求保证人承担保证责任之日起，开始计算保证债务的诉讼时效。"据此可知，在连带责任保证中，债权人向保证人主张债务的诉讼时效自其在保证期间内请求保证人承担保证责任之日起计算。由于在连带责任保证中，债权人向部分保证人主张权利的效力及于其他保证人，因此，债权人对其他保证人的保证之债的诉讼时效起算点也自其向部分保证人请求承担保证责任之日起计算。

2. 约定不明时连带责任保证及其范围的认定

案例来源

万××诉江西××贸易有限公司、成××、吉林××集团股份有限公司等民间借贷纠纷案

发布单位：最高人民法院民事审判第一庭《民事审判指导与参考》2014年第1辑（总第57辑）

审判法院：最高人民法院

判决日期：2013年11月26日

案　　号：（2013）民一终字第133号

基本案情

2011年8月13日，集团公司（吉林××集团股份有限公司）、家电商行（江西省家电市场××家电商行，系个体工商户，经营者为万××）与贸易公司（江西××贸易有限公司）就借款事宜签订《协议书》，约定：家电商行借给贸易公司8000万元；集团公司与成××为借款的保证人，还款额为实际借款额；在还款日期到达时，贸易公司、集团公司中的任何一方或二者任意指定的第三人将实际借款一次性汇入家电商行账户；如果一方给另一方造成损失，造成损失的一方应当按合同约定进行赔偿；借款合同在约定钱款到账后生效。合同签订后，同月16日至25日，家电商行委托电器公司（江西××电器有限公司）、曾××、黄×涛、黄×波、黄×华、杨×分别向贸易公司转款共计6750万元。同年10月，成××出具自愿为8000万元借款承担连带保证责任的《承诺书》。

2012年2月，万××以贸易公司不履行还款义务，集团公司、成××不承担保证责任为由，提起诉讼，请求判令贸易公司、集团公司、成××共同偿还借款本金6750万元，并按银行同期贷款利率的4倍支付至借款全部还清日止的利息。

贸易公司、集团公司辩称：首先，借款合同的出借人系家电商行，而非万××；其次，双方约定的借款金额为8000万元，实际到账6750万元，且未按《协议书》的约定将全部款项付到贸易公司账上，合同未全部生效。

判决主文

一审法院判决：被告贸易公司偿还原告万××借款6750万元及利息；被告集团公司、成××对以上款项承担连带保证责任；被告集团公司、成××承担保证责任后，有权向被告贸易公司追偿。

被告成××不服一审法院判决，提起上诉称：根据《承诺书》的内容，本人应只是对原审被告贸易公司作出的8000万元借款承担连带责任，且仅限于借款本金，不包括利息。但由于原审被告贸易公司仅是欠款6750万元及利息，因此本人实际只是对该借款本金承担连带责任。一审法院要求本人对包括利息在内的所有债务承担连带责任是错误的。综上所述，请求撤销一审法院判决第二项，判决本人不承担借款利息部分的连带清偿责任。

庭审中，上诉人成 ×× 补充如下上诉理由：首先，根据《协议书》载明的借款双方信息及条款内容，原审被告贸易公司的借款属于企业之间的非法拆借，该行为违反了《银行业监督管理法》第16条、第19条关于“未经国务院银行业监督管理机构批准，任何单位或者个人不得设立银行业金融机构或者从事银行业金融机构的业务活动”的规定以及《个体工商户条例》第4条第2款、第5条第2款的规定，因此《协议书》应认定为无效，而作为保证凭证的《承诺书》亦应认定为无效。其次，承诺书中约定的借款金额与实际借款金额不一致，因此，本人不应为多出的借款金额承担连带责任。

被上诉人万 ×× 辩称：首先，上诉人成 ×× 在《承诺书》中对借款利息并未进行排除性约定，因此，应当根据相关法律的规定将其纳入担保范围内。其次，上诉人成 ×× 未在规定的上诉期限内就合同的相关内容提出异议，应认定其已认可合同的真实性与效力。

原审被告集团公司述称：同意上诉人成 ×× 的上诉理由，被上诉人万 ×× 提供的转款说明、委托付款等证据并未写明是代谁付款。

二审法院判决：驳回上诉，维持原判。

裁判要旨

根据《民法典》第686条和第688条的规定可知，连带责任保证应当由保证人和债务人在合同中明确约定，未约定或约定不明的，为一般保证。同时依据《民法典》第691条的规定可知，连带责任保证的责任范围主要是以当事人的约定为准，没有约定时则按法律规定。因此，在保证责任范围约定不明确时，保证人应按照《民法典》的规定在主债权及其利息、违约金、损害赔偿金和实现债权的费用的范围内承担保证责任。

重点提示

保证范围是指保证人所担保的债权范围，也是保证人承担保证责任的范围。司法实践中，认定连带责任保证的责任范围时，应当注意以下两点：（1）连带责任保证形式的认定。《民法典》第688条规定："当事人在保证合同中约定保证人和债务人对债务承担连带责任的，为连带责任保证。连带责任保证的债务人不履行到期债务或者发生当事人约定的情形时，债权人可以请求债务人履行债务，也可以请求保证人在其保证范围内承担保证责任。"据此可知，连带责任保证必须是经过保证人通过书面形式作出的真实意思表示，表示其对债务承担连带责任。在保证人未作出或者未明确作出对债务承担连带责任保证的意思表示时，应当按照《民法典》第686条的规定，认定为一般保证。（2）约定不明时，连带责任保证范围的认定。保证范围分为约定范围和法定范围，因法律规定了当事人的民事活动遵循自愿原则，因此《民法典》第688条中载明的"保证范围"的认定标准是有约定按约定，无约定按法定，即在没有约定保证范围的情况下，连带责任保证范围的认定以《民法典》第691条的规定为界定标准，即"保证的范围包括主债权及其利息、违约金、损害赔偿金和实现债权的费用"。虽然《民法典》及最高人民法院《关于适用〈中华人民共和国民法典〉有关担保制度的解释》均未明确在保证范围"约定不明确"时如何处理，但司法实务中对于约定不明确的情形，基本上是按照没有约定的情形处理。因此，在连带责任保证中，保证责任范围约定不明时，应认定保证人承担担保责任的范围按照法律规定的范围确定，即保证人应承担的保证范围包括主债权及其利息、违约金、损害赔偿金和实现债权的费用。

3. 连带共同保证中，债权人免除部分保证人保证责任的效力

案例来源

中国邮政储蓄银行有限责任公司 ×××× 支行诉刘 ××、黄 ××、肖 ×× 金融借款合同纠纷案

发布单位：国家法官学院《中国审判案例要览》(2013 年商事审判案例卷)

审判法院：福建省莆田市涵江区人民法院

判决日期：2012 年 10 月 23 日

案　　号：(2012)涵民初字第 354 号

基本案情

2009 年 9 月，刘 ××、黄 ××、肖 ×× 以联保小组名义与邮政银行(中国邮政储蓄银行有限责任公司 ×××× 支行)签订《小额贷款联保协议书》，约定：邮政银行在 2 年内根据任一联保小组成员的申请，发放 5 万元以内的贷款，其他小组成员对此承担连带保证责任，保证期间为借款之日起至借款到期后 2 年。同日，刘 ×× 向邮政银行借款 5 万元，并签订《小额联保借款合同》，约定借款期限为 1 年，借款用途为养猪，利率为 13.5%，按阶段性等额本息还款法还款，未按时还款逾期加收 50% 的罚息。借款到期后，刘 ×× 未按约返还借款本息。2010 年 6 月，邮政银行向黄 ×× 出具一份收执，写明其同意黄 ×× 可不承担联保小组其他成员的连带担保责任，黄 ×× 保证按时偿还个人贷款。截至 2012 年 1 月 3 日，刘 ×× 尚欠邮政银行借款本金 17 811.98 元及该款的利息、罚息 7630.63 元未还，黄 ××、肖 ×× 也未承担连带保证责任。

邮政银行以刘 ×× 长期不偿还借款，黄 ××、肖 ×× 未承担连带保证责任为由，提起诉讼，请求判令刘 ×× 归还借款本金 17 811.98 元及相应利息，黄 ××、肖 ×× 对上述债务承担连带保证责任。

判决主文

一审法院判决：被告刘 ×× 偿还原告邮政银行借款 17 811.98 元及该款利息、罚息（自 2010 年 5 月 11 日起至判决确定的还款之日止按合同约定的利率计付）；被告黄 ××、肖 ×× 对上述债务承担连带保证责任。

宣判后，双方当事人均未提起上诉，判决已发生法律效力。

裁判要旨

同一债务有两个以上连带责任保证人，在保证期间内，债权人免除部分保证人连带保证责任的，该部分保证人与债权人之间的法律关系因免除而消灭，导致其他保证人履行保证责任后无法就被免除的份额向该部分保证人追偿。因此，债权人的免除行为也应当对其他保证人产生法律效力，其他保证人在对应范围内减轻或者免除担保责任。

重点提示

司法实践中，对同一笔债权，多个保证人均承诺承担连带保证责任的情形较为常见。而债权人为了能够尽快、较大程度地收回贷款，通常会以免除一个或部分保证人保证责任的方式激励该保证人积极履行债务。为此，在债权人免除部分保证人保证责任的情形下，认定其他保证人的保证责任时，应当注意以下两点：（1）债权人免除部分保证人保证责任的法律效力。在连带责任保证中，存在多个保证人的情况下，债权人可以要求债务人履行债务，但要求保证人的数量并不是固定的，可以要求一个也可以要求几个保证人承担全部保证责任。即债权人可以免除部分保证人的保证责任，这就是连带责任保证中保证人的“对外连带性”。虽然债权人可以放弃对部分保证人的求偿权，但按照我国《民法典》总则部分的规定，该放弃行为不能损害其他人的利益。因此，债权人免除部分保证人保证责任的行为对他人权益造成损害的，应属于无效行为，反之则为有效。（2）债权人免除部分保证人保证责任的行为对其他保证人的效力。最高人民法院《关于适用〈中华人民共和国民法典〉有关担保制度的解释》第29条第2款规定:“同一债务有两个以上保证人,保证人之间相互有追偿权,债权人未在保证期间内依法向部分保证人行使权利,导致其他保证人在承担保证责任后丧失追偿权,其他保证人主张在其不能追偿的范围内免除保证责任的,人民法院应予支持。”据此可知,连带共同保证人之间的追偿权是基于共同保证而成立的,债权人免除部分保证人的保证责任,则该部分保证人对债权人不再承担清偿责任,此时连带共同保证人之间的追偿和被追偿的法律关系就失去了存在的基础。从连带共同保证人的内部关系看,在连带共同保证人之间存在内部的责任份额,并且履行了责任的保证人依法享有追偿权。但若债权人和部分保证人的保证法律关系因债权人的免除行为而归于终止,则该部分保证人就不再属于共同保证的整体,对主债务无须承担清偿责任,其他保证人履行保证责任后自然无权就被免除的份额向该部分保证人追偿,也就是说债权人的该免除行为对其他保证人产生了不利的法律效果。因此,债权人的免除行为也应当对其他保证人产生法律效力,其他保证人在对应范围内减轻或者免除担保责任。

四、保证责任(28例)

(一)保证的范围(6例)

1. 绝当后当物处置的受偿顺序

案例来源

重庆市××典当有限公司诉开平市××卫浴实业有限公司等借款合同纠纷案

发布单位:最高人民法院《人民司法·案例》2017年第8期(总第775期)

审判法院：重庆市第一中级人民法院

判决日期：2016 年 4 月 7 日

案　　号：（2014）渝一中法民初字第 00599 号

基本案情

2013 年 10 月，典当公司（重庆市 ×× 典当有限公司）和卫浴公司（重庆市 ×× 卫浴有限公司）签订《资金使用协议》，约定典当公司借给卫浴公司 2500 万元，借期 3 天，利息是每日 2‰，逾期还款的，逾期部分罚息为每日 5‰。借期届满后第二天，典当公司和实业公司（开平市 ×× 卫浴实业有限公司）签订《典当借款合同》，约定典当公司发放 3000 万元当金，当期为 3 个月。其中 500 万元在签订《典当借款合同》后 5 天发放；另外 2500 万元已在签订《资金使用协议》当日发放。实业公司为此提供了经评估价值 3000 万元的其名下的办公楼、26 套厂房和工业用地土地使用权作为当物，但双方只对办公楼和 26 套厂房办理了抵押登记，工业用地并未办理抵押登记。

之后，典当公司根据《典当借款合同》依约发放了当金。实业公司、卫浴公司和典当公司还签订了《担保合同书》，约定卫浴公司为实业公司基于《典当借款合同》项下的 3000 万元本息债务承担连带保证责任，保证期限为债务到期之日起 1 年，卫浴公司在典当公司提出还款要求后没有代为清偿的，应承担每日 0.5‰的违约金。该《担保合同书》分别由实业公司和典当公司的法定代表人签字并加盖公司公章；卫浴公司的法定代表人李 ×× 签字后未加盖公司公章。同日，李 ××、徐 ×、易 ×× 向典当公司出具《还款连带责任担保书》，承诺为实业公司基于《典当借款合同》项下的 3000 万元本息债务承担连带保证责任，保证期限为债务到期之日起 1 年，同时自愿承担 3000 万元的 2% 作为实现债权的费用。

借款到期后，实业公司、卫浴公司、李 ××、徐 ×、易 ×× 均未还款。

典当公司以实业公司欠款未还为由，提起诉讼，请求判令实业公司立即偿还借款 3000 万元并支付当金利息、典当综合费，确认其对抵押物即办公楼、26 套厂房、工业用地土地使用权享有优先受偿权；卫浴公司对借款、利息、典当综合费承担连带责任，并支付违约金；李××、徐×、易××承担连带责任并支付60万元实现债权的费用。

卫浴公司辩称：本公司未在《担保合同书》上加盖公司公章，亦未授权任何人对外承担担保责任，不是保证人，故请求驳回典当公司对本公司的诉讼请求。

易××辩称：第一，本案法律关系应是典当借款法律纠纷；第二，典当公司存在违规操作，《典当借款合同》应认定为无效；第三，保证期间已满，本人无须承担保证责任；第四，本案有抵押物，典当公司应先就抵押物实现优先受偿；第五，《典当借款合同》并未约定综合费用，典当公司也未举证证明实现债权的实际费用，绝当后不应再计算综合费用和利息。

判决主文

一审法院判决：确认被告实业公司欠原告典当公司借款本金3000万元及相应的利息和综合费（2013年10月19日起至2014年1月23日止的2500万元的利息以月利率0.47%计算，综合费以月1.5%计算；2013年10月24日起至2014年1月23日止的500万元的利息以月利率0.47%计算，综合费以月1.5%计算；2014年1月24日起至付清之日止的利息及综合费，以3000万元为基数，按中国人民银行同期同类贷款利率的4倍计算）；在上述第一项债务范围内，原告典当公司有权以登记在被告实业公司名下的抵押物，即办公楼和26套厂房折价或以拍卖、变卖所得的价款优先受偿；在上述第一项债务范围内，原告典当公司就上述第二项抵押物实现优先受偿权后仍不能清偿的部分，由被告实业公司立即清偿；被告李××、徐×、易××对被告实业公司的上述第三项债务承担连带清偿责任；驳回原告典当公司的其他诉讼请求。

宣判后，双方当事人均未提起上诉，判决已发生法律效力。

裁判要旨

典当借款法律关系中，以房屋抵押获取当金的，绝当后，典当行应先对当物折价或以拍卖、变卖所得的价款优先受偿，不足部分方由当户承担清偿责任。担保人、保证人对典当行处置当物之后未受清偿的部分承担相应责任。

重点提示

典当是以物品作质押，有偿有期借贷融资的一种方式，绝当是典当的一种特殊形式，是指当户未在前次典当或续当期限以及转当期限届满5日赎当或与典当行达成续当一致的，即为绝当。司法实践中，认定绝当后当物处置的受偿顺序时，应当注意以下几点：（1）绝当的构成要件。处置绝当物的前提在于判断典当物是否已经构成绝当，根据我国《典当管理办法》的有关规定可知，绝当的构成要件主要有：一是期限条件，典当期限是典当合同成立的必备条款，即当户与典当行必须明确出让的当物及出借的当金的有效期间，在此期限内，当户随时有权赎回当物或续当；超过该期限，典当行应给予当户5日以上的宽限时间，此时间内当户仍有权决定赎回当物或续当。二是当户的行为条件，在前述典当期限及宽限期限均届满的情况下，当户仍未赎回当物或续当，则应认定该当物构成绝当，当户无权赎回，而由典当行对当物进行处置。（2）典当行对绝当物的处置。针对绝当物的处置问题，根据我国《典当管理办法》的有关规定可知，典当行处置绝当物应当以当物的估价为标准，估价在3万元以下的，典当行可以自行变卖或者折价处理，损溢自负；对于估价在3万元以上的绝当物，典当行则应依法对当物进行拍卖处置，且对拍卖变现收入实行“多退少补”。此外，对于国家限制流通的绝当物，应当经有关部门批准后处理或交售指定单位，而以上市公司的股份作为当物的，典当行在处置之前应当取得当户的同意和配合，不得自行变卖、折价处理或者委托拍卖行公开拍卖。（3）绝当物处置的受偿顺序。在典当法律关系中，当户与典当行可以约定加入保证人为典当提供担保；因典当法律关系的本质为借贷法律关系，故应参照借贷法律关系中保证人的保证责任认定典当中保证人的保证责任。其中，有保证人的典当法律关系实质上为既有物的担保又有人的担保的债权。根据《民法典》第392条的规定可知，被担保的债权既有物的担保又有人的担保的，债务人不履行到期债务或者发生当事人约定的实现担保物权的情形，债权人应当按照约定实现债权；没有约定或者约定不明确，债务人自己提供物的担保的，债权人应当先就该物的担保实现债权。参照该规定，在典当借贷纠纷案件中，典当行在处置绝当物后，应当以拍卖、变卖或者折价处理的价款优先受偿，剩余不足以清偿的债务，应在当户承担清偿后，由保证人承担保证责任。

2. 主债务人进入破产程序后连带保证人的责任范围

案例来源

××银行股份有限公司××分行诉浙江××机电集团股份有限公司、蔡××、许××等保证合同纠纷案

发布单位：最高人民法院《人民司法·案例》2017年第14期（总第781期）

审判法院：浙江省台州市中级人民法院

判决日期：2016年10月24日

案　　号：（2016）浙10民终1872号

基本案情

2013年9月，××分行（××银行股份有限公司××分行）与机电公司（浙江××机电集团股份有限公司）签订《最高额保证合同》，约定机电公司为供应链公司（浙江××××供应链集团股份有限公司）与××分行《流动资金借款合同》项下债务提供最高额为3000万元的连带责任担保，担保范围为主债权本金、利息、逾期利息、罚息、复利、违约金、损害赔偿金、为实现债权发生的费用及其他所有主合同债务人的应付费用，保证期间为2年。次年，××分行与蔡××、许××分别签订《个人最高额保证合同》，约定：蔡××、许××为供应链公司同××分行签订的《流动资金借款合同》项下债务提供最高额为5000万元的连带责任保证。前述《最高额保证合同》项下发生三笔借款，共计5000万元整。

同时，××分行与环保公司（××环保集团有限公司）、集团公司（××控股集团有限公司）、房地产公司（浙江××房地产开发有限公司）分别签订三份《保证合同》，与项 ××、陈 ×× 分别签订两份《个人保证合同》，该五份合同均约定各担保人自愿为供应链公司与 ×× 分行所签订的《流动资金借款合同》项下的债务提供连带责任担保。上述合同签订后，×× 分行向供应链公司发放了贷款。

同年 9 月，×× 分行与供应链公司及机电公司、蔡 ×× 签订《展期协议》，对《流动资金借款合同》项下两笔合计 3000 万元的借款进行展期，展期金额各为人民币 1500 万元，担保人继续承担担保责任。次月 13 日，供应链公司资不抵债，经法院裁定受理其破产重整申请，×× 分行向管理人申报债权为借款本金 5000 万元。通过重整程序，×× 分行收到了管理人依据重整计划偿付的分配款 824 万元，剩余债权经其多次催讨尚未清偿。

×× 分行以机电公司、蔡 ××、许 ××、环保公司、集团公司、房地产公司、项 ××、陈 ×× 应承担连带保证责任为由，提起诉讼，请求判令机电公司、蔡 ××、许 ×× 承担连带保证责任，立即向其清偿借款本金 2505.6 万元及至实际清偿日的利息；蔡 ××、许 ××、环保公司、集团公司、房地产公司、项 ××、陈 ×× 承担连带保证责任，立即向其清偿借款本金 1670.4 万元及至实际清偿日的利息。

庭审中，×× 分行陈述，本案借款利息已支付至 2014 年 10 月 13 日。

判决主文

一审法院判决：被告机电公司、蔡 ××、许 ×× 于判决发生法律效力且供应链公司破产程序终结后 10 日内偿还原告 ×× 分行借款本金 2505.6 万元在供应链公司破产程序中未受清偿的部分；被告蔡 ××、许 ××、环保公司、集团公司、房地产公司、项 ××、陈 ×× 于本判决发生法律效力且供应链公司破产程序终结后 10 日内偿还原告 ×× 分行借款本金 1670.4 万元在供应链公司破产程序中未受清偿的部分；驳回原告 ×× 分行的其余诉讼请求。

原告 ×× 分行不服一审法院判决，提起上诉称：首先，原审法院判决保证人在破产程序终结后才履行保证义务属于适用法律错误，借款人与保证人的清偿责任无时间先后之分，本行有权要求各保证人承担保证责任。其次，保证人承担保证责任的范围不应适用破产法关于破产债权停止计息的规定，受理破产之后的利息也应由各保证人承担。因此，请求撤销原判，改判支持本行的一审诉讼请求。

被上诉人机电公司辩称：首先，因供应链公司进入破产重整程序，上诉人××分行向管理人申报的债权受偿金额暂时无法确定，原审法院判令各保证人在破产程序终结后对上诉人××分行不能受偿的部分承担保证责任符合规定。其次，上诉人××分行在破产案件中申报的债权未包括借款利息及赔偿金，现增加各保证人承担相应利息等债务，无法律根据。因此，请求驳回上诉人××分行的上诉请求。

二审法院判决：驳回上诉，维持原判。

裁判要旨

在主债务人进入破产程序后，如果该债权附有连带保证担保，保证人的责任范围应与主债权一致，对于债权人不能列入破产债权的部分，如破产受理后债权停止计息的规定，其效力应及于保证人。对于债权人已经申报债权后或已部分受偿后又向保证人主张权利，法院无须中止审理案件，可以作出附履行条件判决。

重点提示

司法实践中，对于债权附有保证担保的案件，在主债务人进入破产程序后，认定保证人保证责任的范围以及债权人已经申报债权或者已经部分受偿后又向保证人主张承担保证责任等问题时，应当注意以下两点：（1）保证人保证责任的范围因受破产程序影响而减少，即破产后主债权停止计息的效力及于保证人。首先，保证合同作为主债权债务合同的从合同，其保证范围同样具有从属性，即保证人承担的责任范围只能小于或者等于主债务的范围，而不能大于主债务人应当承担的范围。对于主债务人应承担的利息，应在破产申请被受理后停止计算，否则会导致保证人应承担的保证责任范围大于主债务范围，有悖于保证的从属性。其次，从法定的保证责任范围的角度分析，根据《民法典》的规定可知，担保物权的范围包括主债权及其利息、违约金、损害赔偿金、保管担保财产和实现担保物权的费用。所谓主债权及其利息，是主债务人依法应当承担的债务本金及利息，根据《企业破产法》规定，人民法院受理破产申请后，附利息的债权自破产申请受理时起停止计息，故破产后的利息已经不属于全部债务的范围，自然也不属于保证人承担保证责任的范围。最后，追偿权是法律赋予保证人的合法权益，在主债务人申请破产后，债务人应承担的利息已停止计算，此时若在保证范围内停止计息，债权人在向保证人实现债权后，其损失仅为利息损失，而保证人亦可向主债务人行使追偿权；但若在保证范围内继续计息，则很难保障保证人向债务人行使追偿权，对于保证人而言显失公平。（2）主债务人进入破产程序后，债权人已申报债权或已部分受偿后又向保证人主张保证责任的，人民法院应作出附履行条件的判决。在此类案件的审判中，若保证人在破产程序尚未终结前履行了保证责任，而债权人又再次在破产程序中获得了部分受偿，就容易出现债权人就同一债务活动双重受偿的情形，此时若要求债权人将双重受偿的部分予以返还，则有可能导致新的纠纷，造成司法资源浪费。从程序角度来讲，根据最高人民法院对《关于担保期间债权人向保证人主张权利的方式及程序问题的请示》的答复可知，通常在此类情况下，人民法院可以选择中止等待破产程序终结后继续审理，也可以选择径行判决保证人承担保证责任，并在判决中明确应扣除债权人在债务人破产程序中可以分得的部分。但从实务角度来讲，由前述分析可知，在破产后主债权停止计息的效力及于保证人，若破产程序迟迟不能终结，债权人不仅长时间无法实现债权，亦会遭受长时间停止计息的损失，显然不利于保证债权人的利益。因此，对于破产债权人在破产程序中部分受偿后再向保证人主张权利的，人民法院应当依法作出附履行条件的判决。

3. 申请公证债权文书强制执行与诉讼约定并存时的保证责任范围

案例来源

××国际信托有限公司诉赤峰××工贸有限责任公司、××联合融资担保有限公司金融借款合同纠纷案

发布单位：最高人民法院《人民司法·案例》2018年第11期（总第814期）

审判法院：上海市浦东新区人民法院

判决日期：2016年2月16日

案　　号：（2015）浦民六（商）初字第9294号

基本案情

2014年10月，工贸公司（赤峰××工贸有限责任公司）与信托公司（××国际信托有限公司）签订《信托贷款合同》，约定：工贸公司因需流动资金周转，向信托公司申请信托贷款，信托公司需根据合同约定分笔向工贸公司提供总金额不超过2500万元的信托贷款。合同还对放款条件、贷款利率、结息方式、款项支付、违约事件及处理等进行了约定。此外，合同第18章约定了强制执行公证优先于第19章第2条的诉讼方式。

同日，担保公司（××联合融资担保有限公司）与信托公司签订《保证合同》约定：担保公司对工贸公司与信托公司的借贷合同在债务履行期限届满至次日起2年内承担无条件、不可撤销的连带责任保证，保证范围包括贷款本金、利息、违约金、赔偿金、实现债权的费用、因工贸公司违约而给信托公司造成的损失和其他所有应付费用。其中，实现债权的费用包括但不限于律师费用、公证费用、仲裁费用等一切合理费用。同时约定在工贸公司不履行或不能履行主合同项下的义务，或担保公司不能履行本合同项下的义务时，双方应当首先协商解决，协商不成的，信托公司有权直接申请强制执行，无须经过诉讼程序。

次日，上海市东方公证处为涉案《信托贷款合同》和《保证合同》办理具有强制执行效力的债权文书公证书，公证事项为：赋予《信托贷款合同》《保证合同》强制执行效力。次月 3 日、26 日，×× 中小企业发展基金 11 号集合信托计划两期募集成立。担保公司于次日向信托公司发出《放款通知书》。信托公司依约向工贸公司发放信托贷款共计 2500 万元，但工贸公司未按《信托贷款合同》的约定按时、足额履行还款及支付利息的义务。

2015 年 6 月 1 日，信托公司向担保公司发出《履约通知函》，于次月 8 日向工贸公司、担保公司发出《律师函》特快专递，要求工贸公司、担保公司履行合同责任。而后，信托公司向工贸公司发出《贷款合同提前终止函》，宣布《信托贷款合同》于 2015 年 7 月 27 日提前终止；向担保公司发出《贷款合同提前终止函》，言明系争《信托贷款合同》于 2015 年 7 月 15 日提前终止。

2015 年 8 月，信托公司以工贸公司、担保公司均未履行付款义务为由，根据《信托贷款合同》第 19.2 条的约定，协商不成可以就该争议提起诉讼解决，直接向法院提起诉讼，请求判令工贸公司偿还借款本金 2500 万元，并按合同约定支付利息及罚息，担保公司对工贸公司在《信托贷款合同》项下的全部债务承担连带清偿责任，并判令工贸公司、担保公司连带承担律师费、诉讼担保费及主张债权而产生的其他费用共计 162 942 元。

担保公司辩称：首先，本公司对信托公司是否发放贷款及工贸公司是否偿还贷款情况不清楚，对于利息、罚息超过年利率 24% 的部分不认同。其次，同意在担保责任范围内承担连带清偿责任，但对主合同未明确约定的律师费本公司不应承担保证责任。最后，信托公司可以根据债权公证文书直接申请强制执行，而无须提起诉讼，因此不同意承担诉讼费用。

判决主文

一审法院判决：被告工贸公司偿还原告信托公司借款本金 2500 万元；被告工贸公司支付原告信托公司以借款本金 1500 万元为基数，按年利率 14%，自 2015 年 2 月 3 日起计至 2015 年 7 月 26 日的借款利息，以及以借款本金

1000万元为基数，按年利率14%，自2015年2月26日起计至2015年7月26日的借款利息；被告工贸公司支付原告信托公司以借款本金2500万元为基数，按年利率24%，自2015年7月27日起计至实际清偿日止的逾期利息，该款项应扣除被告工贸公司已支付的40万元；被告担保公司对于被告工贸公司上述第一项、第二项、第三项付款义务承担连带清偿责任，履行连带保证责任后，有权向被告工贸公司追偿；驳回原告信托公司其余的诉讼请求。

宣判后，双方当事人均未提起上诉，判决已发生法律效力。

裁判要旨

主合同同时约定了申请债权文书强制执行和诉讼两种方式实现权利的，债权人未经申请公证债权文书强制执行而直接向法院提起诉讼的，应予支持。但鉴于担保合同系主合同的从合同，在主合同约定赔偿其他一切损失，而担保合同将损失具体化时，应遵循直接且必要的原则区分损失的产生是否为主合同违约行为所导致的合理损失。在双方已约定可通过申请债权文书强制执行的方式实现债权时，律师费并非违约行为的直接且必要的损失，应不予支持。

重点提示

在借贷法律关系中，债权人与债务人可以约定发生争议时的救济途径，约定的解决争议的方式可以是一种，也可以是几种并存。司法实践中，认定债权债务双方约定申请公证债权文书强制执行与诉讼方式并存时的诉权保护，以及保证人承担保证责任的范围等问题时，应当注意以下两点：（1）申请公证债权文书强制执行与诉讼约定并存时的诉权保护问题。在债权债务双方约定了具有强制执行效力的公证债权文书的同时还约定可以通过诉讼途径解决纠纷时，可从以下几点判断适用何种解决方式：首先，意思自治原则是我国民事法律关系的基本原则，在债权人享有约定或法定的多种救济途径的情况下，债权人有权自由选择救济方式，此时债权人选择通过诉讼途径维护自身权益是合法的。其次，人民法院作出的判决书的执行力要大于经过公证的债权文书，对裁判文书申请强制执行的程序相较于申请公证债权文书强制执行的程序也更为简便，更有利于债权的实现。（2）担保合同中约定的律师费是否属于保证责任的范围。保证责任的范围是指保证人所担保的债权范围，也就是保证人承担保证责任的范围。虽然根据《民法典》第 691 条的规定可知，在当事人无特别约定的情形下，保证责任的范围包括主债权及其利息、违约金、损害赔偿金和实现债权的费用。但鉴于保证合同系主债务合同的从合同，其自身的从属性决定了保证责任的范围不得超出主债权债务合同的范围，而对于律师费等实现债权的费用，即使保证合同中约定了保证人承担保证责任的范围包括律师费，但因约定的保证范围不应超过主合同的债权范围，故在界定保证责任的范围时应遵循“直接且必要”原则，区分损失的产生是否为主合同违约行为所导致的合理损失。在债权债务双方同时约定了申请公证债权文书强制执行和诉讼两种实现债权方式的情况下，由于诉讼并非实现债权的唯一方式，故因债权人选择诉讼途径实现债权而产生的律师费显然不属于“直接且必要”的合理费用，不应当由保证人承担。

4. 金融担保业务中利息及违约金的认定

案例来源

中国投资担保有限公司上海 ×× 分公司诉上海博 × 钢铁有限公司、上海汉 × 钢铁有限公司、上海 ×× 实业发展有限公司、上海 ×× 金属交易市场管理有限公司、安徽 ×× 置业有限公司、上海 ×× 集团有限公司、周 ××、郑 ××、李 ××、丁 ××、林 ××、吴 ××、张 ×× 追偿权纠纷案

发布单位：最高人民法院《人民司法 · 案例》2015 年第 10 期（总第 717 期）

审判法院：上海市黄浦区人民法院

判决日期：2013 年 12 月 18 日

案　　号：（2013）黄浦民五（商）初字第 5117 号

基本案情

2011年7月，博×公司（上海博×钢铁有限公司）与××银行（中国××银行上海分行）签订银行承兑协议，××银行为博×公司开具了银行承兑汇票，票面总价共计5512.5万元。3日后，中投保分公司（中国投资担保有限公司上海××分公司）与博×公司签订《担保授信及追偿合同》，约定：由中投保分公司授予博×公司4410万元的担保授信额度，为博×公司向××银行借款提供担保；中投保分公司履行保证责任后即取得代位向博×公司追偿的权利，有权要求其偿还借款、利息（利率为每日万分之五）及其他损失。若博×公司违约，应向中投保分公司支付担保授信额度金额20%的违约金。同时，中投保分公司又在担保授信额度内为博×公司、汉×公司（上海汉×钢铁有限公司）、实业公司（上海××实业发展有限公司）、上海××经贸有限公司、上海××工贸有限公司提供担保，约定五公司组成联保小组，共同为任一公司所负债务承担连带责任。

2011年11月、2012年8月，中投保分公司先后与管理公司（上海××金属交易市场管理有限公司）、置业公司（安徽××置业有限公司）、集团公司（上海××集团有限公司）签订担保合同，约定管理公司为博×公司提供信用反担保，违约金为博×公司应付款项的20%，置业公司、集团公司提供最高额反担保，违约金为博×公司应向中投保分公司支付款项金额的10%。吴××、张××、周××、郑××、李××、丁××、林××均以其个人及家庭所有财产为博×公司向投保华东分公司提供无限连带责任担保。

2013年1月，博×公司未能如约还款，中投保分公司应××银行要求向其支付本金、罚金、表外欠息费用共计36 892 060.39元（已扣除博×公司保证金761万元），并收到代偿确认书。随后，中投保分公司向博×公司及其他保证人发送《履行债务通知书》及《代偿通知书》，要求其承担相应的还款责任，博×公司及其他保证人均未还款。

中投保分公司遂以博×公司、汉×公司、实业公司、管理公司、置业公司、集团公司、周××、郑××、李××、丁××、林××、吴××、

张 ×× 未能履行相应的还款义务为由提起诉讼，请求判令博 × 公司偿还本金 36 892 060.39 元、自 2013 年 1 月 29 日起至实际清偿之日止每日万分之五利率计的利息以及违约金 8 820 000 元；汉 × 公司、实业公司、管理公司、置业公司、集团公司、周 ××、郑 ××、李 ××、丁 ××、林 ××、吴 ××、张 ×× 对上述债务承担连带清偿责任；管理公司支付违约金 9 142 412.08 元，置业公司、集团公司各支付违约金 4 571 206.04 元；并判令对博 × 公司提供的质押物，周 ××、郑 ×× 提供的抵押物依法拍卖或变卖，其有权以拍卖、变卖所得价款优先受偿。

管理公司、集团公司、吴 ××、张 ×× 共同辩称：中投保分公司诉请的违约金应合并计算，且违约金金额过高，应依法予以调减，调整的金额不应超过第 1 项诉请中债务金额的 30%。其次，集团公司与中投保分公司签署的《反担保保证合同》签署页与合同内容无关，且合同没有编号，也未加盖公章，故集团公司不应承担担保责任。最后，吴 ××、张 ×× 承担的保证责任不应超过《无限连带责任担保函》中载明的最高债权额。

针对管理公司、集团公司、吴 ××、张 ×× 的辩称，中投保分公司认为，首先，集团公司法人吴 ×× 在《反担保保证合同》上第 1 页、第 10 页均有签字，合同是连续的，其应知晓合同内容，合同虽然没有编号，但是附件对应的《担保授信及追偿合同》都是明确的，集团公司应承担保证责任。其次，吴 ××、张 ×× 承担的最高额反担保保证责任应是无限连带保证责任。

判决主文

一审法院判决：被告博 × 公司向原告中投保分公司偿还人民币 36 892 060.39 元；被告博 × 公司向原告中投保分公司偿还自即日起至清偿之日止按每天万分之五计算的利息（计算公式：本金人民币 36 892 060.39 元 × 万分之五 × 天数）；被告博 × 公司向原告中投保分公司支付违约金人民币 3 689 206.04 元；被告博 × 公司向原告中投保分公司支付律师费损失 177 082 元；被告汉 × 公司、实业公司、管理公司、置业公司、集团公司、周 ××、郑 ××、李 ××、丁 ××、林 ××、吴 ××、张 ×× 对上述款项承担连带清偿责任，履行完毕后，有权向被告博 × 公司追偿；被告博 × 公司不履行付款义务时，可以被告郑 × ×、周 × × 房产折价或对其拍卖、变卖价款在人民币 920 万元及其相应利息、违约金等限额内优先受偿，或以被告周 × × 的房产折价或者对其拍卖、变卖价款在人民币 349 万元及其相应利息、违约金等限额内优先受偿，被告周 × ×、郑 × × 履行担保义务后，有权向被告博 × 公司追偿；对原告中投保分公司的其余诉讼请求，不予支持。

宣判后，各当事人均未提起上诉，判决已发生法律效力。

裁判要旨

金融担保公司为借款人代偿款项后，向借款人及反担保人行使追偿权时，双方当事人争议焦点主要在于担保合同中关于代偿款项利息、担保违约金以及反担保人违约金的承担问题。无论是代偿款利息条款或是违约金条款，均可起到促进双方履约以及保护保证人合法权益的目的，故在合法范围内应认定有效；而违约金的数额则应当由人民法院在审判中进行认定，在违约方已部分履约或对守约方进行补偿的情况下，可对过高的违约金进行酌减。

重点提示

金融担保的保证人提供担保的目的在于从中收取一定的担保费，其性质不同于一般的民事担保，因此，对金融担保业务中的利息和违约金，以及反担保的违约金认定时常会成为实务中的争议焦点。司法实践中，在解决此类问题时，应当注意以下几点：（1）金融担保业务中代偿款利息的认定。在债务人到期无法清偿债务的情况下，为其提供金融担保业务的保证人应以其自有资产履行代偿义务，用于代偿的部分资金在保证人实现追偿权之前会产生资金利息损失等风险，保证人与债务人约定代偿款利息的行为有利于保护其自身合法权益，降低可能承受的风险，也是对其支付代偿款损失的补偿。同时，基于意思自治原则，保证人与债务人约定代偿款利息的条款不违反法律及行政法规的强制性规定，亦不违反公序良俗和社会道德的，应予认可。因此，对于保证人与债务人约定的未超出法律规定范围的代偿款利息，人民法院应予支持。（2）金融担保业务中的违约金条款。根据《民法典》的规定，当事人可以约定一方违约时应当根据违约情况向对方支付一定数额的违约金，其既具有担保债务履行的功效，又具有惩罚违约人和补偿无过错一方当事人损失的效果。由前述分析可知，从事金融担保业务的保证人提供保证的目的在于获取利润，约定违约金条款有利于降低保证人的经营风险，同时也有促进双方履行义务的作用，因此，保证人与债务人在金融担保合同中约定的违约金条款应认定为有效。（3）金融担保业务中的违约金认定标准。关于违约金的认定标准问题，我国《民法典》作出了明确规定，即双方当事人既可以约定违约金的数额，也可以约定因违约产生的损失赔偿额的计算方法，但约定的违约金低于造成的损失的，人民法院或者仲裁机构可以根据当事人的请求予以增加；约定的违约金过分高于造成的损失的，人民法院或者仲裁机构可以根据当事人的请求予以适当减少。但对于双方约定的违约金是否过分高于或过分低于造成的损失，《民法典》及其相关法律法规则未作出明确规定，实务中一般是由人民法院在审判中综合当事人的履约程度、过错程度等综合判断。在违约方已完成部分履约或已对守约方进行了补偿的情况下，人民法院可依法对过高的违约金予以酌减。

5. 借用过桥资金以新还旧的同一保证人对新贷应否担责

案例来源

江苏××农村商业银行股份有限公司××支行诉江苏省南通×××鞋业有限公司、江苏省南通××彩色钢板有限公司、刘××借款合同纠纷案

发布单位：最高人民法院《人民司法·案例》2015年第2期（总第709期）

审判法院：江苏省南通市中级人民法院

案　　号：（2013）通中商终字第0022号

基本案情

2009年4月，鞋业公司（江苏省南通×××鞋业有限公司）向××支行（江苏××农村商业银行股份有限公司××支行）借款700万元，借期至2009年10月25日，借款用途为借新还旧，同时约定该借款由钢板公司（南通××彩色钢板有限公司）、刘××等提供连带责任保证。同年11月，鞋业公司、××支行、互助协会（××县中小企业互助协会）签订履约合同，约定鞋业公司在资金周转发生临时困难时，可申请、使用互助协会资金；××支行在鞋业公司归还所欠融资本息后，将尽快履行内部审批手续，继续向鞋业公司发放新融资700万元，并同意鞋业公司以此融资归还互助协会短期周转借款。

同月，××支行与鞋业公司签订借款合同，约定鞋业公司为购皮需要短期流动资金，向××支行借款200万元，借款期限至2010年11月10日止，月利率为4.646 25‰，并约定了鞋业公司的违约责任。同日，××支行与钢板公司、刘××就上述借款合同担保事宜签订保证合同，约定了保证方式、保证范围以及保证期间。同时，保证人承诺本合同不因主合同债务人违反主合同约定使用借款而无效。上述合同经各当事人签名盖章后，××支行于同日借款200万元发放至鞋业公司在其处开立的银行账户。之后，鞋业公司与××支行因还款问题产生纠纷。

××支行以鞋业公司实施了以贷还贷行为，且新、旧贷款系同一保证人，保证人应对新贷承担保证责任为由，提起诉讼，请求判令鞋业公司偿还借款本金200万元，钢板公司、刘××承担连带清偿责任。

判决主文

一审法院判决：被告鞋业公司偿还原告××支行借款本金200万元，并支付利息（含逾期利息）172 171.53元（计算至2012年6月20日，之后至判决确定的给付之日的利息按照合同约定支付）；驳回原告××支行对被告钢板公司、刘××的诉讼请求。

原告××支行不服一审法院判决，提起上诉称：案涉200万元借款虽约定用途为购皮，但实际为以贷还贷。新、旧贷款之间利用了互助协会提供的过桥资金，系同一银行、同一借款人为以贷还贷连接新贷款和旧贷款所提供的临时性服务资金，不影响以贷还贷行为的成立。根据法律规定，新、旧贷款系同一保证人的，保证人应承担保证责任。一审法院认定形成新的借款关系不当，且本案不符合《担保法》第 30 条规定的情形。故请求撤销原判，依法改判。

被上诉人钢板公司、刘 ×× 辩称：被上诉人 ×× 支行与鞋业公司恶意串通，骗取担保，根据法律规定，保证人不承担担保责任。故请求驳回上诉，维持原判。

二审法院判决：维持一审法院判决第一项；撤销一审法院判决第二项；被上诉人钢板公司、刘 ×× 对被上诉人鞋业公司的给付义务承担连带清偿责任。

裁判要旨

借款人借用过桥资金偿还旧贷，再以新贷偿还过桥资金，是否属于司法解释所指的“以新贷偿还旧贷”，应从新旧贷款债权债务主体一致、借款人客观上有将新贷偿还旧贷的行为、金融机构与借款人之间主观上存在以贷还贷的合意三个要件作实质性审查认定。

重点提示

过桥贷款，是指借款人为归还银行到期贷款并从银行续贷，在自有资金不足时，通过地方政府、企业协会、小贷公司等非银行金融机构或通过民间融资方式筹措资金归还银行到期贷款，并用银行发放的新贷偿还对外融资。过桥贷款实际上属于一种过渡性的短期贷款，借款人的目的不是用于生产，而是单纯作为财务上资金链断点的衔接。司法实践中，分析借用过桥资金以新还旧的情况下，同一保证人对新贷款应否承担保证责任时，应当注意以下几点：（1）以贷还贷的认定。以贷还贷也称借新还旧，是指金融机构与借款人约定以新贷款偿还旧贷款的行为，其实质是金融机构在借款人无力偿还原有贷款情况下迫于贷款逾期压力而采取的变通方式。根据最高人民法院《关于适用〈中华人民共和国民法典〉有关担保制度的解释》第 16 条第 1 款规定可知，认定以贷还贷，应当具备三个条件：一是新旧贷款债权债务主体一致；二是借款人客观上有将新贷偿还旧贷的行为；三是金融机构与借款人之间主观上存在以贷还贷的合意。因此，只有同时符合上述三个要件，才能构成法律意义上的以贷还贷。

（2）过桥贷款构成以贷还贷的认定。从过桥贷款的定义可以看出，其与以贷还贷的情形具有相似之处，但是否能与以贷还贷等同，则需要从过桥贷款是否具备以贷还贷的要件进行分析。即首先，审查过桥贷款的债权人与债务人是否与旧贷主体具有同一性；其次，审查借款人客观上是否有以贷还贷的行为，该审查通常是从贷款资金流向方面予以认定；最后，审查借贷双方在主观上是否具有以贷还贷的合意，如借款合同中明确以贷还贷或借新还旧，即可认定借贷双方具备以贷还贷的主观要件。但若借款合同未载明前述内容，则应借助其他证据对借贷双方是否具有共同意思表示或联络综合分析认定。（3）以贷还贷情况下，同一保证人应对新贷承担保证责任。根据最高人民法院《关于适用〈中华人民共和国民法典〉有关担保制度的解释》第16条第1款第（1）项规定："主合同当事人协议以新贷偿还旧贷，债权人请求旧贷的担保人承担担保责任的，人民法院不予支持；债权人请求新贷的担保人承担担保责任的，按照下列情形处理：（一）新贷与旧贷的担保人相同的，人民法院应予支持。"因此，在新旧贷款保证人相同，且行为性质属于以贷还贷的情形下，应直接适用前述规定确定新贷的保证人承担保证责任。

6. 债权人申报债权后保证人承担保证责任的范围

案例来源

××国际集团上海××国际贸易有限公司诉浙江××纸业有限公司保证合同纠纷案

发布单位：最高人民法院中国应用法学研究所《人民法院案例选》2011年第3辑（总第77辑）

审判法院：上海市高级人民法院

判决日期：2010年11月29日

案　　号：（2010）沪高民二（商）终字第60号

基本案情

2008 年，国贸公司（× × 国际集团上海 × × 国际贸易有限公司）分别与荣 × 公司（浙江荣 × 纸业有限公司）、亚 × 公司（浙江 × × 亚 × 纸业集团有限公司）和天 × 公司（浙江天 × 纸业有限公司）订立多份代理进口合同及国内购货合同，约定由国贸公司代理荣 × 公司、亚 × 公司、天 × 公司进口、购买木浆，并对相关事项进行了明确约定。合同订立后，国贸公司按约交付了货物，但荣 × 公司、亚 × 公司、天 × 公司未按约足额支付货款。

次年 3 月，国贸公司与天 × 公司、亚 × 公司、荣 × 公司、纸业公司（浙江 × × 纸业有限公司）签订还款协议，载明：天 × 公司、亚 × 公司、荣 × 公司、纸业公司确认在委托国贸公司代理进口及国内贸易过程中拖欠货款共计 29 477 175.94 元；天 × 公司、亚 × 公司、纸业公司对荣 × 公司的欠款承担连带担保责任，担保期限自荣 × 公司应付款日起 2 年，天 × 公司、荣 × 公司、纸业公司对亚 × 公司的欠款承担连带担保责任，担保期限自亚 × 公司应付款日起 2 年；天 × 公司、亚 × 公司、荣 × 公司、纸业公司承诺在 2009 年内分期偿还借款，且还款优先清偿到期债权，同时到期的，按债权比例清偿，逾期还款的，视为全部债务到期，国贸公司有权就全部余款一并主张，且天 × 公司、亚 × 公司、荣 × 公司、纸业公司应承担连带清偿责任；本协议签署后 5 个工作日内，应办妥荣 × 公司的设备抵押工商登记，且双方应就此另行签订抵押合同，并完成抵押登记手续办理。

同日，国贸公司与荣 × 公司签订抵押合同，约定：为保障上述还款协议的执行，荣 × 公司愿意向国贸公司提供抵押担保，担保范围为国贸公司依据还款协议向债务人主张的全部欠款、逾期利息和实现抵押权的费用。其后，双方办理了动产抵押登记。之后，亚 × 公司还款 100 万元，尚余 28 477 175.94 元未付。随后，经人民法院裁定，亚 × 公司、荣 × 公司、天 × 公司先后进入重整程序。同年，国贸公司先后向亚 × 公司、荣 × 公司、天 × 公司申报原始债权及孳息债权。其后，人民法院作出民事判决书，撤销国贸公司与荣 × 公司签订的抵押合同，该判决已发生法律效力。

国贸公司以债务人未能按时承担还款责任，纸业公司作为保证人亦未承担保证责任为由，提起诉讼，请求判令纸业公司对 28 477 175.94 元欠款承担连带保证责任，并偿付以该款为本金自 2009 年 5 月 26 日起至实际支付之日止按银行同期贷款利率计算的利息损失。

纸业公司辩称：国贸公司已向亚 × 公司、荣 × 公司、天 × 公司申报了债权，不应再向本公司主张权利。同时，国贸公司对抵押合同被撤销具有过错，本公司承担保证责任的范围不能超过全部债务的 1/2。

判决主文

一审法院认定：案外人天 × 公司、亚 × 公司、荣 × 公司拖欠原告国贸公司款项的事实清楚，且未在还款协议约定期限内归还拖欠的款项。在债务人未还款的情况下，原告国贸公司有权向保证人被告纸业公司进行追偿。虽然原告国贸公司在提起本案诉讼前已向进入重整程序的案外人亚 × 公司、荣 × 公司、天 × 公司申报了债权，但并无法律明文禁止债权人申报债权的同时不得向保证人主张保证责任。鉴于主债务人均已进入重整程序，且原告国贸公司已申报了债权，被告纸业公司在承担保证责任后，可就其已承担的部分代位原告国贸公司申报债权。案外人天 × 公司、亚 × 公司的债务，既有荣 × 公司提供的物保，也有被告纸业公司提供的人保，故原告国贸公司有权选择由被告纸业公司承担保证责任。案外人荣 × 公司的债务以其自身财产提供物的担保，被告纸业公司提供人保，应先以自身财产清偿债务，不足部分再由被告纸业公司清偿，但由于抵押合同已被生效判决撤销，故被告纸业公司应承担保证责任。此外，被告纸业公司无证据证明原告国贸公司对抵押合同被撤销存在过错，故对其承担 1/2 责任的抗辩理由不予支持。

一审法院判决：被告纸业公司向原告国贸公司支付人民币 28 477 175.94 元及相应的利息；被告纸业公司在承担了上述保证责任后，有权就其已清偿部分向案外人荣 × 公司、亚 × 公司、天 × 公司追偿；驳回原告国贸公司的其余诉讼请求。

被告纸业公司不服一审法院判决，提出上诉称：（1）本公司同意作出连带责任保证是基于案外人荣 × 公司提供了物的担保，若主债务人未按期履行债务，被上诉人国贸公司应先就案外人荣 × 公司提供的抵押物实现债权，不足部分再由本公司承担保证责任。（2）被上诉人国贸公司在签订抵押合同之前未履行对案外人荣 × 公司经营状况的审查义务，以致还款协议签订后仅3个多月荣 × 公司即进入破产重整，抵押合同被撤销，对此被上诉人国贸公司存在过错，应当减免本公司的担保责任。（3）案外人荣 × 公司、亚 × 公司、天 × 公司作为主债务人均未履行还款义务，被上诉人国贸公司未要求债务人清偿亦未积极行使抵押权，导致抵押合同被撤销，本公司应当减免相应的担保责任。（4）案外人荣 × 公司、亚 × 公司、天 × 公司作为主债务人均已进入破产程序，被上诉人国贸公司已申报了债权，且破产程序尚未终结，不能同时要求本公司承担保证责任。综上，请求撤销原判，发回重审或依法改判。

被上诉人国贸公司辩称：（1）上诉人纸业公司称其提供保证的前提是荣 × 公司提供了物的抵押无事实依据，其所作的连带责任保证意思表示真实有效。（2）抵押合同并非因显失公平、重大误解或欺诈等事由被撤销，本公司对此无过错。（3）物的担保与保证处于同一地位，债权人可以请求物的担保人或保证人承担担保责任。现本公司要求上诉人纸业公司承担担保责任，符合法律规定。（4）上诉人纸业公司提供的保证为连带责任保证，根据法律规定，本公司可以要求债务人履行债务，也可以要求连带责任保证人承担保证责任。（5）本案不存在重复受偿的问题，上诉人纸业公司承担保证责任后，可代位申报债权，并可在破产财产最后分配前补充申报。综上，请求驳回上诉，维持原判。

二审法院判决：撤销一审法院判决；上诉人纸业公司于案外人荣 × 公司破产程序终结后偿付被上诉人国贸公司在破产程序中未受清偿的债权（债权额为：人民币2 066 587.28元以及该款自2009年5月26日起至2009年6月25日止的利息，扣除破产程序中受偿的部分）；上诉人纸业公司于案外人亚 × 公司破产程序终结后偿付被上诉人国贸公司在破产程序中未受清偿的债权（债权额为：人民币21 739 838.66元以及该款自2009年5月26日起至2009年6月25日止的利息，扣除破产程序中受偿的部分）；上诉人纸业公司于案外人天 × 公司破产程序终结后偿付被上诉人国贸公司在破产程序中未受清偿的债权（债权额为：人民币4 670 750元以及该款自2009年5月26日起至2009年9月1日止的利息，扣除破产程序中受偿的部分）；驳回被上诉人国贸公司的其他诉讼请求。

裁判要旨

债权人在债务人破产程序中申报债权后又向法院起诉要求保证人承担保证责任的，人民法院应予支持。但保证人承担保证责任的范围应以债权人在破产程序中未能获得清偿的部分为限，同时保证人承担保证责任后，有权代位债权人申报债权或向债务人进行追偿。

重点提示

司法实践中，在债务人因破产而无法履行还款责任的情况下，应如何保障债权人的合法权益，以及如何认定保证人承担保证责任的范围问题，应当注意以下几点：（1）债务人破产时债权人实现债权的方式。在债务人破产的情况下，债权人实现债权的方式有两种：一是在破产程序中申报债权，并在破产程序终结后就未受偿的部分向保证人主张保证责任；二是直接向保证人主张权利，但应当通知保证人申报债权，使其能够预先行使追偿权。对此，最高人民法院《关于适用〈中华人民共和国民法典〉有关担保制度的解释》第23条有所规定，即人民法院受理债务人破产案件，债权人在破产程序中申报债权后又向人民法院提起诉讼，请求担保人承担担保责任的，人民法院依法予以支持。由此可知，在主债务人破产的情况下，债权人可以通过在破产程序中申报债权，或向保证人主张保证责任的方式实现债权，且从保障债权人合法权益的角度出发，债权人可以选择一种方式实现债权，也可以同时适用两种方式。（2）债权人在破产程序中申报债权后保证人承担保证责任的范围。根据最高人民法院在对《关于担保期间债权人向保证人主张权利的方式及程序问题的请示》的答复的规定可知，人民法院在对债权人既申报了债权同时又起诉保证人的保证纠纷案件审理过程中，在认定保证人应当承担保证责任的金额时，如需等待破产程序结束的，可以裁定中止诉讼，若要径行判决保证人承担的保证责任金额，也应当在判决中明确应扣除债权人在债务人破产程序中可以分得的部分。也就是说，在债权人已在破产程序中申报债权的情况下，保证人所承担的保证责任范围应当以债权人在破产程序中不能获得清偿的范围为限。该规定是为了避免债权人获得重复清偿，同时也是对保证人合法权益的保障。（3）保证人承担保证责任后有权追偿。保证人在代债务人清偿借款后，应当依法保证保证人的追偿权。根据相关司法解释可知，若担保人清偿了债权人的全部债权，其有权代替债权人在破产程序中受偿，即在破产程序中代位债权人申报债权；若债权人的债权未获得全部清偿，担保人也可以通过破产分配以及实现担保债权的方式获得清偿总额中超出债权的部分，即向债务人进行追偿。

（二）保证期间（5 例）

1. 债务人已破产时保证期间是否届满对债权实现的影响

××银行股份有限公司××分行诉浙江××轴承集团有限公司等保证合同纠纷案

发布单位：最高人民法院《人民司法·案例》2018 年第 26 期（总第 829 期）

审判法院：浙江省宁波市鄞州区人民法院

判决日期：2017 年 6 月 27 日

案　　号：（2017）浙 0204 民初 786 号

基本案情

2013 年 6 月，××分行（××银行股份有限公司××分行）分别与轴承公司（浙江××轴承集团有限公司）和余彭×、韩××、余如×、沈×签订《最高额保证合同》，约定：轴承公司为电器公司（宁波××电器有限公司）在××分行自 2013 年 10 月 30 日至 2014 年 7 月 1 日所发生的债务在最高额 1650 万元内承担连带责任保证；余彭×、韩××、余如×、沈×分别为电器公司在××分行自 2013 年 6 月 26 日至 2014 年 12 月 31 日期间所发生的债务在最高额 1650 万元内承担连带责任保证。上述保证期间均为：自主合同债务履行期起始日至履行期届满之日后 2 年。同年 11 月，×× 分行与电器公司签订两份借款合同，约定电器公司向 ×× 分行借款 1500 万元，借款利率为月利率 5.7501‰，借款期限至 2014 年 10 月 30 日止。之后，×× 分行向电器公司发放了贷款 1500 万元。2014 年 6 月，人民法院受理了电器公司的破产案件，同年 9 月 ×× 分行向破产管理人申报债权，同年 12 月，人民法院裁定确认 ×× 分行对电器公司享有 15 105 397.14 元的普通债权。

2017 年 2 月，×× 分行以电器公司破产，保证人应承担保证责任为由，提起诉讼，请求判令轴承公司、余彭 ×、韩 ××、余如 ×、沈 × 对电器公司所欠的贷款（本金 1500 万元及欠息、复息 105 397.4 元）以及为实现债权而支出的律师费承担连带清偿责任。

余如 ×、沈 × 辩称：对于债权的存续情况尚不清楚，需法院认定。且保证合同中约定，本方提供最高额保证的期间应为自 2014 年 10 月 30 日起 2 年内。×× 分行起诉时间已超过保证期间，就此本方不应承担保证责任，故请求驳回 ×× 分行的诉讼请求。

至本案诉讼时，电器公司的破产程序尚未终结。

判决主文

一审法院裁定：驳回原告 ×× 分行的起诉。

宣判后，双方当事人均未提起上诉，裁定已发生法律效力。

裁判要旨

在债务人已破产、债权人申报了债权的情形下，债权人可同时选择要求保证人承担保证责任。但结合《民法典》及最高人民法院《关于适用〈中华人民共和国民法典〉有关担保制度的解释》对保证期间的规定可知，债权人在破产程序中要求保证人承担保证责任应当在保证期间内，保证期间届满后，保证责任消灭，保证人不再承担保证责任。

重点提示

司法实践中，在债务人已经进入破产程序，且债权人已在破产程序中申报了债权的情形下，债权人起诉要求保证人承担保证责任的，应区分保证期间是否已经届满，并注意以下两点：（1）债权人在债务人破产程序中申报债权后，可向保证人主张保证责任。对于债务人破产的案件来说，债权人实现债权既可选择仅在破产程序中申报债权，亦可选择在破产程序中申报债权后继续要求保证人承担保证责任，对于上述两种实现债权的适用问题，最高人民法院在《对关于担保期间债权人向保证人主张权利的方式及程序问题的请示》的答复中已作出明确规定，即对于债权人申报了债权，同时又诉请保证人承担保证责任的债权纠纷案件，人民法院应当受理。在具体审理并认定保证人应承担的保证责任金额时，如需等待破产程序结束的，人民法院可以依法裁定中止诉讼。人民法院如径行判决的，应当在判决中明确应扣除债权人在债务人破产程序中可以分得的部分。也就是说，债权人在破产程序中申报债权后也可同时向保证人主张保证责任。作出该规定的原因在于：由于部分破产案件的复杂性，破产程序往往需要进行较长的时间，若要求债权人申请破产债权后不得向保证人主张保证责任显然有失公平，不利于其债权的实现，我国最高人民法院所作出的该规定可以最大限度地保障债权人的合法权益。（2）债权人申报债权后要求保证人承担保证责任，应当在保证期间内主张。最高人民法院《关于适用〈中华人民共和国民法典〉有关担保制度的解释》第 34 条第 2 款规定："债权人在保证期间内未依法行使权利的，保证责任消灭。"由此可知，在超出保证期间的情况下，债权人已经失去向保证人主张保证责任的权利。虽然我国《民法典》及前述司法解释对破产程序中债权人要求保证人承担保证责任并未明确限定在保证期间内，但从立法原意可知，保证期间是除斥期间，在当事人对保证期间无约定的情形下，也需要遵循法定保证期间的规定，目的在于保障债权人债权的情形下督促其积极行使权利，从一定程度上也对保证人的合法权益加以保障。若不将债权人在破产程序中主张保证责任的期间限定在保证期间内，因破产案件经历时间较长，将会造成长时间或无限期延长保证人的保证责任的情况，对保证人而言有失公平。

2. 保证期间最后一日为法定节假日的顺延问题

王 ×× 诉宁波 ×× 自行车工贸有限公司、慈溪经济开发区 ×× 车辆配件厂、孙 ××、慈溪市 ×× 塑业有限公司民间借贷纠纷案

发布单位:《人民法院报》2013 年 5 月 30 日刊载

审判法院:浙江省宁波市中级人民法院

判决日期:2013 年 2 月 5 日

案　　号:(2012)浙甬商终字第 978 号

基本案情

2010 年 2 月,工贸公司(宁波 ×× 自行车工贸有限公司)和配件厂(慈溪经济开发区 ×× 车辆配件厂)共同向王 ×× 借款 200 万元,借款期限自 2010 年 2 月 8 日至同年 4 月 7 日,孙 ××、塑业公司(慈溪市 ×× 塑业有限公司)和何 ××、孙 ×× 设立的车料厂(慈溪市胜山镇 ×× 车料厂)为此提供担保。之后,王 ×× 通过向指定账户汇款及交付现金的方式共计支付借款 200 万元。借款期限届满后,工贸公司、配件厂未归还借款,各担保人亦未承担担保责任。2010 年 10 月 8 日及 2011 年 12 月 19 日,王 ×× 两次委托律师向孙 ××、塑业公司邮寄律师公函,要求其承担担保责任。孙 ×× 于 2010 年 10 月 9 日收到律师函,塑业公司于 2011 年 12 月 20 日收到律师函,但仍未履行担保责任。

2012 年 1 月,王 ×× 以工贸公司、配件厂借款到期未偿还借款,保证人亦未尽其担保责任为由,提起诉讼,请求判令工贸公司、配件厂返还借款 200 万元,担保人孙 ××、塑业公司对前述债务承担担保责任。

塑业公司辩称:(1)王 ×× 仅起诉借款人工贸公司、配件厂,而未起诉在借条中签名盖章的自然人,减少了债务主体,加重了本公司的担保责任。同时也无法查清自然人是否已归还借款的事实。(2)本案担保人除本公司外,还有车料厂和 3 个自然人,而王 ×× 仅起诉本公司和孙 ××,加重了本公司的担保责任。(3)本案借款期限截至 2010 年 4 月 7 日,至王 ×× 起诉时本公司的保证责任已免除，虽王 ×× 曾委托律师发函，但也超过了法律规定的担保期限。（4）王 ×× 向非约定收款人支付了 53 万元现金，违反合同约定，故本公司仅对 147 万元的借款承担担保责任。此外，案外人孙旭 ×、胡 ×× 应工贸公司、配件厂要求，已于 2011 年 1 月和 6 月汇入王 ×× 卡内 45 万元和 154.5 万元，本金已归还。综上，请求驳回王 ×× 的诉讼请求。

判决主文

一审法院判决：被告工贸公司、配件厂返还原告王 ×× 借款 200 万元；驳回原告王 ×× 的其他诉讼请求。

原告王 ×× 不服一审法院判决，提起上诉称：2010 年 10 月 8 日为保证期间的最后一天，本人于当日向被上诉人孙 ××、塑业公司发送律师函主张保证责任，符合法定的保证期间的规定，不满足“债权人未要求”这一免除保证责任的条件，故被上诉人孙 ××、塑业公司何时收到邮件不影响本人在保证期间内主张过权利，被上诉人孙 ××、塑业公司应当承担保证责任。因此，请求撤销一审法院判决，依法改判。

被上诉人塑业公司辩称：一审判决认定事实清楚，适用法律正确，请求驳回上诉，维持原判。

被上诉人孙 ××、原审被告工贸公司、配件厂均未答辩。

二审法院判决：驳回上诉，维持原判。

裁判要旨

保证期间自权利成立之日起计算，本质上是一种除斥期间，不存在中断、中止和延长的情形，这是保证期间与诉讼时效的根本区别。因此，保证期间的最后一日无论是否为法定节假日，均不存在顺延问题。

重点提示

保证期间，是指当事人约定或由法律规定的，保证人承担保证责任的期限。对于保证期间的最后一日是法定节假日的情况下是否存在顺延的问题，

《民法典》及其司法解释并未作出明确规定，司法实践中，认定该问题时，应当注意以下两点：（1）保证期间为除斥期间。所谓除斥期间，是指法律规定某种民事实体权利固定存续的期间，权利人在此期间内不行使相应的民事权利，则在该法定期间届满时，民事权利也随之消灭。除斥期间最大的特点就在于其为固定的不变期间，不存在中止、中断和延长的问题，权利人必须在除斥期间内行使权利才可保障自身的合法权益。《民法典》第692条规定：保证期间是确定保证人承担保证责任的期间，不发生中止、中断和延长。据此可知，若债权人未在保证期间内采取诉讼、仲裁等手段要求保证人承担保证责任的，保证人将不再承担保证责任。也就是说，保证期间届满时债权人未行使权利的，保证责任消灭。（2）保证期间与诉讼时效的区分。保证期间作为除斥期间，其与诉讼时效最大的区别就在于是否具有可变性，《民法典》第203条规定：期间的最后一日是法定休假日的，以法定休假日结束的次日为期间的最后一日。也就是说，诉讼时效为可变期间，可以适用中止、中断和延长的规定。保证期间与诉讼时效之间的另一个区别在于期间的起算点不同，诉讼时效期间自权利人知道或应当知道权利被侵害之日起计算，即权利人能行使权利之日起计算；而保证期间则自保证责任成立之日起计算。因此，实务中区分保证期间与诉讼时效时，应当避免将保证期间误认为诉讼时效，保证期间最后一日为法定节假日的，不发生顺延问题，债权人未在最后一日之前向保证人主张保证责任的，应当免除保证人的保证责任。

3. 保证期间与保证债务诉讼时效的判定

案例来源

杨××诉陈××、李××、谷××、陈×俊、白××、莱芜市××物资有限公司民间借贷纠纷案

发布单位：最高人民法院《人民司法·案例》2015年第2期（总第709期）

审判法院：山东省莱芜市中级人民法院

案　　号：（2013）莱中民四终字第 81 号

基本案情

2009 年 11 月，陈 ×× 从杨 ×× 处借款人民币 200 万元，用于偿还 ×× 银行贷款，并出具借条载明：借款期限至 2009 年 11 月 11 日，到期陈 ×× 无法偿还的，就不能偿还的部分以每日 3‰计算违约金，且需承担杨 ×× 因追偿欠款所支出的相关费用；李 ××（系陈 ×× 配偶）、谷 ××、陈 × 俊、白 ××、物资公司（莱芜市 ×× 物资有限公司，陈 ×× 系其法定代表人）承担连带保证责任，但未约定保证期间。此后，陈 ×× 于 2010 年 12 月 13 日还款 5 万元、2010 年 12 月 31 日还款 30 万元、2011 年 8 月 22 日和 23 日共还款 10 万元、2011 年 8 月 30 日还款 10 万元、2011 年 9 月 8 日还款 7 万元、2011 年 11 月 22 日还款 5 万元、2011 年 11 月 23 日还款 10 万元、2011 年 11 月 30 日还款 5 万元，共计还款 82 万元。其中，2011 年 11 月 23 的 10 万元还款系谷 ×× 偿还。至此，剩余本金 118 万元经杨 ×× 多次催收仍未偿还。

杨 ×× 遂以陈 ×× 所欠剩余欠款，其多次索要未果为由，提起诉讼，请求判令陈 ×× 立即偿还借款本金 118 万元及利息、违约金，李 ××、谷 ××、陈 × 俊、白 ××、物资公司对陈 ×× 的欠款承担连带清偿责任。

谷 ×× 辩称：首先，本人确实为陈 ×× 的借款提供了担保，但对借款履行与否不知情。其次，在借款的保证时效期间内杨 ×× 未向本人主张过权利，保证期间已过，保证责任消灭。

陈 × 俊、白 ×× 辩称：同意谷 ×× 的答辩意见；陈 ×× 对本人称借款已经偿还，杨 ×× 亦未向本人主张过权利。

白 ×× 辩称：同意陈 × 俊的上述答辩意见。

判决主文

一审法院判决：被告陈 ×× 向原告杨 ×× 偿还借款 118 万元及违约金（按同期银行贷款利息 4 倍计算，2009 年 11 月 12 日至 2010 年 12 月 12 日按

200万元计算；2010年12月14日至2012年12月30日按195万元计算；2011年1月1日至2011年8月22日按165万元计算；2011年8月24日至2011年8月29日按155万元计算；2011年8月31日至2011年9月7日按145万元计算；2011年9月9日至2011年11月22日按133万元计算；2011年11月24日至2011年11月29日按123万元计算；2011年12月1日至判决生效之日按118万元计算）；物资公司对上述借款及违约金承担连带清偿责任；驳回原告杨××对被告李××、谷××、陈×俊、白××的诉讼请求。

原告杨××不服一审法院判决，提起上诉。

二审法院判决：驳回上诉，维持原判。

裁判要旨

根据《民法典》的相关规定可知，债权人与保证人未约定保证期间的，保证期间为主债务履行期限届满之日起6个月，且债权人只有在保证期间内向保证人主张权利，才具备起算保证债务诉讼时效的基础。保证期间届满后，保证人履行保证责任系自愿履行行为，不引起保证债务诉讼时效的中断，也不能就此推定为保证债务诉讼时效的重新确认。

重点提示

保证期间，是指当事人约定的或者法律规定的，保证人承担保证责任的期限。而诉讼时效是指民事权利受到侵害的权利人在法定的时效期间内不行使权利，当诉讼时效期间届满时，债务人获得诉讼时效的抗辩权。司法实践中，在债权人与保证人未约定保证期间的情况下，如何认定保证责任的保证期间以及保证债务的诉讼时效问题，应当注意以下几点：（1）未约定或约定不明时，保证期间的认定。保证期间是债权人向保证人主张保证责任的期限，《民法典》第692条第2款规定："债权人与保证人可以约定保证期间，但是约定的保证期间早于主债务履行期限或者与主债务履行期限同时届满的，视为没有约定；没有约定或者约定不明确的，保证期间为主债务履行期限届满之日起六个月。"由此可知，未约定保证期间时，保证期间为主债务履行期限届满之日起 6 个月。其中，主债务履行期限没有约定或者约定不明时，保证期间自债权人请求债务人履行债务的宽限期届满之日起计算 6 个月。（2）保证债务的诉讼时效。《民法典》第 694 条规定了不同保证方式下的保证债务的诉讼时效计算，内容为“一般保证的债权人在保证期间届满前对债务人提起诉讼或者申请仲裁的，从保证人拒绝承担保证责任的权利消灭之日起，开始计算保证债务的诉讼时效。连带责任保证的债权人在保证期间届满前请求保证人承担保证责任的，从债权人请求保证人承担保证责任之日起，开始计算保证债务的诉讼时效”。由此可知，首先，一般保证和连带保证的诉讼时效起算点不同；其次，连带责任保证的诉讼时效是自保证期间内，债权人向保证人主张权利之日起计算；最后，不论是一般保证还是连带保证，保证债务的诉讼时效均是以“保证期间内债权人主张权利”为计算前提。（3）保证期间消灭对保证债务诉讼时效的影响。基于前述分析可知，未约定保证期间的情况下，保证期间为主债务履行期限届满之日起 6 个月，该期间是法定的除斥期间，不能约定或随意更改，当事人只能在期间内进行法律活动或行使权利，超过期限则丧失对保证人的求偿权。而债权人在保证期间内向保证人主张权利的，保证期间在主张权利之日即丧失，进而转换为保证债务的诉讼时效期间，即自此时开始起算保证债务的诉讼时效。也就是说，在保证期间内债权人未要求保证人承担保证责任的，保证人免除保证责任，此时保证债务的诉讼时效不具备起算基础，即不存在保证债务诉讼时效开始计算的问题。即使保证期间届满后，保证人履行了保证责任，也应认定是其自愿履行行为，不能引起保证债务诉讼时效的中断，更不能据此推定为保证债务诉讼时效的重新确认。

4. 保证责任的期限和免除的认定

上海 ×× 置业有限公司诉中国 ×× 银行股份有限公司上海市 ×× 支行借款合同纠纷案

发布单位：最高人民法院《人民司法·案例》2013 年第 10 期（总第 669 期）

审判法院：上海市第二中级人民法院

判决日期：2012 年 8 月 15 日

案　　号：（2012）沪二中民六（商）终字第 88 号

基本案情

2006 年 4 月，置业公司（上海 ×× 置业有限公司）与 ×× 支行（中国 ×× 银行股份有限公司上海市 ×× 支行）签订委托贷款业务的委托书，委托 ×× 支行向沐浴公司（上海 ×× 沐浴有限公司）贷款 1000 万元。此外，双方还签订了委托代理协议，约定由 ×× 支行提供贷款资金，委托置业公司代为发放并在一定程度上协助收回贷款。上述委托书与协议书均经过了公证部门的公证。同日，×× 支行与置业公司、沐浴公司签订委托贷款借款合同，约定其贷款年利率 20%，贷款期限自 2006 年 4 月 14 日起至 2006 年 10 月 13 日止，到期一次还款，此外还约定了本合同经公证后具有强制执行效力。3 日后，公证部门出具了具有强制执行效力的债权文书公证书，确认委托贷款借款合同具有强制执行效力。同日，沐浴公司与 ×× 支行签订抵押合同，以其名下所有的房产作抵押担保，担保范围包括主合同项下全部借款本金、利息、复利、罚息、违约金、赔偿金、实现债权及抵押权所发生的律师费等全部费用和所有其他应付的费用。该合同同样经公证确认了其具有强制执行效力，但沐浴公司留存的抵押物清单上用于抵押的房产面积比公证机关备案的抵押物清单上的面积多 1000 平方米。同年 10 月，置业公司向 ×× 支行申请沐浴公司还款到期后，先归还 400 万元本金和 100 万元利息，余下的 600 万元延期 3 个月并撤销抵押物。次日，三方签订委托贷款展期协议，沐浴公司向 ×× 支行转账，将本息共计 4 365 589.87 元转账给置业公司。5 日后，置业公司收回贷款本息和三季度结息共 4 365 589.87 元。

2008 年 6 月，沐浴公司向置业公司出具还款计划书载明：以上款项的归还同时由实业公司（上海 ×× 实业有限公司）提供担保，该还款承诺书由沐浴公司和实业公司盖章确认。次年 3 月，沐浴公司向置业公司出具承诺书，承诺于当年 8 月 31 日前还清本金 600 万元及利息、罚息。同年 10 月，沐浴公司再次向置业公司出具承诺书。至 2011 年 5 月，沐浴公司尚余借款 600 万元、利息 150 万元、罚息 924 万元未付，实业公司亦未尽担保责任。

置业公司以沐浴公司到期未还款为由，提起诉讼，请求判令沐浴公司归还借款 600 万元、利息 150 万元和罚息 924 万元，实业公司对上述付款承担连带还款责任。

× × 支行同意置业公司意见。

沐浴公司、实业公司均未到庭，也无书面答辩意见。

判决主文

一审法院判决：第三人沐浴公司归还原告置业公司借款本金人民币 600 万元；第三人沐浴公司归还原告置业公司借款的相应利息人民币 60 万元；第三人沐浴公司归还原告置业公司借款的利息人民币 50 万元；第三人沐浴公司支付原告置业公司借款的罚息人民币 924 万元；对原告置业公司的其他诉讼请求不予支持。

第三人沐浴公司不服一审法院判决，提出上诉。

二审法院立案后，裁定撤诉。

裁判要旨

保证期间不同于诉讼时效，其为不可变的除斥期间，不发生中止、中断和延长，因此，在保证人缺席审判的情况下，人民法院可主动适用保证期间的有关规定，对债权人是否在保证期间内向保证人主张权利进行审查。未经保证人同意，对主债务履行期限变更的行为对保证人不发生效力，保证人仍在原合同约定的保证期间内或主债务履行期限届满后 6 个月内承担保证责任，债权人未在该期间内主张权利的，保证人的保证责任免除。

重点提示

在借贷纠纷案件中，保证责任的期限和免除问题是比较少见的保证方面的特殊问题，且《民法典》及担保制度的司法解释并未作出规定。因此，司法实践中，认定并处理保证责任的期限和免除问题时，应当注意以下几点：（1）保证期间的性质应当认定为除斥期间。根据《民法典》规定，保证期间是确定保证人承担保证责任的期间，不发生中止、中断和延长。且若债权人未在保证期间内采取诉讼、仲裁等手段主张保证人承担保证责任的，保证人不再承担保证责任。由此可知，保证期间符合除斥期间为不可变期间，且自权利设立之日起算的基本特点。但诉讼时效为可变期间，且其应当自权利人知道或应当知道权利被侵害之日，即权利人能行使权利之日起计算。因此，从保证期间的本质上来讲，应当将其认定为除斥期间而非诉讼时效。（2）保证人缺席时，人民法院可主动适用保证期间的规定。解决该问题的前提条件在于判断保证期间的本质是除斥期间还是诉讼时效，若将保证期间认定为除斥期间，则人民法院可对债权人是否在保证期间内向保证人主张权利进行审查；若将保证期间认定为诉讼时效，则其属于被告主动进行抗辩的范围，人民法院不得主动适用。由前述分析可知，保证期间的本质为除斥期间，因此，在保证人未到庭也未进行抗辩的情况下，人民法院可在审判过程中主动适用保证期间的有关规定，依法裁判。（3）未经保证人同意更改主债务期限的，其保证期间的计算。在债权人与保证人未对保证期间进行约定的情况下，法定的保证期间的起算点是自主债务履行届满之日起，债权人有权自此之日起6个月内向保证人主张保证责任。但若债权债务双方未经保证人同意擅自变更主债务的履行期限，且保证人亦未对该变动进行追认，则应认定保证人的保证责任不受主债务期限变更的影响，保证人仍在原合同主债务履行期限届满的六个月保证期限内承担保证责任，若债权人未在该期间内向保证人主张保证责任，则应当免除保证人的保证责任。

5. 未经保证人同意变更主债务履行期限对保证期间的影响

黄××诉林××、王××民间借贷纠纷案

发布单位：国家法官学院《中国法院2013年度案例：民间借贷纠纷》

审判法院：福建省清流县人民法院

判决日期：2011年9月23日

案　　号：（2011）清民初字第974号

基本案情

2010 年 6 月 5 日，林 ×× 向黄 ×× 借款 8 万元用于生意周转，借条载明：借款期限 1 年，月息 2%；由王 ×× 提供担保，内容为：王 ×× 自愿为林 ×× 担保 8 万元，如到期无力偿还，王 ×× 自愿为林 ×× 偿还。同年 9 月、10 月，黄 ×× 与林 ×× 在未经王 ×× 书面同意的情况下，将借款期限更改为半年。同年 12 月，黄 ×× 以林 ×× 到期未偿还借款为由，提起诉讼，要求林 ××、王 ×× 承担还款责任及担保责任。王 ×× 以借款期限更改为半年未经其书面同意为由抗辩，主张黄 ×× 提起诉讼时，其承担的担保责任的期限未到，享有先诉抗辩权，应驳回黄 ×× 的起诉。为此，2011 年 1 月，黄 ×× 以“王 ×× 提出借款期限未到，到期后再起诉”为由撤回起诉，法院经审查，裁定准予黄 ×× 撤诉。借款 1 年期满后，林 ×× 未依约偿还借款本金及利息，王 ×× 亦未承担担保责任。

2011 年 6 月 28 日，黄 ×× 以借款到期，经催收林 ×× 与王 ×× 均不还款为由，提起诉讼，请求判令林 ××、王 ×× 归还借款人民币 8 万元，利息 1.92 万元（利息计算到 2011 年 6 月 5 日）。

林 ×× 未答辩，亦未在举证期间内提供抗辩证据。

王 ×× 辩称：首先，本人为林 ×× 提供的担保为一般保证，因未约定保证期间，故保证期间为债务履行期届满之日起 6 个月，现已超过保证期间。其次，在主合同未经审判或仲裁，并就林 ×× 的财产依法强制执行仍不能还清债务前，本人对黄 ×× 可拒绝承担保证责任。综上，请求驳回黄 ×× 对本人的诉讼请求。

判决主文

一审法院判决：被告林 ×× 向原告黄 ×× 偿还借款人民币 8 万元；被告林 ×× 向原告黄 ×× 支付自 2010 年 6 月 5 日起至 2011 年 6 月 5 日止的 8 万元借款利息计人民币 17 039.2 元；被告王 ×× 对被告林 ×× 偿还上述第一项的 8 万元承担一般保证责任，若被告林 ×× 财产经依法强制执行仍不能履行债务，则被告王 ×× 在 8 万元的范围内就未清偿部分承担保证责任；被告王 ×× 承担保证责任后，有权向被告林 ×× 追偿；驳回原告黄 ×× 的其他诉讼请求。

宣判后，双方当事人均未提起上诉，判决已发生法律效力。

裁判要旨

债权人与债务人未经保证人同意，对主债务履行期限作出的变更对保证期间不产生影响，保证人仍在原保证期间内承担保证责任。若债权人向保证人主张保证责任的时间不超过原合同约定或法定的保证责任期间，则保证人应继续承担保证责任；反之则免除保证人的保证责任。

重点提示

司法实践中，认定债权债务双方未经保证人同意对主债务的履行期限作出的变更是否影响保证期间，以及保证人应如何承担保证责任的问题时，应当注意以下两点：（1）未经保证人同意对主债务履行期限作出的变更，不影响保证期间。《民法典》第 695 条规定："债权人和债务人变更主债权债务合同的履行期限，未经保证人书面同意的，保证期间不受影响。"由此可知，债权债务双方在未经保证人同意的情况下擅自对主债务履行期限作出的变更，对保证人不具有约束力。此时，若保证合同中对保证期间作出过明确约定，则保证人应当按照原合同约定的期限承担保证责任；若当事人未就保证期间进行约定，则应依照《民法典》的有关规定，在原借款期限届满之日起 6 个月内承担保证责任。（2）主债务履行期限变更时保证人保证责任的认定。由前述分析可知，未经保证人同意对主债务履行期限作出的变更对保证人不具有约束力，但这并不意味着保证责任的绝对免除。若债权债务双方约定提前还款，债权人在原保证期间开始之前要求保证人承担保证责任的，保证人可以主张原保证期间起算后承担；但若债权债务双方约定延长借款期限，债权人主张权利的时间已经超过原保证合同约定的保证期间或原借款期限到期的 6 个月的，则此时保证期间已过，保证人不需要再继续承担保证责任。但无论上述哪种情况，若债权人主张权利的时间仍在原保证合同约定的保证期间之内或原借款期限届满后的 6 个月之内，则保证人应当继续承担保证责任。但应当注意的是，由于不作为的默示只有在约定或法定的特殊情形下方可视为同意的意思表示，故债权债务双方不能以默示的方式推定保证人同意其对主债务内容进行的变更，保证人同意债权债务双方对主债务内容作出的变更只能通过明示的方式表达。

（三）保证责任的认定和免除（10 例）

1. 阶段性担保中金融机构怠于办理预告抵押登记时的保证责任认定

案例来源

××银行股份有限公司××分行诉大连××地产有限公司保证合同纠纷案

发布单位：《最高人民法院公报》2018 年第 5 期（总第 259 期）

审判法院：最高人民法院

判决日期：2017 年 9 月 26 日

案　　号：（2017）最高法民申 3474 号

基本案情

2011 年 2 月，××银行（××银行股份有限公司××分行）与地产公司（大连××地产有限公司）签订《担保协议》，约定：（1）双方自 2011 年 2 月 10 日起至 2021 年 2 月 10 日止就地产公司开发的一方公馆项目的商品房进行个人住房贷款合作，覆盖额度为人民币 3 亿元。（2）购房人在第 1 条规定期限内购买指定项目的商品房，可凭商品房买卖合同、首期款收款收据向××银行申请个人贷款。××银行根据业务规范审查购房人资质，并自主决定是否与其签订《个人住房借款（抵押）合同》和发放贷款。（3）××银行与购房人签订借款合同后 10 个工作日内，将购房人的贷款资金划至地产公司指定账户。（4）地产公司对根据本协议的规定向××银行及其分支机构申请个人贷款的全部借款承担连带担保责任，担保总额度为3亿元；在担保总额度内，地产公司无须逐笔业务向××银行出具担保书。（5）地产公司保证对每笔贷款承担阶段性担保，担保范围包括但不限于贷款本金、利息、罚息及收回债权的相关费用；担保期限为每笔贷款放款之日起至预抵押登记完成之日止。（6）地产公司在承担保证责任期间，应办理购房合同真实有效的登记备案手续，并及时将备案手续转交给××银行指定的代办机构，积极配合××银行办理预告抵押登记手续。若地产公司未在本协议规定时限内办妥相关手续，应在接到××银行书面通知书后5个工作日内无条件归还贷款本金、利息和其他相关费用。（7）自××银行贷款发放之日起至预抵押登记完之日止之前，出现以下任一情况，××银行有权要求地产公司履行担保责任……③非因××银行原因未在90个工作日内办妥房屋预告抵押登记手续……⑦非××银行原因造成抵押登记手续未能办理或存在瑕疵。出现上述情况时，××银行有权要求地产公司立即代借款人清偿全部贷款本金、利息、罚息及收回债权的相关费用。

2012年7月，地产公司与高×（于2015年2月27日去世）签订《商品房买卖合同》，约定：首付款980.7万元，于合同签订时支付，剩余房款979万元以按揭贷款方式于合同签署后30日内支付，并按附件四补充条款执行。同年9月，××银行与高×签订《个人购房借款及担保合同》，约定贷款金额为979万元，贷款期限120个月；并约定若本合同签订之时抵押房产尚未办妥产权证书，高×应按××银行要求，积极配合××银行及或售房人办理预告抵押登记或者楼花抵押登记；抵押房产具备办理正式抵押登记条件起的60日内，高×必须无条件配合办妥由预告抵押登记或楼花抵押登记转为正式抵押登记的手续。次月，××银行把高×借款的979万元打入高×账户后又转入地产公司在招行五一广场支行开立的账号中。

2013年7月8日，地产公司对高×所购房屋进行网签《商品房买卖合同》备案，备案合同第6条约定：出卖人与买受人可以针对合同未约定或者约定不详的内容，根据所售项目的具体情况签订公平合理的补充协议，也可以在相关条款后的空白行中进行补充约定。双方补充协议的内容属于合同内容，但不在网签系统备案的范围内。第3条约定：案涉房屋的用途“非住宅”。次年

1 月，地产公司与高 × 签订附件四《补充协议》，约定 × 栋仅可用作住宅使用，不允许用作经营、办公等其他用途，并约定本协议作为《合同》不可分割的组成的部分，与《合同》相抵触部分，以本协议为准。同日，地产公司将备案合同（2013 年 7 月 8 日）及附件四《补充协议》移交给 ×× 银行。同年 3 月，涉案房屋被法院查封。截至 2015 年 3 月 10 日，高 × 未偿还的贷款本金为 8 111 960.77 元。

×× 银行以地产公司应承担保证责任为由，提起诉讼，请求判令地产公司对高 × 所欠债务承担连带保证担保责任，偿还本金 8 111 960.77 元及自 2015 年 3 月 10 日起至实际清偿之日止的利息、复息、罚息，以及其为实现债权而支付的律师费 36 万元。

判决主文

一审法院认定：原告 ×× 银行与高 × 签订的《个人借款担保合同》合法有效，高 × 应偿还借款以及利息等相关费用；被告地产公司作为高 × 的担保人，原告 ×× 银行有权向其主张履行债务，被告主体适格。高 × 所借款项属于《担保协议》的担保范围，原告 ×× 银行在《担保协议》上的落款并非其银行公章，但是其真实意思表示，其与被告地产公司签订的《担保协议》合法有效，被告地产公司应承担保证责任；高 × 未按期还款，被告地产公司应按《担保协议》承担保证责任。

一审法院判决：被告地产公司向原告 ×× 银行偿还高 × 借款本金 8 111 960.77 元；被告地产公司向原告 ×× 银行支付利息、罚息（以本金 8 111 960.77 元为基数，自 2015 年 3 月 10 日起至实际付清之日，利息以国家公布的贷款基准年利率上浮 15% 作为执行利率，罚息在执行利率水平上按日加收 50% 计收）；被告地产公司向原告 ×× 银行支付律师服务费 151 000 元；驳回原告 ×× 银行其他诉讼请求。

被告地产公司不服一审法院判决，提起上诉称：（1）一审判决未追加高 × 的继承人作为被告，而直接认定本公司承担担保责任，且未认定被上诉人 ×× 银行的贷款业务品种，系遗漏重大事实，属于事实认定错误。（2）一审法院

认定被上诉人 ×× 银行认可的《担保协议》已生效，且以贷款发放 15 个月后高 × 与本公司签订补充协议约定的房屋用途不同，以及以本公司超过 90 日未办理《商品房买卖合同》备案为由，认定《担保协议》约定的承担保证责任的条件成就，并判令本公司承担保证责任，系适用法律错误。同时，一审判决认定《担保协议》不是附解除条件的合同，没有法律依据。因此，案涉贷款不属于《个人贷款协议》中约定的"个人住房贷款"，本公司不应承担担保责任，本公司履行过程中未曾违约，被上诉人 ×× 银行未及时办理抵押登记手续，导致涉案房屋被另案查封，应自行担责，综上，请求撤销一审法院判决，改判驳回被上诉人 ×× 银行的全部诉讼请求或者发回重审。

被上诉人 ×× 银行辩称：首先，本行在高 × 死亡后要求上诉人地产公司承担保证责任符合法律规定；案涉《担保协议》生效，上诉人地产公司认为未使用公章致协议未生效的理由不成立；高 × 购买的房屋实际用途为住宅，对此其与上诉人地产公司签订的补充协议已确认，高 × 因购买个人住房进行的按揭贷款属于上诉人地产公司阶段性担保的债权范畴，应依法承担担保责任。其次，上诉人地产公司将备案《商品房买卖合同》及《补充协议》一并交付给本行，证明双方均在实际履行《个人住房贷款阶段性担保协议》；案涉高 × 所购买的房屋，非因本行的原因未能在协议约定时间内办理预抵押登记，本行要求上诉人地产公司承担保证担保责任的条件已成就，上诉人地产公司应承担保证责任。最后，《个人住房贷款阶段性担保协议》并非附解除条件的合同，该协议所约定的担保期限届满日尚未到达，故上诉人地产公司以本行恶意阻止担保责任解除条件成就为由，要求免除阶段性担保责任的上诉理由不能成立。综上，请求驳回上诉，维持原判。

二审法院判决：撤销一审法院判决；驳回被上诉人 ×× 银行全部诉讼请求。

被上诉人 ×× 银行不服二审法院判决，申请再审称：（1）二审判决认定本行未在保证期间内向被申请人地产公司主张权利，已过保证期间，被申请人地产公司保证责任应免除。同时认定本行怠于履行办理预告抵押登记造成抵押物被法院查封，应自行承担法律责任，以及认定案涉房屋没有办理预告抵押登记的责任在于本行，均属于认定事实错误。（2）二审判决采用推定方式，认定案涉房屋没有办理预告抵押登记，不能排除非本行原因，因而直接认定责任在于本行，该归责原则与担保合同约定相悖，不符合法律规定。故请求撤销二审法院判决。

被申请人地产公司辩称：涉案保证为阶段性保证，保证期间至本公司交付购房合同登记备案手续后，申请人 ×× 银行在合理期限内办理完毕预告登记之日止。根据合同约定，本公司仅需将购房合同登记备案手续交付申请人 ×× 银行，在本公司未履行义务的情况下，被申请人 ×× 银行应承担未办理预告登记的责任。其次，本公司将涉案房屋备案合同转交 ×× 银行时，房屋已经办理产权登记以及抵押权登记，无须办理预告登记；被申请再审人被申请人 ×× 银行办理案涉贷款业务时，是按照“购买商业用房贷款”办理，而案涉贷款不属于《担保协议》约定的“个人住房贷款”的担保债务范围，本公司不应对案涉贷款承担保证责任。综上，申请人 ×× 银行的再审申请缺乏事实与法律依据，请求驳回其诉讼请求。

再审法院裁定：驳回申请人 ×× 银行的再审申请。

裁判要旨

阶段性担保在商品房预售合同中比较常见，通过办理买房人所购房屋预告抵押登记，可以有效减少金融机构和房地产企业的风险。因其阶段性特征，预告抵押登记和商品房预售登记的衔接非常重要。金融机构怠于办理预告抵押登记，等于无限延长房地产企业的保证期间，有违担保法的精神，亦有违诚信原则，故此时应当免除保证人的保证责任。

重点提示

出于达到促成交易的目的，阶段性担保成为商品房预售中常常被采用的担保方式。在阶段性担保中，金融机构负有办理预告抵押登记的义务，在金融机构怠于办理预告抵押登记的情况下应如何认定保证责任的承担问题往往成为争议焦点。司法实践中，认定并解决该问题时，应当注意以下几点：（1）阶段性担保的内容及特征。在商品房预售过程中，虽然购房者已经签订了商品房预售合同，但其并未实际取得房屋所有权，故为此设立阶段性担保。所谓阶段性担保，是指借款人以其所购房屋办理抵押贷款时，在办理《房屋所有权证》及《国有土地使用证》之前，开发商及中介公司等担保机构为该笔贷款所提供的担保，担保的期限自银行放款之日起至抵押登记办理完毕，银行执管《房地产其他权利证明》之日止。具体的阶段性担保的保证内容为：保证贷款前所售房屋未设置抵押；保证房屋不存在任何产权及财务纠纷；保证借款人不得将该房屋转卖；保证协助购房人办理所购房屋的《房屋所有权证》《国有土地使用证》。设立阶段性担保不仅有利于保护金融机构的抵押权，也有利于保障购房者的合法权益。（2）仅办理预告抵押登记不能取得抵押权。《民法典》第221条规定："当事人签订买卖房屋的协议或者签订其他不动产物权的协议，为保障将来实现物权，按照约定可以向登记机构申请预告登记。预告登记后，未经预告登记的权利人同意，处分该不动产的，不发生物权效力。预告登记后，债权消灭或者自能够进行不动产登记之日起九十日内未申请登记的，预告登记失效。"由此可知，预告抵押登记的效力并不能直接等同于正式的抵押登记，而仅是一种临时性登记行为，其目的在于为长时间的商品房买卖活动的交易安全提供保障。由于办理预告抵押登记时不动产物权尚未成立，故预告抵押登记仅具有对抗第三人的效力，而债权人不具有对抵押人优先受偿的效力。（3）金融机构怠于办理预告抵押登记致房屋被查封的，应免除房地产开发商的保证责任。由上述分析可知，预告登记办理90日内未申请登记的，预告登记失效。金融机构与借款人及作为保证人房地产开发商在合同中约定办理预告抵押登记后，借款人及房地产开发商均未按时协助金融机构办理预告抵押登记时，金融机构应当及时提出异议，要求借款人及房地产开发商在合理期限内办理预告抵押登记。但若金融机构怠于履行办理预告抵押登记的义务致使房屋被查封而无法行使抵押权时，根据《民法典》的规定，当事人一方违约后，对方应当采取适当措施防止损失的扩大；没有采取适当措施致使损失扩大的，不得就扩大的损失请求赔偿。此外，若在金融机构怠于行使预告抵押登记义务的情况下仍认定房地产开发商承担保证责任，系无限期延长房地产开发商的保证期间，对其显失公平。也就是说，此时应当免除房地产开发商的保证责任，金融机构不得主张其代为清偿债务人的债务。

2. 借款期限届满前保证人死亡的保证责任认定

案例来源

××回族自治县农村信用合作联社诉朱×江、韩×、陈×等金融借款合同纠纷案

发布单位：最高人民法院《人民司法·案例》2017 年第 23 期（总第 790 期）

审判法院：新疆生产建设兵团第二师中级人民法院

判决日期：2014 年 10 月 20 日

案　　号：（2014）兵二民终字第 00084 号

基本案情

2013 年 2 月 23 日，朱×江、陶×林（系韩×的丈夫）、陈×、朱×国、陶×军组成联保小组，与信用社（××回族自治县农村信用合作联社）签订《农村信用社农户联保借款合同》及《联保协议》，约定：信用社贷款给朱×江 20 万元用于购农资，借期 12 个月，至 2014 年 2 月 22 日，借款利率为 8.5‰，按季结息；各联保小组成员承担连带保证责任，保证期间为借款到期后 2 年，保证范围包括贷款本金及利息、违约金、损害赔偿金和实现债权的费用（含诉讼代理费）；若逾期归还，则按借据上载明的贷款利率另加收 50% 的罚息。同日，信用社发放贷款。2013 年 12 月 16 日，联保人陶×林死亡。朱×江所借款项 20 万元及利息 10 620.63 元尚未归还。

信用社以朱×江到期未偿还借款，保证人亦未承担保证责任为由，提起诉讼，请求判令朱×江立即归还本金 20 万元，利息 106 20.63 元，韩×、陈×、朱×国、陶×军四联保人承担连带清偿责任。

朱×江辩称：签订借款合同及联保协议后，本人并未收到和使用信用社发放的贷款，故请求驳回信用社的诉讼请求。

陈 ×、朱 × 国辩称：签订借款合同及联保协议后，本方并未收到亦未使用信用社发放的贷款，故请求驳回信用社对本方的诉讼请求。

韩 × 辩称：陶 × 林于借款期限届满前已去世；本人虽是陶 × 林的妻子，但对丈夫陶 × 林的工作不参与、不过问，该债务不属于夫妻共同债务，本人不应承担保证责任。

陶 × 军辩称：签订借款合同及联保协议后，本人已按约还清本金，不应再承担保证责任。

判决主文

一审法院判决：被告朱 × 江向原告信用社偿还借款本金 20 万元；被告朱 × 江向原告信用社支付 2013 年 12 月 21 日至 2014 年 3 月 21 日的利息 10 620.63 元；被告陈 ×、朱 × 国、陶 × 军对上述债务承担连带清偿责任，承担保证责任后，有权向被告朱 × 江追偿；驳回原告信用社对被告韩 × 的诉讼请求。

被告朱 × 江不服一审法院判决，提起上诉称：首先，本人未收到贷款，被上诉人信用社有义务证明其已经放款，同时被上诉人信用社在放贷过程中存在作弊行为，且未避免损失扩大，故本人不应承担还款责任。其次，联保人陶 × 林有欺诈行为，保证责任不应免除，被告韩 × 应当承担保证责任。因此，请求撤销一审法院判决，驳回被上诉人信用社的诉讼请求。

被上诉人信用社辩称：本社发放贷款程序合法，手续齐全，且已实际发放 20 万元贷款。故请求驳回上诉，维持原判。

被上诉人韩 × 辩称；陶 × 林不存在欺诈行为，本人不清楚贷款情况，一审法院判决本人不承担责任正确，请求维持原判。

原审被告陈 ×、朱 × 国的答辩意见与上诉人朱 × 江的上诉意见一致。

原审被告陶 × 军述称：一审法院认定事实清楚，适用法律正确，判决正确。

二审法院判决：驳回上诉，维持原判。

裁判要旨

保证义务于保证合同生效时产生；保证债务的产生则以主债务到期未清偿及债权人于保证期间内向保证人或债务人主张权利为前提。因此，保证人在主债务履行期限届满前死亡的，保证义务尚未转化为保证债务，保证责任亦随保证人的死亡而消灭，债权人无权要求保证人的继承人在继承遗产范围内承担保证责任。

重点提示

司法实践中，认定保证人在借款期限届满前死亡的保证责任承担问题时，应当注意以下几点：（1）保证义务、保证责任与保证债务的区分。所谓的保证义务，是指保证人与债权人订立保证合同后保证人应当承担的为债务人的借款提供保证的义务，其内容是借款到期后若债务人仍未偿还借款的，则由保证人代为清偿的假设性义务。保证责任，则是指债务人在借款到期后未能清偿债务时保证人应依照合同约定承担的还款责任，在借款期限内，保证人不承担还款责任，债权人也无权要求保证人还款。保证债务，则是在债权人就其享有的债权提起诉讼之后，保证人因其所作出的保证而负有的债务。（2）主债务履行期限未届满前保证责任未生效。根据《民法典》第 692 条的规定可知，保证期间是确定保证人承担保证责任的期间，保证期间可由当事人自行约定，但约定的保证期间早于主债务履行期限或者与主债务履行期限同时届满的，视为没有约定；法定的保证期间为主债务履行期限届满之日起 6 个月。由此可知，保证期间应当自主债务履行期限届满后开始计算，在主债务到期之前，保证期间未开始计算，则其保证义务尚未转化为保证责任，因此，应认定保证责任尚未生效。（3）主债务履行期限届满前保证人死亡的，其继承人不承担保证责任。根据《民法典》的规定可知，自然人自出生时起至死亡时止，具有民事权利能力，依法享有民事权利，承担民事义务，也就是说，自然人死亡后就不再具有民事权利能力，也无法承担民事义务。由前述分析可知，在借款期限届满前，保证人的保证义务尚未转化为保证责任，保证债务也未实际产生，在此期间内保证人死亡的，其特定的人格属性随之消失，其也将无法继续承担保证义务，故此时保证义务自然随着保证人的死亡而终止，也就无法转化为保证责任。此外，虽然《民法典》规定了分割遗产时，应当清偿被继承人依法应当缴纳的税款和债务，且继承人以所得遗产的实际价值为限清偿被继承人依法应当缴纳的税款和债务，但保证债务实质上是为债务人所负担的义务，不同于被继承人自身所负债务，因此，不应当由保证人的继承人在继承遗产的范围内承担保证责任，但继承人同意继续承担保证责任的除外。

3. 保证期限届满后保证人自愿还款的保证责任认定

案例来源

林 ×× 诉潘 ××、黄 ××、重庆市荣昌县 ×× 建筑工程有限公司民间借贷纠纷案

发布单位：《人民法院报》2014 年 8 月 28 日刊载

审判法院：重庆市第五中级人民法院

判决日期：2014 年 4 月 14 日

案　　号：（2014）渝五中法民终字第 00869 号

基本案情

2011 年 5 月，潘 ××、黄 ×× 与林 ×× 约定，由林 ×× 借款 61 万元给潘 ××、黄 ××，潘 ××、黄 ×× 出具的借条载明，借款利率按月 2.5% 计入本金，另约定由建筑公司（重庆市荣昌县 ×× 建筑工程有限公司）为黄 ×× 提供担保，该公司负责人刘 ×× 作为担保人在借条上签字。次月，黄 ××、潘 ×× 再次向林 ×× 借款 39 万元并出具借条，借条载明的内容与第一次借条载明的利息和担保内容一致。同年 8 月，黄 ××、潘 ×× 偿还林 ×× 借款利息 45 750 元。同年 12 月，建筑公司偿还借款 100 万元。

林 ×× 以潘 ××、黄 ××、建筑公司未按期偿还借款以及履行保证责任为由，提起诉讼，请求判令潘 ××、黄 ×× 偿还尚未还清的借款本金 350 643 元，建筑公司承担连带保证责任。

判决主文

一审法院认定：被告建筑公司的负责人刘××虽在借条上签名，但其并非以个人名义为被告黄××建立担保，原告林××亦未提交刘××即是被告潘××、黄××借款担保人的证据，故对原告林××要求刘××承担担保责任的请求不予支持。被告黄××向原告林××借款，被告建筑公司为其担保，但并未约定保证方式。原告林××要求被告建筑公司对被告黄××的借款承担保证责任的诉讼请求，符合法律规定，予以支持。

一审法院判决：被告潘××、黄××偿还原告林××借款本金350 643元和利息；被告建筑公司对被告黄××的上述给付内容承担连带清偿责任；驳回原告林××要求刘××对被告潘××、黄××的借款承担连带清偿责任的诉讼请求。

被告建筑公司不服一审法院判决，提起上诉。

二审法院判决：被上诉人潘××、黄××偿还被上诉人林××借款本金265 443元及利息；上诉人建筑公司对借款本金265 443元承担连带清偿责任。

裁判要旨

保证期间届满，债权人未依法向保证人主张保证责任的，保证责任消灭。保证责任消灭后，债权人书面通知保证人要求承担保证责任或者清偿债务，保证人在催款通知书上签字的，人民法院不得认定保证人继续承担保证责任。

重点提示

司法实践中，在债权人未在保证期间内主张保证责任，而保证人却在保证期限届满后履行还款义务的情况下，认定保证人的保证责任以及双方是否设立了新的保证责任的问题，应当注意以下几点：（1）债权人未在保证期间内主张保证责任的，保证责任消灭。《民法典》第693条对保证期间作出的规定为："一般保证的债权人未在保证期间对债务人提起诉讼或者申请仲裁的，保证人不再承担保证责任。连带责任保证的债权人未在保证期间请求保证人承担保证责任的，保证人不再承担保证责任。”也就是说，债权人未在保证期间内向保证人主张保证责任的，无论保证人承担的是一般保证责任还是连带保证责任，其保证责任均已消灭。（2）保证责任消灭后债权人可通过书面形式设立新的保证。由前述分析可知，在保证期间内债权人未依法向保证人主张保证责任的，保证责任消灭。但在保证期间届满后，债权人与保证人可以出于自愿订立新的保证，新的保证仅可通过书面订立保证合同的方式设立。债权人以书面形式通知保证人要求其承担保证责任或者清偿债务，保证人仅在催款通知书上签字的，不能作为认定保证人继续承担保证责任的依据，但是催款通知书的内容符合《民法典》对于保证合同成立的规定的，可以认定保证人与债权人之间成立新的保证合同，债权人可据此要求保证人承担相应的保证责任。（3）保证期限届满后清偿债务的行为不能认定为提供新的担保。如前所述，在保证期限届满的情况下订立新的担保，应当通过书面签订保证合同的方式，保证人虽然在保证期限届满的情况下代债务人清偿债务，但该行为仅可以视为自愿清偿行为，而不能认定为明示继续为债务人提供担保的行为，因此，债权人无权以保证人在保证期限届满后履行代为清偿债务的行为作为要求其承担保证责任的依据。

4. 关于保证人免除保证责任的抗辩事由认定问题

案例来源

中国 ×× 银行股份有限公司大连 ××× 支行诉大连 ×× 集团有限公司、大连 ××× 天然食品有限公司金融借款合同纠纷

发布单位：最高人民法院民事审判第二庭《商事审判指导》2013 年第 3 辑（总第 35 辑）

审判法院：最高人民法院

判决日期：2013 年 12 月 5 日

案　　号：（2013）民提字第 51 号

基本案情

自 2003 年起，食品公司（大连 ××× 天然食品有限公司）分两次向 ××× 支行（中国 ×× 银行股份有限公司大连 ××× 支行）申请项目贷款 2800 万元，并由集团公司（大连 ×× 集团有限公司）承担连带担保责任；同时，××× 支行将该贷款计划报 ×× 分行（中国 ×× 银行 ×× 市分行）申请批复。2003 年 5 月，食品公司分别向集团公司和 ×× 分行承诺：集团公司担保的 1800 万元贷款，待其进口设备投产后，以该设备作抵押撤出集团公司的担保。同日，×× 分行同意该贷款项目并下达批复文件，要求 ××× 支行对该项目进行严格管理监督；项目竣工后，要及时形成项目后评价报告，且该项目的用地、地上建筑物和生产设备也要一并抵押。××× 支行收到批复文件后将其转发给集团公司，并在 6 日后向食品公司出借 1800 万元，约定借款种类为“农业综合开发”，借款用途为“购设备”，借款期限 1 年，借款年利率为 7.137%，借款同日发放。同日，××× 支行与集团公司签订保证合同，约定集团公司为上述借款承担连带保证责任。同年 9 月，××× 支行向食品公司出借 1000 万元，约定借款种类为“农业综合开发”，借款用途为“流动资金”，借款期限 1 年，借款年利率为 7.137%，借款分四期发放。该借款合同也由集团公司承担连带担保责任。

2006 年 12 月，××× 支行向法院提起诉讼，要求判令食品公司偿还借款本金 2800 万元及利息，并由集团公司承担连带赔偿责任。诉讼中，经 ××× 支行申请，法院对集团公司在其下属公司的股权予以查封。次年 10 月，集团公司向 ××× 支行提出解除被查封的股权申请，并书面承诺对食品公司承担的连带责任用其资产无条件偿还。2 日后，××× 支行撤诉，并解除了对集团公司股权的查封。

调取的 2003 年 8 月 ××× 支行出具的“关于对食品公司新增乳业项目贷款的检查报告”显示：食品公司自资金使用以来，先后与贸易公司（大连 ×× 进出口贸易有限公司）签订购货合同，购置进口设备及国内设备共计 1758 万元。调取的 ××× 支行 2004 年 10 月出具的“关于对食品公司贷款使用情况的贷后检查报告”显示：2800万元贷款，其中1800万元固定资产贷款用于国外进口设备、国内设备及运费；1000万元流动资金贷款支付奶汁款、建网点、设备安装、支付贷款利息；剩余建设资金370万元。调取的×××支行出具的“项目贷款检查表”载明：食品公司按照承诺将项目新增的设备重新评估后抵押给我行，并由相关人员进行签字确认。此外，×××支行记录的贷款检查报告记载，食品公司向贸易公司购置进口设备1490万元，而贸易公司证实食品公司未与其发生过经济往来。食品公司将购设备款1490万元转入贸易公司的当日，贸易公司又将其退还给了大连×××乳业有限公司，该公司法定代表人与食品公司法定代表人均为刘××。

×××支行以食品公司逾期未偿还贷款为由，提起诉讼，请求判令食品公司偿还2800万元贷款本金及利息，集团公司对上述款项承担连带清偿责任。

判决主文

一审法院认定：原告×××支行与被告食品公司签订的借款合同系真实意思表示，合法有效。原告×××支行已如约发放贷款，被告食品公司未及时偿款构成违约，应承担相应责任。被告集团公司依据被告食品公司的承诺和原告×××支行转发的内部批复文件，相信其担保有财产作保证，但事实并非如此。被告食品公司在原告×××支行贷款的3600万中，仅有小部分贷款进行了项目建设，而将被告集团公司担保的2800万元及流动设备资金以欺诈手段挪作他用，且被告集团公司并不知情。原告×××支行未对被告食品公司的贷款项目进行严格监管，还将所贷1000万元流动资金的300万元扣划以还旧贷利息，且未按××分行的批复办理财产抵押，导致贷款长期被挪作他用，使被告集团公司的保证无任何财产担保，对此原告×××支行与被告食品公司应负全部责任。

一审法院判决：被告食品公司偿还原告×××支行人民币2800万元及利息；驳回原告×××支行其他诉讼请求。

原告×××支行不服一审法院判决，提起上诉称：首先，本行不知道被上诉人食品公司欺诈被上诉人集团公司的事实，且本行也未向被上诉人集团公司转发批复文件。其次，以新贷偿还旧贷的事实与借款用途并无矛盾，并未加重被上诉人集团公司的负担，因此免除被上诉人集团公司担保责任不当。同时，因被上诉人食品公司未按约定用途使用贷款而免除被上诉人集团公司担保义务理由不当。因此，请求撤销原判，依法改判。

被上诉人集团公司辩称：本公司为案涉贷款提供担保是在上诉人 ××× 支行要求下提供的。被上诉人食品公司将贷款挪作他用，与上诉人 ××× 支行记载的贷款使用检查报告明显不一致，上诉人 ××× 支行存在明显的虚假陈述。因此，应认定上诉人 ××× 支行与被告食品公司恶意串通，放任被告食品公司骗贷骗保，应对其后果承担法律责任。此外，上诉人 ××× 支行未按批复尽到监管职责，存在严重过错，应自行承担责任。综上，请求驳回上诉，维持原判。

二审法院判决：驳回上诉，维持原判。

上诉人 ××× 支行不服二审法院判决，申请再审称：首先，×× 分行的批复文件未转发给被申请人集团公司的事实，应由被申请人集团公司举证证明。其次，本行在被申请人集团公司提供担保时，对被申请人食品公司的欺诈行为不知情；且本行从未对被申请人集团公司作出用被申请人食品公司贷款购买的设备作抵押置换其保证担保的承诺。被申请人食品公司贷款的 1000 万元是 1800 万元项目贷款的配套流动资金，根据银监会的规定，该贷款可用来偿还项目贷款所产生的利息，因此被申请人食品公司用其中的 300 万元偿还利息不违法。同时，企业流动资金可用来支付工资、偿还债务等。因此，二审认定 300 万元属于改变贷款用途，进而作出被申请人集团公司对全部 1000 万元贷款不承担保证责任，系适用法律错误。最后，保证人免除保证责任需有明确约定或法律规定，而被申请人集团公司主张的法律依据在本案中没有适用的事实依据。同时，农业综合开发贷款系商业性贷款，本行已履行贷前审查义务，贷后也进行了相应检查，被申请人集团公司以本行履行监管义务存在过错为由，主张免除保证责任，于法无据。综上，请求撤销二审法院判决，维持一审法院判决第一项；判令被申请人集团公司对 2800 万元贷款本息承担连带责任。

被申请人集团公司辩称：首先，本公司是基于农业综合开发贷款的特殊性质和国家的特殊监管要求，及申请人 ××× 支行对农业综合开发贷款监管能力合理信赖的基础上，才为被申请人食品公司的借款提供担保，本公司仅对市场因素导致贷款无法偿还承担责任，而申请人 ××× 支行在被申请人食品公司未将 560 万元自筹资金投入项目前发放贷款，违反了资本金不低于 20% 的贷款条件的规定，且在贷后未完全履行监管义务。其次，申请人 ××× 支行将 1000 万元贷款中的 300 万元偿还以往贷款，背离农业综合开发贷款目的，该违法行为导致贷款无法偿还，其应自行承担责任。此外，申请人 ××× 支行对农业综合开发贷款所负担的法定监管义务，对于保证合同的相对方本公司而言，先于本公司的保证责任。当申请人 ××× 支行未履行法定监管义务时，本公司享有先履行抗辩权。

再审法院判决：撤销二审法院判决；维持一审法院判决第一项；撤销一审法院判决第二项；被申请人集团公司就被申请人食品公司上述债务对申请人 ××× 支行承担连带保证责任；被申请人集团公司承担保证责任后，有权向被申请人食品公司追偿。

裁判要旨

在债权债务关系中，保证人具有免除保证责任的法定事由，在法定事由外，当事人还可自行约定保证责任灭失的事由。在无约定的情况下，债务人擅自改变借款用途，未经债权人同意，债务人与保证人约定免除保证责任的事由，以及作为债权人的金融机构未尽到贷款监管义务均不能作为保证人免除保证责任的抗辩事由。

重点提示

司法实践中，在借款人与保证人约定借款后以其抵押物置换保证人的保证，并在借款后改变借款用途的情况下，认定能否以此事由免除保证人的保证责任，应当注意以下几点：（1）无特殊约定时，借款人改变借款用途不是保证人免责的法定事由。在借贷关系中，债权人应履行的主要义务是支付约定的出借款项，其将款项出借给债务人后，主要义务就已履行完毕，债务人有权自行支配其所借款项，债权人对于资金用途并无监管义务，保证人不得以债务人擅自变更借款用途作为免除保证责任的抗辩事由。但若借款合同中明确约定了债权人负有监督借款人专款专用的义务，而因其未尽到监管义务导致借款被挪作他用的，保证人可以此作为免除保证责任的抗辩事由。（2）未经债权人同意债务人与保证人所作的约定不得作为保证人免责的抗辩事由。合同的相对性原则主要是指合同的效力范围仅限于合同当事人，而不及于第三人。合同的相对性主要表现之一就在于主体的相对性，即只有合同的当事人才可基于合同提出请求。债务人与保证人在未经债权人同意的情况下对合同内容作出变更的约定，属于债务人与保证人之间的合同，基于合同的相对性原则，其效力不及于债权人，但债权人对此知情并表示同意的情况除外。因此，保证人与债务人在未经债权人同意的情况下作出的免除保证责任的约定无效，不得作为免责的抗辩事由。（3）金融机构作为债权人未尽贷款监管义务不得作为保证人的免责事由。在向金融机构借款的债权债务关系中，金融机构作为债权人确实负有监督贷款用途的义务，但其履行该义务的主要目的在于监督资金使用，规避自身的贷款风险，与保证人的保证责任之间并无关联，金融机构履行贷款监管义务也并非保证人承担保证责任的先决条件。在保证人无证据证明金融机构故意不履行贷款监管义务的目的在于协助债务人骗取保证人提供担保的情况下，保证人不得以金融机构未履行贷款监管义务作为主张免除保证责任的抗辩事由。

5. 无骗保故意的串通行为对保证责任的影响

案例来源

中国 ×× 金融租赁有限责任公司清算组诉中国 ×× 银行股份有限公司北京 ×× 支行、北京 ×× 实业公司借款合同纠纷案

发布单位：最高人民法院民事审判第二庭《最高人民法院商事审判指导案例》（合同与借贷担保卷）

审判法院：最高人民法院

判决日期：2011 年 11 月 8 日

案　　号：（2010）民提字第 86 号

基本案情

1997 年 1 月，租赁公司（中国 ×× 金融租赁有限责任公司）取得了《经营外汇业务许可证》，并于同年 3 月在其《企业法人营业执照》中载明其经营范围加入外汇放款、外汇借款等内容。同年 5 月，实业公司（北京 ×× 实业公司）因卫星地面接收网站项目需要，向租赁公司申请流动资金贷款 3000 万元，并于同月 26 日向租赁公司提出申请，内容为：本公司向租赁公司贷款 290 万美元用于向通讯公司（芬兰 ××× 通讯有限公司）支付设备款，因通讯公司在中国境内设有分支机构，故设备款可直接付给通讯公司在国内的分支机构，为此，实业公司向租赁公司申请将外汇贷款合同项下的贷款 290 万美元兑换成人民币，支付给实业公司。次日，租赁公司与实业公司及保证人 ×× 支行（中国 ×× 银行股份有限公司北京 ×× 支行）签订《外汇资金贷款合同》，约定：贷款申请项目为卫星地面接收网站；贷款金额为 290 万美元；利率为 8.4‰；期限自 1997 年 5 月 28 日至 1997 年 11 月 28 日，按季结息；该合同自三方签字盖章之日起生效，至合同项下所有款项均清偿时失效。

同日，×× 支行出具《不可撤销担保责任书》，载明：×× 支行自愿为《外汇资金贷款合同》提供连带责任担保，担保范围为贷款本金及其利息、罚息、违约金、损害赔偿金和实现债权的费用；并承诺只要担保的贷款本金不增加，租赁公司和实业公司对合同作任何修改、补充或变通执行均不影响其对担保责任的承担。次日，租赁公司分两次支付给实业公司人民币 1700 万元和人民币 700 万元，两笔款项由实业公司借款签约人陈 ×× 在支票存根上签字确认。之后，实业公司未还本付息。

1999 年 3 月，租赁公司以实业公司及 ×× 支行在合同到期后未履行还款义务为由，提起诉讼，请求判令实业公司和 ×× 支行偿还借款本金 2400 万元及利息。

判决主文

一审法院认定：原告租赁公司的经营范围不包括外汇资金贷款业务，其与被告实业公司签订《外汇资金贷款合同》的行为违反了国家法律规定，合同无效，被告实业公司应当将借款返还原告租赁公司。因主合同无效，被告××支行出具的《不可撤销担保责任书》亦应认定为无效。同时，因被告××支行出具的担保责任书未约定保证期间，且原告租赁公司未能提供在借款到期6个月内曾向被告××支行主张债权的证据，故应免除被告××支行的保证责任，原告租赁公司无权要求被告××支行承担保证责任。

一审法院判决：原告租赁公司与被告实业公司签订的《外汇资金贷款合同》无效，被告××支行出具的《不可撤销担保责任书》无效；被告实业公司返还原告租赁公司人民币2400万元及利息（自1997年5月28日至付清之日止按中国人民银行同期半年期流动资金贷款利率计息）；免除被告××支行的连带保证责任。

一审判决后，各方当事人均未提出上诉。2006年6月29日，租赁公司经法院裁定破产清算，由法院指定的清算组（中国××金融租赁有限责任公司清算组）对租赁公司进行接管。

2008年8月，检察机关不服一审法院判决，提起抗诉称：原判只认定担保无效，但未对原审被告××支行的过错和责任进行分析和认定，系适用法律错误；原判认定担保责任书未明确约定保证期间，以原审原告清算组未能提供借款到期6个月内向原审被告××支行主张债权的有效证据为由，判决原审被告××支行免除保证责任，系适用法律错误。

再审法院判决：维持一审法院判决。

原审原告清算组不服再审法院判决，申请再审称：首先，本公司变更主合同是基于原审被告实业公司的申请作出的，且只变更了主合同的币种，而非骗保行为。其次，被申请人××支行无法提供证据证明存在骗保行为，且其在出具的担保责任书明确承诺在贷款金额不增加的情况下，对贷款合同所做的任何修改均不影响其对担保责任的承担，故被申请人××支行应承担担保责任。

最后，原审判决在免除被申请人 ×× 支行担保责任的同时又认定贷款合同和担保责任书有效，系自相矛盾。综上，请求撤销原审判决，改判被申请人 ×× 支行承担连带担保责任。

被申请人 ×× 支行辩称：首先，申请人清算组与原审被告实业公司对贷款合同币种的变更，并未告知本行，本行担保的主合同为币种变更前的美元合同；同时，申请人清算组与原审被告实业公司根本无意履行该合同，双方变更贷款合同币种是恶意串通，构成骗取担保的行为，故本行不应承担币种变更后的贷款合同的保证责任。其次，原审判决于 1998 年作出，最高人民法院《关于适用〈中华人民共和国担保法〉若干问题的解释》从 2000 年开始施行，本案不应适用该司法解释。

提审法院判决：撤销一审法院判决和再审法院判决；原审被告实业公司向申请人清算组支付借款本金 2400 万元及利息（自 1997 年 5 月 28 日起至实际支付日按合同约定的利息标准计付）；被申请人 ×× 支行对 2400 万元本金及利息承担连带责任（自 1997 年 5 月 28 日起至 1997 年 11 月 28 日按合同约定的利息标准计算，自 1997 年 11 月 29 日起至实际支付日按照中国人民银行同期逾期贷款利息标准计算）；被申请人 ×× 支行向申请人清算组承担担保责任后，有权向原审被告实业公司进行追偿。

裁判要旨

主合同债权债务双方恶意串通骗保是免除保证人保证责任的法定事由，但对骗保行为的认定应从主客观两方面判断债权债务双方是否具有骗保的故意以及是否实施了骗取保证人保证的行为，若债权债务双方的串通行为无恶意骗保的故意，则不能因此免除保证人的保证责任。

重点提示

司法实践中，常常出现保证人以债权债务双方恶意串通骗取保证为由主张免除保证责任的情形，此种情况下，认定应否免除保证人的保证责任时，应当注意以下两点：（1）保证无效的事由及责任承担。根据《民法典》及相关司法解释的规定可知，保证合同无效及其责任承担的情形主要有：①主合同无效导致保证合同无效，此时保证合同有约定的从其约定，无约定的依照债权债务双方及保证人各自的过错承担相应的民事责任。保证人无过错的，不承担保证责任；保证人有过错的，在债务人不能清偿部分的 1/3 范围内承担民事责任。②债务人与保证人共同欺骗债权人导致的保证合同无效，此时债权人可请求人民法院予以撤销，保证人与债务人对因此给债权人造成的损失承担连带赔偿责任。③主合同债务人采取欺诈、胁迫等手段使保证人在违背真实意思的情况下提供保证，且债权人对此知道或应当知道的，保证人可免除保证责任。④主合同债权债务双方串通骗取保证人提供保证的，可以免除保证人的保证责任。⑤主合同有效而保证合同无效，债权人无过错而保证人有过错的，由保证人对债务人不能清偿的部分承担赔偿责任；债权人、保证人均有过错的，则保证人在不超过债务人不能清偿部分的 1/2 范围内承担赔偿责任。（2）恶意串通的认定及其对保证责任的影响。恶意串通是指合同当事人在订立合同过程中，为牟取不法利益合谋实施的违法行为，存在恶意串通行为的合同主要有两个特征，即合同双方当事人出于故意，以及签订恶意串通合同的目的是牟取非法利益。具体到保证合同层面，判断债权债务双方是否存在恶意串通骗取保证的行为则应从主客观两个角度进行分析，从主观方面来讲，保证人应当提供证据证明债权人与债务人主观上存在骗取保证人承担保证责任的意思联络，客观上则要证明债权债务双方实施了骗取保证人承担保证责任的行为。因此，保证人主张免除保证责任，应证明债权人与债务人串通欺骗保证人提供担保的事实，否则应承担举证不能的后果。即使债权债务双方存在串通行为，但若该行为不存在恶意，也无骗取保证人保证的故意，则不应免除保证人的保证责任。此外应当注意的是，即使保证人确因被债务人欺诈而提供担保，但在其不能提供证据证明债权人知道或应当知道的情况下，不能认定债权债务双方存在恶意串通骗取保证的行为，保证人仍应承担保证责任。

6. 借款用途变更对保证人保证责任的影响

案例来源

北京 ×× 信托投资公司清算组诉中国 ××（集团）总公司、北京 ×× 企业有限公司借款合同纠纷案

发布单位：最高人民法院民事审判第二庭《最高人民法院商事审判指导案例》（合同与借贷担保卷）

审判法院：最高人民法院

判决日期：2011 年 3 月 14 日

案　　号：（2010）民提字第 87 号

基本案情

信托公司（北京 ×× 信托投资公司清算组）与企业公司（北京 ×× 企业有限公司）自 1993 年 11 月至 1994 年 4 月，先后签订了八份借款合同，1993 年 11 月 4 日，签订第一份合同（以下简称合同一，其他合同以此类推），约定贷款金额为 300 万美元；同月 23 日，签订合同二，约定贷款金额为 100 万美元；次月签订合同三，约定贷款金额为 480 万美元；1994 年 1 月签订合同四、合同五，约定贷款金额分别为 2000 万港币、500 万美元；次月签订合同六，约定贷款金额为 500 万美元；同年 4 月，签订合同七、合同八，约定贷款金额分别为 700 万美元、800 万美元。八份合同皆约定：借款用途仅限于购买原材料聚乙烯，企业公司如不按借款用途使用贷款，信托公司有权提出警告并限制纠正或停止发放贷款，并将已发放的贷款追回；借款期限为 1 年；还分别约定了借款利率、按季付息、逾期还贷加收罚息等内容。在履行第四、五、六、七、八份合同时，信托公司根据企业公司出具的委托书的指令先后将借款支付给澳门 ××× 有限公司港币 1250 万元、北京 ×× 实业股份有限公司港币 750 万元、北京 ×× 房地产发展有限公司 500 万美元、中国 ×× 银行 ×× 分行国际业务部 500 万美元（受益人为上海 ××× 房地产顾问有限公司北京分公司）、中国 ×× 银行 ×× 分行国际业务部总计 700 万美元、香港 ×× 发展有限公司 280 万美元、中国 ×× 银行 ×× 分行国际业务部 520 万美元。

上述贷款合同签订后，集团公司［中国 ××（集团）总公司］向信托公司出具了不可撤销的担保书，载明：集团公司保证在收到信托公司书面通知的 15 日内，向信托公司给付担保书所担保金额；不能按时偿还的，信托公司有权从集团公司的账户中扣收；担保金额为贷款合同项下的本金、利息以及因逾期还贷而发生的其他费用。此后，企业公司未依约还款，信托公司多次向企业公司及集团公司发函索款皆未果。

信托公司遂以企业公司未偿还借款、集团公司不履行担保责任为由，提起诉讼，请求判令企业公司、集团公司偿还欠款本金 3380 万美元、港币 2000 万元及利息。

判决主文

一审法院认定：被告企业公司、原告信托公司签订的八份贷款合同，和被告集团公司出具的不可撤销担保书内容、形式皆不违反法律规定，皆应认定为合法有效。原告信托公司按照合同约定和被告企业公司的指示给付足额贷款，而被告企业公司却未依约还本付息，被告企业公司应对其违约行为承担违约责任。被告集团公司作为保证人，承诺在收到原告信托公司书面通知的 15 日内承担付款责任，故应承担连带保证责任。原告信托公司对贷款疏于监督，负有一定责任，故支持承担一部分罚息，皆按 20% 计算。被告企业公司主张，其副总经理吕 ×× 签订合同未经董事会授权，签订的合同属于虚假合同，应为无效，但因其未举证，不予认定。被告企业公司不认可其指令原告信托公司划款部分的款项，缺乏法律依据，不予支持。被告集团公司主张，一则贷款合同无效，二则担保书是其综合部负责人侯 ×× 未取得总经理授权时盗用公章所形成的，但被告集团公司提供的证据不足以达到法律确信的程度，不予支持。

一审法院判决：被告企业公司偿还原告信托公司贷款本金 3380 万美元、港币 2000 万元及利息、罚息；被告集团公司对上述欠款承担连带责任；驳回原告信托公司、被告企业公司、集团公司的其他诉讼请求。

被告企业公司不服一审法院判决，提起上诉称：本公司与被上诉人信托公司签订的八份借款合同均是吕 ×× 和王 ×× 个人操纵的欺诈行为，其目的在于骗取国家资产，因该行为损害了国家利益，故借款合同无效。此外，因吕 ×× 和王 ×× 涉嫌刑事犯罪，本案应在刑事问题处理后再行处理。据此，请求依法改判。

被告集团公司不服一审法院判决，提起上诉称：首先，被上诉人信托公司和上诉人企业公司恶意串通，以合法形式掩盖非法目的签订八份借款合同，不具有借款的真实意思表示，应为无效。主合同无效，则担保合同无效，本公司不承担担保责任。其次，本公司提供的担保是侯 ×× 个人擅自出具的，应由其本人承担法律责任。同时本案涉及刑事犯罪，应当优先处理刑事部分。据此，请求依法改判。

二审法院判决：驳回上诉，维持原判。

上述判决发生法律效力后，上诉人集团公司向最高人民法院申请再审，最高人民法院经审查后将案件转送二审法院审查处理。

二审法院再审裁定：驳回申请人集团公司的再审申请。

申请人集团公司不服二审法院再审裁定，申请再审称：首先，本公司对被申请人信托公司和企业公司签订合同骗取贷款，违法炒作房地产，违规汇往境外的恶意串通行为完全不知情。被申请人企业公司和信托公司的行为属于以合法形式掩盖非法目的的无效民事行为，应认定借款合同无效，担保合同因主合同无效而无效。其次，被申请人企业公司和信托公司恶意串通，欺诈本公司时任综合管理部主任的侯 ×× 以本公司名义提供担保，属于无效。贷款发放过程中，被申请人企业公司和信托公司擅自改变贷款用途，而未告知本公司且未经本公司同意，扩大了本公司承担的市场风险和担保责任，应免除本公司的担保责任。综上，请求撤销原判，驳回被申请人信托公司对本公司的诉讼请求。

被申请人信托公司辩称：首先，申请人集团公司提出的再审申请超过了法定期间，二审法院裁定驳回其再审申请符合法定程序，本案提审错误，应予驳回。其次，涉案借款合同有效，申请人集团公司拒不承担担保责任，本公司损失巨大。同时，本案中相关手续费、高息、违规发放贷款等问题出现在特定的金融环境下，并不能免除申请人集团公司的担保责任。再次，贷款流入的企业均为独立法人，申请人集团公司没有证据证明这些企业和被申请人企业公司及本公司有关联关系。而申请人集团公司给其下属企业被申请人企业公司提供担保，值得本公司信赖，申请人集团公司应承担担保责任。最后，本公司对被申请人企业公司改变借款用途疏于管理已得到一审判决的认定，并承担了相应责任，本公司和被申请人企业公司恶意串通纯属申请人集团公司单方臆测，并无任何依据。侯 ×× 和吕 ×× 的问题，是申请人集团公司用人不当，内部管理混乱的自身问题，不能成为其逃避承担担保责任的借口。综上，请求驳回申请人集团公司的再审申请。

再审法院判决：撤销二审法院判决；维持一审法院判决第一、三项；撤销一审法院判决第二项，改判为：申请人集团公司对本案第一、二、三份合同项下共计 880 万美元及利息（合同期内利息按照合同约定的年利率 9.5% 计算；合同履行期届满后至实际给付之日的利息，按约定的年利率加收 20% 的罚息计算）向被申请人信托公司承担连带清偿责任。

裁判要旨

债权人在明知债务人变更借款用途的情况下仍继续发放贷款，且未及时告知保证人并征得保证人同意的，该行为会使保证人产生错误认知，并因此作出为债务人提供担保的错误意思表示，因此，应认定该行为构成欺诈，以欺诈手段订立的保证合同无效，保证人无须承担保证责任。但若债权人对借款用途不负有监管义务且对债务人变更借款用途不知情的，则保证人应当承担保证责任。

重点提示

在债权债务类纠纷案件的司法实践中，常出现债权人明知借款人变更借款用途仍发放贷款的情况，在此类情况下，应当如何认定保证人的保证责任就成为了争议焦点，在解决该问题的过程中，应当注意以下几点：（1）以欺诈手段设立保证的构成要件。根据《民法典》的规定可知，一方以欺诈手段，使对方在违背真实意思的情况下实施的民事法律行为，受欺诈方有权请求人民法院或者仲裁机构予以撤销。因此，在借款担保纠纷案件中，认定保证人提供的担保是因欺诈行为而设立的，应具备以下几个要件：①债务人单独或债权人与债务人共同实施了欺诈行为；②保证人因该欺诈行为产生了错误认知；③保证人因受欺诈作出了不真实的为债务提供担保的意思表示；④保证人作出的不真实的意思表示与债务人或债权债务双方实施的欺诈行为具有直接的因果关系。在满足上述条件的情况下，可认定保证人提供的担保是在受欺诈的情况下作出的，保证人有权请求人民法院予以撤销。（2）债权人明知债务人改变借款用途仍发放借款构成对保证人的欺诈，应免除保证人的保证责任。就保证人而言，其为债权债务关系提供保证是基于对债务人可依约还款的信任，以及其对债务人不能按时还款的风险的预设在其接受范围内。而借款用途是构成借款合同的必备条件，是借款合同的主要内容，债权人在明知债务人改变了借款用途的情况下仍发放贷款，且未告知保证人并征得其同意的，该行为所造成的风险明显超出了保证人的预先设定，亦违背了保证人提供保证时的真实意思表示，符合欺诈行为的构成要件，应认定该行为构成对保证人的欺诈。就保证合同而言，对于采取欺诈、胁迫等手段或者恶意串通，使保证人在违背真实意思表示的情况下提供保证的，应认定保证合同无效，保证人不承担保证责任。此外，应当注意的是，若在保证合同未约定债权人对借款用途负有监管义务的情况下，债务人擅自变更借款用途且债权人不知情的，保证人不得以此为由主张免除保证责任。

7. 债务人伪造担保时保证人责任的认定

案例来源

任 ×× 诉宁波 ×× 紧固件制造有限公司、朱 ××、徐 ××、宁波保税区 ×× 国际贸易有限公司民间借贷纠纷案

发布单位：最高人民检察院民事行政检察厅《人民检察院民事行政抗诉案例选》第 17 集

审判法院：浙江省宁波市鄞州区人民法院

判决日期：2009 年 10 月 27 日

案　　号：（2009）甬鄞商再字第 7 号

基本案情

朱 ×× 与徐 ×× 原系夫妻关系，徐 ×× 系紧固件公司（宁波 ×× 紧固件制造有限公司）的员工。2007 年 1 月，朱 ×× 前往紧固件公司，并以银行需要徐 ×× 的收入证明为由要求紧固件公司出具收入证明。在紧固件公司任职会计的毕 ×× 即在一张 A4 纸上制作了徐 ×× 的收入证明，并依据朱 ×× 的要求在 A4 纸上中间部分预留空白，在右下方书写了贸易公司（宁波保税区 ×× 国际贸易有限公司）的名称，同时在落款处签写紧固件公司名称，并加盖公司公章、财务章及董事长王 ×× 的个人印鉴章。

朱 ×× 取得收入证明后即将书写收入证明的部分剪掉，并在空白处书写了如下内容：借款 40 万元，借款期限为半年，以每月 6000 元计息，利息每月付清，借款人：朱 ××；出借人：任 ××，并加盖了贸易公司的公章，在紧固件公司上方填写了担保人字样。而后将该借条交给任 ××。2007 年 1 月 23 日，任 ×× 收到借条后向朱 ×× 交付了预扣 6000 元利息的 39.4 万元。朱 ×× 于此后每月依约向任 ×× 支付利息至 2008 年 6 月 22 日。2008 年 8 月，朱 ×× 与徐 ×× 办理离婚手续并签订了离婚协议，约定朱 ×× 自愿承担所有债务，与徐 ×× 无关。

任 ×× 以朱 ××、贸易公司向其借款未归还，且在 2008 年 6 月 22 日后未依约每月支付利息，朱 ××、贸易公司应承担清偿责任；借款时朱 ×× 与徐 ×× 系夫妻关系，徐 ×× 应承担夫妻共同债务；紧固件公司作为担保人应对借款承担保证责任为由，提起诉讼，请求判令朱 ××、贸易公司、徐 ×× 共同偿还借款，紧固件公司对借款承担连带清偿责任。

朱 ×× 辩称：本人确向任 ×× 借款，但借条中借款人、担保人等内容均是在紧固件公司不知情的情况下书写的，紧固件公司对借款情况不知情。同时，贸易公司的公章也是在紧固件公司签字盖章后才盖印在借条上的。

紧固件公司辩称：本公司是因职员徐 ×× 的配偶朱 ×× 要求出具收入证明的情况下，向朱 ×× 出具了签字盖章的收入证明，该借条系朱 ×× 伪造。本公司在得知借款事实后已向公安机关报案，经公安机关核实才知晓朱 ×× 伪造借条，以本公司作担保人借款的事宜。因此，为该笔借款担保并非本公司的真实意思表示，本公司无须承担保证责任。

判决主文

一审法院认定：首先，借条载明的借款人系被告朱 ××，且其未以被告贸易公司法定代表人的身份主张职务行为，而被告贸易公司又在借条中加盖了公章，故应认定被告贸易公司与被告朱 ×× 系共同借款人，应共同偿还借款。其次，虽然被告朱 ×× 存在欺诈行为，但原告任 ×× 作为债权人并不存在串通、欺诈、胁迫行为，对被告朱 ×× 伪造借条的事宜也不知情，因此，被告朱 ×× 伪造借条的欺诈行为并不影响被告紧固件公司与原告任 ×× 保证合同的效力。同时，借条中未约定保证方式，应视为连带保证，被告紧固件公司承担保证责任后，有权向被告朱 ××、贸易公司追偿。最后，被告朱 ×× 在向原告任 ×× 借款时，与被告徐 ×× 系夫妻关系，虽然离婚协议中约定了债务由被告朱 ×× 承担，但该约定仅系内部约定，不影响夫妻对共同债务的负担原则。因此，对该笔借款，被告徐 ×× 与被告朱 ×× 应共同偿还。

一审法院判决：被告朱 ××、贸易公司、徐 ×× 共同归还原告任 ×× 借款 39.4 万元；被告朱 ××、贸易公司、徐 ×× 共同支付原告任 ×× 利息 6000 元（从 2008 年 6 月 23 日至 2008 年 7 月 22 日）及从 2008 年 7 月 23 日起至付清日止的利息（按原借条约定标准计算），限与前述前一项同时履行完毕；被告紧固件公司对上述两项承担连带保证责任，保证人承担保证责任后，有权向债务人追偿。

被告紧固件公司不服一审法院判决，提起上诉。

二审审理过程中，上诉人紧固件公司撤回上诉。

二审法院裁定：准许上诉人紧固件公司撤回上诉。

一审法院判决生效后，被告紧固件公司不服，向市检察机关提出抗诉申请称：本公司对一审法院认定的事实没有异议，但对一审法院适用的法律存在异议。本公司并没有提供借款担保的意思表示，亦未对担保事实予以追认，不应承担保证责任。故请求依法改判。

市检察机关经审查认定，一审法院判决证据不足，适用法律错误：

（1）本案申诉人紧固件公司在借条上的意思表示系被申诉人朱 ×× 伪造，被申诉人任 ×× 是在被申诉人朱 ×× 虚构事实的情况下出借的借款，故借款合同是在债务人以欺诈手段使债权人违背真实意思的情况下订立的，属可变更可撤销的合同。而担保合同中，申诉人紧固件公司并未作出为被申诉人朱 ×× 向被申诉人任 ×× 借款提供担保的意思表示，该合同因缺少担保人的意思表示而不能成立。

（2）申诉人紧固件公司根本没有作出过提供担保的意思表示，保证合同不成立。而一审法院适用的法律规定是在保证人作出愿意提供保证的意思表示的前提下才能适用。故本案对于保证合同是否成立不应适用一审法院所提出的相关法律，一审法院适用该法律判决申诉人紧固件公司承担连带保证责任属于适用法律错误。

市检察机关依法向再审法院提起抗诉。

被申诉人任 ×× 辩称：首先，一审法院认定事实不清。被申诉人朱 ×× 的陈述并不真实，不应仅依据申诉人紧固件公司与被申诉人朱 ×× 及证人毕 ×× 的证词即认定“收入证明”存在，也不应仅依此即认定本案借条是被申诉人朱 ×× 伪造的。其次，一审法院认定保证合同成立，申诉人紧固件公司承担连带保证责任并无不当。因此，请求改正对一审事实认定部分，维持一审判决结果。

再审法院判决：维持一审判决第一项、第二项；撤销一审判决第三项；驳回被申诉人任 ×× 的其他诉讼请求。

裁判要旨

担保系民事法律行为，应具备民事法律行为的有效要件。根据《民法典》第 143 条的规定可知，担保行为的成立需基于保证人的真实意思表示，债权人需作出接受保证人担保的意思表示。因此，在债务人伪造担保的情况下，担保行为无效，保证人无须承担担保责任。

重点提示

担保责任是债务人或担保人在主债务不能履行时依法应履行的担保义务。司法实践中，在债务人伪造担保的情形下认定保证人应否承担担保责任时，应当注意以下几点：（1）法律规定的适用。于2021年1月1日施行的《民法典》中关于担保部分的规定，并未明确债务人以欺诈手段骗取担保时，担保行为的效力是有效还是无效，但对此可适用《民法典》总则部分关于“民事法律行为的效力”的规定，以此判断担保行为在法律上的效力。其中，《民法典》第143条规定：“具备下列条件的民事法律行为有效：（一）行为人具有相应的民事行为能力；（二）意思表示真实；（三）不违反法律、行政法规的强制性规定，不违背公序良俗。”由此可知，非基于真实意思表示作出的民事法律行为无效。（2）担保行为成立的认定。基于前述分析可知，有效的民事法律行为应具备的要件之一即“意思表示真实”，而担保行为作为民事法律行为的一种类型，也应具备“意思表示真实”的要件。即担保行为的成立需债权人与保证人就保证事项达成合意。也就是说，有效的担保，第一，要有保证人作出真实的意思表示，愿意在债务人不履行债务时，代为履行的意思表示；第二，要有债权人接受保证人关于保证的意思表示。因此，在债务人伪造担保的情况下，因保证人未作出担保的意思表示，故该担保不能成立。（3）债务人伪造担保的法律后果。基于前述分析可知，债务人伪造担保人签字后，因担保无效，故保证人不承担担保责任。但保证人不承担担保责任并非债务人伪造担保的唯一法律后果，根据《民事诉讼法》第111条第1款“诉讼参与人或者其他人有下列行为之一的，人民法院可以根据情节轻重予以罚款、拘留；构成犯罪的，依法追究刑事责任：（一）伪造、毁灭重要证据，妨碍人民法院审理案件的……（六）拒不履行人民法院已经发生法律效力的判决、裁定的”的规定可知，债务人伪造担保的行为妨碍人民法院审理案件的，可能受到罚款、拘留的司法处罚，也可能被追究刑事责任。

8. 混合共同担保中物保未设立时保证人保证责任的认定

案例来源

黑龙江 ××× 投资担保股份有限公司诉黑龙江省建三江农垦七 × 粮油工贸有限责任公司、黑龙江省建三江农垦宏 × 粮油工贸有限公司等保证合同纠纷案

发布单位：《最高人民法院公报》2018 年第 1 期（总第 255 期）

审判法院：最高人民法院

判决日期：2017 年 7 月 17 日

案　　号：（2017）最高法民申 925 号

基本案情

2013 年 11 月，米业公司（黑龙江省建三江农垦 ××× 米业有限责任公司）与农垦建行（中国 ×× 银行股份有限公司哈尔滨 ×× 支行）签订借款合同，约定：米业公司向农垦建行借款金额 1000 万元，借款期限至 2014 年 10 月 4 日。担保公司（黑龙江 ××× 投资担保股份有限公司）为该笔借款提供连带保证责任，并与农垦建行签订了保证合同。2 日后，担保公司与米业公司、邵 ××（系米业公司法定代表人）、徐 ××（与邵 ×× 系夫妻）签订反担保合同，约定：邵 ××、徐 ×× 为前述借款向担保公司提供反担保，担保方式为连带责任保证，保证期间为还款之日起 2 年；米业公司以其所有的机器设备 98 台、邵 ××、徐 ×× 分别以各自所有的房屋所有权抵押，并均办理了抵押登记手续；米业公司将 4560 吨水稻质押给担保公司，邵 ×× 及徐 ×× 以各自持有的米业公司 50% 的股权质押，并办理了股权质押登记。同日，担保公司与七 × 公司（黑龙江省建三江农垦七 × 粮油工贸有限责任公司）、宏 × 公司（黑龙江省建三江农垦宏 × 粮油工贸有限公司）、华 × 公司（黑龙江省建三江农垦华 × 粮油工贸有限责任公司）、稻 × 公司（黑龙江省建三

江农垦稻 × 米业有限公司）签订保证合同，约定七 × 公司、宏 × 公司、华 × 公司和稻 × 公司为米业公司的借款以各自所有的机器设备、房产和水稻向担保公司提供抵押和质押担保，且为连带责任保证；保证范围为借款合同中本金、利息、罚息、复利、违约金、损害赔偿金以及诉讼（仲裁）费、律师费、逾期担保费等实现债权和担保权的费用；担保公司向银行履行担保责任后有权向本合同任一保证人追偿款项；任何一方违约，须向守约方支付担保金额总额20% 的违约金。同月，农垦建行向米业公司发放了借款 1000 万元。

2014 年 6 月，因米业公司未能偿还前述借款的当月利息，担保公司支付了同年 6 月和 7 月的利息 65 353.46 元和 67 632.34 元，同年 8 月代偿本息 10 083 496.53 元。同月，担保公司向宏 × 公司出具《告知函》，载明：依据合同约定，限你公司于 2014 年 6 月 25 日前将质押给我公司的水稻差额部分置于我公司指定的监管区域，并配合完成监管工作……

另查明，在担保公司与米业公司签订水稻质押合同后，米业公司未向担保公司交付出质的 4560 吨水稻，而是将质物存放于自己的仓库中，其后私自将质物出卖给案外人，且在担保公司代为清偿到期债权后，米业公司未将出售所得款项清偿债务。担保公司也未及时请求米业公司交付 4560 吨水稻，且为了方便保管将水稻存放于米业公司仓库，在得知米业公司将 4560 吨水稻出卖给案外人后，担保公司未积极向米业公司主张以质物出卖款清偿债务。

在上述法律关系中，米业公司与七 × 公司、宏 × 公司、华 × 公司、稻 × 公司均为稻米经营企业，互相之间存在五户联保关系，联保形式相同。任何一户的银行贷款均由担保公司提供担保，再由借款债务人以各自所有的机器设备、房产和水稻向担保公司提供抵押和质押担保，其他四户向担保公司提供保证担保。当七 × 公司法定代表人刘喜 ×、宏 × 公司法定代表人刘雪 × 得知米业公司私自处分质物后，向公安部门报案。

担保公司以其代为清偿了米业公司的借款后，米业公司未基于质押合同向其交付质物，七 × 公司、宏 × 公司、华 × 公司、稻 × 公司亦未承担相应的保证责任为由，提起诉讼，请求判令米业公司偿还代偿款 10 216 482.33 元及利息并支付违约金 200 万元，邵 ××、徐 ×× 对米业公司的给付义务承担连带清偿责任，七×公司、宏×公司、华×公司和稻×公司对前述给付义务承担连带清偿责任。同时请求判令其对邵××、徐××抵押房产折价或者拍卖、变卖的价款优先受偿，并对邵××、徐××持有的米业公司股权转让价款优先受偿。

判决主文

一审法院判决：被告米业公司给付原告担保公司代偿款10 216 482.33元及代偿期间发生的利息（按中国人民银行同期贷款基准利率，自2014年8月27日起计算至判决确定的自动履行期限内实际给付之日止）；被告米业公司、邵××、徐××给付原告担保公司违约金200万元；原告担保公司对被告米业公司抵押的98台机器设备、被告邵××及徐××抵押的房产以及质押的50%的股权享有优先受偿权；被告七×公司、宏×公司、华×公司和稻×公司对第一项确定的付款义务在第三项不获清偿部分及质权未成立价值的50%范围内承担连带保证责任；被告七×公司、宏×公司、华×公司和稻×公司承担保证责任后，有权向被告米业公司追偿。

原告担保公司不服一审法院判决，提起上诉称：（1）本公司已向农垦建行代偿原审被告米业公司的借款本息10 216 482.33元，本公司与上诉人七×公司、宏×公司、华×公司及稻×公司签订的保证合同约定，保证范围为本金、利息等实现债权和担保权的费用，并约定任何一方违约，应支付担保总额20%的违约金，故四个保证人应承担200万元违约金的给付责任。（2）4560吨水稻的实际控制权在原审被告米业公司，而非本公司，根据《物权法》及《担保法》的规定，质物的交付是导致质权设立或质押合同生效的要件，故本公司与原审被告米业公司的水稻质押合同成立，但未生效。原审被告米业公司擅自将4560吨水稻出卖给他人，加重了本公司代偿的责任，上诉人七×公司、宏×公司、华×公司及稻×公司不因此免责。综上，请求判令上诉人七×公司、宏×公司、华×公司及稻×公司对一审判决第二项所涉的200万元违约金承担连带保证责任，并对第三项外的债务承担连带保证责任。

被告七×公司、宏×公司、华×公司、稻×公司均不服一审法院判决，提起上诉称：（1）根据《民事案件案由规定》，本案应为担保物权纠纷或保证合同纠纷，一审判决将案由确定为追偿权纠纷不当。（2）证据经过质证才能作为定案依据，一审判决对本方提供的证据均未采信与法律规定不符，导致本方的保证范围、质押的4560吨水稻已交付、上诉人担保公司就质押水稻进行评估、监管等并允许原审被告米业公司继续使用质押水稻等基本事实不清。（3）本方担保的范围是1000万元借款，该借款无论是原审被告米业公司偿还，还是上诉人担保公司偿还，本方均无须为此承担保证责任。（4）原审被告米业公司将4560吨质押水稻交付上诉人担保公司过程中，上诉人担保公司已就该水稻进行评估、计数、监管等，其允许原审被告米业公司使用所交付的水稻，不影响质押水稻已交付的事实。根据《物权法》第218条的规定，本方亦不承担保证责任。综上，请求撤销一审判决第四项、第五项，驳回上诉人担保公司的诉讼请求。

上诉人担保公司辩称：对上诉人七 × 公司、宏 × 公司、华 × 公司、稻 × 公司的上诉请求不予认可，本公司的主张既有合同依据，亦有法律依据，上诉人七 × 公司、宏 × 公司、华 × 公司、稻 × 公司应承担连带保证责任。

二审法院裁定：维持一审判决第一项、第二项、第三项；撤销一审判决第四项、第五项；驳回上诉人担保公司的其他诉讼请求。

被上诉人担保公司不服二审法院判决，申请再审称：（1）二审法院认定案由有误，一审法院将本案案由确定为追偿权纠纷正确。（2）二审法院判决被申请人七 × 公司、宏 × 公司、华 × 公司、稻 × 公司在涉案4560吨水稻价值范围内免责缺乏事实和法律依据。首先，原审被告邵 ×× 将质押水稻出卖给案外人，而原审被告米业公司具有对4560吨水稻的实际控制权，并未交付给本公司，本公司与原审被告米业公司之间的质押合同并未生效。而原审被告米业公司及被申请人七 × 公司、宏 × 公司、华 × 公司、稻 × 公司均未办理水稻质押手续，本公司提供给被申请人宏 × 公司的《告知函》不足以证明被申请人七 × 公司、宏 × 公司、华 × 公司、稻 × 公司对原审被告米业公司提供的水稻担保产生合理信赖。其次，本公司与被申请人七 × 公司、宏 × 公司、华 × 公司、稻 × 公司签订的合同未约定水稻质押和其他物的担保，被申请人七 × 公司、宏 × 公司、华 × 公司、稻 × 公司是在不知晓原审被告米业公司水稻质押的情况下提供的保证。（3）二审法院认定涉案 4560 吨水稻的价值为 1413.6 万元错误，在质押担保合同中确定 4560 吨水稻的质押率为 70%，质押担保价值为 800 余万元。综上，请求对本案进行再审。

被申请人七 × 公司、宏 × 公司、华 × 公司、稻 × 公司辩称：申请人担保公司的再审申请无事实和法律依据，请求予以驳回。

再审法院裁定：驳回申请人担保公司的再审申请。

裁判要旨

同一债权上既有人的担保又有债务人提供的物的担保，债权人与债务人的共同过错致使本应依法设立的质权未设立，保证人对此并无过错的，债权人应对质权未设立承担不利后果。《民法典》第 392 条对债务人提供的物保与第三人提供的人保并存时的债权实现顺序有明文规定，保证人对先以债务人的质物清偿债务存在合理信赖，债权人放弃质权损害了保证人的顺位信赖利益，保证人应依《民法典》第 435 条的规定在质权人丧失优先受偿权益的范围内免除保证责任。

重点提示

混合共同担保是对同一债权既有保证，又有抵押、质押担保的情况，也就是人的担保与物的担保混合。在混合共同担保的情况下应如何确定债权的实现顺序，以及因债权债务人的过错导致物保未能正常设立对保证责任的影响等问题已成为实务中的争议焦点。司法实践中，处理该问题时应注意以下几点：（1）债权实现顺序有约定从其约定。《民法典》第 392 条规定："被担保的债权既有物的担保又有人的担保的，债务人不履行到期债务或者发生当事人约定的实现担保物权的情形，债权人应当按照约定实现债权；没有约定或者约定不明确，债务人自己提供物的担保的，债权人应当先就该物的担保实现债权；第三人提供物的担保的，债权人可以就物的担保实现债权，也可以请求保证人承担保证责任。提供担保的第三人承担担保责任后，有权向债务人追偿。"据此可知，在混合共同担保的情形下，债权实现顺序应当首先尊重当事人的约定，双方当事人对此作出约定的，债权应当按照约定顺序实现债权。（2）债权实现顺序无约定时的处理。混合共同担保情形下当事人对债权实现顺序无约定时应区分不同情况：首先，在债务人自己提供物的担保的情况下，债权人应当先就物的担保实现债权。也就是说，债权人只能先行使担保物权，而后在不能完全受偿的余额范围内再向保证人主张债权。作出该规定的原因在于：保证人优先承担保证责任后，有权向债务人追偿，若债权人先行使物的担保则可避免保证人日后再向债务人行使追偿权的烦琐，最大程度地降低实现债权的成本。此外，在债务人为自身债务提供物的担保的情况下要求保证人优先承担保证责任，对保证人而言也显失公平。其次，在第三人为债权提供物的担保的情况下，债权人享有选择权，可以就物的担保实现债权，也可以要求保证人承担保证责任。此种情形对于同一债权来讲，其上设定物保的担保人与保证人均非该债务的最终还款义务人，因此，无论债权人是先就物的担保实现债权，还是先要求保证人承担保证责任，均存在保证人行使追偿权的问题，不会因债权人的选择而提高或延长债权实现的成本和时间。同时，赋予债权人选择权，更有利于保障债权人充分实现债权。（3）物的担保因债权人和债务人的过错未设立时保证人保证责任的认定。由前述分析可知，在双方当事人对于债权实现顺序未作明确约定的情况下，由债务人自行提供物保的，应当先在物保的范围内实现债权，若因债权人和债务人的过错导致债务人自行提供的物保并未设立的，则债权人不能就物的担保实现债权，但要求保证人就全部债权承担保证责任对保证人来说也显失公平，故在此情况下，应当认定保证人在物的担保的范围内免除保证责任，仅承担超出物保范围的保证责任。

9. 明知债权有物保仍提供保证的保证责任认定

案例来源

××银行股份有限公司合肥×××路支行诉黄山长江××高速公路有限责任公司、上海×××投资有限公司保证合同纠纷案

发布单位：最高人民法院民事审判第二庭《商事审判指导》2011年第4辑（总第28辑）

审判法院：最高人民法院

判决日期：2011 年 12 月 25 日

案　　号：（2011）民二终字第 113 号

基本案情

2004 年 7 月，高速公司（黄山长江 ×× 高速公路有限责任公司）因建设高速公路项目，向 ×× 支行（×× 银行股份有限公司合肥 ××× 路支行）申请办理了两笔长期贷款，并分别签订了两份《借款合同》，约定：贷款金额均为 1 亿元，借款期限均为 5 年，借款期限分别截至 2009 年 7 月 15 日和 7 月 30 日。此外，两份借款合同还约定：借款年利率为 5.859%，未按期偿还贷款的，对未偿还部分改按年利率 8.7885% 计收利息；贷款期间，若遇中国人民银行调整贷款利率，则按中国人民银行调整贷款利率的有关规定执行；若高速公司未能如期履行合同规定的各项义务，则 ×× 支行有权按合同规定要求其提前归还贷款；投资公司（上海 ××× 投资有限公司）作为连带责任保证人，出具《不可撤销担保书》；高速公司以其所有或者有权处分的 ×× 高速公路安徽段收费权作抵（质）押。之后，×× 支行与高速公司签订了抵押合同，且该合同经过 ×× 省交通厅批复同意。同时，投资公司分别于 2004 年 7 月 14 日、28 日向 ×× 支行出具了《不可撤销担保书》，两份《担保书》均承诺：担保范围为借款合同项下的全部债务，包括本金 1 亿元整和利息、罚息及其他一切有关费用；高速公司未按时偿还贷款本息及相关费用，×× 支行有权直接向其追索，而无须先向高速公司进行追索；即使有第三人为其提供物保，×× 支行仍有权选择先向其进行追索；该担保书是独立的，不受借款合同效力的影响。

上述合同签订后，×× 支行依约向高速公司发放了贷款 1 亿元。借款到期后高速公司不能及时还款，遂与 ×× 支行签订了《借款合同展期协议书》，约定展期分别到 2010 年 11 月 15 日和 2011 年 7 月 30 日，展期期间采用浮动利率。投资公司作为保证人在协议书上签字。两笔贷款展期后，×× 支行与高速公司均按约履行，但自 2010 年 9 月 21 日开始高速公司未按约付息。两笔贷款展期期限届满，高速公司未按约还本，投资公司也未承担担保责任。×× 支行多次致函催讨欠款未果。

另查明：×× 支行为实现债权委托安徽 ××× 律师事务所作为案件一审代理人，向其支付律师费用 216 万元。

×× 支行以高速公司及投资公司未履行还款、担保义务为由，提起诉讼，请求解除其与高速公司签订的第二份借款合同及《借款合同展期协议书》，判令高速公司立即归还两份借款合同的借款本金 2 亿元及利息 1 806 070.58 元，投资公司就两笔借款本息承担连带清偿责任；并判令高速公司和投资公司承担本案律师费用 216 万元及诉讼费用。

判决主文

一审法院认定：三方当事人签订的借款合同、保证合同及借款合同展期协议书均是真实意思表示，不违反国家法律禁止性规定，合法有效。两份借款合同已到期，被告高速公司应偿还借款，但借款合同约定的逾期利息过高，应予减少。被告投资公司在签订不可撤销保证书时明知被告高速公司已向原告 ×× 支行提供质押，仍提供担保，表明其同意原告 ×× 支行在被告高速公司不履行还款义务时直接向其追索，故应履行保证责任。因被告投资公司在借款合同展期协议书上签字，故该协议书对其有效。

一审法院判决：被告高速公司归还第一份借款合同的借款本金 1 亿元以及利息 731 920.58 元（利息计算至 2010 年 11 月 15 日，2010 年 11 月 16 日至判决确定还款日的利息按中国人民银行同期贷款基准利率上浮 5% 后加收 30% 计算）；被告高速公司归还第二份借款合同的借款本金 1 亿元以及利息 1 074 150 元（利息计算至 2010 年 11 月 22 日，2010 年 11 月 23 日至 2011 年 1 月 30 日的利息按年利率 6.237% 计算，2011 年 1 月 31 日至 2011 年 7 月 30 日的利息按年利率 6.72% 计算，2011 年 7 月 31 日至判决确定还款日的利息按中国人民银行同期贷款基准利率上浮 5% 后加收 30% 计算）；被告高速公司支付原告 ×× 支行律师费用 1 635 500 元；被告投资公司对被告高速公司的上述债务承担连带清偿责任；驳回原告 ×× 支行其他诉讼请求。

被告高速公司、投资公司均不服一审法院判决，提出上诉称：本案利率计算违反合同约定，律师费用认定过高，一审法院判决适用法律错误，应适用合同签订时的法律，不应适用现今的相关法律及司法解释。故请求依法改判或发回重审。

被上诉人××支行辩称：一审判决认定的利率计算标准正确，完全是依照合同约定的利息计算标准计算的。上诉人投资公司应对本案贷款的偿还及本行实现债权所发生的费用承担保证责任。律师费用是按照法律规定支付，有合法依据。综上，请求依法维持原判。

二审法院判决：维持一审法院判决第三项、第四项、第五项，变更一审法院判决第一项为：上诉人高速公路公司归还第一份借款合同的借款1亿元以及利息731 920.58元（利息计算至2010年11月15日，2010年11月16日至本判决确定还款日的逾期利息按年利率8.7885%计算）；变更一审法院判决第二项为：上诉人高速公路公司归还第二份借款合同的借款本金1亿元以及利息1 074 150元（利息计算至2010年11月22日，2010年11月23日至2011年1月30日的利息按年利率6.237%计算，2011年1月31日至2011年7月30日的利息按年利率6.72%计算，2011年7月31日至本判决确定还款日的逾期利息按年利率8.7885%计算）。

裁判要旨

同一债权上物保与人保并存时，若当事人之间对债权人实现债权的方式有约定的，债权人应依约实现债权。但若保证人直接赋予债权人向自己追索的权利，则即使债权人放弃物的担保，保证人也不得在物保范围内免除保证责任。此外，虽然保证期限不受借款期限延长的影响，但保证人在借款展期协议上签字确认的，应视为其提供了新的保证，应依约承担保证责任。

重点提示

混合共同担保是对同一债权既有保证，又有抵押、质押担保的情况，也就是人的担保与物的担保混合。司法实践中，认定同一债权既有物的担保又有人的担保时债权人如何实现债权，以及明知债权有物的担保仍为其提供保证的保证人所需承担的责任问题时，应当注意以下几点:（1）物保与人保并存时债权人实现债权的方式。对于同一债权上物保与人保并存时，债权人实现债权的方式问题，根据《民法典》第392条的规定可知，双方当事人约定了债权实现方式的，债权人应当依照约定实现债权；未约定或者约定不明的，则应判断物的担保的提供者，若由债务人自行提供物的担保，则债权人应当先就物的担保实现债权；若物的担保是由第三人提供的，则债权人可以选择先就物的担保实现债权，也可以直接要求保证人承担保证责任。但保证人承担保证责任后，有权向债务人进行追偿。（2）保证人明知债权有物的担保仍承诺债权人可向其主张债权的，视为赋予债权人直接追索的权利。如前所述，债权人在实现债权的方式上，有约定从其约定。保证人在明知其所担保的债权存在物保的前提下，仍为该债权提供担保，且与债权人约定债权人可以直接向其主张保证责任的，应当视为保证人赋予债权人直接追索的权利，且该约定既不违反法律法规的强制性规定，又不违反社会的公序良俗，故在该约定出于当事人真实意思表示的情况下，债权人可直接选择保证人承担保证责任以实现债权，且此时即使债权人放弃物的担保，保证人亦不能在物保范围内免除保证责任。（3）保证人在借款展期协议上签字的，可视为再次确认保证关系。所谓借款展期，就是指延长借款合同的履行期限。对于保证期间来讲，根据《民法典》的有关规定可知，保证期间是确定保证人承担保证责任的期间，不发生中止、中断和延长，在当事人未约定保证期限的情况下，通常认定保证期间为主债务履行期限届满之日起6个月，故保证期间不受借款期限延长的影响，保证人仍按照原保证合同约定的保证期间承担保证责任。但若保证人在债权债务双方签署的借款展期协议上签字确认的，则应当视为其认可债权债务双方对借款进行展期的行为并愿意继续为该借款提供担保，此种情况并非是对保证期间的延长，而应视为设立了新的保证，因此，针对该借款产生纠纷的，可以适用借款展期协议签订即新的保证设立时的法律进行审判。

10. 仅办理抵押权预告登记未办理抵押权登记时的保证责任

案例来源

中国 ×× 银行股份有限公司厦门 ×× 支行诉陈 ××、连 ××、厦门市同安区 ×× 建筑工程公司金融借款合同纠纷案

发布单位：国家法官学院《中国法院 2013 年度案例：借款担保纠纷》

审判法院：福建省厦门市同安区人民法院

判决日期：2011 年 11 月 28 日

案　　号：（2011）同民初字第 2723 号

基本案情

2009 年，陈 ××、连 ×× 作为借款人、工程公司（厦门市同安区 ×× 建筑工程公司）作为保证人与 ×× 支行（中国 ×× 银行股份有限公司厦门 ×× 支行）签订《个人购房担保借款合同》，约定：陈 ×× 与连 ×× 向 ×× 支行借款 32 万元用于购买涉案房屋并以该房屋作为抵押物，借款期限为 20 年，贷款利率实行浮动利率，并由工程公司承担阶段性连带责任保证；工程公司的担保阶段自合同签订之日起至陈 ×× 与连 ×× 取得房地产权利证书并办妥以 ×× 支行为抵押权人的抵押登记手续之日止；陈 ××、连 ×× 超过 90 天未向 ×× 支行足额偿还借款本息的，×× 支行可以收回借款，并有权依约收取罚息及复利；合同通用条款约定保证范围为借款本息、罚息、复利、违约金以及损害赔偿金及诉讼（仲裁）费，律师费等贷款人实现债权的一切费用；借款既有借款人提供的抵押担保又有其他人提供担保的，当贷款人放弃借款人的抵押权或者抵押权顺位以及变更该抵押权时，担保人仍然应当按照本合同的约定承担相应的担保责任。

次日，×× 支行与陈 ××、连 ×× 办理了预购商品房抵押权预告登记手续。之后，×× 支行向陈 ××、连 ×× 提供了借款 32 万元。自 2010 年 11 月 13 日最后一次偿还分期贷款后，陈 ×× 与连 ×× 未按合同约定履行还款义务。截至2011年9月，陈××与连××共拖欠××支行借款本金30余万元及利息、罚息、复利合计33 143.76元。另查明，2011年3月，开发商通知陈××与连××可以办理涉案房屋的产权登记，陈××与连××未去办理，涉案房屋目前尚未办理产权登记及抵押权登记。

××支行以涉案房屋未取得产权且未办理抵押权登记，工程公司为连带保证人，应继续承担保证责任为由，提起诉讼，请求解除其与陈××、连××、工程公司签订的《个人购房担保借款合同》，判令陈××、连××共同偿还借款本金302 282.24元及利息、罚息、复利33 143.76元以及本行因本案所支付的律师代理费8050元，工程公司对陈××、连××的上述义务承担连带保证责任。

工程公司辩称：本案债权有陈××、连××提供的涉案房屋作为抵押，本公司应仅在抵押担保以外承担保证责任。若××支行放弃涉案述房屋抵押权，本公司仅就此担保范围承担保证责任。对于利息，××支行并未依据相关规定，按基准利率变化调整贷款利率，特别是在基准利率下降时，××支行未降低贷款利率。关于复利，依审理民间借贷的司法解释，不应支持。对于律师费，存在并未实际发生，律师与××支行存在利害关系，代理合同的真实性等疑问，故律师费的请求不应支持。

判决主文

一审法院判决：解除原告××支行与被告陈××、连××、工程公司签订的《个人购房担保借款合同》；被告陈××、连××共同偿还原告××支行借款本金302 282.24元及利息、罚息、复利（自2010年11月14日起至本判决确定的还款之日止，按《个人购房担保借款合同》约定的利息、罚息、复利计付）；被告陈××、连××共同向原告××支行支付律师代理费8050元；被告工程公司对本判决第二、三项确定的还款义务承担连带清偿责任；被告工程公司承担上述连带清偿责任后，有权向被告陈××、连××追偿。

宣判后，双方当事人均未提起上诉，判决已发生法律效力。

裁判要旨

预告登记设立的目的在于保障将来实现物权，仅办理抵押预告登记时抵押权未设立，登记权利人也并不直接享有抵押物的抵押权。但鉴于对同时存在物保和人保的债权，债权人具有选择实现债权方式的权利，因此，对于非基于债权人过错导致抵押权未设立时，债权人有权直接要求保证人承担保证责任，保证人不得主张免除其在抵押物范围内的保证责任。

重点提示

当事人仅就抵押物办理抵押预告登记而未办理正式抵押登记时保证人的保证责任应当如何认定，始终是司法实践中争议的焦点，在解决此类问题的过程中，应当注意以下两点：（1）抵押预告登记不产生登记权利人取得抵押权的法律效果。《民法典》第 221 条第 1 款规定："当事人签订买卖房屋的协议或者其他不动产物权的协议，为保障将来实现物权，按照约定可以向登记机构申请预告登记。预告登记后，未经预告登记的权利人同意，处分该不动产的，不发生物权效力。"由此可知，进行抵押预告登记的目的在于保障将来实现物权，故仅办理抵押预告登记的登记权利人并不直接享有抵押物的抵押权，而是将来就抵押物设立抵押权的一种预先的排他性保全，登记权利人仅享有未来取得物权的请求权。（2）办理抵押物预告登记后未办理正式登记的，保证人不得以此为由主张在抵押物范围内免除保证责任。根据《民法典》的有关规定可知，被担保的债权既有第三人提供的物的担保又有人的担保的，债务人不履行到期债务或者发生当事人约定的实现担保物权的情形，且双方对债权人实现债权的方式未作约定的情况下，债权人有权选择先就物的担保实现债权或直接要求保证人承担保证责任。虽然根据前述分析可知，债权人仅就抵押物办理了抵押权预告登记而未办理正式的抵押登记，并未取得抵押权，但未能办理抵押正式登记债权人并无过错，因此而免除抵押物范围内的保证责任对债权人显失公平。即使抵押权已经通过正式的抵押登记而设立，债权人仍有权依法放弃抵押权，直接主张保证人承担保证责任，故保证人不得以不动产未办理正式的抵押登记导致抵押权未设立为由，主张其在抵押物的范围内免除保证责任。

（四）保证人的追偿权（7例）

1. 连带共同保证人之间追偿权的行使条件

案例来源

××集团有限公司诉乐清市××电子有限公司、××特集团有限公司、青岛×××电子有限公司等追偿权纠纷案

发布单位：最高人民法院《人民司法·案例》2018年第26期（总第829期）

审判法院：浙江省温州市中级人民法院

判决日期：2017年8月16日

案　　号：（2017）浙03民终4012号

基本案情

2014年1月，电子公司（乐清市××电子有限公司）与新城支行（中国××银行股份有限公司温州新城支行）签订《中小企业金融服务合同》，约定授信额度2000万元，授信期限至2015年1月8日，可用于包括但不限于流动资金贷款等。同日，新城支行与集团公司（××集团有限公司）、×特公司（××特集团有限公司）、药业公司（浙江××××药业有限公司）、青岛公司（青岛×××电子有限公司）、吴×旺、陈×萍、吴×招、蔡××、吴××与管××、陈××与黄××以及王××与陈×妹、陈×峰与沈×分别签订《最高额保证合同》，为电子公司在前述《中小企业金融服务合同》项下2000万元的最高债权额提供连带保证担保。之后，新城支行向电子公司发放两笔贷款共2000万元，两笔借款均发生在上述12份《最高额保证合同》约定的保证期间内。借款期限届满后，电子公司未按时还本付息。

2015年9月，吴×招、蔡××向新城支行代偿贷款50万元；同日，新城支行与集团公司签订代偿协议，约定集团公司为电子公司代偿800万元，如集团公司按约履行，免除其在《最高额保证合同》项下剩余连带保证责任。协议签订后，集团公司依约向新城支行支付了 800 万元。次月，新城支行与吴 × 招、蔡 ××、吴 ××、管 ××、陈 ××、黄 ×× 以及王 ××、陈 × 妹、陈 × 峰、沈 × 签订代偿协议，约定 10 位保证人为电子公司代偿贷款共 500 万元，如按约履行，免除 10 人在《最高额保证合同》项下剩余连带保证责任。协议签订后，吴 × 招、蔡 ×× 向新城支行支付 115 万元；王 ××、陈 × 妹、陈 × 峰、沈 × 向新城支行支付 230 万元。2016 年 1 月，新城支行与王 ××、陈 × 妹、陈 × 峰、沈 × 签订代偿协议，约定 4 人已履行完代偿贷款 230 万元，免除其在《最高额保证合同》中的剩余保证责任；前述 10 人签订的代偿协议中剩余的 270 万元由另外 6 人承担。协议签订后，吴 × 招、蔡 ×× 向新城支行支付了 10 万元，前述 10 人代偿协议尚有 95 万元未支付；主债务尚有 795 万元未得到清偿。

集团公司以其作为保证人已履行代偿义务，依法取得追偿权为由，提起诉讼，请求判令电子公司立即支付代偿款 800 万元及利息，× 特公司、药业公司、青岛公司、吴 × 旺、陈 × 萍、吴 × 招、蔡 ××、吴 ××、管 ××、陈 ××、黄 ×× 承担连带清偿责任。

判决主文

一审法院裁定：驳回原告集团公司对被告电子公司、× 特公司、药业公司、青岛公司、吴 × 旺、陈 × 萍、吴 × 招、蔡 ××、吴 ××、管 ××、陈 ××、黄 ×× 的起诉。

原告集团公司不服一审法院裁定，提起上诉称：本公司对借款人行使追偿权有明确法律依据，根据《担保法》第 31 条和第 12 条的规定，本公司作为保证人在承担保证责任后，无论是全额承担还是部分承担，也不论其他保证人是否进行了代偿，均不影响本公司向债务人进行追偿，也不影响本公司要求其他连带保证人清偿其应当承担的份额，一审法院驳回本公司起诉，不符合法律规定。故请求撤销一审法院裁定，发回重审。

被上诉人吴 × 招、蔡 ×× 辩称：本方保证责任已履行完毕，上诉人集团公司应先向债务人进行追偿，就债务人不能清偿的部分再向其他保证人追偿；主债务未清偿完毕，各保证人的代偿金额尚不确定，上诉人集团公司行使追偿权的条件不成熟。因此，请求驳回上诉，维持原判。

二审法院裁定：驳回上诉，维持原裁定。

裁判要旨

在主债务尚未清偿完毕的情况下，各保证人实际可能承担的担保债务数额尚不确定，各保证人分担保证责任份额的决算条件尚不具备，容易因之后新的保证代偿事实的发生影响既判的稳定性或造成循环诉讼，且其他保证人即使尚有清偿能力，亦应先用于清偿主债务而非追偿债权，故连带共同保证人之间的追偿权一般应在主债务清偿完毕后行使。

重点提示

连带共同保证人之间的追偿权，是指保证人在承担保证责任之后，向债务人不能追偿的部分，要求其他连带保证人分担相应份额责任的权利。司法实践中，认定连带共同保证人之间追偿权的行使问题时，应当注意以下几点：（1）连带共同保证设立的目的。基于前述分析可知，连带共同保证设立的目的在于担保主债权的实现，即在连带共同保证的情况下，主债务人未履行到期债务时，债权人可以要求债务人履行债务，也可以要求任何一个保证人承担全部保证责任。也就是说，只要保证人有财产可供执行，债权人就有权要求连带共同保证人按照《民法典》、最高人民法院《关于适用〈中华人民共和国民法典〉有关担保制度的解释》的规定承担连带清偿责任。（2）主债务清偿完毕前，已承担担保责任的保证人不能向其他连带保证人行使追偿权。原因在于以下两方面：一方面，从连带共同保证设立目的上讲，其设立是保障债权实现，在主债务尚未清偿完毕的情况下，如赋予履行担保责任的保证人向有财产可供执行的其他保证人追偿，则不利于债权人实现债权。而将其他连带保证人的财产优先用以承担担保责任，更符合连带共同保证的设立目的。另一方面，从保证人之间的追偿权行使条件上来讲，保证人行使追偿权的条件为：①保证人已经承担了保证责任，即保证人向债权人履行义务使主债务清偿完毕，债务人免除债务；②保证人之间的份额责任确定，即在主债务清偿完毕后，或按约定或按法律规定确定各连带保证人具体分担的责任份额。也就是说，在主债务清偿完毕之前，各连带保证人的份额责任尚未确定，保证人向其他各连带保证人追偿权的有无及数额也不能确定，此时不具备行使追偿权的条件。但应当注意的是，即使主债务未清偿完毕，但若债权人放弃剩余债权，该权利放弃的法律后果与主债务已清偿完毕的实际法律后果一致，此时连带共同保证人之间具备追偿权的行使条件。（3）主债务清偿完毕前，已承担担保责任的保证人可向主债务人行使追偿权。基于前述分析可知：在连带共同保证中，主债务未清偿完毕时，保证人之间的追偿权不具备行使条件，即已承担部分担保责任的保证人不能向其他连带保证人行使追偿权。但鉴于保证人追偿权的行使对象包括主债务人，且在保证人已承担担保责任的情况下，即使主债务未完全清偿，但保证人已承担保证责任范围内的债务已清偿完毕，债权人对债务人的该债权已当然地转移给保证人，此时，就该部分债权，保证人可向主债务人行使追偿权。

2. 已履约保证人向其他保证人追偿的先置程序问题

案例来源

王 ×× 诉李 ××、石 ××、嵊州市 ×××× 服饰有限公司追偿权纠纷案

发布单位：最高人民法院《人民司法·案例》2014 年第 22 期（总第 705 期）

审判法院：浙江省绍兴市中级人民法院

判决日期：2014 年 8 月 12 日

案　　号：（2014）浙绍商终字第 533 号

基本案情

2012 年 11 月 6 日，陈 ×× 等（陈 ××、金 ×、陶 ××、张 ××、邢

××、刘××、李××、石××、王××、钱××）与绍兴分行（中国××银行股份有限公司绍兴分行）签订《最高额保证综合授信合同》，约定：陈××等作为联保体受信人，向绍兴分行申请使用1450万元的最高授信额度，分别为陈××、金×300万元，陶××、张××300万元，邢××、刘××300万元，李××、石××300万元，王××、钱××250万元；在最高授信额限内，联保体任一成员对全部债务承担连带共同保证责任；联保体成员同意在绍兴分行开立保证金账户，存入授信额度总额15%的保证金作为最高额质押担保，其中陈××、陶××、邢××、李××均交纳了45万元保证金，王××交纳了37.5万元保证金。同日，包括服饰公司（嵊州市××××服饰有限公司）在内的5家公司与绍兴分行签订最高额担保合同，约定对主合同项下的债务提供最高额连带保证责任。同日，邢××与绍兴分行签订个人授信项下借款合同，约定邢××贷款300万元，借款期限自2012年11月8日起至2013年11月8日止。借款期满后，邢××仅用保证金归还了464 859.94元，陈××代偿1 289 859.94元，王××用保证金代偿387 383.29元，陶××用保证金代偿464 859.94元，李××、石××、服饰公司就邢××所借款项未曾向绍兴分行代偿，李××用保证金归还以其名义向绍兴分行所借的300万元款项。截至2013年11月17日，邢××尚欠绍兴分行贷款本息398 326.98元。

王××以李××、石××、服饰公司未承担担保责任违约为由，提起诉讼，请求判令李××、石××、服饰公司向其清偿在保证责任范围内应承担的份额96 845.82元，并偿付自2013年11月8日起至实际付清日止按中国人民银行同期同类贷款基准利率计算的利息。

判决主文

一审法院认定：原告王××以保证金形式已向绍兴分行承担了担保责任，有权要求其他保证人（或质押人）承担相应份额。按照已签订的《最高额保证综合授信合同》，原告王××、被告李××等人是联保体受信人，且彼此间的权利义务大致平等，故按担保主体数量平均分配各自应承担份额较为合理，亦符合各联保体签订合同时的心理预期，因此每一主体应各自独立承担原告王××代偿部分的1/14，即27 670.24元（387 383.29元 ÷14）。

一审法院判决：被告李××、石××、服饰公司各归还原告王××因履行担保责任而向绍兴分行支付的代偿款27 670.24元，并各支付自2013年11月8日起至判决确定支付日止按中国人民银行同期同档次贷款基准利率计算的利息；驳回原告王××的其他诉讼请求。

被告李××、石××、服饰公司均不服一审法院判决，提起上诉称：一审法院适用法律错误，按照相关法律的规定，保证人向其他保证人的追偿权以向债务人追偿为前置程序，本案被上诉人王××向债务人邢××不能追偿部分的数额尚未确定，其是否已向债务人邢××追偿及债务人邢××是否无财产可执行均未确定。因此，请求撤销一审法院判决，改判驳回被上诉人王××的诉讼请求。

被上诉人王××辩称：首先，本人已履行担保义务，有权向其他联保体即上诉人李××、石××、服饰公司追偿。其次，本案不存在质押，只有5个联保体，虽然5个联保体以保证金的形式存入银行，但保证金为何笔贷款并不明确，本人已为债务人邢××代偿，而上诉人李××、石××、服饰公司的保证金用于归还自己的贷款，未履行代偿义务。最后，上诉人李××、石××、服饰公司与本人承担担保责任是真实意思表示，本人依约承担担保责任后，上诉人李××、石××、服饰公司违背诚信原则。综上所述，请求驳回上诉，维持原判。

二审审理期间，上诉人李××、石××、服饰公司为邢××向绍兴分行代偿借款本息421 294.91元，实现债权费用27 798.50元，合计449 093.41元。后在庭审中，上诉人李××、石××、服饰公司认可各为债务人邢××代偿149 697.80元。

二审法院判决：维持一审判决第二项；变更一审判决第一项为：上诉人李××、石××、服饰公司各归还被上诉人王××因履行担保责任而向绍兴分行支付的代偿款4511.37元，并各支付按中国人民银行同期同档次贷款基准利率计算的利息损失（其中自2013年11月17日起至2014年7月20日止的利息按本金 21 306.90 元计算，自 2014 年 7 月 21 日起至款项付清之日止的利息按本金 4511.37 元计算）。

裁判要旨

已经承担保证责任的保证人有权向债务人追偿，或者要求承担连带责任的其他保证人清偿其应当承担的份额。两项追偿权并列，向债务人追偿并不是先置程序。

重点提示

《民法典》第 688 条规定："当事人在保证合同中约定保证人和债务人对债务承担连带责任的，为连带责任保证。连带责任保证的债务人不履行到期债务或者发生当事人约定的情形时，债权人可以请求债务人履行债务，也可以请求保证人在其保证范围内承担保证责任。"由此可知，即使存在多个连带责任保证人，债权人要求保证人承担代偿责任时，代偿范围也仅以约定的保证责任范围为限。但存在多个连带责任保证人时，一名或部分保证人承担保证责任后如何行使追偿权，法律并未详细规定。司法实践中，存在多个连带责任保证人的，分析已履约保证人如何向其他保证人行使追偿权的问题时，应当注意以下几点：（1）保证人具有双重追偿权。《民法典》第 700 条规定："保证人承担保证责任后，除当事人另有约定外，有权在其承担保证责任的范围内向债务人追偿，享有债权人对债务人的权利，但是不得损害债权人的利益。"同时结合最高人民法院《关于适用〈中华人民共和国民法典〉有关担保制度的解释》第 13 条第 1 款规定，"同一债务有两个以上第三人提供担保，担保人之间约定相互追偿及分担份额，承担了担保责任的担保人请求其他担保人按照约定分担份额的，人民法院应予支持；担保人之间约定承担连带共同担保，或者约定相互追偿但是未约定分担份额的，各担保人按照比例分担向债务人不能追偿的部分"可知，在没有特别约定的情况下，连带共同保证中的保证人承担保证责任后，依法取得债权人对债务人享有的债权，有权对债务人及其他连带保证人进行追偿。即保证人行使追偿权的对象为债务人、保证人，具有双重追偿权，而非仅是对债务人或者保证人的单一追偿。（2）保证人双重追偿权之间的行使顺位。根据前述分析可知，我国《民法典》及最高人民法院《关于适用〈中华人民共和国民法典〉有关担保制度的解释》明确规定了承担保证责任的保证人享有双重追偿权，但并未确定双重追偿权之间的行使顺位，即两种追偿权的行使是同时还是有先后顺序并未明确。首先，按照“法无禁止即自由”的民事基本原则，保证人的两项追偿权可以择一行使，也可以同时行使。其次，按照相关法律规定的立法原意，若将向债务人追偿作为已履约保证人向其他连带责任保证人追偿的先置程序，则相当于赋予其他保证人“先诉抗辩权”，很容易降低保证人提供保证的积极性，阻碍市场活力。因此，保证人行使追偿权并不存在先后顺位，保证人可自行选择同时向债务人、其他保证人追偿，也可选择只向债务人或者其他保证人进行追偿。（3）保证人行使追偿权不同情形的处理。由于保证人享有双重追偿权，且两种追偿权之间无顺序限制，故保证人行使追偿权的情形分为三种：一是保证人仅向债务人追偿；二是保证人仅向其他保证人行使追偿权；三是保证人同时向债务人和其他保证人进行追偿。其中，应当注意的是保证人仅向其他保证人行使追偿权时，其他保证人承担责任份额的确定标准，根据《民法典》第 178 条第 2 款的规定：“连带责任人的责任份额根据各自责任大小确定；难以确定责任大小的，平均承担责任。实际承担责任超过自己责任份额的连带责任人，有权向其他连带责任人追偿。”由此可知，其他保证人承担的责任份额确定的标准为各自责任大小或者平均承担。

3. 保证人代偿债务后的追偿范围问题

案例来源

宣城市 ×× 中小企业融资担保有限责任公司诉安徽 ×× 禽业有限责任公司、温 ××、宋 × 追偿权纠纷案

发布单位：最高人民法院《人民司法·案例》2015 年第 10 期（总第 717 期）

审判法院：安徽省宣城市中级人民法院

判决日期：2015 年 1 月 5 日

案　　号：（2014）宣中民二初字第 00169 号

基本案情

2013 年 7 月，禽业公司（安徽 ×× 禽业有限责任公司）因向 ×× 支行（宣城皖南农村商业银行股份有限公司 ×× 支行）借款 700 万元，与担保公司（宣城市 ×× 中小企业融资担保有限责任公司）签订《委托担保合同》，约定：担保公司为禽业公司上述借款提供担保，禽业公司支付担保公司担保费 14.37 万元；担保公司承担担保责任后有权按代为支付款项的 15% 收取违约金，同时禽业公司应归还、支付下列款项：（1）担保公司代付的金额和自代付之日起的利息，其利率按银行同期贷款利率计算；（2）担保公司实现债权的调查、诉讼、律师费用及其他损失。同日，禽业公司、担保公司分别与 ×× 支行签订《流动资金借款合同》和《保证合同》，约定禽业公司向 ×× 支行借款 700 万元，担保公司提供连带责任保证。之后，担保公司又与禽业公司签订《抵押反担保合同》，约定禽业公司将其所有的办证及未办证的房产和土地作为抵押物向担保公司提供反担保抵押。同日，温 ××、宋 × 分别作为反担保人向担保公司出具内容相同的《反担保函》，承诺为担保公司的上述借款担保提供反担保，保证方式为连带责任保证，并于担保公司代偿之日起 15 日内将代偿款归还，如未按期归还，愿意承担代偿款 10% 的违约责任。

上述合同签订后，×× 支行依约向禽业公司发放了 700 万元的借款，之后禽业公司未按约履行还款义务，担保公司代偿 7 097 004.81 元。

担保公司以其已履行保证责任为由，提起诉讼，请求判令禽业公司立即偿还代偿款 7 097 004.81 元及利息、违约金 1 064 550.72 元、律师代理费 224 000 元，其就禽业公司提供反担保抵押的房屋、土地等抵押物折价或者变卖、拍卖后享有优先受偿权，并判令温 ××、宋 × 各承担违约金 709 700.48 元，并对第一项、第二项诉讼请求承担连带清偿责任。

禽业公司辩称：按照法律的规定，担保公司作为本公司向 ×× 支行借款的连带保证人，在承担保证责任后，有权向本公司追偿，但其追偿的份额应仅限于代偿款 7 097 004.81 元。因此，对于担保公司诉请的违约金、律师代理费、抵押物优先受偿权应不予支持。

另查明，担保公司聘请律师代理诉讼，支付律师代理费 22.4 万元。

判决主文

一审法院判决：被告禽业公司给付原告担保公司代偿款 7 097 004.81 元及利息（按年利率 7.8% 从 2014 年 7 月 21 日起计算至判决确定给付之日止）；被告禽业公司给付原告担保公司律师代理费 10 万元；如被告禽业公司未按期履行上述第一项、第二项给付义务，原告担保公司有权以被告禽业公司所有的位于宣城市宣州区新田镇赵村的房屋和土地在主债权 230 万元及抵押担保范围内、宣城市宣州区向阳镇向阳村土地在主债权 70 万元及抵押担保范围内折价或以拍卖、变卖所得价款优先受偿；如以本判决第三项确定的抵押物折价或以拍卖、变卖所得价款不能清偿上述判决第一项、第二项确定给付的义务，则被告温 ××、宋 × 对未受清偿部分承担连带清偿责任，并在实际承担清偿责任后有权向被告禽业公司追偿；驳回原告担保公司的其他诉讼请求。

宣判后，双方当事人均未提起上诉，判决已发生法律效力。

裁判要旨

连带责任保证人依约为债务人向债权人代偿后，有权向债务人追偿以弥补自己的损失。追偿的范围为保证人实际履行保证责任的范围，包括主债权及利息、违约金、损害赔偿金和实现债权的费用。其中，实现债权的费用包括保证人实现债权中所支付的律师代理费用。

重点提示

司法实践中，确定保证人承担代偿责任后的追偿范围问题时，应当注意以下几点：（1）保证责任的范围。保证范围，是指保证人所担保的债权范围，也是保证人承担保证责任的范围。《民法典》第 691 条规定："保证的范围包括主债权及其利息、违约金、损害赔偿金和实现债权的费用。当事人另有约定的，按照其约定。”由此可知，保证责任范围分为约定保证范围和法定保证范围两种。约定保证范围是指保证人与债务人在保证合同中约定的保证责任范围，但约定的保证范围应在主债务范围的限度内；法定保证范围即前述法律规定的保证责任范围，也是对约定保证范围的补充。因此，确定保证责任的范围，主要是以约定为主、以法定为辅。（2）约定保证范围情形下，保证人代偿债务后的追偿范围。基于前述分析可知，保证人与债务人在担保合同中明确约定保证人的责任范围时，应以该责任范围作为保证人向债权人承担的责任范围。同理，保证人承担的保证责任范围即为其向债务人追偿的责任范围，该追偿范围也被明确规定在最高人民法院《关于适用〈中华人民共和国民法典〉有关担保制度的解释》第 18 条，内容为，“承担了担保责任或者赔偿责任的担保人，在其承担责任的范围内向债务人追偿的，人民法院应予支持”。因此，不管约定的保证责任范围大于还是等于保证人实际承担的责任范围，保证人向债务人追偿的责任范围均为其已经实际承担的保证责任范围。（3）保证人追偿的范围包括其履行保证责任的相关费用。《民法典》第 691 条规定的保证范围除包括主债权外，还包括实现债权的费用，该费用是指债务履行期限届满债务人不履行债务的，债权人为了实现债权所支出的费用，主要包括利息、罚息、违约金、损害赔偿金以及为实现债权所支付的诉讼费、律师费、保全费、执行费、通知费、催告费等保障债权实施的相关费用。据此可知，在保证人与债务人已经约定了律师费等费用的支付时，债务人应按照约定向保证人支付其履行保证责任的相关费用。

4. 反担保同时存在物保和人保时保证人追偿权的实现顺位问题

案例来源

云南 ×× 融资担保有限公司诉石林 ×× 园林工程有限公司、张 ××、李 ××、陈 ×× 追偿权纠纷案

发布单位：国家法官学院《中国法院 2012 年度案例：借款担保纠纷》

审判法院：云南省昆明市中级人民法院

判决日期：2010年10月12日

案　　号：（2009）昆民四初字第123号

基本案情

2006年5月，园林公司（石林××园林工程有限公司）与风景管理局（××风景名胜区管理局）签订合同，约定由园林公司向风景管理局提供苗木。2008年5月，园林公司、绿化公司（昆明××景观绿化有限公司）向安宁市林业局承诺由绿化公司代表园林公司履行昆安高速公路沿线景观绿化工程的全部合同协议，安宁市林业局出具《中标通知书》，确定园林公司及绿化公司联合体为中标单位。同年7月，安宁市林业局与绿化公司签订合同约定：由绿化公司承包高速公路绿化工程并进行养护。上述合同价款与工程款均未全额支付。当年9月，园林公司与××支行（中国××银行××县支行）签订《借款合同》，约定，园林公司向××支行借款1480万元用于购买树木。同日，担保公司（云南××融资担保有限公司）与××支行签订《保证合同》，约定：担保公司为园林公司对××支行的贷款本金、利息等提供连带责任保证。

之后，担保公司与园林公司签订《委托担保合同》及《反担保权利质押合同》，约定：园林公司委托担保公司为其向××支行的贷款提供连带保证担保；园林公司以其对安宁市林业局、风景管理局的1500万元应收账款向担保公司出质，作为担保公司提供连带责任保证的反担保。为此，担保公司、园林公司与安宁市林业局签订《应收账款质押补充协议》，约定：园林公司提供的反担保是其对安宁市林业局的应收工程款质押，该协议为《反担保权利质押合同》的有效补充，安宁市林业局在该协议上签字盖章。同日，担保公司与园林公司签订《应收账款质押登记协议》，约定：由担保公司在征信中心（中国人民银行征信中心）办理应收账款质押的初始、变更及展期登记。其后，担保公司在征信中心进行了应收账款质押登记，初始登记及展期登记均载明出质人为园林公司，质权人为担保公司，质押财产为：以安宁市林业局欠园林公司工程款9000万元中的1500万元作为质押保证担保；以风景管理局欠园林公司工程款2686万元中的1500万元作为质押保证担保。

张××、李××、陈××向担保公司出具《个人连带责任担保承诺书》，承诺以反担保的方式为园林公司的借款向担保公司提供连带责任保证，但各方当事人未对保证反担保与应收账款质押反担保的实现顺位进行约定。

《借款合同》到期后，园林公司未向××支行清偿债务。担保公司代园林公司向××支行足额清偿借款本息共计1400余万元。

担保公司以其代园林公司偿还借款本金及利息，履行了担保义务，而园林公司、张××、李××、陈××未向其履行还款及反担保义务为由，提起诉讼，请求判令园林公司、张××、李××、陈××连带偿还其代园林公司偿还的借款本金及利息，并判令其对安宁市林业局、风景管理局的质押财产享有优先受偿权。

园林公司、张××、李××、陈××辩称：认可担保公司起诉的事实及欠款金额，愿意承担连带担保责任。

判决主文

一审法院判决：被告园林公司向原告担保公司支付代偿款14 189 089.31元，并支付自2009年10月23日起至本判决生效后10日内止，以14 189 089.31元为本金，按中国人民银行同期流动资金贷款利率计算的违约金；若被告园林公司不能按期足额履行本判决第一项付款义务，原告担保公司有权对被告园林公司登记在征信中心的1500万元应收账款范围内优先受偿；被告张××、李××、陈××对原告担保公司在被告园林公司登记在征信中心的1500万元应收账款范围内优先受偿后，未得以清偿的上述第一项确定的债务承担连带清偿责任；被告张××、李××、陈××承担连带清偿责任后，有权在其承担责任范围内向被告园林公司追偿；驳回原告担保公司的其他诉讼请求。

宣判后，双方当事人均未提起上诉，判决已发生法律效力。

裁判要旨

与本担保相同，反担保的提供方式既可以是抵押、质押类的物的担保，也可以是保证人的人保。其中物保的反担保的提供者既可以是债务人，也可以是债务人以外的第三人，而人保的反担保的提供者则只能是债务人以外的第三人。为同一保证设立的反担保既有物保又有人保时，若物保的反担保为债务人自己提供，则保证人应优先就物保行使求偿权；若物保的反担保为第三人提供，则保证人有权选择求偿权的实现顺位。

重点提示

反担保作为担保的一种特殊形式，其作用在于保障保证人求偿权的实现，为了进一步确保该目的的实现，针对同一债权上设定的保证，可以存在多个反担保，根据提供反担保的方式不同，其实现顺位问题就成为案件审判中的争议焦点。司法实践中，确定多种反担保提供方式的实现顺位问题时，应当注意以下几点：（1）反担保的提供方式。根据《民法典》物权编的有关规定可知，提供反担保的方式主要包括：债务人提供的抵押或者质押；第三人提供的保证、抵押或质押。其中，抵押反担保是指债务人或第三人不移转对其特定财产的占有而将该财产作为本担保人追偿权的担保，在债务人不履行被追偿的债务时，本担保人有权依法以反担保人用于反担保的财产进行折价或者以拍卖、变卖该财产的价款优先受偿；质押反担保则是指债务人或第三人将其动产或财产权利凭证移交本担保人占有或办理出质登记，将该动产或权利作为本担保人追偿权的担保，在债务人不履行被追偿的债务时，本担保人同样有权依法以该动产或者权利受偿。上述反担保可以由债务人担任，也可以由债务人以外的第三人担任，但保证反担保则有所不同，保证反担保是指债务人之外的第三人与本担保人约定，当本担保人取得对债务人的追偿权而债务人不向其履行债务时，由第三人按照约定向本担保人履行债务或者承担责任的担保方式，该方式是实务中最常采用的反担保方式。综上可知，反担保人提供反担保的方式可以是抵押、质押的物的担保，也可以是反担保人提供的人的担保。（2）抵押、质押反担保由债务人自己提供时保证人追偿权的实现顺位。根据《民法典》第 392 条的规定可知，同一债权上既有物的担保又有人的担保，且物的担保是债务人自己提供的，债权人应当先就物的担保实现债权。同时《民法典》第 387 条规定：反担保适用本法和其他法律的规定。因此，在为本担保提供的反担保既有物保又有人保，且物保是由债务人自己提供的情况下，已经履行保证责任的本担保的保证人应当先就债务人提供的物保进行求偿。（3）抵押、质押反担保由第三人提供时保证人追偿权的实现顺位。根据前述《民法典》第 392 条及第 387 条的规定可知，在物的反担保的提供者为债务人以外的第三人的情况下，应充分保障保证人的选择权，其既可以要求优先就物的反担保实现求偿权，也可以要求提供保证的反担保人承担责任。原因在于：无论保证人先就哪种反担保方式实现求偿权，均不可避免反担保人承担责任后向债务人行使追偿权，故在此种情况下，应当优先保障保证人的追偿权，赋予保证人自行选择实现求偿权的方式。

5. 保证人通过债务人账户履行保证责任后的追偿权

案例来源

铜陵市 ×× 融资担保有限公司诉铜陵市 ×× 汽车销售服务有限责任公司保证合同纠纷案

发布单位：中国裁判文书网

审判法院：最高人民法院

判决日期：2014 年 10 月 24 日

案　　号：（2014）民申字第 572 号

基本案情

2011 年 12 月 20 日，农业公司（铜陵 ×× 农业开发有限公司）向 ×× 支行（上海 ×××× 银行股份有限公司 ×× 支行）贷款 400 万元，与其签订《流动资金借款合同》，约定了贷款利息及借款期限。同日，为保证贷款的顺利进行，农业公司与担保公司（铜陵市××融资担保有限公司）签订《委托保证合同》，约定：农业公司委托担保公司作为上述借款的连带责任保证人；担保公司在农业公司未按期清偿债务而代其偿还的，农业公司应一次性支付代偿全部款项20%的违约金。同日，担保公司与××支行签订《保证合同》，约定担保公司对《流动资金借款合同》项下的主债权及利息、违约金、损害赔偿金等承担连带责任保证。

同日，为确保担保公司在承担保证责任后能充分行使追偿权及代位求偿权等合法权益，汽车销售公司（铜陵市××汽车销售服务有限责任公司）与担保公司签订《企业信用反担保保证合同》，约定：汽车销售公司受农业公司委托向担保公司提供信用反担保，保证方式为连带责任保证；在担保公司履行保证义务，代偿债务后，其有权直接向汽车销售公司追偿，若汽车销售公司未履行合同约定的还款义务，则应承担相应的违约责任。

合同签订后，××支行向农业公司发放了贷款。2012年12月13日，××支行向农业公司发放函件，要求其及时归还贷款本息。因农业公司无力清偿，××支行于当月21日向担保公司下达催款通知，要求其依据《保证合同》代为清偿该笔债务；担保公司将借款本息转至农业公司账户后，××支行先后从农业公司银行账户中划扣贷款本息。担保公司履行保证义务后，致函汽车销售公司，要求其承担反担保的连带保证责任，但汽车销售公司予以拒绝。

担保公司遂以汽车销售公司未履行反担保责任为由，提起诉讼，请求判令汽车销售公司支付人民币4 030 717.88元和利息51 477元，偿付违约金80万元及违约利息58 000元，并承担追索债权费用209 000元。庭审中，担保公司将追索债权费用变更为150 000元。

汽车销售公司辩称：《企业信用反担保保证合同》未经股东会协商批准，不发生法律效力；农业公司作为主合同的债务人却不是本案被告，担保公司与农业公司之间存在串通情形；违约金及违约利息存在重复计算，不应支持；担保公司要求的行使追索权的费用过高，应予核减。

判决主文

一审法院认定:《企业信用反担保保证合同》系双方真实意思表示,虽违反法律有关公司不得为其股东或者其他个人提供担保的规定,但该规定并未确定担保合同因此无效,故该反担保合同有效。被告汽车销售公司认为《企业信用反担保保证合同》系原告担保公司与农业公司恶意串通,但未提供证据支持,因而不予采信。涉案的多个合同均系双方真实意思表示,内容合法有效。原告担保公司依约履行保证义务后,有权向被告汽车销售公司追偿。

一审法院判决:被告汽车销售公司支付原告担保公司借款 4 030 717.88 元及自 2012 年 12 月 21 日至 2013 年 3 月 7 日的利息 50 356.37 元,2013 年 3 月 8 日起至判决确定给付之日止的利息按中国人民银行同期贷款利率计算;被告汽车销售公司向原告担保公司支付 2013 年 2 月 6 日至 2013 年 3 月 7 日的逾期利息 58 000 元,2013 年 3 月 8 日起至判决确定的给付之日止的逾期利息按日万分之五计算;被告汽车销售公司向原告担保公司支付违约金 100 000 元;被告汽车销售公司向原告担保公司支付实现债权费用 150 000 元;被告汽车销售公司清偿完上述债务后,有权对农业公司进行追偿;驳回原告担保公司的其他诉讼请求。

被告汽车销售公司不服一审法院判决,提起上诉称:(1)×× 支行致函被上诉人担保公司要求其履行保证义务,但最终 ×× 支行是从农业公司银行账户中划扣该笔贷款本息。因而农业公司作为债务人已履行还款义务,被上诉人担保公司的保证责任已免除,本公司的反担保责任亦免除,故本公司不应承担责任。(2)一审判决在核算贷款利息、逾期利息、违约金及利息时存在重复计算情形。因此,请求撤销一审法院判决,改判驳回被上诉人担保公司的全部诉讼请求。

被上诉人担保公司辩称:(1)案涉《保证合同》约定:在农业公司不能履行还款义务的情况下,×× 支行作为债权人有权在本公司的账户内扣划资金用于清偿债务,随后 ×× 支行利用特种转账借方传票将本公司账户内的资金转入农业公司账户并扣划,该转账行为系 ×× 支行所为,应认定本公司已履行了保证责任,有权要求上诉人汽车销售公司承担反担保责任。(2)本公司在一审中诉请的利息是代偿贷款的利息及上诉人汽车销售公司未履行《企业信用反担保保证合同》规定的反担保责任而产生的违约金及利息，性质不同，不存在重复计算的情况。

二审法院判决：维持一审判决第五项、第六项；变更一审判决第一项为：上诉人汽车销售公司支付被上诉人担保公司代偿款 4 030 717.88 及利息（自 2012 年 12 月 21 日至 2013 年 2 月 5 日按中国人民银行同期同类贷款基准利率计算，自 2013 年 2 月 6 日起至本判决确定的给付之日止按日万分之五标准计算）；变更一审判决第四项为：上诉人汽车销售公司支付被上诉人担保公司实现债权费用 150 000 元；撤销一审判决第二项、第三项。

上诉人汽车销售公司不服二审法院判决，申请再审称：（1）代偿义务的履行包括主动代偿和被动代偿。被申请人担保公司代为清偿未采取上述方式中的任意一种，××银行是从农业公司账户中划扣贷款本息，是农业公司自行履行了还款义务，而非被申请人担保公司履行保证义务。因而本公司与被申请人担保公司的保证义务均得以免除。（2）《企业信用反担保保证合同》及借款合同中并未约定××银行有权使用银行特种借方传票。但在合同履行过程中，××银行在未征得本公司书面同意的前提下擅自使用该种划扣方式，是对借款合同及保证合同的变更。依据法律规定，本公司的保证义务得以免除。（3）××支行自农业公司的账户内扣划借款本息后，应认定其已按借款合同约定履行了还款义务，故被申请人担保公司的保证责任已免除，本公司作为反担保人的保证责任亦随之免除。

再审法院裁定：驳回申请人汽车销售公司的再审申请。

裁判要旨

反担保作为从属于本担保而存在的一种特殊的担保形式，以本担保的存在为前提，以本担保保证责任的履行为生效要件，且随着本担保保证责任的免除而免除。债务人自行履行还款义务后，保证责任及反担保责任自然免除，而债权人通过保证人转入债务人账户的钱款实现债权的，亦应认定为保证人履行了保证责任的行为，反担保因此生效，保证人有权向反担保人追偿。

重点提示

根据《民法典》的规定可知，反担保的目的在于保障保证人对债务人追偿权的实现，即反担保责任是反担保人在保证人为债务人履行保证责任后向其追偿时，依法承担反担保合同或条款中确定的弥补保证人损失的责任。因此，保证人保证责任的履行与否直接影响反担保责任的承担。司法实践中，认定保证人保证责任及反担保责任的履行，应当注意以下几点：（1）本担保与反担保的关联。所谓反担保，是指为保障债务人之外的担保人承担保证责任后对债务人追偿权的实现而设定的担保。由此可知，本担保与反担保之间存在主从关系，反担保是以本担保的存在为前提的，若本担保关系不能有效存在，则反担保也就不能存在，反担保从属于本担保。此外，反担保还是一种附条件生效的担保，只有在担保人承担了保证责任后，反担保才发生法律效力，担保人才享有对反担保人的追偿权，即反担保是以本担保中的担保人为主债务人承担保证责任为生效条件。（2）反担保责任免除的情形。债务人在保证期间内自行履行还款责任时，反担保责任自然免除。除此之外，我国法定的免除反担保人责任的情形还包括：债务人在保证期间未经反担保人同意转让债务的；债权人与债务人未经反担保人书面同意，协议变更主合同的；债权人未在保证期间内对债务人提起诉讼或申请仲裁的；担保人未在保证期间内要求反担保人承担保证责任的。此外，若当事人之间存在串通，骗取反担保人提供担保或者反担保人因受欺诈、胁迫在违背真实意思的情况下提供反担保的，反担保人均不承担担保责任。另由前述分析可知，反担保具有从属性，以本担保的存在为基础，因此，当本担保的担保责任免除时，反担保人的担保责任也同样免除。（3）本担保的担保人通过债务人账户履行保证责任对反担保责任的影响。根据《民法典》第688条的规定可知，在债务存在连带责任保证人的情况下，债权人在实现债权的过程中有权选择由债务人履行债务，也有权选择保证人承担保证责任，而在债权人选择保证人承担保证责任的前提下，保证人也有权选择直接向债权人履行保证义务，亦有权选择通过债务人履行保证义务。保证人通过债务人向债权人交付钱款，实际出资人为保证人的，该行为的本质仍为保证人履行保证义务，而非债务人履行还款义务，故此时保证责任并未免除，反担保责任亦未免除，且反担保责任已因保证人履行了保证义务而生效，反担保人应当对保证人履行反担保义务。

6. 担保人被强制执行后如何追偿

案例来源

郭 ×× 诉崔 ××、程 ×× 追偿权纠纷案

发布单位：最高人民检察院民事行政检察厅《人民检察院民事行政抗诉案例选》第 22 集

审判法院：吉林省高级人民法院

判决日期：2013 年 11 月 7 日

案　　号：（2013）吉民提字第 71 号

基本案情

2003 年 12 月，崔 ×× 与房地产公司（×× 房地产开发公司）签订挂靠协议，约定由崔 ×× 开发 ×× 小区综合楼建筑项目。为此，崔 ×× 与程 ×× 签订合作协议，约定由崔 ×× 负责项目资金筹集，程 ×× 负责项目开发的一切手续及费用。因开发 ×× 小区资金短缺，程 ×× 于 2004 年 4 月分别向程 × 军、季 ×× 借款 20 万元、30 万元，均由郭 ×× 担保，并向市财政局预交土地出让金 40 万元。后因崔 ×× 未开工，该小区又由市牧业局在该地界申报建筑办公楼。市财政局从交纳的 40 万元中收取 346 526.90 元，余款 53 473.10 元由郭 ×× 办理退款手续后支付给了季 ××，房地产公司受市牧业局的委托又将土地出让金退还给郭 ××，郭 ×× 用此款偿还给程 × 军 22 万元，余款在郭 ×× 手中未做处置。

2006 年 11 月，季 ×× 起诉程 ××、郭 ××，经市人民法院调解，双方达成的调解书约定：程 ×× 偿还季 ×× 借款本金 24.7 万元，利息 11.8 万元，共计 36.5 万元，郭 ×× 承担保证责任。后因程 ×× 未履行调解书确定的还款义务，季 ×× 申请强制执行，市人民法院卷宗表示被执行人郭 ×× 已经支付执行款 96 200 元。

郭 ×× 以其作为保证人履行了部分还款义务为由，提起诉讼，请求判令崔 ××、程 ×× 偿还其作为保证人代为偿还的款项。

判决主文

一审法院认定：原告郭 ×× 没有证据证明代收退回的土地出让金全部支付给季 ×× 或被告程 ××，其余额部分超出法院现执行原告郭 ×× 工资款部分，原告郭 ×× 未对被告程 ×× 债务进行垫付。法院在执行中原告郭 ×× 保证责任履行到何种程度尚未确定。

一审法院判决：驳回原告郭 ×× 的诉讼请求。

原告郭 ×× 不服一审法院判决，提起上诉。

二审法院判决：驳回上诉，维持原判。

上诉人郭 ×× 不服二审法院判决，向市检察院提出申诉。市检察院经审查后向省检察院提起抗诉。

省检察院审查后，提出抗诉称：申请人郭 ×× 作为保证人，在被申请人程 ×× 不履行调解书内容后，被季 ×× 申请强制执行，因此代偿 96 200 元，按照法律的规定，申请人郭 ×× 履行保证责任后，享有向被申请人程 ×× 的追偿权。且申请人郭 ×× 的代偿事实有市人民法院卷宗证明。因此，二审法院判决申请人郭 ×× 举证不能应承担不利后果显属适用法律错误。

再审法院判决：撤销一审法院判决和二审法院判决；被申请人程 ×× 向申请人郭 ×× 支付由其代为偿还季 ×× 的借款人民币 96 200 元；驳回申请人郭 ×× 的其他诉讼请求。

裁判要旨

在债务人未依约履行还款责任的情况下，人民法院根据债权人的申请对担保人进行了强制执行。该强制执行的结果表明担保人已向债权人履行了担保责任，且因担保人的履行行为免除了债务人的偿还责任。在强制执行过程中，担保人履行担保责任属于被动履行，并无过错，故其有权在其承担担保责任的份额内向债务人进行追偿。

重点提示

根据《民法典》的相关规定可知，担保人为债务人的债务提供担保后，若债务人不偿还债务的，债权人可以要求担保人履行债务，那么担保人被强制执行后该如何追偿呢？对此，在认定因债权人申请强制执行，担保人被执行部分款项后如何行使追偿权的问题时，应当注意以下几点：（1）担保人追偿权的行使条件。担保人追偿权又称"担保人求偿权"，是指担保人在履行保证债务后，得请求主债务人偿还的权利。《民法典》第 700 条规定："保证人承担保证责任后，除当事人另有约定外，有权在其承担保证责任的范围内向债务人追偿，享有债权人对债务人的权利，但是不得损害债权人的利益。"据此，担保人行使追偿权应符合以下条件：担保人已向债权人履行了担保责任；因担保人的履行而使债务人免责；担保人履行担保债务无过错，若存在过错，则丧失求偿权。（2）担保人履行担保责任的确定标准。基于前述分析可知，担保人已经履行担保责任是享有追偿权的基础条件。而通过《民法典》和最高人民法院《关于适用〈中华人民共和国民法典〉有关担保制度的解释》的相关规定可知，担保人履行担保责任分为积极履行和消极履行。积极履行是指未经诉讼程序，在债权人作出要求其履行担保责任的行为后，即履行代偿行为的情形。消极履行，是指债权人通过人民法院的执行程序强制划扣担保人账户内款项，使担保人承担担保责任的情形。其中，积极履行担保责任是以债权人接收担保人代偿的责任份额的证明为已经履行担保责任的确定标准，而消极履行则是以人民法院强制执行案件的结案卷宗为已经履行担保责任的确定标准。因此，只要担保人能够证明其已经履行了担保责任，无论是全部履行还是部分履行，均有权在其已经履行的担保责任的份额内向债务人追偿。（3）担保人被强制执行的情形。根据最高人民法院《关于适用〈中华人民共和国民法典〉有关担保制度的解释》第 26 条的规定可知，在一般保证中，保证人仅对债务人财产依法强制执行后仍不能履行的部分承担保证责任，且若债权人未对债务人的财产申请保全，则不得对一般保证人的财产进行保全。据此，在一般保证中，债权人在未对债务人的财产申请强制执行前，不得先申请强制执行担保人的财产。与此不同的是，在连带保证中，因担保人与债务人的履行无先后顺序之分，对于申请强制执行的财产主体，债权人有选择权，不以申请强制执行债务人的财产为前置条件。

7. 破产程序中保证人行使追偿权的限制

案例来源

××饭店有限公司诉××饭店管理（集团）公司（××宾馆）追偿权纠纷案

发布单位：国家法官学院《中国法院2012年度案例：借款担保纠纷》

审判法院：山东省济南市中级人民法院

案　　号：（2010）济民四商初字第2号

基本案情

××宾馆［××饭店管理（集团）公司（××宾馆）］向投资公司（山东省××投资控股集团有限公司）借款1500万元，××饭店（××饭店有限公司）提供连带责任保证担保，借款到期后均未足额还款。投资公司将债权转让给资产管理公司（中国××资产管理公司××办事处）。2007年8月，××宾馆与××饭店同时被法院裁定进入破产程序，资产管理公司分别足额申报债权。次年4月，××宾馆与债权人达成和解协议约定：××宾馆对单位债权人的清偿比例为债权本金部分的20%，清偿完毕后，剩余债务全部免除，××宾馆不再承担清偿责任。后××宾馆履行完和解协议约定的义务，被法院裁定终结破产程序。此后，资产管理公司向××饭店变更债权申报额为剩余未受偿的80%，并在××饭店的破产分配中受偿30余万元。

现××饭店以资产管理公司未按和解协议主张债权为由，以借款合同、担保函、破产程序中的裁定书及收款收据等为证据提起诉讼，请求判令××宾馆承担资产管理公司所追讨的债务。

判决主文

一审法院判决：驳回原告××饭店的诉讼请求。

宣判后，双方当事人均未提起上诉，判决已发生法律效力。

裁判要旨

在债务人破产程序终结前，保证人可行使追偿权，也可行使预先追偿权。其中，行使追偿权应具备已履行保证责任，因该履行行为使债权人对债务人的债权消灭等要件，而预先追偿权的行使则需要债权人未申报债权且保证人未承担保证责任。但无论是追偿权还是预先追偿权，均应在债务人破产程序终结前行使，否则保证人的追偿权法律不予保护。

重点提示

随着市场经济的快速发展以及企业间的激烈竞争，企业破产的现象不断出现，但在企业破产后，保证人的追偿权能否正常行使，与我国经济能否持续、健康、快速发展息息相关。司法实践中，认定债务人破产后保证人追偿权的行使问题时，应当注意以下几点：（1）保证人追偿权的行使条件。根据《民法典》的相关规定可知，保证人行使追偿权应同时具备三个条件：主债权合法存在；保证人已经履行保证责任，且履行保证责任无过错；主债务人债务的消灭是基于保证人履行保证责任。关于第三点，法律依据为《民法典》第700条的规定，该条规定："保证人承担保证责任后……有权在其承担保证责任范围内向债务人追偿"，即主债务的全部或者部分消灭，需要是因保证人的代偿行为才产生的结果，否则保证人不具有向主债务人追偿的权利。（2）破产程序中，保证人可预先行使追偿权。最高人民法院《关于适用〈中华人民共和国民法典〉有关担保制度的解释》第24条规定："债权人知道或者应当知道债务人破产，既未申报债权也未通知担保人，致使担保人不能预先行使追偿权的，担保人就该债权在破产程序中可能受偿的范围内免除担保责任，但是担保人因自身过错未行使追偿权的除外。”据此可知，保证人可在债务人破产程序开始后预先行使追偿权，但应具备如下要件：人民法院已受理了债务人破产的案件；债权人未申报债权；保证人尚未实际承担保证责任。（3）债务人破产程序终结后，保证人不能行使追偿权。根据最高人民法院《关于适用〈中华人民共和国民法典〉有关担保制度的解释》第23条第3款“债权人在债务人破产程序中未获全部清偿，请求担保人继续承担担保责任的，人民法院应予支持；担保人承担担保责任后，向和解协议或者重整计划执行完毕后的债务人追偿的，人民法院不予支持”以及最高人民法院《关于适用〈中华人民共和国企业破产法〉若干问题的规定（三）》第5条“债务人、保证人均被裁定进入破产程序的，债权人有权向债务人、保证人分别申报债权。债权人向债务人、保证人均申报全部债权的，从一方破产程序中获得清偿后，其对另一方的债权额不作调整，但债权人的受偿额不得超出其债权总额。保证人履行保证责任后不再享有求偿权”的规定可知，无论是债务人破产还是保证人破产，债权人均享有向保证人申报债权的权利，但保证人在承担保证责任后，其追偿权因债务人的破产程序终结而消灭。因此，债务人破产程序终结后，保证人不能向其追偿。

五、特殊保证（7例）

1. 关于独立保函适用的分析

案例来源

××重工有限公司诉中国××银行股份有限公司浙江省分行保证合同纠纷案

发布单位：最高人民法院发布第二批涉“一带一路”倡议典型案例（2017年5月15日）

审判法院：浙江省高级人民法院

判决日期：2016 年 10 月 12 日

案　　号：（2016）浙民终 157 号

基本案情

2013 年 11 月，重工公司（ × × 重工有限公司）在韩国注册成立后，与浙江公司（浙江 × × 动力科技股份有限公司）签订《72MW 柴油电站之 9*8MW 柴油发电机组供货合同》，约定：浙江公司向浙江分行（中国 × × 银行股份有限公司浙江省分行）申请开立不可撤销见索即付保函作为基础交易的付款方式，并约定付款条件根据保函正本内容确定。同月 22 日，浙江分行通过外换银行（韩国外换银行，系重工公司的通知行）向重工公司开立的保函载明：经浙江公司申请本行作出不可撤销承诺，在收到重工公司关于浙江公司违约后的书面索偿要求时支付任何一笔或数笔总额不超过 6 648 010 美元的款项；重工公司索赔时需提交“凭指示的标注运费到付通知人为申请人的清洁海运提单副本等单据”；本保函需遵守国际商会第 758 号出版物，2010 年版《见索即付保函统一规则》（URDG）。次月，外换银行向浙江分行发出金额为 6 648 010 美元的托收电文，提示浙江分行承兑交单，该电文载明出票人为重工公司、付款人为浙江公司，以及该托收业务适用国际商会第 522 号出版物。2 日后，浙江分行通知浙江公司办理付款、承兑或拒单手续，并声明其对单据及所代表的货物种类、数量、质量的真实性和完整有效性不承担任何责任。浙江公司表示同意承兑并到期付款。

2014 年 1 月，浙江分行向外换银行发送承兑通知，接收金额 6 648 010 美元。同年 3 月，重工公司通过外换银行通知浙江分行承兑交单未签收及到期日错误。次月 10 日，重工公司向浙江分行发出索偿电文，确认浙江公司无法履行合同要求，要求浙江分行支付保函项下 6 648 010 美元。次日，浙江分行向外换银行发送通知称，浙江公司同意将承兑到期日修改为 2014 年 6 月 7 日。之后，外换银行向浙江分行发出电文表明其发出的索赔电文有效且未被撤销，并再一次重审第一次电文中的内容。同月 29 日，浙江分行向外换银行发电称：

你方称受益人重工公司于4月10日向本行邮寄的索赔相关单据本行并未收到。次月4日，浙江分行收到重工公司快递的索赔相关单据，其中，提单显示收货人为浙江公司，包装件数为13件。装箱单显示货物说明为3套柴油发电机组，共计31件。4日后，浙江分行向外换银行发电要求转发重工公司称：重工公司于2014年4月提出的索赔请求不符合本行的保函规定，且本行于5月4日收到的相关付款单据存在如下不符点本函予以拒付：（1）未签发凭指示提单。（2）未提交提单附表。（3）装箱单显示数量为31件与提单不符。次月3日，浙江分行收到重工公司寄送的修改单据。装箱单上的数量更改为13件。提单未作修改。6日后，浙江分行以重工公司对保函的偿付要求及修改后的提单非凭提示仍有不符为由拒绝索偿要求。

重工公司以其多次与浙江分行通过函电形式交涉索赔要求，浙江分行仍拒付保函为由，提起诉讼，请求判令浙江分行立即偿付保函项下款项6 648 010美元，并支付该款项的滞纳金人民币1 332 784.44元。

浙江分行辩称：首先，重工公司以记名提单进行索赔，该提单并非涉案保函项下要求的指示提单，两提单类型上显著不同，两者在国际贸易和海上运输中存在差异，故本行在审单期内进行了拒付，本行依据的不符点是成立的。其次，重工公司主张的承兑，作出主体是浙江公司，而非本行，遂本行对该承兑并无付款和担保责任。同时，重工公司依据独立保函作出的索赔与保函条款关于索赔条件的内容不符，应认定无效。因此，请求驳回重工公司的诉讼请求。

判决主文

一审法院判决：驳回原告重工公司的诉讼请求。

原告重工公司不服一审法院判决，提起上诉称：一审法院因未能对副本的含义进行理解，而认定本公司提交的单据与被上诉人浙江分行要求的单据并非等同一致，属于事实认定错误。同时，根据保函适用的国际规则，索赔单据之间、索赔单据与保函之间不必完全等同一致，内容相符即可，被上诉人浙江分行要求的单据一致违反国际惯例规则，而本公司提交的单据未违反，因此，被上诉人浙江分行关于构成不符点的主张不能成立，一审法院认定事实错误，被上诉人浙江分行无权拒赔。因此，请求撤销一审法院判决，改判支持本公司的诉讼请求。

被上诉人浙江分行辩称：关于二审中的涉案保函项下受益人的交单是否相符以及担保银行的拒付是否成立问题的争议，属于事实认定问题，在未出现事实认定错误或者有新的足以改变或推翻原有事实的重要证据的情况下，二审法院对此不应进行认定。同时，本行与上诉人重工公司均未提交新证据，故不应予以审理。因此，请求驳回上诉，维持原判。

二审法院判决：驳回上诉，维持原判。

裁判要旨

独立保函具有交易担保、资信确认、融资支持等重要功能，载明适用国际商会《见索即付保函统一规则》的规定。根据该规则，独立保函的使用无须依据基础合同的履行情况得出表面相符的结论，而仅需考虑单据与保函条款条件是否表面相符即可，即受益人应遵循独立保函的单据交易原则和表面相符原则进行索赔。

重点提示

独立保函，是独立担保的一种形式，是指银行或非银行金融机构作为开立人，以书面形式向受益人出具的，同意在受益人请求付款并提交符合保函要求的单据时，向其支付特定款项或在保函最高金额内付款的承诺。司法实践中，认定独立保函的使用、适用法律等问题时，应当注意以下几点：（1）独立保函的判定。独立保函具有两个特征：一是独立性；二是单据性。其中，独立性是指独立性保函是一份独立的法律文件，该保函的效力及保证人的付款责任取决于其载明的条款和标注的条件。实务中，保函中通常约定有“见索即付”“适用国际商会《见索即付保函统一规则》”“本保函独立于基础交易”以及“担保人不享有先诉抗辩权和主合同一切抗辩权”等内容的，该保函即可判定为独立性保函。也就是说，独立性保函的判定，不以保函名称为标准，而是以保函主要条款的规定确定，即在其条款的实质性内容符合前述条款的特征时，便可判定其为独立性保函，进而按照独立性保函的相关规定解决争议问题。（2）独立保函的适用范围及法律适用。根据最高人民法院《关于审理独立保函纠纷案件若干问题的规定》，首先，独立保函亦可应用于国内交易，保函的独立性不因无涉外因素而无效；其次，在因独立保函产生的纠纷中，独立保函的法律适用首先以保函中约定的适用法律为准，如保函未载明适用法律，开立人和受益人亦未就适用法律协商一致的，则双方因独立保函而产生的纠纷适用开立人经常居所地的法律；最后，独立保函由金融机构依法登记设立的分支机构开立的，则适用分支机构登记地的法律。（3）独立保函使用的条件。独立性保函的独立性和单据性确保了交易的简便、快捷，基于独立性和单据性的特征，独立保函具有交易担保、资信确认、融资支持等重要功能，已经成为中国企业“走出去”和“一带一路”倡议过程中必不可少的常见金融担保工具。因此，在当事人明确约定适用国际商会《见索即付保函统一规则》时，独立保函的使用条件应以该规则的规定为准。按照该规则第2条的规定，开立人在审单时应当适用表面相符、严格相符的原则，即在受益人索赔时，开立人应当适用严格相符、表面相符原则，基于交单本身，审查单据是否严格遵循保函的条款和条件，而非以基础合同的履行情况为审单时应考虑的因素。因此，开立人为受益人开立独立保函，受益人只有在提交符合严格相符、表面相符原则的单据后，才能向开立人索赔。

2. 国内商事交易中主合同无效时独立担保的效力认定

案例来源

酒泉市××煤化有限公司诉中国××银行股份有限公司××支行、东北××建设股份有限公司保证合同纠纷案

发布单位：最高人民法院《人民司法·案例》2015年第24期（总第731期）

审判法院：甘肃省高级人民法院

判决日期：2015 年 3 月 6 日

案　　号：（2014）甘民二终字第 231 号

基本案情

2012 年 8 月 30 日，曹 × 持建设公司（东北 ×× 建设股份有限公司）相关证照资料及授权委托书，以建设公司名义与煤化公司（酒泉市 ×× 煤化有限公司）签订建设工程施工合同，承建煤化公司投资建设的循环经济项目工程。双方约定：合同签订后 7 日内，建设公司提供以煤化公司为受益人的不可撤销的 500 万元银行履约保函，且提供保函后合同生效，煤化公司同时支付等额工程预付款。而后，按照煤化公司提供的保函样本，×× 支行（中国 ×× 银行股份有限公司 ×× 支行）副行长蒋 ×× 在无担保、无审批的情况下，擅自向煤化公司签发关于循环经济项目的履约保函，并加盖银行公章。该履约保函为不可撤销、无条件的担保，内容载明：如建设公司不能履行合同或违约的，无论其提出何种抗辩，一经煤化公司提出，无须任何证据和条件，担保人应在 14 日内无条件支付 500 万元担保金。收到保函后，煤化公司按约向曹 × 支付 500 万元预付款，2012 年，曹 × 组织部分施工后又停工。同年 11 月 27 日及 12 月 9 日，煤化公司以曹 × 违约为由，先后两次向 ×× 支行送达联系函，要求其在规定时间无条件全额支付担保金 500 万元。2013 年 1 月 10 日，煤化公司再次向 ×× 支行发送律师函，要求其于 3 日内支付 500 万元及利息，未果。

另查明，2013 年 1 月 25 日，煤化公司的循环经济项目因未经许可擅自建设，被当地安全生产委员会办公室在报纸上公布停产整顿，并责令停止建设、补办建设项目安全审查手续，至开庭审理时，施工许可证还未办妥。另外，曹 × 持有的建设公司的相关材料及加盖的印章，建设公司不予认可。

煤化公司以保证合同有效，×× 支行未履行保证责任为由，提起诉讼，请求判令 ×× 支行向其支付履约保证金 500 万元。

庭审中，煤化公司认可建设工程施工合同上加盖的建设公司之印章，与法院依法调取的建设公司印章印模不一致。

判决主文

一审法院判决：驳回原告煤化公司对被告 ×× 支行的诉讼请求。

原告煤化公司不服一审法院判决，提起上诉称：（1）原审法院认定国内保证中，独立保函的独立性约定无效是错误的，我国现行法律对独立担保的保证责任既未规定又未禁止，不能据此否认独立保证的效力。同时，依据意思自治原则，被上诉人 ×× 支行签发的案涉保函是其真实意思表示，且不能以独立担保责任之严厉性否认意思自治，故案涉保证合同应属有效。（2）原审法院认可案涉担保为独立担保且独立性约定无效，但不否定保证合同之效力；同时认定案涉担保为从合同，又以无权代理未被追认为由认定主合同无效，进而否定从合同之效力。两种表述相互矛盾。（3）原审法院认为，在国内民事活动中独立保函因不具有从属性而无效，但独立担保在国际经济活动中均被认为有效，中国已经加入 WTO 多年，国内国际的独立保函效力认定不统一，有违公平。（4）在原审法院调解中，被上诉人 ×× 支行曾愿意支付部分履约保证金，原审法院驳回本公司的诉讼请求，显失公平。（5）原审法院审理中发现，曹 × 私刻被上诉人建设公司印章签订合同，被上诉人 ×× 支行副行长蒋 ×× 涉嫌违规犯罪，应将相关案件移交公安机关。且该犯罪事实将直接影响案涉担保责任的性质、效力及责任承担，原审法院应中止审理。综上，请求撤销原审判决，依法改判。

被上诉人 ×× 支行辩称：（1）依据被上诉人建设公司的陈述及证据，案涉建设工程合同系无权代理且未被追认，应属无效。主合同无效，本行无任何过错，故本行不应承担担保责任。（2）案涉保函系无条件、不可撤销、见索即付保函，属违反我国担保法规定的独立保函，过于严苛，对本行显失公平。因此，请求驳回上诉，维持原判。

二审法院判决：驳回上诉，维持原判。

裁判要旨

见票即付银行保函是由银行提供的担保书，其性质属于独立担保。独立担保通常在国际商事交易中使用，在国内商事交易中其仍然具有从属性，即独立担保的约定不能变更担保的从属性，其效力随主合同效力而定。

重点提示

司法实践中，独立担保的应用越发广泛，因而引发的争议也越来越多。对于独立担保的认定标准，以及其在国际商事交易和国内商事交易中是否应区别适用不同的效力认定标准等问题，应当注意以下几点：（1）独立保函的特点。所谓独立保函，就是狭义的独立保证，2010国际商会《见索即付担保统一规则》中对独立保证的定义为：见索即付保证，是指由银行、保险公司或其他组织或个人以书面形式出具的，表示只要凭付款要求声明或符合担保文件规定就可以从他那里获得付款的保证、担保或其他付款承诺。从独立保函的特点来讲，主要包括保证人付款义务的抽象性、保证人担保的独立性、保证人担保责任确定依据的单据化、单据与担保条款的一致性、清偿债务的第一性以及保证人审查的表面性。其中，所谓独立性，是指独立保函是一份独立的自足的法律文件，其一经保证人开出，效力便独立于申请人与保证人之间的委托合同，该特点决定了独立保函与传统从属性担保具有本质上的区别，即独立保函不受基础合同中抗辩权的影响。独立保函的单据化特点，是指保证人仅需按照与保函约定的文件履行付款义务，而不需要关注基础合同的履行情况。正是由于上述特点，使得独立保函在实务中的索款难度降低，更符合债权人对担保功能的要求，但也因此增大了欺诈性索款的风险。（2）独立保函在国内商事活动中仍具有从属性。认定保证合同是否属于独立保证时，应当判断合同中是否包含以下条款：约定担保是无条件、不可撤销的；约定保证合同效力不受主合同效力影响；约定见索即付；约定担保人不享有先诉抗辩权以及主合同的一切抗辩权。对合同条款中包含上述内容的保证合同，通常应当认定为独立保证。对独立保函的适用问题我国现行法律并未作出明确规定，实务中通常认为独立保证不适用于我国国内的民商事活动，但随着经济全球化进程的逐步推进，一概否定独立担保的效力不利于经济发展。因此，出于经济发展的需要，除了独立担保正常生效的国际商事交易外，当事人在国内商事交易活动中约定的独立保证，应当认定其不具有独立性，而仍具有从属性。（3）见票即付银行保函属于独立保函，但仍具有从属性。银行见票即付保函是保证书的一种形式，其是由银行应申请人申请出具的，由银行承诺在接到受益人提交的与约定相符的文件时，即向受益人履行付款义务的保函。就其特点来说，显然符合上述独立保函的特点，故应当认定其实质为独立保函。因此，根据上述论述可知，在国内交易中约定的银行见票即付保函，仍具有从属性，其效力随主合同效力而定。若主合同无效，则见票即付银行保函无效。

3. 清偿票据贴现担保之债务的法律性质及时效认定

案例来源

上海 ×× 国际集装箱仓储公司诉上海 ××× 国际金融中心房地产有限公司票据追索权纠纷案

发布单位：最高人民法院《人民司法·案例》2015 年第 20 期（总第 727 期）

审判法院：上海市第二中级人民法院

判决日期：2015 年 1 月 26 日

案　　号：（2014）沪二中民六（商）终字第 266 号

基本案情

房地产公司（上海 ××× 国际金融中心房地产有限公司）于 1996 年 12 月签发汇票，内容如下：金额为 400 万元，仓储公司（上海 ×× 国际集装箱仓储公司）为收款人，房地产公司为付款人，汇票到期日为 1997 年 4 月 10 日。同月底，仓储公司向 ×× 分行（×× 银行 ×× 分行）申请汇票贴现，东 × 总公司（上海农工商集团东 × 总公司）为仓储公司提供贴现担保并在《承兑汇票贴现申请书（代契约）》同页下方的担保书上盖章。此后，仓储公司取得了 ×× 分行的贴现。汇票到期日，×× 分行请求房地产公司付款因账户余额不足被退票后，提起诉讼，要求房地产公司偿付 400 万元票据款及相应滞纳金，仓储公司及东 × 总公司承担连带责任。诉讼中，房地产公司认可 ×× 分行主张的事实并希望能达成分期还款的调解协议。之后，法院判决房地产公司偿付 400 万元票据款及相应利息，仓储公司承担连带责任。判决生效后，执行程序因房地产公司和仓储公司均无财产而中止。为此，×× 分行请求东 × 总公司承担汇票贴现担保责任，法院判决东 × 总公司承担连带责任履行 400 万元及相应利息。2002 年 12 月，东 × 总公司签订以土地使用权折价转让的债务重组协议书履行了债务。

2010 年，东 × 总公司因请求房地产公司支付其代偿的 400 万元票据款及 288.19 万元利息提起诉讼。法院以房地产公司并非《债务重组协议书》的担保对象，主体不适格为由，驳回起诉。次年 8 月，东 × 总公司提起诉讼，要求仓储公司和房地产公司共同归还 688.19 万元的垫付款后，法院判决由仓储公司向东 × 总公司支付 688.19 万元。2013 年 12 月，仓储公司与东 × 总公司签订债务履行和解协议，为履行垫付款返还义务将债权转让给东 × 总公司，债权转让因通知债务人发生障碍未能生效。2014 年 3 月，新 × 总公司（上海农工商集团新 × 总公司）与仓储公司协议，由新 × 总公司于当月 12 日之前代仓储公司向东 × 总公司偿还 6 941 873 元。新 × 总公司已支付上述款项。

另查明，1993 年 12 月，东 × 总公司设立全资子公司仓储公司，王 ×× 系东 × 总公司职工，担任仓储公司法定代表人，房地产公司为上海 ××× 企业发展有限公司于 1996 年 1 月与上海市 ×× 人民医院设立的项目公司，王 ×× 担任房地产公司经理，即王 ×× 为仓储公司和房地产公司以及上海 ××× 企业发展有限公司的实际掌控人，仓储公司与房地产公司自 1996 年 1 月至 1997 年 6 月互相转款 16 笔共计 2530 万元。工商部门于 2003 年 2 月吊销了仓储公司的营业执照，东 × 总公司为清理债权债务组织成立清算组。

仓储公司以房地产公司不支付票据追索款及利息为由，提起诉讼，请求判令房地产公司支付票据追索款 688.19 万元及以该款项为基数按照中国人民银行规定的同期贷款利率标准计算的自 2014 年 3 月 7 日起至判决生效之日止的利息。

判决主文

一审法院认定：被告房地产公司对于其为原告仓储公司提供向银行申请票据贴现融资的机会而签发汇票，是由于原告仓储公司要采用汇票贴现的方式向银行融资的主张并无证据予以佐证，而从原告仓储公司与被告房地产公司之间的资金往来情况可以看出原告仓储公司交付的资金远超被告房地产公司交付的资金，据此可认定原告仓储公司取得汇票存在对价，而其在向东 × 总公司清偿债务后，才取得向被告房地产公司行使票据追索权的权利，故原告的起诉未超过诉讼时效期间。

一审法院判决：被告房地产公司支付原告仓储公司已清偿的全部金额 688.19 万元；被告房地产公司支付原告仓储公司以上述 688.19 万元为基数按照中国人民银行规定的同期贷款利率标准计算的自 2014 年 3 月 7 日起至判决生效之日止的利息（如被告房地产公司提前清偿，则计算至实际清偿之日止）。

被告房地产公司不服一审法院判决，提起上诉称：首先，原告仓储公司未提供涉案票据证实，应承担举证不利的后果，原审程序违法。其次，原告仓储公司主张的票据权利已过诉讼时效，且其应提供基础关系合同以及履行相关合同的证明其以真实对价取得票据。最后，原告仓储公司与本公司之间存在关联关系，应举证证明其合法取得涉案票据存在真实的对价关系。贴现后资金由原告仓储公司使用，亦应由原告仓储公司归还。综上，请求撤销一审法院判决，发回重审或驳回原告仓储公司的全部诉请。

被上诉人仓储公司辩称：首先，票据原件为 ×× 分行持有，本公司无法获得，原审法院程序合法。其次，票据 2 年诉讼时效期间针对的是付款请求权和追索权的行使，本公司行使的是再追索权，应自履行偿还义务的时间起算，因此未超过诉讼时效。最后，本公司与上诉人房地产公司之间存在大量资金往来，本公司已支付了票据对价。综上，请求维持原判。

二审法院判决：撤销一审法院判决；驳回被上诉人仓储公司的全部诉讼请求。

裁判要旨

票据贴现行为所产生的法律关系本质上为担保法律关系，票据贴现后引发的担保追偿的债务并非票据债务，清偿该债务不能使当事人取得持票人地位，亦不能使当事人取得票据追索权。汇票出票人的追索权或再追索权的行使，并非不受时间限制，而是限定于《票据法》第 17 条所规定的“自票据到期日起 2 年”。

重点提示

在票据追索权纠纷案件中，追索权的取得方式及诉讼时效始终是争议的焦点。司法实践中，认定清偿了票据贴现担保债务的当事人可否取得票据追索权以及票据追索权的诉讼时效问题时，应当注意以下两点：（1）清偿票据贴现担保之债务不取得票据追索权。票据追索权，是指票据当事人行使付款请求权遭到拒绝或有其他法定原因存在时，向其前手请求偿还票据金额及其他法定费用的权利。《票据法》对追索权的行使人的规定为：汇票的出票人、背书人、承兑人和保证人对持票人承担连带责任。持票人可以不按照汇票债务人的先后顺序，对其中任何一人、数人或者全体行使追索权。持票人对汇票债务人中的一人或者数人已经进行追索的，对其他汇票债务人仍可以行使追索权。被追索人清偿债务后，与持票人享有同一权利。据此可知，票据追索权的行使人通常是票据记载的收款人和最后被背书人，但也可由代为清偿票据债务的保证人、背书人行使再追索权。由此可知，行使再追索权的前提是清偿债务，故判断当事人能否取得再追索权就应当判断其是否存在清偿债务的行为。但在贴现担保的法律关系中，是由贴现申请人提出申请，贴现担保人另行签订担保合同，在票据上并未进行记载，故应认定双方之间的法律关系本质上为担保关系，担保人不取得持票人的法律地位，担保人的还款行为系承担担保责任而非清偿债务行为，故担保人所取得的权利应当为追偿权而非追索权。（2）票据追索权的时效计算。票据之所以能快速适应交易需求，就是因为其具有期限短、便利性高、流动性强等特点。其中票据时效主要是指持票人可以有效地行使票据权利的期间，在该期间内不行使票据权利也不保全票据权利，则票据义务人可以拒绝票据权利人的请求。《票据法》第17条对票据时效的规定为：持票人对票据的出票人和承兑人的权利，自票据到期日起2年，见票即付的汇票、本票，自出票日起2年；持票人对支票出票人的权利，自出票日起6个月；持票人对前手的追索权，自被拒绝承兑或者被拒绝付款之日起6个月；持票人对前手的再追索权，自清偿日或者被提起诉讼之日起3个月。但票据权利并不等同于诉讼时效，根据最高人民法院《关于审理票据纠纷案件若干问题的规定》第18条的规定可知，《票据法》中规定的持票人对前手的追索权，不包括对票据出票人的追索权。因此，持票人行使追索权和再追索权时，对出票人的诉讼时效适用《票据法》所规定的“自票据到期日起2年”。此外，对于“自清偿日或者被提起诉讼之日起三个月”也应当作分别理解，即若当事人自行清偿，则自当事人清偿之日起计算；若当事人是被提起诉讼，则应自起诉之日起计算，否则有悖于票据期限短、灵活性高的特点。

4. 最高额担保中最高限额的认定

案例来源

中国××银行股份有限公司温州××支行诉陆××、朱×、温州市×××服饰有限公司、温州××进出口有限公司、浙江×××商贸有限公司金融借款合同纠纷案

发布单位：最高人民法院《人民司法·案例》2015年第18期（总第725期）

审判法院：浙江省温州市中级人民法院

判决日期：2014年6月17日

案　　号：（2014）浙温商终字第960号

基本案情

2010年7月23日，陆××、朱×分别与××支行（中国××银行股份有限公司温州××支行）签订《保证合同（本金最高额）》，为服饰公司

（温州市 ××× 服饰有限公司）与 ×× 支行之间于 2010 年 7 月 23 日至 2013 年 7 月 23 日期间签订的主合同项下的债务提供连带责任保证，保证范围均为主合同项下不超过 2900 万元的本金余额以及利息（含复利和罚息）、违约金、债权人为实现债权与担保权而发生的一切费用等。次月，服饰公司与 ×× 支行签订《最高额抵押合同》，以其所有的房屋及土地使用权为其在 2010 年 8 月 9 日至 2013 年 8 月 9 日期间签订的主合同项下的债务设立最高额抵押担保，并办理登记，抵押担保的最高限额为 2250 万元。次年 7 月，商贸公司（浙江 ××× 商贸有限公司）与 ×× 支行签订《最高额保证合同》，为服饰公司与 ×× 支行在 2011 年 7 月 29 日至 2014 年 7 月 29 日期间签订的主合同项下的债务提供连带保证责任，保证责任的最高限额为 1650 万元。

2012 年 6 月，进出口公司（温州 ×× 进出口有限公司）与 ×× 支行签订《最高额保证合同》，为服饰公司与 ×× 支行在 2012 年 6 月 18 日至 2015 年 6 月 18 日期间签订的主合同项下的债务提供连带责任保证，保证责任的最高限额为 1650 万元。同年 10 月，×× 支行与服饰公司签订《人民币流动资金贷款合同》，约定 ×× 支行向服饰公司提供贷款 150 万元，期限为 12 个月，年利率 6%，贷款逾期的罚息利率为贷款利率上浮 50%，如未按照本合同约定的结息日付息，则自次日起计收复利。之后，×× 支行依约向服饰公司发放贷款，但服饰公司仅支付了 2013 年 3 月 20 日前的利息。

×× 支行以服饰公司未按照约定还本付息，应按约定支付利息、罚息、复利，各保证人应承担保证责任为由，提起诉讼，请求判令服饰公司立即偿还借款本金 150 万元及利息、罚息、复利，进出口公司、陆 ××、朱 ×、商贸公司对上述债务承担连带清偿责任，并判令其就服饰公司提供的抵押物经拍卖、变卖后所得价款优先受偿。

判决主文

一审法院判决：被告服饰公司偿付原告 ×× 支行借款本金 150 万元及利息、复利；如被告服饰公司未按期履行上述第一项条款中的债务，则依法拍卖或者变卖其提供抵押的房屋及土地使用权，所得价款由原告 ×× 支行优先受偿，但其对包括上述债务在内的《最高额抵押合同》项下所有主债务的优先受偿总额以2250万元为限；被告陆××对上述第一项条款中的债务承担连带偿还责任，其对包括上述债务在内的《保证合同（本金最高额）》项下所有主债务承担保证责任的总额以2900万元为限；被告朱×对上述第一项条款中的债务承担连带偿还责任，其对包括上述债务在内的《保证合同（本金最高额）》项下所有主债务承担保证责任的总额以2900万元为限；被告进出口公司对上述第一项条款中的债务承担连带偿还责任，其对包括上述债务在内的《最高额保证合同》项下所有主债务承担保证责任的总额以1650万元为限；被告商贸公司对上述第一项条款中的债务承担连带偿还责任，其对包括上述债务在内的《最高额保证合同》项下所有主债务承担保证责任的总额以1650万元为限；驳回原告××支行的其他诉讼请求。

原告××支行不服一审法院判决，提起上诉称：一审判决对被上诉人陆××、朱×的保证责任认定不清，适用法律错误。被上诉人陆××、朱×与本行在《保证合同（本金最高额）》中已明确约定保证范围为主合同项下不超过2900万元的本金余额以及利息等为实现债权与担保权而发生的一切费用，该保证范围明确，符合法律规定。《保证合同（本金最高额）》已明确约定保证责任的最高本金余额，被上诉人陆××、朱×应依约定在最高本金余额为2900万元范围内承担保证责任，而不应将保证合同所约定的本金余额作为保证责任的最高保证金额。因此，请求撤销一审法院判决第三、四项，并依法改判。

二审法院判决：驳回上诉，维持原判。

裁判要旨

最高额担保中最高限额的约定方式，有债权最高限额和本金最高限额。其中本金最高限额仅对所担保主合同项下本金余额设定最高限额，未就全部债权余额设定最高限额，事实上成为无最高限额，不符合最高额担保合同的本质要求。因此，最高额担保中的最高限额应排除当事人对本金最高限额的约定，认定为债权最高限额。

重点提示

司法实践中，认定最高额担保中的最高限额是本金最高限额还是债权最高限额的问题时，应当注意以下几点：（1）最高额保证的认定。所谓最高额保证，就是指保证人和债权人签订一个总的保证合同，为一定期限内连续发生的借款合同或同种类其他债权提供保证，只要债权人和债务人在保证合同约定的期限且债权额限度内进行交易，保证人则依法承担保证责任的保证行为。由此可知，当事人之间若要成立最高额保证应当满足以下要件：第一，被担保的债是非特定化的债，即其所担保的主债务自最高额保证合同成立之日起至决算日之前的债权额度是不确定的，该要件是最高额保证存在的基础要件。第二，被担保的主债务是在将来的一定期间内连续发生的一系列的同种债务，各个债权之间既具备内在的同一性，同时还可以独立发生。此外，为了避免保证人无限承担保证责任，最高额保证还要求双方当事人约定保证期间以及被担保主债务的最高限额，否则应当认定最高额保证合同无效。（2）最高额担保中的最高限额指的是债权最高额，而非本金最高额。在最高额担保中，设定最高限额的目的在于为保证人应当承担的保证责任设定限制，该额度由保证人以自身的担保能力为限，应当是其明确能够承受的数额。若认定最高额担保中的最高限额仅为本金，则该债权数额加上利息、违约金、损害赔偿金、债权人实现债权的费用等数额后，明显会超出保证人设定最高限额的目的和承受能力，可能导致保证人无力承担超出部分的保证责任，而债权人也会因此丧失实现超出最高额部分债权的权利。因此，对于最高额担保来说，其最高限额的设定，应当以债权最高额为准。（3）最高额担保的保证人仅在最高限额范围内承担保证责任。根据前述论述可知，最高额保证的保证人应承担的保证责任为最高债权额限度内的债权余额，而最高债权额，最高人民法院《关于适用〈中华人民共和国民法典〉有关担保制度的解释》第15条规定："最高额担保中的最高债权额，是指包括主债权及其利息、违约金、损害赔偿金、保管担保财产的费用、实现债权或者实现担保物权的费用等在内的全部债权，但是当事人另有约定的除外。"因此，在上述债权余额总和超出最高额保证合同约定的债权最高额的情况下，保证人仅在合同约定的最高额限额范围内承担保证责任。

5. 贷款合同未列明的最高额担保人担保责任的认定

案例来源

××银行股份有限公司××分行诉浙江××电器有限公司等金融借款合同纠纷案

发布单位：最高人民法院 2016 年 5 月 20 日公布（指导案例 57 号）

审判法院：浙江省宁波市中级人民法院

判决日期：2014 年 5 月 14 日

案　　号：（2014）浙甬商终字第 369 号

基本案情

2010 年 9 月，××分行（××银行股份有限公司××分行）与宁波电器公司（宁波市××电器有限公司）、电子公司（宁波××电子科技有限公司）、岑××分别签订第 2 号、第 3 号、第 4 号最高额保证合同，约定：宁波电器公司、电子公司、岑××自愿为××分行与浙江电器公司（浙江××电器有限公司）在 2010 年 9 月 10 日至 2011 年 10 月 18 日期间签署的所有主合同项下的各笔债权提供最高额连带保证，担保的最高债权余额为 1100 万元；担保范围为主合同项下债权本金、利息、逾期利息、逾期罚息、复利、滞纳金、费用、履行主合同或担保合同过程中发生的费用、债权人实现债权的费用（包括但不限于诉讼费用、律师费用、差旅费用、通知费用、催告费用和其他相关费用）；本合同的决算日为 2011 年 10 月 18 日，若主合同中最后到期的债权的到期日晚于上述日期，则决算日以主合同中最后到期的债权的到期日为准。担保期间，××分行向浙江电器公司发放了 500 万元借款，借款到期后，浙江电器公司全额归还了借款本息。

2011 年 10 月 12 日，××分行又与岑××、塑模公司（宁波××塑模制造有限公司）分别签订第 8 号、第 9 号最高额保证合同，约定：岑××、塑模公司为浙江电器公司在 2011 年 10 月 12 日至 2013 年 10 月 12 日期间签署的所有主合同项下各笔债权提供最高额连带保证，担保的最高债权余额为 550 万元；保证范围为主合同项下债权本金、利息、逾期利息、逾期罚息、复利、滞纳金、费用、履行主合同或担保合同过程中发生的费用、债权人实现债权的费用（包括但不限于诉讼费用、律师费用、差旅费用、通知费用、催告费用和其他相关费用）。同年 10 月 14 日，×× 分行与浙江电器公司签订《借款合同》，约定：×× 分行向浙江电器公司发放贷款 500 万元，利率为 6.0134‰，利息每月 20 日支付，到期一次还本；并约定本合同由另行签订第 8 号、第 9 号、第 10 号最高额保证合同的岑 ××、塑模公司、宁波电器公司提供保证担保。同日，×× 分行向浙江电器公司发放了贷款 500 万元。借款到期后，浙江电器公司尚欠 ×× 分行借款本金 250 万元，利息 141 509.01 元。

另查明，×× 分行为实现本案债权而发生律师费用 9.52 万元。

2013 年 7 月，×× 分行以浙江电器公司未按期归还贷款为由，提起诉讼，请求判令浙江电器公司归还借款本金 250 万元及利息 141 509.01 元，并支付自 2013 年 4 月 25 日起至判决生效履行日止按《借款合同》约定利率计算的利息、罚息和律师费用，岑 ××、塑模公司、电子公司对上述债务承担连带保证责任。

塑模公司辩称：本公司为涉案借款提供担保属实，但 ×× 分行仅就律师费提供了律师费发票，而未提交付款凭证，故其有关律师费的诉请不应得到支持。

电子公司辩称：×× 分行与浙江电器公司签订的借款合同中所约定的担保合同并不包含本公司与 ×× 分行签订的最高额保证合同，故本公司对 ×× 分行的诉请款项不承担保证责任。

判决主文

一审法院判决：被告浙江电器公司归还原告 ×× 分行借款本金 250 万元及支付利息 141 509.01 元，并支付自 2013 年 4 月 25 日起至判决确定的履行之日止按《借款合同》约定计算的利息、罚息；被告浙江电器公司赔偿原告 ××

分行为实现债权而发生的律师费用9.52万元；被告岑××、塑模公司、电子公司对上述第一、二项在最高额保证合同约定的担保范围内承担连带清偿责任，承担保证责任后，有权向被告浙江电器公司追偿。

被告电子公司不服一审法院判决，提起上诉称：原审被告浙江电器公司与被上诉人××分行签订的借款合同约定的保证人是原审被告岑××、塑模公司及案外人宁波电器公司，本公司并未被列入借款合同，不应承担保证责任。因此，请求驳回被上诉人××分行要求本公司承担保证责任的诉讼请求。

被上诉人××分行辩称：借款合同签订时间、贷款发放时间在上诉人电子公司签订的最高额保证合同的保证期间内，本行并未声明放弃要求上诉人电子公司承担保证责任的权利，且上诉人电子公司曾代被告浙江电器公司归还了部分借款本息，其归还行为证实其提供最高额保证的事实。因此，请求维持原判。

原审被告浙江电器公司辩称：对借款事实无异议，但对上诉人电子公司是否提供保证责任不清楚。

原审被告塑模公司辩称：同意上诉人电子公司的上诉意见。

二审法院判决：驳回上诉，维持原判。

裁判要旨

在有数份最高额担保合同的情形下，具体贷款合同中选择性列明部分最高额担保合同，如债务发生在最高额担保合同约定的决算期内，且债权人未明示放弃担保权利，则未列明的最高额担保合同的担保人也应当在最高债权限额内承担担保责任。

重点提示

司法实践中，在有数份最高额担保合同，但贷款合同中仅列明了部分最高额担保合同的情况下，认定未在贷款合同中列明的最高额担保合同的担保人应否承担保证责任的问题时，应当注意以下几点：（1）最高额担保中决算期的确定。所谓最高额保证，是指保证人和债权人签订一个总的保证合同，为一定期限内连续发生的借款合同或同种类其他债权提供保证，只要债权人和债务人在保证合同约定的期限且债权额限度内进行交易，保证人则依法承担保证责任的保证行为。由此可知，最高额保证的保证人承担保证责任的前提就是债务发生的时间处于最高额保证合同约定的决算期内。若当事人在最高额保证合同中明确约定了保证的存续期间，则存续期间的终点，即为债权额的决算期。若在最高额保证合同存续期间内，债权人与保证人协议终止最高额保证合同，则最高额保证合同终止之日为债权额的决算期。在当事人对最高额保证的存续期间未作约定的情况下，保证人有权行使任意解除权，保证人解除最高额保证合同的书面通知到达债权人之日，则视为债权额的决算期。综上，应认定债权人与保证人依法签订合法有效的最高额保证合同后，在决算期内产生的，未超出最高额保证合同最高限额的债务，保证人均应当承担保证责任。（2）债权人放弃最高额保证人承担保证责任应当作出明示。债权人对于保证人享有要求其承担保证责任的权利，自然也有权放弃其享有的权利，但应当注意的是，此处的"放弃"，指的是债权人明示放弃担保权利，具体可以包括以下两种情形：一是债权人以书面形式明确表示放弃担保权利，如债权人与保证人以签订协议的方式表示其放弃担保权利；二是债权人以行为明示其放弃担保权利，如因债权人自己的行为导致担保财产的损毁、灭失，或者债权人拒绝受领保证人偿还的债务等。债权人未就放弃担保权利作出明示的，保证人仍应当承担保证责任。（3）贷款合同中未列明的最高额保证合同，不能视为债权人明示放弃了担保权利。为同一债务设定多个最高额保证，但在贷款合同中未将全部最高额保证合同列明的，对于未列明的最高额保证合同来说，债权人既未与保证人签订书面协议，表示放弃担保权利，债权人亦未在行动上作出放弃担保权利的表示的，不符合债权人明示放弃担保权利的情形，担保权利未灭失。此种情况下，对于发生在未列明的最高额保证合同约定的决算期内的债务，保证人仍应当承担保证责任。

6. 人事保证合同效力认定及其责任承担

案例来源

张 × 强诉张 × 平追偿权纠纷案

发布单位：国家法官学院《中国审判案例要览》(2012 年民事审判案例卷)

审判法院：上海市虹口区人民法院

判决日期：2011 年 10 月 24 日

案　　号：(2011) 虹民一 (民) 初字第 5063 号

基本案情

张 × 强系光明公司员工，2000 年，其介绍张 × 平到光明公司从事销售工作，二人成为同事。由于张 × 平的工作需要接触现金，故光明公司要求张 × 平提供保证人，对其在工作期间可能对公司造成的经济损失承担连带保证责任。为此，张 × 平请求其好友张 × 强于 2007 年 5 月 14 日向光明公司出具担保书，承诺自担保书签字之日起至张 × 平工作结束的 2 年内，对张 × 平在公司可能造成的经济损失承担连带赔偿责任。

2010 年 9 月，张 × 平因与光明公司发生劳动纠纷，将本应上交给光明公司的奶款扣留，该款项共计 29 174.42 元，光明公司在向张 × 平追偿无果的情形下，向连带保证人张 × 强追偿，张 × 强基于连带保证关系，向光明公司偿付了该笔奶款。此外，张 × 平因与光明公司终止了劳动合同，可向公司领取经济补偿金 11 616.78 元。同月 25 日，张 × 平书面确认该补偿金由张 × 强领取，以充抵张 × 强向光明公司偿付的奶款，并明确待其与光明公司的劳动纠纷诉讼判决后将余下的 17 557.64 元支付给张 × 强。但在 2011 年 4 月 14 日另案法院对劳动争议纠纷作出的判决生效后，张 × 平一直未向张 × 强支付余款。

张 × 强遂以其向光明公司偿付奶款后张 × 平未依约向其支付余款为由，提起诉讼，请求判令张 × 平偿还尚未支付的款项 17 557.64 元，并支付该款项自 2011 年 5 月 1 日起至判决生效之日期间按照银行同期贷款利率计算的利息。

张 × 平辩称：在光明公司要求张 × 强承担连带保证责任偿付相应奶款时，本人因可以与光明公司自行解决奶款事宜而告知张 × 强不需进行偿付，但其在本人不同意的情况下擅自向光明公司偿付，所受的损失应由其自行负担。因此，请求驳回张 × 强的诉讼请求。

判决主文

一审法院判决：被告张 × 平向原告张 × 强偿还人民币 17 557.64 元；被告张 × 平支付原告张 × 强上述款项自 2011 年 5 月 1 日起至判决生效之日期间的利息，利率按人民银行同期贷款利率计算。

宣判后，双方当事人均未提起上诉，判决已发生法律效力。

裁判要旨

人事保证既不符合我国现行担保体系的基本特征，也不符合侵权责任自负的侵权原则，依法应认定为无效，人事保证人不承担保证责任，且其在缔约过程中无过错的，也不得要求其承担缔约过失责任。但若人事保证人依合同约定向用人单位赔偿损失的，可以比照《民法典》及有关担保制度的解释对保证责任的相关规定向劳动者行使追偿权。

重点提示

人事保证作为保证的一种特殊形式，通常是指由第三人向雇主或用人单位保证，在劳动者或受雇者职务上的行为导致雇主或者用人单位损害时，由其承担相应的赔偿责任。司法实践中，认定人事保证责任的承担问题时，应当注意以下几点：（1）人事保证合同的效力认定。我国对于人事保证合同的法律效力问题并未在法律层面上作出过特殊规定，但通常情况下应认定人事保证合同无效，原因在于：首先，我国现行的担保体系所担保的是债权行为，而人事保证所担保的是侵权行为，即由保证人为侵权人的侵权行为承担法律责任，有悖于侵权责任自负的法律原则；其次，人事保证所担保的是将来的侵权之债，其是否存在具有不确定性，不符合我国设定担保的情形；再次，由于人事保证人对劳动者的劳动过程不能加以控制，故其对损失的发生也不具有控制的能力，且用人单位对于劳动者本身存在管理的义务，若全部要求人事保证人承担保证责任，相当于将用人单位的风险转嫁给人事保证人，对保证人显失公平；最后，《劳动合同法》明确规定用人单位不得要求劳动者提供担保，虽未明确规定担保的形式，但禁止要求提供的担保也应包含人事保证。（2）人事保证的保证责任承担。由于人事保证合同属于无效的保证合同，故不能要求保证人承担保证责任，但该保证合同无效还存在缔约过失责任，此时判断保证人是否应承担缔约过失责任应判断其对用人单位的损失是否存在过错。根据最高人民法院《关于适用〈中华人民共和国民法典〉有关担保制度的解释》第 17 条的规定可知，在主合同有效而第三人提供的担保合同无效的情况下，债权人与担保人均有过错的，担保人承担的赔偿责任不应超过债务人不能清偿部分的 1/2；担保人有过错而债权人无过错的，担保人对债务人不能清偿的部分承担赔偿责任；债权人有过错而担保人无过错的，担保人不承担赔偿责任。与此同时，《民法典》规定的属于缔约过失的情形有假借订立合同，恶意进行磋商；故意隐瞒与订立合同有关的重要事实或者提供虚假情况；以及其他违背诚信原则的行为。在不存在上述情形的情况下，不得要求人事保证人承担缔约过失责任。（3）人事保证人有权行使追偿权。由前述分析可知，人事保证人不承担保证责任，在不存在过错的情况下也不承担缔约过失责任，但在人事保证未违反法律及行政法规强制性规定的情况下，人事保证人可以自愿根据合同约定代劳动者偿付用人单位的损失，此时人事保证虽不符合担保设立的要求，但其具备担保的一般特征，故可以适用担保的相关法律规定，在人事保证人承担了保证责任后，其有权向实施侵权行为的劳动者追偿。

7. 未办理房地产抵押登记的典当借款及独立担保合同的效力

案例来源

常州 ×× 典当有限公司诉常州 ×××× 文教用品有限公司、淮安 ×××× 塑业有限公司、孙 ×、谈 × 宇、谈 × 琛、郑 ×× 典当纠纷案

发布单位:《江苏省高级人民法院公报》2011 年第 1 辑（总第 13 辑）

审判法院：江苏省高级人民法院

判决日期：2010 年 6 月 29 日

案　　号:（2010）苏商终字第 0083 号

基本案情

2009 年 6 月，典当公司（常州 ×× 典当有限公司）与文教公司（常州 ×××× 文教用品有限公司）签订《典当借款合同》，约定：文教公司以其自有房地产一处作为当物抵押给典当公司，申请 900 万元的当金，典当期限为 2009 年 6 月 22 日至 2009 年 7 月 16 日，月综合费和月利率分别为 27‰和 18‰；文教公司若在到期后不能按约归还典当本金、支付典当综合费与利息，致典当公司需通过诉讼途径实现债权，则典当公司为实现债权所支出的包括但不限于诉讼费、律师费等费用均由文教公司承担。同日，文教公司向典当公司出具了一份《承诺书》，明确将其自有的上述房屋作为 900 万元借款的抵押物，并将房屋所有权证和土地使用权证交给了典当公司保管。

同日，典当公司与塑业公司（淮安 ×××× 塑业有限公司）签订《保证担保合同》，约定：塑业公司为文教公司向典当公司的 900 万元借款本金、利息、综合费、违约金和典当公司为实现债权所发生的全部费用提供连带责任保证；并约定在主合同全部或部分无效的情况下，本担保合同的效力不受影响。若主合同被确认无效，则塑业公司对主合同的债务人因返还财产或赔偿损失而形成的债务，仍按照本合同承担连带清偿保证责任。塑业公司于合同签订当天，向典当公司提交了《董事会同意保证担保意见书》，谈 × 宇和谈 × 琛在该意见书上签名。孙×、谈×宇和谈×琛为文教公司股东，郑××为该公司会计。另外，谈×宇、谈×琛及秦××系塑业公司股东。孙×、谈×宇、谈×琛与郑××均向典当公司出具《承诺书》，承诺对文教公司向典当公司借款900万元本金、利息及典当公司为实现债权所支付的费用承担连带责任保证，且在借款合同被解除或无效时，仍对债务承担连带保证责任。

3日后，典当公司将900万元当金支付给文教公司。次月，文教公司向房产登记中心（常州市房产登记中心）申请办理抵押登记，因该抵押房产的产权存在争议且涉诉，房产登记中心对该申请未予受理。

另查明，2009年1月，建设公司（常州市××建设工程有限公司）以市房管局为被告，文教公司、松×公司（常州松×塑业有限公司）为第三人提起诉讼，请求撤销市房管局向文教公司所颁发的抵押房地产所有权证。另案法院作出支持建设公司诉讼请求的判决。该案目前处于二审审理阶段。

典当公司遂以文教公司未按约偿还借款，塑业公司、孙×、谈×宇、谈×琛、郑××未承担连带保证责任为由，提起诉讼，请求判令文教公司立即向其归还当金900万元及约定的利息，并支付900万元自2009年7月17日起至给付之日止按每日3‰计算的违约金，律师费18万元及其实现债权的其他费用；塑业公司、孙×、谈×宇、谈×琛、郑××对前述款项承担连带责任。

文教公司辩称：《典当借款合同》系短期信用借款合同，并非典当合同，应认定为无效。

塑业公司、孙×、谈×宇、谈×琛、郑××辩称：对其提供保证的事实无异议，但担保合同因主合同的无效而无效。综上，请求依法裁判保证人应承担的民事责任。

判决主文

一审法院判决：被告文教公司向原告典当公司归还借款本金900万元，并支付该款自2009年6月22日起至给付之日止的利息，按中国人民银行同期同类贷款的基准利率计算；被告文教公司向原告典当公司偿付其支出的律师费18万元；被告塑业公司、孙×、谈×宇、谈×琛对被告文教公司不能清偿上述第一项、第二项债务部分的1/3承担赔偿责任，在其承担保证责任后，有权向被告文教公司追偿；驳回原告典当公司其他诉讼请求。

原告典当公司不服一审法院判决，提起上诉称：《典当借款合同》合法有效，合同中约定的抵押房产存在重大权属纠纷，被上诉人文教公司对该重大事实进行了隐瞒，房管部门亦拒绝办理抵押登记。因此，未能对抵押房产办理抵押登记并非本公司过错。另外，涉案担保的性质为债权性担保，《担保法》并未规定债权性担保在主合同无效时无效；同时涉案保证并非对主合同的独立担保，而是对主债务人应承担的法律责任的担保。综上，请求改判，支持本公司的全部诉讼请求。

被上诉人文教公司、塑业公司、孙×、谈×宇、谈×琛、郑××辩称：双方在签订《典当借款合同》时，并无为上诉人典当公司办理抵押的真实意思，向登记机关申请办理抵押登记的目的是为了案外第三人而非上诉人典当公司。本方的承诺也非真实意思表示，担保不成立。因此，请求驳回上诉，维持原判。

二审法院判决：驳回上诉，维持原判。

裁判要旨

典当行在办理房地产的典当业务时，应当先就抵押房产办理抵押登记，再办理典当手续，否则双方之间的关系应当认定为借贷而非典当，而借贷等金融类业务是超出典当行经营范围的业务，故此类典当借款合同应认定为无效，为其设立独立担保的担保合同作为借款合同的从合同也应认定为无效。此种情形下，若担保人无过错，则其对债权人的损失不承担赔偿责任；若其存在过错，则应在债务人不能清偿部分的1/3范围内承担赔偿责任。

重点提示

司法实践中，有时出现名为典当实为借贷，或是名为借贷实为典当等名不副实的情况。对典当合同的定性和效力认定也就成了实务中遇到的首要问题。为此，在认定典当借款合同和其中独立担保条款的效力时，应当注意以下几点：（1）未办理抵押登记的典当借款合同无效。所谓典当，是指当户将其动产、财产权利作为当物质押或者将其房地产作为当物抵押给典当行，交付一定比例费用，取得当金，并在约定期限内支付当金利息、偿还当金、赎回当物的行为。《典当管理办法》第42条规定：典当行经营房地产抵押典当业务，应当和当户依法到有关部门先行办理抵押登记，再办理抵押典当手续。由此可知，典当行在办理房地产的典当业务时，在未办理抵押登记的情形下就办理典当手续的，应认定双方当事人之间的关系是借贷而非典当。同时，《典当管理办法》也规定了典当企业不得从事信用贷款的金融活动，因此，可以认定典当行就当户办理的房地产抵押未办理抵押、质押登记的，属于典当行禁止从事的非法金融活动，其与当户签订的《典当借款合同》应认定为无效。（2）为典当借款合同提供担保的独立担保合同的效力。所谓独立担保，是指完全脱离主合同而单独存在，效力不受主合同影响，并且为有效，担保人放弃法律赋予的抗辩权的一种担保形式。独立担保责任具有异常严厉性，且该制度的适用有可能出现欺诈以及滥用权利的弊端。因此，最高人民法院《关于适用〈中华人民共和国民法典〉有关担保制度的解释》对于独立担保的效力问题作出了明确规定，即当事人在担保合同中约定担保合同的效力独立于主合同，或者约定担保人对主合同无效的法律后果承担担保责任，该有关担保独立性的约定无效。主合同有效的，有关担保独立性的约定无效不影响担保合同的效力；主合同无效的，人民法院应当认定担保合同无效，但是法律另有规定的除外。因此，在典当借款合同无效的情况下，为其提供的担保合同也应认定为无效。（3）因主合同无效导致担保合同无效后的法律责任承担。根据《民法典》的有关规定可知，在担保合同被确认无效后，债务人、担保人、债权人有过错的，应当根据其过错各自承担相应的民事责任。而在主合同无效导致担保合同无效的情况下，最高人民法院《关于适用〈中华人民共和国民法典〉有关担保制度的解释》对具体的赔偿责任承担作出了规定，即担保人无过错的，不承担赔偿责任；担保人有过错的，其承担的赔偿责任不应超过债务人不能清偿部分的1/3。据此，判断担保人是否应当就担保合同无效而给债权人造成的损失承担赔偿责任时，应当判断担保人是否存在过错，只有担保人对担保合同的无效有过错时，其才应在法定范围内承担赔偿责任。

第三章　抵押担保（28 例）

一、一般抵押权（26 例）

（一）抵押标的物（5 例）

1. 以处于海关监管期内的特殊动产设立抵押的效力认定

案例来源

黄 ×× 诉浙江 ×× 节能玻璃制造有限公司抵押合同纠纷案

发布单位：最高人民法院《人民司法·案例》2017 年第 8 期（总第 775 期）

审判法院：浙江省杭州市中级人民法院

判决日期：2014 年 12 月 11 日

案　　号：（2014）浙杭商终字第 2307 号

基本案情

2012 年 6 月，黄 ×× 与玻璃制造公司（浙江 ×× 节能玻璃制造有限公司）签订《借款合同》，约定：玻璃制造公司向黄 ×× 借款 2500 万元，借款期限为 3 个月。同日，双方签订《抵押合同》，约定：玻璃制造公司以其所有的 10 台 leybold 低辐射镀膜玻璃镀膜机为抵押，为借款本金、利息、罚息、复利、违约金、实现债权费用等提供担保。当时案涉抵押物正处于为期 5 年的海关监管期，进口日期分别为 2008 年 11 月 26 日、12 月 5 日、12 月 9 日，期限届满将自动解除监管。次年7月，人民法院判决玻璃制造公司归还黄××借款本金2500万元及逾期利息3 567 916.67元（暂计算至2013年5月17日，此后按中国人民银行同期同档次贷款基准利率四倍计算至判决确定的履行日），并支付律师费20万元，该判决已发生法律效力。同年12月30日，法院受理玻璃制造公司破产重整申请。

黄××以玻璃制造公司未偿还借款本息为由，提起诉讼，请求确认其对玻璃制造公司的债权范围，对玻璃制造公司所有的leybold低辐射镀膜玻璃镀膜机享有优先受偿权，并判令其支付借款本金2500万元、逾期利息739余万元（暂计算至2013年12月30日）及律师费20万元。

一审审理期间，涉案抵押物的海关监管期限已经届满。

判决主文

一审法院认定：《物权法》中关于监管财产不得抵押的规定应属于效力性强制规范或管理性强制规范，涉案合同签订时违反法律的强制性规范，属于无效合同，但该合同适用《合同法》相关司法解释，在抵押物的海关监管期经过后无效事由消失而转化为有效合同，故本案的抵押合同有效，原告黄××对案涉抵押物享有抵押权，可优先受偿。

一审法院判决：确认原告黄××在被告玻璃制造公司的债权合计人民币32 592 711.19元范围内对其所有的leybold低辐射镀膜玻璃镀膜机享有优先受偿权，但不得对抗善意第三人（债权包括借款本金人民币2500万元、逾期利息人民币7 392 711.19元、律师费人民币20万元）；驳回原告黄××其他诉讼请求。

被告玻璃制造公司不服一审法院判决，提起上诉称：（1）原判决认定事实不清，对本案所涉的抵押设备上存在的权利人及其权利冲突未进行全面认定，涉案抵押物除为本案涉案债权提供抵押外，还为其余两笔债权提供抵押。（2）一审判决适用法律错误，错误理解了法定无效的民事行为；此外，本公司处于破产程序中，应当优先适用《企业破产法》的有关规定，将本公司包括涉案抵押物在内的财产依法清偿给全体债权人。（3）原审判决未对涉案抵押物的另外两笔债权作出认定，被上诉人黄 ×× 的抵押权不得对抗另外两笔债权的债权人。综上，请求撤销一审判决第一项，不予确认被上诉人黄 ×× 对抵押物享有优先受偿权。

被上诉人黄 ×× 辩称：（1）一审判决认定事实清楚。一审中，上诉人玻璃制造公司明确向法院提出有关与案外人订立的抵押合同等材料不作为证据使用，还明确另外两笔债权的债权人在破产管理中申报的债权为普通债权，而非有担保的债权。（2）一审判决适用法律正确。合同法有关司法解释规定法院在宣告合同效力时须根据宣告时的客观情况及法律规定来确定，《物权法》第188条确立了动产抵押登记对抗主义。（3）在对另外两笔债权的认定上人民法院遵循了“不告不理”原则。

二审法院判决：撤销一审法院判决；驳回被上诉人黄 ×× 的诉讼请求。

裁判要旨

依法被监管的财产是法定禁止抵押的财产，以处于海关监管期内的特殊动产为抵押标的订立的抵押合同违反法律的禁止性规定，应认定为无效，且自始无效，不因监管到期而转化为有效。在破产案件中，债务人在法院受理破产申请前1年内为无担保的债务提供担保的行为属于可撤销行为，即使认定抵押权因监管到期而成立，仍应认定抵押权无效。

重点提示

在以处于海关监管期内的财产进行抵押的案件中，最主要的争议焦点就是此类抵押合同是否具有法律效力以及债权人能否就该抵押物行使优先受偿权。司法实践中，解决该问题时应当注意以下两点：（1）以处于海关监管期内的特殊动产为抵押物签订的抵押合同无效。《民法典》第399条明确规定了不得用于抵押的财产类型，其中，依法被查封、扣押或监管的财产属于法定不得用于抵押的财产。因此，在债权人与抵押人签订抵押合同时，抵押物正处于海关监管期限内的，由于依法被监管的财产不得设定抵押，故该抵押合同的内容违反法律的强制性规定，应当认定为无效。此外，《民法典》第155条规定：无效的民事法律行为自始不具有法律效力，因此，即使抵押财产经过了海关监管期限，以导致抵押合同无效的事由消失从而使无效的抵押合同转化为有效合同的主张也不具有法律依据。综上，以正处于海关监管期限内的特殊动产为抵押物签订的抵押合同无效，自始不产生设立抵押权的法律效果，则债权人自然也就不能就抵押物行使优先受偿权。（2）设立时间处于《企业破产法》规定的特殊期限内的抵押权效力应给予否定性评价。所谓破产撤销权，是指管理人对债务人在破产程序开始前的法定期间内所为的侵害债权人利益的行为，有否认其效力并申请法院撤销该行为的权利。这是《破产企业法》赋予管理人的权利，具体而言，管理人有权在人民法院受理破产申请前1年内，对于涉及债务人财产的下列行为请求人民法院予以撤销：（1）无偿转让财产的；（2）以明显不合理的价格进行交易的；（3）对没有财产担保的债务提供财产担保的；（4）对未到期的债务提前清偿的；（5）放弃债权的。上述行为均有可能对债权人的合法权益造成侵害，出于保护债权人的目的，依法应予撤销。由此可知，《破产企业法》对债务人为法院受理破产申请前1年内没有担保的债务提供担保的行为持否定性评价。由前述分析可知，以正处于海关监管期间内的特殊动产作为抵押物签订的抵押合同无效，抵押权未设立，故在债务人处于破产程序的案件中，此类债务应当认定为没有财产担保的债务，此时即使认定海关监管期过后抵押权设立，也应当视为对没有财产担保的债务提供担保的行为，应当对该抵押权的效力作出否定性评价。

2. 事业单位以其营利设施设立抵押的效力

案例来源

中国××银行股份有限公司××分行诉××县商务局市场服务中心金融借款合同纠纷案

发布单位：河南省高级人民法院2014年5月15日发布第一批参考性案例（案例4）

审判法院：安徽省高级人民法院

判决日期：2012年11月8日

案　　号：（2012）皖民二终字第00148号

基本案情

2004年3月，农贸分理处（中国××银行××县支行农贸分理处）与服务中心（××县工商局市场服务中心）签订《借款合同》，约定服务中心向农贸分理处借款300万元，期限1年，若服务中心未按约定期限还款，则农贸分理处有权对逾期天数按日利率万分之二点一计收逾期利息。同日，双方签订抵押合同，约定服务中心以自有房产为上述借款提供抵押担保，并办理了抵押登记手续。之后，农贸分理处依约发放贷款300万元。借款到期后，服务中心申请延期获准展期1年。2006年3月，服务中心因部分抵押物被拆除，申请变更抵押物。为此双方于同年8月重新签订了抵押合同，约定服务中心以自有295.92平方米房产、4629.90平方米土地使用权提供抵押并办理了抵押登记手续。此后，服务中心未能按期还款。

2009年，××县人民政府撤销服务中心，设立商务局服务中心（××县商务局市场服务中心），为自收自支事业单位，并接收服务中心的人员、市场资产、债权债务（包括银行借款300万元）。2010年9月，农贸分理处向商务局服务中心催收300万元的借款本息，该中心在通知书上签章确认。

2011年12月，××分行（中国××银行股份有限公司××分行）以商务局服务中心逾期未还款为由，提起诉讼，请求判令商务局服务中心立即清偿借款本金300万元及利息1 726 980元，商务局服务中心对借款承担抵押担保责任，其有权处置抵押房产、土地使用权并优先受偿。

判决主文

一审法院认定：双方签订的借款合同合法有效，被告商务局服务中心逾期还款，应承担偿还本金及利息的合同义务。但本案抵押物系农贸市场房屋及土地使用权，与城镇居民生活息息相关，具有公益性、民生性、社会性，以上述房产作为抵押物违反了《担保法》第37条第3款关于“学校、幼儿园、医院等以公益为目的的事业单位、社会团体的教育设施、医疗卫生设施和其他社会公益设施不得抵押”的规定，应认定该抵押无效。鉴于原告 ×× 分行不变更诉请，故对原告 ×× 分行要求处置抵押物并优先受偿的诉讼请求，不予支持。

一审法院判决：被告商务局服务中心给付 ×× 分行借款本金 300 万元及相应利息（利息按合同约定的利率暂计算至原告起诉之日 2011 年 12 月 8 日止）；驳回原告 ×× 分行其他诉讼请求。

原告 ×× 分行不服一审法院判决，提起上诉称：被告商务局服务中心不属于学校、幼儿园、医院等社会公益单位，不符合担保法禁止抵押的公益事业单位；而且，其用于抵押的房产仅为特定范围居民服务，不涉及社会公众性，不属于担保禁止抵押的财产。因此，请求撤销一审法院判决第二项，改判商务局服务中心对 300 万元借款本息承担抵押担保责任。

被上诉人商务局服务中心辩称：本中心作为事业法人，资产系国有，作为抵押的财产未履行审批手续，应属无效；而且抵押的房产事关居民的日常生活，应为社会公益设施，为法律禁止抵押；上诉人 ×× 分行明知无效情形而放贷，具有过错。因此，请求维持原判。

二审法院判决：维持一审法院判决第一项；撤销一审法院判决第二项；上诉人 ×× 分行对被上诉人商务局服务中心抵押的 295.92 平方米房产、4629.90 平方米土地使用权折价或者拍卖、变卖的价款在判决第一项确认的债务范围内优先受偿。

裁判要旨

同时具备公益服务职能与行政管理职能，且运转资金来源于财政预算或政府拨款的事业单位属于公益性非营利法人，其将用于服务公众的公益性设施用于抵押的行为无效，但其用于营利的设施不具有社会公益性，以该营利设施设立的抵押具有法律效力。债务人不履行还款义务时，抵押权人对用于抵押的营利设施享有优先受偿权。

重点提示

司法实践中，认定事业单位以用于营利的设施设备设定抵押的行为是否有效的问题时，应当注意以下几点：（1）法定禁止设定抵押的财产类型。根据《民法典》第399条的规定可知，不得用于抵押的财产包括：土地所有权；宅基地、自留地、自留山等集体所有土地的使用权，但是法律规定可以抵押的除外；学校、幼儿园、医疗机构等为公益目的成立的非营利法人的教育设施、医疗卫生设施和其他公益设施；所有权、使用权不明或者有争议的财产；依法被查封、扣押、监管的财产；法律、行政法规规定不得抵押的其他财产。据此，对于事业单位以用于营利的设施设备设定抵押的法律效力问题，应当从事业单位是否属于公益性非营利法人，以及用于抵押的财产是否属于社会公益设施两个角度进行分析。（2）公益性非营利法人的认定。我国《民法典》对非营利法人作出的定义为，为公益目的或者其他非营利目的成立，不向出资人、设立人或者会员分配所取得利润的法人，包括事业单位、社会团体、基金会、社会服务机构等。其中，事业单位主要是指国家为了社会公益目的，由国家机关举办或者其他组织利用国有资产举办的，从事教育、科技、文化、卫生等活动的社会服务组织。虽然事业单位为非营利法人，但判断其抵押行为是否具有法律效力的重点在于该事业单位是否具有公益性质，而对此进行认定的关键就在于判断该单位运转资金的来源，公益性单位的运转资金大多来源于财政预算或政府拨款，而非通过自身参与市场活动或利用自身的市场管理职能获得收入。因此，只有同时具备上述职能及资金运转来源特点的，才可认定该事业单位属于公益性非营利法人。（3）社会公益设施的认定。根据最高人民法院《关于适用〈中华人民共和国民法典〉有关担保制度的解释》第6条的规定可知，以公益为目的的非营利性学校、幼儿园、医疗机构、养老机构等，以教育设施、医疗卫生设施、养老服务设施和其他公益设施以外的不动产、动产或者财产权利设立的担保物权有效。因此，公益性非营利法人提供的担保并不必然无效，还应判断其用于设定担保的财产是否属于社会公益设施。社会公益设施是指社会公益的事业单位、社会团体用于为公众利益服务的设施。在认定社会公益设施时，不能只看该设施是否具备服务公益的职能，还应重点关注此种设施的中立性，即按照设施本身的通常作用中立地、非营利性地服务公众，而非将其作为市场行为中的成本投入并通过运营获得营利收入来实现某种公众服务的职能。一旦将具有公益服务职能的社会设施投入经营中，它即丧失公益性而成为市场经营活动中的载体，成为营利性的产物，此时法律也就不再禁止在其上设定抵押权。

3. 关于强制执行中抵押责任财产的范围问题

案例来源

中国 ×× 银行股份有限公司申请执行广夏（银川）××× 葡萄酿酒有限公司等债务转移合同纠纷复议案

发布单位：中国裁判文书网

审判法院：最高人民法院

判决日期：2012 年 6 月 28 日

案　　号：（2012）执复字第 18 号

基本案情

×× 银行（中国 ×× 银行股份有限公司）与浙江实业公司（浙江 ×× 实业有限公司）、银川实业公司［××（银川）实业股份有限公司］、酿酒公司［广夏（银川）××× 葡萄酿酒有限公司］、房地产公司（宁夏 ×× 房地产开发有限公司）发生债务转移纠纷后，宁夏回族自治区高级人民法院于 2011 年 5 月判决：浙江实业公司向 ×× 银行偿还本金 6769.9 万元及利息；银川实业公司管理人对上述债务承担连带清偿责任，其履行连带清偿债务之后，有权向浙江实业公司追偿；若浙江实业公司未能向 ×× 银行偿还借款本息，×× 银行有权对酿酒公司设定的抵押物折价或者拍卖、变卖所得价款优先受偿，受偿范围包括最高额抵押 3000 万元，其他抵押 1550 万元及利息；酿酒公司清偿债务后，有权向浙江实业公司追偿。经查，浙江实业公司系银川实业公司的股东。

× × 银行以浙江实业公司、银川实业公司管理人、酿酒公司均未履行前述生效判决确定的义务为由，申请强制执行。

判决主文

执行法院裁定：冻结、扣划被执行人浙江实业公司、银川实业公司管理人、酿酒公司银行存款 7942 万元；被执行人浙江实业公司、银川实业公司管理人、酿酒公司的银行存款偿还不足部分，则查封、扣押、拍卖、变卖其相应价值的财产。

被执行人酿酒公司不服执行法院裁定，提出执行异议称：首先，根据生效判决，本公司仅以抵押财产承担民事责任，而执行法院将本公司抵押财产以外的资产作为执行标的，不仅裁定冻结、扣划本公司的银行存款，而且查封、扣押、拍卖、变卖其他相应价值财产，于法无据。其次，生效判决第三项说明只有在被执行人浙江实业公司永久性丧失清偿能力的情况下，申请人 × × 银行才有权申请执行本公司的财产，现被执行人浙江实业公司并未永久性丧失清偿能力，故申请人 × × 银行申请强制执行本公司财产的条件尚未成就。最后，被执行人银川实业公司经批准进行重组，申请人 × × 银行同意被执行人浙江实业公司让渡 70% 的股权给重组方，说明申请人 × × 银行实质上免除了被执行人浙江实业公司的债务，则本公司承担的担保债务亦应免除。而且申请人 × × 银行同意被执行人银川实业公司关于 100 万元以下普通债权 100% 清偿，100 万元以上至 1000 万元普通债权按照 70% 比例清偿，1000 万元以上普通债权按照 59% 比例清偿，说明申请人 × × 银行免除了被执行人银川实业公司相应的担保债务。综上，申请人 × × 银行实质上免除了主债务人及第一顺位连带保证人的担保责任，则本公司在其免除以上债务的范围内亦免除担保责任。

执行法院认定：根据宁夏回族自治区高级人民法院生效判决第三项，在被执行人浙江实业公司不能清偿其对申请人 × × 银行的借款本息时，申请人 × × 银行有权对被执行人酿酒公司设定的抵押物的变卖款优先受偿。同时，生效判决认定被执行人酿酒公司对被执行人浙江实业公司债务中的 4550 万元及

1550万元的利息承担连带清偿责任，故生效判决确定了被执行人酿酒公司承担连带清偿责任，申请人××银行可要求被执行人酿酒公司在保证范围内承担连带责任。被执行人酿酒公司关于其只在被执行人浙江实业公司永久性丧失清偿能力的情况下，才承担清偿责任以及申请人××银行实质上放弃对被执行人浙江实业公司的执行等主张，于法无据。

执行法院裁定：驳回被执行人酿酒公司的异议。

被执行人酿酒公司不服执行法院作出的执行异议裁定，申请复议称：执行法院作出的执行裁定错误，且执行异议裁定未纠正执行裁定中的错误，请求撤销执行法院作出的执行异议裁定，不执行本公司的财产。

复议法院裁定：撤销执行法院作出的执行异议裁定；变更执行裁定第一项为：冻结、扣划被执行人浙江实业公司、银川实业公司管理人银行存款7942万元；变更执行裁定第二项为：被执行人浙江实业公司、银川实业公司管理人的银行存款偿还不足部分，则查封、扣押、拍卖、变卖其相应价值的财产。其中对于被执行人酿酒公司财产的查封限于其抵押财产的范围；解除执行裁定对被执行人酿酒公司银行存款的冻结；驳回被执行人酿酒公司的其他复议请求。

裁判要旨

对于债务人未能按期履行还款义务，且经过人民法院生效判决确认的债务，抵押人应当依法承担抵押担保责任，抵押人拒不履行判决义务的，债权人有权申请强制执行。但申请强制执行抵押人财产的范围以其抵押财产为限，超出抵押财产部分的执行裁定应予撤销。

重点提示

司法实践中，抵押权人申请强制执行时，认定抵押责任财产的范围问题，应当注意以下两点：（1）抵押权人申请执行抵押财产的先决条件。《民法典》第394条规定："为担保债务的履行，债务人或者第三人不转移财产的占有，将该财产抵押给债权人的，债务人不履行到期债务或者发生当事人约定的实现抵押权的情形，债权人有权就该财产优先受偿。"也就是说，在双方当事人订立了合法有效的抵押担保合同的情况下，债务人到期未能清偿债务的，抵押人应当承担相应的抵押担保责任。同时，人民法院作出的生效判决也可以作为认定担保人承担担保责任的依据。故在此种情况下，应认定已经满足了抵押人承担抵押担保责任的先决条件，若抵押人拒不履行担保义务，则抵押权人有权向人民法院申请强制执行。（2）申请强制执行抵押人的财产应以抵押财产为限。所谓责任财产，是指责任人用以承担民事清偿责任的财产。一般情况下，债务人或者其他责任人以其全部财产对其所负债务承担清偿责任的，则其全部财产就是债务人的责任财产范围；但抵押责任不同于债务人对债务的清偿责任，所谓抵押担保是指债务人或者第三人不转移对某一特定物的占有，而将该财产作为债权的担保，债务人不履行债务时，债权人有权依照《民法典》的规定以该财产折价或者以拍卖、变卖该财产的价款优先受偿，故抵押人仅以特定财产为债权债务提供抵押担保，抵押人的其余财产与主债权债务无关，若将其纳入强制执行的范围，则会扩大抵押人的担保范围，对抵押人来说显失公平。因此，抵押权人在申请强制执行抵押人财产的过程中，应当仅以抵押人提供抵押的财产为限，对于超出抵押财产范围的执行行为，应当依法予以撤销。

4. 未经抵押权人同意订立的抵押物转让合同的效力

案例来源

唐 ×× 诉海南省 ×× 农贸开发总公司商品房销售合同纠纷案

发布单位：国家法官学院《中国法院 2013 年度案例：买卖合同纠纷》

审判法院：海南省第二中级人民法院

案　　号：（2011）海南二中民终字第 145 号

基本案情

1994 年 12 月，农贸公司（海南省 ×× 农贸开发总公司）与建设银行（中国建设银行 ×× 市支行）签订《借款合同》，约定：农贸公司从建设银行处借款人民币1000万元，并以农贸市场（××市××农贸市场）的43.6亩土地使用权及地上建筑物、附着物为该笔借款提供抵押担保。借款合同签订之后，农贸公司与建设银行就上述抵押物在土地管理局（××市土地管理局）办理了土地使用权抵押登记。1999年12月，建设银行将其对农贸公司的1000万元债权本息全部转让给资产公司海口办（中国××资产管理公司海口办事处），并向农贸公司送达了债权转让通知书。次年，农贸公司与唐××签订了《铺面出让协议》，约定：由唐××以2万元价格受让农贸市场的铺面，支付方式为订立合同之日给付6000元，第二年付清余款；农贸公司拥有土地使用权之日起，唐××自付建房税费、办理土地使用证费用等，并享有铺面权70年。合同签订后，唐××交付2万元购房款并利用该铺面从事经营活动至今。

2003年，在资产公司海口办与农贸公司债权债务纠纷一案中，法院判决确认农贸公司与建设银行签订的借款合同及抵押登记行为有效，并裁定查封了农贸公司相应价值的财产。次年，法院在执行资产公司海口办与农贸公司借款合同纠纷期间，唐××提起案外人执行异议之诉，要求解除对涉案铺面的查封。2010年8月，法院认定涉案铺面转让前，农贸公司已就该铺面办理了抵押登记手续，且抵押行为有效，故抵押权人依法对涉案铺面享有优先受偿权，遂驳回了唐××的执行异议。

唐××遂以农贸公司构成违约为由，提起诉讼，请求确认其与农贸公司签订的《铺面出让协议》合法有效，并判令涉案铺面归其所有。

案件审理期间，法院因资产公司与本案存有法律上的利害关系，依职权追加资产公司为本案第三人参加诉讼。

判决主文

一审法院认定：被告农贸公司将农贸市场的43.6亩土地的使用权及地上建筑物、附着物等向建设银行提供抵押担保，并办理了抵押登记，抵押有效。此后，被告农贸公司将涉案铺面转让给原告唐××，但并未告知建设银行其转让了抵押物，亦未告知原告唐××涉案铺面已抵押的事实，故被告农贸公司违反法律法规的禁止性规定，转让涉案铺面，其与原告唐××签订的《铺面出让协议》无效。

一审法院判决：原告唐××与被告农贸公司订立的《铺面出让协议》为无效合同；驳回原告唐××的其他诉讼请求。

原告唐××不服一审法院判决，以《铺面出让协议》合法有效，其依法享有涉案铺面的所有权为由，提起上诉。

二审法院判决：撤销一审法院判决；上诉人唐××与被上诉人农贸公司签订的《铺面出让协议》有效；驳回上诉人唐××的其他诉讼请求。

裁判要旨

我国相关法律法规并未禁止抵押财产的转让行为，故抵押人与受让人基于真实意思表示，依法签订的抵押物转让合同自成立时起合法有效。但鉴于不动产物权的取得以登记为要件，因此，在办理不动产所有权登记之前受让人不享有抵押物的所有权，不能对抗抵押权人对抵押物优先受偿权的行使，但可要求抵押人承担转让合同的违约责任。

重点提示

司法实践中，抵押人未经抵押权人同意擅自转让抵押物的情况时有发生，为了保障各方当事人的合法权益，认定抵押物转让合同的法律效力以及各方当事人享有的权利时，应当注意以下两点：（1）未经抵押权人同意转让抵押物的行为不影响转让合同的效力。在不动产上设定抵押权，并不影响不动产转让合同的成立和生效。首先，依法成立的合同，自成立时起生效，只要双方当事人签订的不动产转让合同是出于双方真实意思表示，且未违反法律、行政法规的强制性规定，则应认定该合同依法生效。其次，根据《民法典》第406条的规定可知，抵押期间，抵押人可以转让抵押财产，且抵押财产转让的，抵押权不受影响。同时，最高人民法院《关于适用〈中华人民共和国民法典〉有关担保制度的解释》第43条第2款规定：当事人约定禁止或者限制转让抵押财产且已经将约定登记，抵押人违反约定转让抵押财产，抵押权人请求确认转让合同无效的，人民法院不予支持；抵押财产已经交付或者登记，抵押权人主张转让不发生物权效力的，人民法院应予支持，但是因受让人代替债务人清偿债务导致抵押权消灭的除外。也就是说，我国现行法律及相关司法解释并不禁止抵押财产转让的行为，而是通过平衡抵押权人、抵押人与受让人三方之间的利益，实现对抵押权的保障，且不妨碍财产的自由流转。最后，签订不动产转让合同并不必然导致物权变动的结果，转让行为不能成就也不必然导致转让合同无效。综上，在抵押权存续期间，抵押人未经抵押权人同意转让抵押物的行为，不影响转让合同的效力。（2）未办理不动产所有权登记的，受让人无权要求确认其享有不动产所有权。如前所述，抵押人在抵押期间转让抵押财产签订的不动产转让合同有效，但这并不意味着受让人有权基于转让合同取得抵押财产的所有权。基于不动产物权变动的原因与结果相区分原则，当事人之间订立有关设立、变更、转让和消灭不动产物权的合同，除法律另有规定或者当事人另有约定外，自合同成立时生效；未办理物权登记的，不影响合同效力。而签订不动产转让合同的行为在当事人之间设立的仅为债权债务关系，不能产生物权变动的法律后果。因此，若受让人与抵押人在签订不动产转让合同后未办理不动产所有权转移手续，则受让人不能取得不动产的所有权，而只能依据生效的不动产转让合同要求抵押人承担相应的违约责任，无权要求确认其对抵押的不动产享有所有权。

5. 不得转让抵押财产的约定对受让人的约束力

案例来源

姜 × 诉冯 ××·耶尼房屋买卖合同纠纷案

发布单位：国家法官学院《中国审判案例要览》（2011年民事审判案例卷）

审判法院：北京市高级人民法院

判决日期：2010年2月25日

案　　号：（2009）高民终字第1165号

基本案情

2007 年 1 月，冯 ××· 耶尼从 ×× 分行（×× 银行有限公司 ×× 分行）处贷款 78 万元，双方据此签订房地产抵押贷款合同，约定：由冯 ××· 耶尼作为抵押人将其拥有所有权的涉案房屋（×× 市 ×× 区光华路 2 号 5 号楼 1706 号）抵押给 ×× 分行；冯 ××· 耶尼不得在未经 ×× 分行书面同意的情况下处分涉案房屋。同年 11 月，冯 ××· 耶尼将涉案房屋出售给姜 ×，姜 × 当日向冯 ××· 耶尼支付定金 19 万元。双方还约定：房屋出售总价为 232.7216 万元，其中在 ×× 分行的抵押贷款 76.7216 万元经公证后由姜 × 偿还，剩余房款于公证后 10 日内付清。12 月 1 日，冯 ××· 耶尼再次与姜 × 签订房屋买卖合同，将合同价款变更为 246 万元，同时确认：姜 × 已经向冯 ××· 耶尼支付 31 万元购房款，抵押贷款仍然由姜 × 清偿；冯 ××· 耶尼违反合同约定不予出售房屋的，应当向姜 × 支付 30 万元违约金。上述合同签订后，冯 ××· 耶尼与姜 × 共同前往公证机构办理公证手续，但因冯 ××· 耶尼未能提供单身证明而未果。

姜 × 以冯 ××· 耶尼无法向其出售房屋已构成违约为由，提起诉讼，请求判令解除房屋买卖合同，冯 ××· 耶尼返还其已支付的购房款 31 万元及利息，并支付违约金 30 万元。

冯 ××· 耶尼辩称：由于在涉案房屋买卖过程中姜 × 出差，本人已经另寻渠道解决资金问题，无须再通过出卖涉案房屋的方式实现。而且，本人出售涉案房屋未经 ×× 分行书面同意，房屋买卖合同当属无效。综上，本人已经将购房款归还姜 ×，请求驳回姜 × 的诉讼请求。

庭审中，姜 × 提交经公证的证据录音带两份：一份为姜 × 致电冯 ××· 耶尼，冯 ××· 耶尼明确表示不出售涉案房屋；另一份为 ×× 分行工作人员林 × 表示，如果能够保证贷款及时清偿，则同意涉案房屋的交易。

判决主文

一审法院判决：解除双方于 2007 年 12 月 1 日签订的房屋买卖合同；被告

冯××·耶尼退还原告姜×购房款31万元及利息（按照中国人民银行同期贷款利率，自2007年12月1日起算至实际给付之日止）；被告冯××·耶尼向原告姜×支付违约金30万元。

被告冯××·耶尼不服一审法院判决，提出上诉称：林×作为××分行的普通工作人员，无权以电话答复的方式同意转让涉案房屋。因而，涉案房屋的转让因未经作为抵押权人的××分行书面同意自始无效。综上，请求予以改判。

被上诉人姜×辩称：一审判决正确，应予维持。

二审法院判决：驳回上诉，维持原判。

裁判要旨

双方当事人在抵押合同中约定的未经抵押权人同意抵押人不得转让抵押财产的条款，其效力不及于受让人，受让人出于真实意思表示与抵押人签订的转让合同自成立时起生效。虽然转让合同不产生设立不动产物权的法律后果，但在受让人行使涤除权的情况下，抵押财产上的抵押权消灭，受让人此时取得了抵押财产的所有权。

重点提示

司法实践中，认定抵押合同中约定的未经抵押权人同意抵押人不得处分抵押财产的条款对受让人是否具有法律约束力，以及抵押财产转让合同的效力等问题时，应当注意以下几点：（1）抵押人与抵押权人关于不得转让抵押财产的约定，效力不及于受让人。合同的相对性原则是我国民事法律体系中的一条基本原则，具体是指原则上合同项下的权利义务只能赋予当事人或加在当事人身上，合同只能对合同当事人产生拘束力，而非合同当事人不能诉请强制执行合同。抵押人与抵押权人在抵押合同中作出了抵押人不得在未经抵押权人许可的情况下转让抵押财产的约定，仅可约束抵押合同的双方当事人即抵押人与抵押权人，其效力不及于受让人，对受让人不产生约束力。（2）抵押权人是否同意转让不影响抵押财产转让合同的效力。抵押人与受让人基于真实意思表示，在不违反法律及相关行政法规强制性规定的情况下，签订的抵押合同自成立之时起生效，且《民法典》及其司法解释对抵押财产转让的行为也并无禁止性规定，因此，抵押人与受让人签订的抵押财产转让合同无须经过抵押权人的同意。（3）受让人有权通过代偿行为涤除抵押权。最高人民法院《关于适用〈中华人民共和国民法典〉有关担保制度的解释》第 43 条规定：抵押财产已经交付或者登记，抵押权人主张转让不发生物权效力的，人民法院应予支持，但是因受让人代替债务人清偿债务导致抵押权消灭的除外。该规定的内容为受让人的涤除权，法律为受让人设定该权利是为了平衡受让人权益与抵押权人权益的冲突，使受让人对被设定抵押权的受让物有自我救济的途径，防止抵押物的所有权因抵押物的拍卖而丧失。虽然抵押人与受让人就抵押财产签订的转让合同的效力不受是否经过抵押权人同意的影响，但转让合同不能产生设立不动产物权的法律后果。此种情况下，为了平衡受让人的合法权益，在受让人行使涤除权的情况下，抵押财产上的抵押权归于消灭，受让人因此取得了抵押财产的所有权。

（二）抵押权的设立（9 例）

1. 签订土地使用权抵押合同不办理抵押登记的责任性质及承担

案例来源

青岛 ×× 集团 ××× 房地产开发有限公司诉营口 ×××× 置业有限公司、青岛 ××× 商贸有限责任公司等抵押合同纠纷案

发布单位：最高人民法院《人民司法·案例》2017 年第 20 期（总第 787 期）

审判法院：山东省高级人民法院

判决日期：2016 年 11 月 28 日

案　　号：（2016）鲁民终 1076 号

基本案情

2014年4月，房地产公司（青岛××集团×××房地产开发有限公司）与商贸公司（青岛×××商贸有限责任公司）、资产管理公司（青岛××资产管理有限公司）、王××、宫××签订《借款协议》，约定：商贸公司向房地产公司无息借款2500万元，借款期限为10日，若商贸公司未按期还款，则自逾期之日起按银行同期贷款利率的4倍支付违约金以及因诉讼而产生的律师费、诉讼费等；资产管理公司、王××、宫××为该借款提供连带责任保证。协议签订后，房地产公司分两笔向商贸公司汇款共计2500万元，商贸公司向房地产公司出具金额为2500万元的收款收据一份。

宫××担任置业公司（营口××××置业有限公司）法定代表人的时间为2014年6月25日至9月16日。2014年8月，房地产公司与商贸公司和置业公司的法定代表人宫××签订《借款补充协议》，约定置业公司为商贸公司的借款2500万元向房地产公司提供抵押担保，抵押物为三处国有土地使用权，但未办理土地使用权抵押登记。借款到期后，商贸公司未偿还借款本金，资产管理公司、王××、宫××、置业公司亦未履行担保责任。

房地产公司遂以商贸公司未偿还借款本金，资产管理公司、王××、宫××、置业公司未履行担保责任为由，提起诉讼，请求判令商贸公司偿还借款本金及违约金，并支付律师代理人费43万元，资产管理公司、王××、宫××、置业公司承担连带责任。

判决主文

一审法院认定：《借款协议》系真实意思表示，合法有效。被告商贸公司到期未偿还借款，应承担违约责任，清偿本金、违约金及因诉讼发生的律师费。被告资产管理公司、王××、宫××作为连带责任保证人应对借款本金及违约金承担连带清偿责任；被告宫××作为被告置业公司和被告商贸公司的法定代表人在协议上签字，对被告置业公司构成表见代理，虽然被告置业公司主张补充协议签订时被告宫××已不再担任公司法定代表人，但并未举证证明，故《借款补充协议》对被告置业公司成立并生效。被告置业公司作为抵押人，未办理抵押登记导致抵押权未设立，对借款本金及违约金应在抵押物价值范围内承担赔偿责任。

一审法院判决：被告商贸公司偿还原告房地产公司借款本金 2500 万元及违约金（以借款本金 2500 万元为基数，自 2014 年 5 月 10 日起至本判决确定的给付之日止，按银行同期贷款利率的 4 倍计算）；被告商贸公司给付原告房地产公司律师代理费 43 万元；被告资产管理公司对上述第一项给付义务承担连带清偿责任，被告资产管理公司承担保证责任后，有权向被告商贸公司追偿；被告王 ×× 对上述第一项给付义务承担连带清偿责任，被告王 ×× 承担保证责任后，有权向被告商贸公司追偿；被告宫 ×× 对上述第一项给付义务承担连带清偿责任，被告宫 ×× 承担保证责任后，有权向被告商贸公司追偿；被告置业公司在其提供的抵押物价值范围内对上述第一项给付义务承担赔偿责任；驳回原告房地产公司的其他诉讼请求。

被告置业公司不服一审法院判决，提起上诉称：首先，企业之间借贷违反我国法律和政策，涉案《借款协议》无效，作为担保合同的补充协议也无效；原审被告宫 ×× 作为法定代表人签订的没有加盖本公司及原审被告商贸公司公章的《借款补充协议》的行为不构成表见代理，本公司不应承担担保责任。其次，即使本公司应承担抵押权未设立的赔偿责任，但依据《担保法》的规定，也不应超过债务人不能清偿部分的 1/2。最后，一审法院判决程序违法，剥夺了本公司对承担责任方式的合法辩护权利。综上，请求撤销一审法院判决第六项，发回重审或依法改判驳回被上诉人房地产公司对本公司的诉讼请求。

被上诉人房地产公司辩称：首先，《借款协议》系双方当事人的真实意思表示，合法有效；《借款补充协议》由上诉人置业公司法定代表人即原审被告宫 ×× 签订，构成表见代理，亦合法有效。其次，因上诉人置业公司的过错导致抵押权未设立，其应当在抵押物价值范围内承担赔偿责任。因此，请求依法驳回上诉人置业公司的上诉请求。

二审法院判决：维持一审法院判决第一、二、三、四、五、七项；变更一审法院判决第六项为：上诉人置业公司在其提供的抵押物价值的 1/2 范围内对上述第一项给付义务的不能清偿部分承担赔偿责任。上诉人置业公司承担赔偿责任后有权向原审被告商贸公司追偿。

裁判要旨

土地使用权抵押合同自成立时起生效，但土地使用权抵押应当办理抵押登记，抵押权自登记时设立。因此，抵押人与抵押权人签订土地使用权抵押合同后，不办理抵押权登记，抵押权不能设立，抵押权人无法达到以土地使用权担保其债权实现的目的。抵押权人因此造成债权无法实现损失的，抵押人与抵押权人应当按照各自在办理抵押权登记中的义务履行情况确定违约责任，根据具体情况确定责任承担方式。

重点提示

司法实践中，在签订土地使用权抵押合同后未办理抵押权登记的情况下，认定当事人的责任性质及承担问题时，应当注意以下几点：（1）仅达成抵押合意未办理抵押登记的，抵押权未设立。根据《民法典》的有关规定可知，设立抵押权，当事人应当采用书面形式订立抵押合同。双方当事人就抵押事项签订抵押合同后，可认定双方就抵押事项达成了合意。若抵押物为动产，则抵押权自抵押合同生效时起设立，但土地使用权作为不动产，以其进行抵押的，应当办理抵押登记，且抵押权自登记时起设立。也就是说，在不动产抵押中，仅达成抵押合意而未办理抵押登记的，抵押权未设立，不产生抵押担保物权关系，双方当事人之间仅存在债权债务关系，债权人因抵押权未设立造成损失的，仅能要求抵押人承担不履行合同的违约责任，即继续履行、采取补救措施或赔偿损失。在主债权债务已进入清偿阶段，继续办理土地使用权抵押登记已丧失必要性的情况下，债权人可要求抵押人承担赔偿损失的违约责任。（2）因未办理抵押登记导致抵押权未设立时赔偿责任的认定。当事人为债务设定抵押的目的在于保障主债务的履行，在主债务到期债务人未依约履行还款义务时，债权人可通过对抵押标的物进行折价或者以拍卖、变卖标的物的价款优先受偿的方式实现债权，从而保护其合法权益。但根据前述分析可知，在未就土地使用权办理抵押权登记的情况下，抵押权未设立，债权人因不享有优先受偿权会造成一定的损失，但该损失应限定在合同约定的土地使用权的价值范围内。原因在于：首先，若要求抵押人对超出土地使用权价值范围的损失承担赔偿责任，对抵押人来说显失公平。其次，对土地使用权办理抵押登记并非抵押人的单方义务，而是双方当事人的共同义务，故对抵押权因未办理抵押登记而未设立的后果，债权人与抵押人均具有过错，均构成违约，应当按照各自在办理抵押权登记中的义务履行情况确定双方的违约责任。（3）第三人为抵押人时，其承担赔偿责任后享有向债务人追偿的权利。对于第三人提供抵押担保的主债务来说，抵押人是以自己的财产提供担保，并在主债务人到期不能履行债务时以其用于抵押的财产偿还债务。此种情况下，应当认定抵押人代债务人清偿债务后与债务人之间形成了新的债权债务关系，抵押人享有追偿权。即使抵押权未设立，但抵押人向债权人承担了相应的赔偿责任，也是在对主债务进行清偿，亦应认定其与债务人之间形成了新的债权债务关系，有权向债务人行使追偿权。

2. 以预售商品房为抵押物办理的预告登记的效力认定

案例来源

××银行诉贺×抵押合同纠纷案

发布单位：最高人民法院民事审判第一庭《民事审判指导与参考》2016 年第 1 辑（总第 65 辑）

审判法院：最高人民法院

基本案情

2002 年，贺×与房地产开发公司、××银行分别签订了商品房买卖合同和住房按揭抵押合同，约定：贺×以 600 余万元的价格购买房地产开发公司正在建设的别墅一套，并以该在建的别墅为抵押物向银行申请贷款 500 万元，并办理了抵押备案登记，由房地产开发公司承诺承担连带责任。合同签订后，××银行依约发放了贷款，贺×陆续还款一段时间后，因房地产开发公司未能按时交房以及未办理产权证书等原因，贺 × 与房地产开发公司解除了商品房买卖合同，并不再向银行还款。

× × 银行以贺 × 不履行还款义务为由，提起诉讼，请求判令贺 × 偿还贷款本金及利息，并对预告登记的抵押房产行使优先受偿权。

判决主文

一审法院判决：案外人房地产开发公司归还贷款本息，驳回原告 × × 银行要求优先受偿权的诉讼请求。

原告银行不服一审法院判决，提起上诉。

二审法院判决：驳回上诉，维持原判。

裁判要旨

从法律效力上来讲，不动产抵押权的预告登记不产生设立抵押权的效力，若要达到设立抵押权的目的，当事人应当在具备办理不动产抵押权本登记的条件后及时办理。在双方当事人未办理不动产抵押正式登记的情况下，应当根据未办理登记的原因采取不同的措施，从而实现对债权人合法权益的保障。

重点提示

在以预售商品房作为抵押物的债权债务关系中，时常出现双方当事人仅办理预告登记而未办理正式抵押登记的情况，在此情况下，认定不动产抵押权的预告登记的法律效力时，应当注意以下两点：（1）不动产抵押权预告登记的法律性质与效力。所谓预告登记，就是为保全关于不动产物权的请求权而将此权利进行的登记。设定预告登记的意义在于将债权请求权予以登记，使其具有对抗第三人的效力，使妨害其不动产物权登记请求权所为的处分无效，以保障将来本登记的实现。由此可知，不动产抵押权的预告登记并不产生不动产抵押权的设立或者变动，抵押权人仍需要通过办理本登记取得抵押权。若债权消灭或者未能在规定期限内完成本登记的，则预告登记失效。因此，办理抵押权预告登记不等于抵押权登记，预告登记仅表明预告登记权利人依法享有请求办理抵押权登记的权利，在未办理抵押权正式登记的情况下，抵押权未设立，预告登记权利人无权就预告登记的不动产行使优先受偿权。（2）办理不动产抵押权预告登记后未办理正式登记的处理。由于仅办理不动产抵押权预告登记，权利人不能直接就抵押物行使优先受偿权，故从保障预告登记权利人合法权益的角度出发，应当根据未办理正式登记的原因采取不同的措施：首先，若不动产抵押权预告登记已经具备转化为本登记的条件，但因预告登记义务人拒绝履行义务的原因而未办理的，预告登记权利人可以选择通过诉讼的方式要求预告登记义务人协助办理不动产抵押权的本登记，并在预告登记义务人拒不履行判决义务时申请强制执行。其次，若因房地产开发商未办理房屋所有权登记而无法办理抵押权登记，即使抵押权因未办理本登记而未设立，房地产开发商仍应对此承担相应的赔偿责任，若房地产开发商拒不承担责任，为预售商品房设立的抵押权预告登记仍具有法律效力，任何人对该房产均无权处分，债权人可以在商品房所有权登记之后设立抵押权，并就该房产优先受偿。最后，若因抵押权预告登记义务人未办理房屋所有权登记而导致无法办理本登记的，债权人可以依法行使代位权，请求房地产开发商协助办理房屋所有权登记，以此取得不动产抵押权登记。

3. 监护人以未成年人所有的财产设置抵押时的合同效力

案例来源

郭×乙诉中国××银行股份有限公司舟山××支行抵押合同纠纷案

发布单位：最高人民法院《人民司法·案例》2016年第8期（总第739期）

审判法院：浙江省舟山市中级人民法院

案　　号：（2015）浙舟商终字第58号

基本案情

2011年10月，郭×甲与××支行（中国××银行股份有限公司舟山

××支行）签订《最高额抵押合同》，约定：郭×甲自愿为船舶公司（浙江××船舶技术有限公司）与××支行签订的人民币资金借款合同等主合同下的一系列债务提供最高额抵押担保，最高限额为513.80万元，并就此办理了房屋抵押登记手续，取得了房屋他项权证。其中，设立抵押权的涉案房屋（位于舟山市××区××街×号三楼的房产）是郭×甲与其儿子郭×乙的共有财产，且郭×甲签订抵押合同时郭×乙系未成年人。

郭×乙以××支行与郭×甲擅自签订房产抵押合同的行为严重损害其合法权益，抵押合同无效为由，提起诉讼，请求确认郭×甲与××支行签订的最高额抵押合同无效。

判决主文

一审法院判决：案外人郭×甲与被告××支行签订的最高额抵押合同无效。

被告××支行不服一审法院判决，提起上诉。

二审法院判决：驳回上诉，维持原判。

裁判要旨

为保护未成年人利益，监护人除为未成年人利益外，不得处理未成年人的财产，否则构成无权代理。在借款担保案件中，监护人非为未成年人利益以未成年人的房产设定抵押担保，债权人无证据证明监护人的行为构成表见代理的，即使抵押房产已办理了抵押登记手续，仍应认定该抵押合同无效。

重点提示

司法实践中，认定监护人就未成年人所有的财产设立抵押时，抵押合同是否具有法律效力的问题，应当注意以下几点：（1）监护人非为未成年人利益设立的抵押并不必然无效。《民法典》第34条及第35条对监护人对被监护人的财产的权利作出了明确规定，即监护人的职责是代理被监护人实施民事法律行为，保护被监护人的人身权利、财产权利以及其他合法权益等，监护人应当按照最有利于被监护人的原则履行监护职责。监护人除为维护被监护人利益外，不得处分被监护人的财产。但根据该规定并不能必然得出，监护人在不维护被监护人利益的情况下处分被监护人财产的行为无效，当今社会存在未成年人拥有不动产所有权的情况，监护人以未成年人所有的不动产设立抵押担保的情况也较多，若一概认定监护人非为未成年人利益设立的抵押无效，则需要债权人在签订抵押合同时审查借款是否用于维护未成年人的利益，无疑加重了债权人的负担，不利于促进交易的实现。同时，也会出现债权人排斥以未成年人财产设立抵押的情况，不利于保障未成年人的财产利益。因此，对监护人非为维护未成年人利益设立的抵押不应一律认定为无效。（2）监护人非为未成年人利益设立抵押的行为构成无权代理。由前述分析可知，不宜认定监护人非为未成年人利益设立的抵押绝对无效，但根据《民法典》的相关规定可知，监护人未经未成年人同意擅自以其财产设立抵押的，其行为构成无权代理。所谓无权代理，是指非基于代理权而以被代理人名义实施的旨在将效果归属于被代理人的代理，具体可以分为狭义上的无权代理和表见代理。前者即未授权代理、越权代理以及代理权消灭后的代理；后者虽无代理权但表面上有足以使人相信其有代理权而须由本人负授权之责的代理，具有强制被代理人承担法律后果的特性。其中，认定无权代理行为构成表见代理应具备以下要件：行为人无代理权；代理行为具有使相对人相信其有代理权的事实或理由；相对人善意且无过失；行为人与相对人的行为具备民事行为的有效要件。就监护人以未成年人财产设立抵押的行为而言，在满足表见代理构成要件的情况下，应认定监护人的行为构成表见代理，债权人有权要求监护人承担抵押担保责任。（3）监护人的行为构成表见代理的举证责任。一般情况下，未成年人能够提供证据证明监护人与债权人以其财产设定抵押的行为未维护其利益的，便可认定抵押合同无效，并免除其承担抵押担保的责任，但债权人有证据证明监护人的行为构成表见代理的除外。具体而言，若债权人不能提供证据证明监护人的行为构成表见代理，如其未对设立抵押的行为是为维护未成年人的利益尽到形式审查义务，或者监护人对此未作出承诺，则应认定监护人的行为不构成表见代理，抵押合同无效。

4. 夫妻一方冒名签订的房屋抵押合同的效力

案例来源

郭 ×× 诉 ×× 银行股份有限公司 ×× 分行抵押合同纠纷案

发布单位：最高人民法院《人民司法·案例》2015 年第 16 期（总第 723 期）

审判法院：北京市第三中级人民法院

判决日期：2014 年 11 月 14 日

案　　号：（2014）三中民终字第 11401 号

基本案情

黄 × 与郭 ×× 系夫妻关系，于 2007 年 9 月登记结婚。婚前，郭 ×× 购买了涉案房屋（北京市 ×× 区 ×× 西园），并于 2005 年取得了涉案房屋的所有权证。2012 年 6 月，黄 × 与某自称郭 ×× 的男子持郭 ×× 本人身份证、户口本、结婚证等证件，前往 ×× 分行（×× 银行股份有限公司 ×× 分行）办理个人住房抵押贷款，贷款理由为：郭 ××、黄 × 夫妻二人为其设立的公司经营需要，向 ×× 分行申请最高额抵押贷款，以郭 ×× 所有的涉案房屋做抵押，最高债权额为 180 万元。双方按照 ×× 分行的规定，签订了贷款合同、抵押合同以及其他相关文件，合同及文件上均有郭 ××、黄 ×、×× 分行的签字和盖章，协议上均印有“亲见本人签字”印章。3 日后，涉案房屋办理了抵押登记手续，最高额抵押权设立登记申请表显示，抵押人为郭 ××，抵押人代理人为黄 ×，二人签字齐全。此后，×× 分行根据合同及时放款，贷款到期后，郭 ××、黄 × 均未还款。

为此，郭 ×× 以其对 ×× 分行与黄 × 以其名义签订的最高额抵押合同不知情，黄 × 提交的资料系伪造，合同中“郭 ××”的签字并非其本人所签，抵押合同无效为由，提起诉讼，请求判令最高额抵押贷款合同无效。

案件审理过程中，郭 ×× 申请对贷款材料中所有郭 ×× 的签名与按印进行鉴定，鉴定结果为：笔迹、手印均非本人书写、形成。

判决主文

一审法院认定：被告 ×× 分行与他人签订合同，未经原告郭 ×× 同意，为其名下涉案房屋设定了抵押权，该合同内容系对原告郭 ×× 财产的无权处分，此时合同效力待定。原告郭 ×× 现向法院提起诉讼并拒绝追认此合同，因此涉案房屋最高额抵押贷款无效。

一审法院判决：被告 ×× 分行于 2012 年 6 月 11 日签订的房屋最高额抵押贷款合同无效。

被告 ×× 分行不服一审法院判决，提起上诉称：本行已经履行了形式审查义务，有理由相信抵押合同系被上诉人郭 ×× 本人签订，故本行属于善意相对人，与被上诉人郭 ×× 签订的抵押贷款合同有效。

二审法院判决：撤销一审法院判决；驳回被上诉人郭 ×× 的诉讼请求。

裁判要旨

合同本身属于负担行为，仅产生履行给付之义务，而不直接发生物权变动。合同之效力，不以处分人对标的物享有所有权或处分权为要件，无权处分行为并不必然导致合同无效。不动产抵押合同本身属于负担行为，当事人对抵押标的物没有处分权，并不影响抵押合同的有效性。冒名签订合同的行为原则上应适用无权代理的规则。无权代理行为原则上属于待追认行为，但相对人有理由相信行为人有代理权的，构成表见代理，合同有效。

重点提示

司法实践中，在夫妻一方携他人冒充配偶向银行提供伪造材料申请贷款，并以配偶名下的房产为贷款设定最高额抵押的情况下，认定抵押合同的效力时，应当注意以下几点：（1）合同设立不发生物权变动的法律后果。《民法典》第 215 条规定："当事人之间订立有关设立、变更、转让和消灭不动产物权的合同，除法律另有规定或者当事人另有约定外，自合同成立时生效；未办理物权登记的，不影响合同效力。"该规定确定了物权变动原因与结果区分的原则，这是由于任何因法律行为而发生的物权变动，都存在着因当事人之间订立债权法上的合同的原因性事实，以及最终导致物权变动的结果性事实，该原则的本质是要求将导致物权变动的原因与结果作为两个事实区分对待。合同设立作为一种债权行为，其所产生的仅有债权法上的效果，即在合同当事人之间设立债权债务关系，是导致物权变动的原因，而不能产生物权变动的法律后果。（2）冒名抵押他人不动产的行为并不必然导致抵押合同无效。基于前述物权变动原因与变动结果区分原则，判断抵押他人不动产合同效力的前提，应当首先判断该行为是仅产生债权设立效果的债权行为还是导致物权变动后果的结果行为。在不动产抵押中，抵押权设立以抵押物登记为要件，即抵押权自双方当事人就抵押物办理抵押权登记之日起设立，当事人签订抵押合同并不能产生抵押权设立这一物权变动的法律后果，抵押合同仅在双方当事人之间设立了办理抵押登记、设定抵押权的义务，属于债权行为。也正是由于抵押合同不产生物权变动的法律后果，才会得出当事人对抵押物是否具有处分权不影响抵押合同的有效性。（3）夫妻一方系冒名时签订的抵押合同不必然无效。所谓无权处分行为，是指行为人没有处分权，却以自己的名义实施对他人财产的法律上的处分行为。由前述分析可知，夫妻一方冒名配偶名义签订的抵押配偶不动产的抵押合同，在符合合同生效条件，且无其他特殊约定的情况下具有法律效力，但由于该行为本质上仅在合同当事人之间设立了债权而未产生物权变动的法律后果，故不能认定为对他人财产的处分，不属于无权处分行为。同时，由于无权代理要求行为人以所有权人的代理人的身份签订合同，而在冒用他人名义签订合同的情况下，行为人并不具有代理人身份，故亦不能认定其属于无权代理，但由于此类行为与无权代理行为在表现形式上具有相似性，故应适用无权代理的规则。通常情况下，无权代理经过代理人追认即可转化为有权代理；若被代理人拒绝追认，则代理行为无效，但在符合表见代理构成要件的情况下，代理行为的法律后果应由被代理人承担。对于夫妻一方冒用配偶名义以其名下房产为贷款设定抵押的行为而言，若其提供的材料足以使债权人相信与之签订抵押合同的系不动产所有权人本人，则构成表见代理，抵押合同有效。

5. 先于主合同设立抵押的效力及其与债权的对应关系

案例来源

武汉 ×××× 物业管理有限公司诉湖北 ××× 旅游发展有限责任公司、湖北 ××× 物业有限公司借款担保合同纠纷案

发布单位：最高人民法院民事审判第二庭《最高人民法院商事审判指导案例》（合同与借贷担保：2012）

审判法院：最高人民法院

判决日期：2012 年 12 月 17 日

案　　号：（2012）民二终字第 56 号

基本案情

1997 年 12 月，旅游公司（湖北 ××× 旅游发展有限责任公司）与省分行（×× 银行 ×× 省分行）签订 1 号及 2 号《借贷合同》，约定：省分行向旅游公司分别发放贷款 200 万美元、100 万美元，浮动利率计息，贷款期限为 4 年。同年，双方订立 1 号《抵押合同》，约定：旅游公司以其所有的价值为 2460 万元的食府、门楹、海鲜阁等为第一笔 200 万美元贷款提供抵押担保。次年 7 月、10 月，×× 支行（×× 银行 ×× 支行）与旅游公司签订 3 号及 4 号《借款合同》及《抵押合同》，约定：×× 支行向旅游公司发放贷款 500 万元，旅游公司以其有权处分的桑拿、别墅作抵押。对此，双方分别于 1997 年 7 月、1996 年 10 月办理了 1 号及 2 号《房屋他项权证》，记载：旅游公司以其名下的两处房屋作抵押，价值分别为 350 万元、150 万元。同年 9 月、11 月，×× 支行与旅游公司签订 5 号及 6 号《银行承兑契约》及《抵押合同》，约定：×× 支行为旅游公司承兑 350 万元汇票，旅游公司以其有权处分的别墅、游泳馆作抵押。在此之前，双方于 1998 年 4 月办理了 3 号《房屋他项权证》，记载旅游公司以其价值 200 万元的别墅为 9 月签订的承兑契约中的 200 万元提供担保。

1998年11月，××支行与旅游公司签订7号《银行承兑契约》，约定：××支行为旅游公司承兑200万元汇票。同日，双方签订无编号《抵押合同》，约定旅游公司以价值200万元的游泳馆作抵押。十日后，双方签订8号《银行承兑契约》及《抵押合同》，约定：××支行为旅游公司承兑150万元汇票，旅游公司以价值150万元的游泳馆作抵押，并约定待游泳馆完工后，办理他项权证。

2000年6月，××支行与旅游公司签订9号《借款合同》及《抵押合同》，约定：××支行向旅游公司发放贷款300万元，旅游公司以其有处分权的房产作抵押。次月，双方办理4号《房屋他项权证》，对抵押的房产办理了抵押登记。2001年1月，省分行与旅游公司签订10号《借款合同》及《抵押合同》，约定：××支行向旅游公司发放贷款1000万元，旅游公司以自有的建筑物作抵押，借款限额为依据1997年1月1日至2001年12月31日期间签订的所有借款合同和银行承兑汇票协议书项下的借款本金余额之和不超过人民币2100万元和美元100万元。

2002年6月，省分行与旅游公司办理了七份《房屋他项权证》，对旅游公司名下的产业进行抵押登记。此后，在2000年至2004年6月，省分行对逾期贷款1800万元、外汇贷款300万美元及承兑汇票垫款700万元本金及利息向旅游公司催收，旅游公司在《催收通知书》上加盖公章。之后，省分行将上述债权转让给资产公司（中国××资产管理公司武汉办事处），资产公司又将该债权转让给投资公司（×××香港投资有限公司），债权的两次转让均刊登了《债权转让暨催收公告》。

2007年10月，投资公司以旅游公司、物业公司（湖北×××物业有限公司）为被告提起诉讼，请求判令旅游公司偿还借款本金人民币2500万元、美元300万元及利息，物业公司赔偿经济损失350万元。在该案审理中，投资公司将前述债权转让给管理公司（武汉××××物业管理有限公司），此后，投资公司撤回起诉。

另查明，2004年9月，经申请，物业公司对旅游公司的门楼、迎宾楼、办公室、食府、海鲜阁等5栋建筑物进行拆迁，并得到市城市规划管理局的确认，认定房屋拆除到位，验收合格。次年 1 月，旅游公司开具发票载明：拆迁补偿为人民币 945.756 万元。同年 6 月，物业公司与旅游公司共同向市规划局汉阳分局出具《说明》，载明：拆迁共拆除房屋 5 栋，全部为旅游公司房产，其中 4 栋为有证房屋，1 栋为旅游公司自行搭建的违章建筑，物业公司已按政策进行拆迁补偿。旅游公司承诺，该房产无权属争议。

管理公司以其对旅游公司上述抵押的不动产享有抵押权为由，提起诉讼，请求判令其对旅游公司的抵押物享有优先受偿权。

一审审理期间，投资公司的委托代理人到庭表明：投资公司自资产公司合法获得旅游公司债权并公告后，于 2010 年 11 月 2 日将债权转让给管理公司，并于次月向旅游公司出具了书面通知。

判决主文

一审法院判决：被告旅游公司偿还原告管理公司借款本金人民币 2500 万元及美元 300 万元；被告旅游公司支付原告管理公司上述借款的利息（合同期内的利息按照合同约定计付，合同期外的利息按照中国人民银行规定的同期同档次流动资金逾期贷款利率计付）；被告旅游公司不履行 5 号《银行承兑契约》、3 号、4 号、9 号《借款合同》约定债务时，原告管理公司可分别就 1 号、2 号、3 号、4 号《房屋他项权证》所载抵押物享有的优先受偿权；被告旅游公司不履行 2 号《借贷合同》、5 号、6 号及 7 号《银行承兑契约》、10 号《借款合同》约定债务时，原告管理公司可分别就省分行与被告旅游公司于 2002 年 6 月办理的七份《房屋他项权证》所载抵押物享有优先受偿权；驳回原告管理公司的其他诉讼请求。

被告旅游公司不服一审法院判决，提起上诉称：抵押权从属于主债权，主债权不成立时设定的抵押权应为无效。一审判决认定抵押权可以先于主债权存在是错误的。因此，请求驳回被上诉人管理公司的诉讼请求或者发回重审。

被上诉人管理公司辩称：（1）本案债权不属于外债，案外人投资公司受让债权后已履行备案登记手续，应认定转让行为合法有效；（2）根据有关规定，金融资产管理公司受让有抵押担保的债权后，可依法取得对债权的抵押权，原抵押权登记继续有效，本公司有权就本金不超过2100万元人民币和100万美元的贷款本息、抵押财产行使优先受偿权，故本公司享有合法、完整的抵押权，对抵押物享有优先受偿权。综上，请求驳回上诉，维持原判。

二审期间，经向国家外汇管理局湖北分局调查核实，本案债权转让已备案登记，案外人投资公司在备案登记中未列明本案债权的抵押情况，但在办理登记时提交的附件材料中列明了本案债权及抵押情况。2012年8月，案外人投资公司主动向该分局申请办理补交担保逐笔明细清单手续，该分局为其办理了补交担保逐笔明细清单。此外，经调查核实，上诉人旅游公司办理的《房屋他项权证》有四份与一审推定与之相对应的《银行承兑契约》及《借款合同》载明的债权本金金额及债权人、债务人相一致。

二审法院判决：驳回上诉，维持原判。

裁判要旨

虽然抵押担保合同系主债权合同的从合同，具有从属性，但若双方当事人明确约定先设定抵押后订立主债权合同的，并不违反法律的禁止性规定，抵押人不得以此为由主张抵押无效。在多项债权与抵押权并存的情况下，可通过债权与抵押权的数额，以及债权设立的时间与抵押权存续的期间等内容推定债权与抵押权之间的对应关系。

重点提示

在双方当事人明确约定先设定抵押权后订立主债权合同的情况下，抵押合同的法律效力认定以及应当如何判断抵押合同与主债权之间的对应关系的问题就成了司法实践中争议的焦点，上述问题的解决应当注意以下几点：（1）抵押合同的从合同属性并不要求其必须晚于主合同订立。所谓从合同，就是指必须以他种合同的存在为前提，自身不能独立存在的合同。从合同的主要特点就在于其从属性，这种从属性主要表现在：成立的从属性，即从合同的成立以主合同的成立为前提；消灭的从属性，即主合同消灭，从合同当然消灭；处分的从属性，即当事人对主合同进行的处分行为，如无特别规定，其效力及于从合同。相对于主债权债务合同而言，保证合同、定金合同、抵押合同、质押合同均属于典型的从合同。抵押合同虽为主债权合同的从合同，但我国相关法律法规及司法解释并未对主从合同的签订顺序作出明确规定。因此，只要抵押合同是出于双方当事人真实意思表示，先设定抵押权，后签订主债权合同的行为并不违反法律的禁止性规定，故应认定抵押合同有效。（2）借贷合同的解除并不必然导致抵押责任免除。关于主从合同的效力问题，《民法典》作出的规定为：担保合同是主债权债务合同的从合同。主债权债务合同无效的，担保合同无效，但是法律另有规定的除外。该法还规定：主合同解除后，担保人对债务人应当承担的民事责任仍应当承担担保责任，但是担保合同另有约定的除外。由此可知，主债权债务合同解除并不必然免除抵押人的抵押担保责任。该规定的目的在于保证债权人能够顺利实现债权，同时也是为了保障抵押担保人的合法权益，其在承担相应的担保责任后，有权向债务人进行追偿。（3）先设立抵押权后订立主债权合同时抵押权与债权对应关系的认定。在同时存在多个债权债务关系与抵押担保关系，且无法判断各项债权与抵押权之间的对应关系时，可以通过主债权的数额与他项权证所记载的担保债权数额、面积或抵押权价值之间的关系，以及主债权的发生时间和抵押权存续期间之间的关系等内容，推定他项权证所涉及的抵押合同与各项主债权之间的对应关系。

6. 以冒名签订的借款合同办理的不动产抵押登记的效力

案例来源

干 × 炯诉 × × 市房地产登记处房屋行政登记案

发布单位：最高人民法院行政审判庭《行政执法与行政审判》2013 年第 6 集（总第 62 集）

审判法院：上海市第二中级人民法院

案　　号：（2012）沪二中行终字第 184 号

基本案情

干 × 炯与干 × 祺系父子关系。2009 年 11 月 13 日，干 × 祺找他人假冒干 × 炯名义与石 ×× 订立《房地产借款抵押合同》，约定：干 × 炯以其名下房屋作抵押向石 ×× 借款 95 万元，借款期限至 2010 年 1 月 12 日。同日，干 × 祺与石 ×× 前往房地产登记处（×× 市房地产登记处）申请办理房屋抵押登记，并提交了《房地产借款抵押合同》、房屋产权证、干 × 炯及石 ×× 的身份证。4 日后，房地产登记处核准申请并作出了抵押登记。同月 26 日，干 × 祺再次假冒干 × 炯名义与石 ×× 办理了债权文书公证。借款到期后，干 × 祺未归还借款，石 ×× 为此报案。2011 年 12 月，另案法院作出刑事判决，认定干 × 祺犯合同诈骗罪，判处有期徒刑五年六个月，并追缴干 × 祺违法所得发还被害人石 ××。之后，干 × 炯申请撤销债权文书公证获准后，向房地产登记处申请撤销房地产抵押登记，未被获准。

干 × 炯遂以房地产登记处作出的抵押登记系基于干 × 祺的合同诈骗行为，应予撤销为由，提起诉讼，请求判令撤销房地产登记处作出的抵押登记。

房地产登记处辩称：涉案房屋抵押权登记涉及石 ×× 的物权，石 ×× 是否善意取得抵押权应先通过民事诉讼确认，且本单位作出的抵押登记符合法定程序，亦尽到了审核义务，不存在违规行为，故请求驳回干 × 炯的诉讼请求。

判决主文

一审法院判决：驳回原告干 × 炯的诉讼请求。

原告干 × 炯不服一审法院判决，提起上诉。

诉讼中，经最终协调化解，上诉人干 × 炯申请撤回上诉。

二审法院裁定：准予上诉人干 × 炯撤回上诉。

裁判要旨

提供虚假材料、冒名签订借款合同的行为属于合同诈骗行为，对以此合同为依据为他人财产设立的不动产抵押登记，若已经过刑事判决认定，则无须再通过民事诉讼确认民事行为的效力。刑事案件的被害人并不必然属于民事上的善意第三人，且认定冒名以他人财产设定抵押的行为构成善意取得不利于保证正当交易，故房地产登记机关应纠正该抵押登记行为。

重点提示

司法实践中，当事人通过伪造的虚假材料骗取不动产抵押登记的现象时有发生，此时认定以假冒权利人名义签订的借款合同为依据，为债权人设定不动产抵押登记的行为是否有效，是否适用善意取得制度以及不动产抵押登记行为应否撤销等问题时，应当注意以下两点：（1）已通过刑事判决认定为犯罪的行为的效力无须再通过民事诉讼进行确认。根据最高人民法院《关于审理房屋登记案件若干问题的规定》第 8 条的有关规定可知，当事人以房屋抵押关系无效或应当撤销为由，对房屋抵押登记行为提起行政诉讼的，人民法院应当告知当事人先行解决民事争议。但该规定的适用应以当事人对作出行政登记行为的民事行为的效力存在争议为限，对已经过刑事审判程序被认定为犯罪行为的民事行为而言，其效力显然不存在争议。因此，对于提供虚假材料签订合同骗取借款的行为在已被认定为合同诈骗罪的情况下，借款合同显然属于非法合同，已无通过民事诉讼程序确认民事行为效力的必要。此外，即使合同的效力未经刑事判决予以认定，民事行为效力也并不必然需要通过民事诉讼进行确认，双方当事人和解、调解公证、仲裁等均可解决民事争议，强制要求当事人通过民事诉讼确认民事行为效力，不仅会加重当事人的负担，也是对司法资源的浪费。（2）涉及合同诈骗的不动产抵押登记中善意取得的认定。所谓善意取得，指无权处分人将动产或不动产处分给他人，善意受让人依法取得该动产或不动产的所有权或其他物权。在据以办理不动产抵押登记的借款合同被认定存在合同诈骗情形时，判断抵押权人取得抵押权的行为是否构成善意取得，应从以下两个角度分析：第一，刑事案件的被害人并不等同于民事案件中的善意第三人，善意第三人要求当事人在主观上存在善意且无过错，但刑事案件中的被害人是否存在过错对于案件定性并无实质性的影响，且民事案件中认定行为人具有“善意”也比认定为刑事案件被害人更为严格，因此，当事人在刑事案件中被认定为被害人的，不能就此得出其当为民事案件中的善意第三人。第二，就不动产抵押登记而言，冒名抵押他人财产的行为显然构成不正当的交易行为，此时若认定不动产抵押权人构成善意取得，有悖于善意取得制度保护正当交易的立法目的。因此，冒名抵押他人财产并办理不动产抵押登记的行为不适用善意取得制度，对于已经办理的不动产抵押登记，登记机关应当依法予以纠正。

7. 不动产抵押登记机关职权被划分前办理的抵押登记的效力

案例来源

廊坊市 ×× 农村信用合作社诉洪 ××、廊坊市 ×× 区经济贸易局、廊坊市 ×× 区乡镇企业行业管理办公室、廊坊市 ×× 建筑装饰艺术有限公司抵押合同纠纷案

发布单位：最高人民法院民事审判第一庭《最高人民法院民事案例解析（2010 卷）》

审判法院：最高人民法院

判决日期：2010 年 10 月 19 日

案　　号：（2010）民提字第 43 号

基本案情

1998 年 8 月，洪 ×× 向装饰公司（廊坊市 ×× 建筑装饰艺术有限公司）出具抵押授权书，内容为：洪 ×× 自愿将评估价值 72 万元的私有房产授权给装饰公司作为其向信用合作社（廊坊市 ×× 农村信用合作社）贷款的抵押物；如装饰公司不能按期归还贷款，信用合作社有权处理房产，抵偿贷款本息。此前，洪 ×× 将本人身份证复印件及房屋所有权证书交予装饰公司。2 日后，供销公司（廊坊市 ×× 区乡镇企业供销公司）向装饰公司出具抵押授权书，内容为：供销公司自愿将评估价值 85 万元的房地产授权给装饰公司作为其向信用合作社贷款的抵押物；如借款不能按期归还，信用合作社有权处分上述房地产，抵偿贷款本息。次日，装饰公司与信用合作社签订《抵押担保借款合同》，约定：装饰公司向信用合作社借款 100 万元，装饰公司以洪 ×× 和供销公司的房产作为抵押，该合同没有洪 ×× 和供销公司的签名或盖章。同年 9 月，管委会（廊坊市 ×× 区人民政府房地产市场管理委员会）为洪 ×× 和供销公司的房产出具房产抵押监证书称：抵押人为房产唯一所有权人，产权无争议，无典当抵贷他项权利行为。供销公司在抵押监证书上加盖了公章，而装饰公司将洪 ×× 的房屋所有权证交给了信用合作社。

2000 年 7 月，供销公司被注销，其抵押房产被 ×× 区企管局接收，并改建成住宅楼。同年 10 月，×× 区企管局分为经贸局（廊坊市 ×× 区经济贸易局）和乡企办（廊坊市 ×× 区乡镇企业行业管理办公室）。至 2001 年 6 月，装饰公司偿付借款利息 63 379.5 元，尚欠信用合作社 100 万元本金和 257 092.8 元利息。另查明，管委会是由 ×× 区城市建设环境保护局、物价局、工商行政管理局设立的。

信用合作社以装饰公司逾期未偿还借款本息为由，提起诉讼，请求判令装饰公司、洪 ××、经贸局和乡企办偿还尚欠的借款本息。

装饰公司辩称：其无力偿还借款，可用到期债权和抵押物抵偿。

洪 ×× 辩称：抵押合同未经本人签字，本人并非抵押人。同时抵押物未进行登记，抵押合同不生效。

一审审理中，抵押监证书的经办人作证称，抵押监证书的签字和盖章不是洪 ×× 本人的。

判决主文

一审法院判决：被告装饰公司向原告信用合作社付 100 万元借款本金和 257 092.80 元利息；被告洪 ×× 在抵押房产价值范围内承担还款连带责任；被告经贸局和被告乡企办在供销公司抵押房产价值范围内各承担 1/2 的还款连带责任。

被告洪 ×× 不服一审法院判决，以抵押的房产未经合法登记，抵押合同不生效为由，提起上诉。

二审法院判决：驳回上诉，维持原判。

二审判决生效后，检察机关提出抗诉称：二审判决认定上诉人洪 ×× 与被上诉人信用合作社之间抵押关系成立，系适用法律错误。原因在于：(1) 上诉人洪 ×× 以夫妻共有房产授权被上诉人装饰公司用于抵押担保的行为系无权处分行为。(2) 根据《担保法》的规定，抵押合同因上诉人洪 ×× 未与被上诉人信用合作社订立书面抵押合同和管委会出具的抵押监证书不属于法定的抵押登记而不生效。

二审法院再审认定：上诉人洪 ×× 及供销公司出具的抵押授权书意思表示真实，内容清楚，指示明确，构成抵押担保借款合同的担保条款，抵押合同成立。管委会不是法定的房地产抵押登记部门，其出具的抵押监证不具有抵押登记的法律效力；被上诉人信用合作社作为债权人对上诉人洪 ××、供销公司授权装饰公司之房产不享有抵押权，抵押担保借款合同中以房产抵押部分，因抵押房产未进行抵押登记，缺少法定的有效要件，归于无效。上诉人洪 ×× 对未依法办理房产抵押登记，造成抵押合同不生效无过错，供销公司亦无过错。

二审法院再审判决：撤销二审法院判决和一审法院判决第二、三项；维持一审法院判决第一项；驳回被上诉人信用合作社对上诉人洪 ××、经贸局、广阳区乡企办的诉讼请求。

被上诉人信用合作社不服二审法院再审判决，向省高院提出再审申请。

省高院裁定：指令二审法院再审。

二审法院再审判决：维持二审法院再审判决。

申请人信用合作社不服二审法院再审判决，申请再审称：管委会是合法的房地产抵押登记部门，其出具的抵押监证书具有抵押登记的法律效力；二审法院再审认为抵押监证不具有登记效力违背客观事实。

省高院再审判决：维持二审法院再审判决。

申请人信用合作社不服省高院再审判决，向最高人民法院申请再审称：管委会在本案发生期间是合法有效的法定房地产交易管理、抵押登记部门，抵押登记应为合法有效。故请求撤销省高院再审判决，维持二审法院判决。

最高人民法院再审过程中，河北省廊坊市 ×× 区建设局、河北省廊坊市

× × 区人民政府出具的证明载明：管委会及房地产市场管理所、产权产籍监理所是 × × 区人民政府根据相关文件精神授权办理房地产交易过户、产权发证及抵押登记业务的唯一机构，区划后，按照政府要求，此业务无条件上划市房管局。

最高人民法院判决：撤销二审法院两次再审判决及省高院再审判决；维持二审法院判决。

裁判要旨

办理抵押物登记是不动产抵押权设立的法定要件，县级以上地方人民政府规定的部门是办理不动产抵押登记的法定部门，即使办理不动产抵押登记的部门因职权划分等原因不再具有办理抵押登记的职权，但其在具有该职权期间所办理的抵押登记的效力不受影响，仍应认定该抵押登记合法有效。

重点提示

司法实践中，对于行政机关办理不动产抵押登记后因其职权被划分而不再具有办理不动产抵押登记职权的情形，认定其此前办理的不动产抵押登记是否有效的问题时，应当注意以下两点：（1）抵押物登记的法律性质。所谓抵押权登记，就是指抵押权人向法律规定的有关部门申请将其在特定物上所设定的抵押权的事项予以记载的事实。根据《民法典》的有关规定可知，在以不动产作为抵押物的案件中，判断抵押权是否设立的前提条件，就是双方当事人是否就抵押物办理了合法有效的抵押登记。由于抵押登记的特殊作用，抵押登记应当由特定的机关进行办理，目前我国法定的办理抵押登记的部门，根据抵押物类型的不同而有所不同，就不动产而言，以城市房地产或者乡（镇）、村企业的厂房等建筑物抵押的，应当由县级以上地方人民政府规定的部门办理抵押登记，且抵押权自抵押物办理抵押登记之时起设立。（2）行政机关职权被划分前依法办理的抵押物登记合法有效。由前述分析可知，由县级以上地方人民政府规定的，具有办理抵押登记职权的行政机关所办理的不动产抵押登记具有法律效力。但在国家和社会发展过程中，各个行政机关所担负的职责和所发挥的功能、作用的范围、内容、方式等，可能会根据国家和社会发展的需要随之发生变化，因此，就办理不动产抵押登记的行政机关来说，其职权也有可能在为当事人办理抵押登记之后发生变化，但只要在办理抵押登记之时，该行政机关属于由县级以上地方人民政府规定的具有办理抵押登记职权的机关，就应当认定其所办理的不动产抵押登记合法有效，抵押权已经设立。

8. 未办理抵押登记时合同的效力及抵押人责任的认定

案例来源

眉山市 ×× 区农村信用合作联社诉刘 ××、蒋 ×× 金融借款合同纠纷案

发布单位：国家法官学院《中国法院 2012 年度案例：借款担保纠纷》

审判法院：四川省眉山市东坡区人民法院

判决日期：2010 年 9 月 29 日

案　　号：（2010）眉东民初字第 1583 号

基本案情

刘 ×× 与蒋 ×× 系夫妻。2003 年 9 月，经刘 ×× 申请，刘 ××、蒋 ×× 与信用社（原眉山市 ×× 区 ×× 农村信用合作社）签订《抵押担保借款合同》，约定：刘 ×× 从信用社贷款 9.5 万元，贷款期限为 3 年；蒋 ××、刘 ×× 自愿以其享有所有权的房屋为该笔贷款提供担保；刘 ×× 不按期归还贷款本金及未获准展期，从逾期之日起按日利率万分之三计收利息；合同自各方当事人签章并依法办理登记之日起生效。在《抵押担保借款合同》中，刘 ×× 以借款人及抵押人的身份签字，蒋 ×× 以抵押人的身份签字，信用社法定代表人吴 ×× 亦在合同中签字并加盖公章。同日，刘 ×× 依约取得贷款 9.5 万元，但双方并未就抵押房屋办理抵押登记。自 2009 年 4 月开始，信用社书面催促刘 ×× 归还贷款，但刘 ×× 除支付共计 3000 元的利息（按月利率 9‰计算）外，始终未清偿贷款本金。

另查明，信用社于 2007 年 11 月并入信用联社（眉山市 ×× 区农村信用合作联社）。

信用联社以刘××、蒋××于贷款到期后未依约履行还款义务，经多次催收仍不还款为由，提起诉讼，请求判令刘××、蒋××连带偿还借款本金9.5万元及利息55 472.55元，并赔偿律师代理费损失4500元。

刘××、蒋××辩称：信用联社与本方签订的合同尚未发生法律效力，其要求本方承担合同期内及逾期利息和律师代理费损失没有事实依据，请求驳回信用联社的诉讼请求。

判决主文

一审法院判决：被告刘××、蒋××偿还原告信用联社借款本金9.5万元及逾期利息（从2006年10月1日起按月利率9‰计算，至付清时止；已付的3000元利息在执行中予以扣除）；被告刘××、蒋××赔偿原告信用联社代理费损失4500元。

宣判后，双方当事人均未提起上诉，判决已发生法律效力。

裁判要旨

当事人之间签订的抵押合同与借款合同自成立时起生效，其效力不受是否办理抵押登记的影响，但未办理抵押登记的抵押权未设立，抵押人不承担抵押责任。在抵押人与债务人系夫妻的情况下，即使抵押权未设立，抵押人仍应与债务人共同承担还款责任。

重点提示

司法实践中，债权债务双方就不动产抵押签订抵押合同后未及时办理抵押登记的情况时有发生，此种情况下认定借款合同与抵押合同的效力以及抵押人应否承担责任的问题时，应当注意以下几点：（1）未办理不动产抵押登记的，抵押人不承担抵押责任。根据《民法典》第502条规定，依法成立的合同，自成立时起生效，法律另有规定或当事人另有约定的除外。就抵押合同而言，我国并没有相关法律法规对其效力问题作出特殊规定，故在当事人无其他约定的情况下，其生效应当适用一般合同的生效条件，即双方当事人出于真实意思表示，依法签订的抵押合同自签订之时起生效。但不动产抵押合同生效并不产生抵押权设立的法律效果，对此《民法典》规定了不动产抵押权自登记时设立。因此，未办理不动产抵押登记则抵押权未设立，抵押人自然不承担抵押责任，债权人也不能就抵押物主张优先受偿权，但可依据双方对未设立抵押权的过错程度大小，要求抵押人在抵押物的价值范围内对债务承担连带清偿责任。（2）抵押权是否设立不影响借款合同的效力。由前述分析可知，合同自成立时起生效，对于借款合同而言也是如此，其效力仅受自身是否符合法律规定的影响。抵押合同作为借款合同的从合同，其效力对作为主合同的借款合同而言自然没有影响，而既然是否办理抵押登记对于抵押合同的效力不产生影响，自然也不会对借款合同的效力产生影响。因此，双方当事人同时签订借款合同与抵押合同后未办理抵押登记的，只要借款合同已经依法成立，则债权人就可依据借款合同的约定要求债务人承担还款责任。（3）抵押权未设立，但抵押人与借款人为夫妻的责任承担。虽然抵押权未设立时，抵押人不承担抵押责任，但在抵押人与借款人存在夫妻关系的情况下，抵押人作为借款人的配偶，若借款被认定为夫妻共同债务，则双方应当就借款承担共同还款责任。而认定夫妻共同债务的关键在于配偶对借款是否知情以及借款是否用于家庭共同生活，在借款人与抵押人系夫妻的情况下，可得出抵押人对配偶的借款行为明知，并自愿承担还款责任，因此，应认定抵押人与借款人承担共同的还款责任。

9. 未就在建抵押物办理抵押登记时抵押合同的效力

案例来源

中国××资产管理公司×××办事处诉哈尔滨××××商贸有限责任公司、哈尔滨××专业商厦、×××省粮油贸易公司金融借款合同纠纷案

发布单位：最高人民法院民事审判第二庭《商事审判指导》2010 年第 4 辑（总第 24 辑）

审判法院：最高人民法院

判决日期：2010 年 10 月 9 日

案　　号：（2010）民二终字第 13 号

基本案情

1995 年 9 月至 1999 年 11 月，×× 支行（中国 ×× 银行哈尔滨市 ×× 支行）与专业商厦（哈尔滨 ×× 专业商厦）签订了九份借款合同，借款金额共计 10 632 万元。其中，第三份借款金额为 370 万元的借款合同，由原哈尔滨 ×× 集团公司提供连带保证；第四份借款合同的借款金额为 900 万元，由粮油公司（××× 省粮油贸易公司）提供连带保证；第五、六、七份借款合同的金额分别为 580 万元、1000 万元、4582 万元，由专业商厦以在建的 408 号房屋作抵押，并由原哈尔滨 ×× 集团公司提供连带保证担保。1997 年 6 月，专业商厦与 ×× 支行签订最高额抵押合同，为所有借款在 10 300 万元贷款限额内提供抵押担保。之后，×× 支行按约发放了贷款。贷款到期后，专业商厦偿还了部分借款。自 2000 年至 2004 年，×× 支行向借款人及保证人连续发出《贷款逾期催收通知单》，专业商厦、原哈尔滨 ×× 集团公司、粮油公司均签章确认。

2003 年 6 月，专业商厦与北 × 支行（中国 ×× 银行哈尔滨市北 × 支行）签订《借款合同》，约定借款金额为 2570 万元，并以 82 号房屋（哈尔滨市 ×× 区 ×× 街 82 号房产）作为抵押。次月，专业商厦与北 × 支行签订《最高额抵押合同》，以 408 号房屋设定抵押，抵押担保债权为 8388 万元。

2005 年 7 月，省分行（中国 ×× 银行 ××× 省分行）与资产公司（中国 ×× 资产管理公司 ××× 办事处）签订《债权转让协议》（附件三列明的第七份借款合同项下欠款本金为 2010 万元），将上述债权转让给资产公司。次月，资产公司在《黑龙江日报》公布债权转让及催收公告，专业商厦仍未偿还借款。次年 12 月，原哈尔滨 ×× 集团公司改制为商贸公司（哈尔滨 ×××× 商贸有限责任公司），全部资产、负债由改制后的商贸公司承接。2007 年，资产公司以 2003 年签订的《借款合同》及相应抵押合同提起诉讼，请求以抵押物变卖清偿债务，法院经审理判令专业商厦以抵押物折价或拍卖、变卖的价款清偿。

另查明，自2000年12月30日后，××支行与北×支行共向专业商厦发出10份《贷款逾期催收通知单》，其中2003年6月6日前《贷款逾期催收通知单》上所列第七份借款合同的本金均为4580万元，但2003年7月之后北×支行独自对专业商厦发出的《贷款逾期催收通知单》上列明的第七份借款合同尚欠本金均变为2010万元。

资产公司以专业商厦不偿还借款为由，提起诉讼，请求判令专业商厦偿还借款本金8058万元及利息，并以其抵押财产优先偿还，商贸公司承担连带清偿责任，粮油公司对900万元借款本息承担连带清偿责任。

判决主文

一审法院认定：被告专业商厦与原债权银行签订的抵押合同、最高额抵押合同因未依法办理抵押物登记，原告资产公司不享有对抵押物的优先受偿权。各债权人在保证期间内均向保证人主张了权利，保证人应当承担保证责任。被告商贸公司应对第三、五、六、七份借款合同项下借款承担连带清偿责任。被告粮油公司应对第四份借款合同项下借款承担连带清偿责任。

一审法院判决：被告专业商厦偿还原告资产公司8058万元本金及利息（按合同约定及中国人民银行规定同期贷款基准利率标准计算）；被告商贸公司对其担保合同项下欠款承担连带清偿责任；被告粮油公司对其担保合同项下欠款承担连带清偿责任；驳回原告资产公司其他诉讼请求。

被告商贸公司不服一审法院判决，提起上诉称：一审判决直接判令本公司承担连带清偿责任，与被上诉人资产公司诉请不符，本案主合同当事人重新签订以新贷还旧贷合同未取得本公司同意，本公司不应再承担保证责任。因此，请求撤销一审法院判决，免除本公司应承担的保证责任。

被上诉人资产公司辩称：一审法院认定事实清楚，证据确凿，适用法律正确。本案保证合同合法有效，本公司与原债权银行在保证期间内向上诉人商贸公司主张了权利，上诉人商贸公司应承担保证合同项下6532万元的连带保证责任，故请求维持原判。

原审被告专业商厦的答辩意见与上诉人商贸公司上诉意见相同。

原审被告粮油公司经合法传唤未派人到庭，亦未提交诉讼意见。

二审法院判决：维持一审法院判决第一、三、四项；被上诉人资产公司对原审被告专业商厦本案借款合同抵押物享有优先受偿权；变更一审法院判决第二项为：上诉人商贸公司对其担保合同项下欠款 3960 万元本金及其利息承担本案抵押物之外的连带清偿责任。保证人承担保证责任后，有权向债务人追偿。

裁判要旨

正在建造的建筑物是法定可以用于抵押的财产，以在建建筑物为抵押物签订的抵押合同不违反法律规定，合法有效，但因设立抵押时在建建筑物无法办理抵押登记，故抵押权未设立。此后在建建筑物取得权属证书，但债务人与债权人均未办理抵押物登记的，双方对抵押权未设立均存在过错，因此，在债务人不能偿还债务且不存在对抗第三人的情形时，应判令债务人优先以抵押财产进行清偿。

重点提示

对于以不动产进行抵押的，我国法定的抵押权设立的要件为办理抵押权登记，但在司法实践中也存在无法办理抵押登记的客观情况，如因抵押物为在建项目而不具有权属证书。此种情况下，认定抵押权的设立情况以及抵押权未设立时损失赔偿责任的承担问题，应当注意以下几点：（1）以在建建筑物作抵押不影响抵押合同的效力。最高人民法院《关于适用〈中华人民共和国民法典〉有关担保制度的解释》第 49 条规定，以违法的建筑物抵押的，抵押合同无效，但是一审法庭辩论终结前已经办理合法手续的除外。而《民法典》对于可以用于抵押的财产另有规定，其中债务人或者第三人对于有权处分的正在建造的建筑物可以用于抵押，故在建建筑物是依法可以进行合法抵押的建筑物，以其作为抵押物并不影响抵押合同的效力。（2）在建建筑物未办理不动产抵押登记的，抵押权未设立，但不影响抵押合同的效力。根据《民法典》的有关规定可知，以正在建造的建筑物抵押的，应当办理抵押登记，抵押权自登记时设立。同时本法还规定：依法成立的合同，自成立时起生效。由此可知，办理抵押物登记仅为抵押权设立的法定条件，而其对抵押合同的法律效力并不产生影响。在双方当事人签订的抵押合同是出于真实意思表示，且合同内容与签订过程均不违反法律与行政法规强制性规定的情况下，应认定该抵押合同已依法成立，并自成立之时起生效。但应当注意的是，在未办理不动产抵押登记之前，由于未设立抵押权，债权人不得对抗善意第三人。（3）在建建筑物未办理抵押登记的责任认定及处理。由前述分析可知，仅签订抵押合同未办理不动产抵押物登记时，不产生设立抵押权的效力，此时应从未办理抵押登记的原因方面分析各方当事人应承担的责任。通常情况下，因未办理抵押物登记而导致抵押权未设立时，债权人对抵押物不享有优先受偿权，但在抵押物为在建建筑物的情况下，双方当事人未办理抵押登记是由于抵押物尚未取得权属证书，无法办理抵押登记，此时对抵押权未设立双方当事人均无过错。但在抵押物完成建造并取得权属证书后双方当事人均未主动办理抵押物登记的，属于双方均未履行抵押合同约定的义务，对抵押权未设立的后果均存在过错，此时应认定债权人在不产生对抗第三人的情形下就抵押物享有优先受偿权，在债务人不能按期承担还款责任，且无登记权利人主张权利的情况下，判令债务人以其抵押财产优先偿还债务。

（三）抵押权的保护（6 例）

1. 抵押权人提起第三人撤销权之诉的主体资格认定

案例来源

上海 ×××× 股权投资合伙企业诉无锡 ×× 商业银行股份有限公司、无锡市 ×× 物流有限公司第三人撤销之诉纠纷案

发布单位：最高人民法院《人民司法·案例》2019 年第 2 期（总第 841 期）

审判法院：江苏省无锡市中级人民法院
判决日期：2017 年 12 月 17 日
案　　号：（2017）苏 02 民初 323 号

基本案情

2012 年 5 月，无锡市中级人民法院立案受理了商业银行（无锡 ×× 商业银行股份有限公司）诉物流公司（无锡市 ×× 物流有限公司）等人借款合同纠纷一案，经审理于同年 7 月作出（2012）锡商初字第 0066 号民事判决书，判决：（1）解除商业银行与物流公司签订的最高额借款合同；（2）物流公司向商业银行归还借款本金 8100 万元及利息，并赔偿商业银行律师费损失 68.76 万元；（3）商业银行对物流公司抵押的房产和土地使用权享有优先受偿权。同年 6 月，商业银行与季 ×× 签订债权转让协议，将其对物流公司享有的贷款债权全价转让给季 ××，并约定若债权转让合同无效或债权转让出现可能导致抵押顺位的变化等影响季 ×× 权益的情形时，商业银行应当按照季 ×× 的指示实现债权，并将实现债权所得转交季 ××，但双方并未将债权转让的有关事宜告知物流公司。合同签订后，季 ×× 向商业银行支付了 8100 万元，并在本票中备注“债权转让款”，商业银行亦为此出具了收回贷款凭证。此后，商业银行的招股说明书和年度报告中均未显示该笔贷款的逾期记录。

2015 年 11 月，物流公司经法院宣告破产，在破产清算程序中，商业银行申报的债权经管理人核定，有本金 8100 万元，利息 1564 万余元。次年 3 月，管理人向商业银行发送的《通知函》载明，经重新审核确认，核定商业银行的债权本金为 8100 万元、利息 20 余万元。16 日后，商业银行就其对物流公司的债权利息金额提起诉讼，惠山法院生效判决确认商业银行对物流公司的破产债权的利息金额为 1564 万余元。物流公司不服提起上诉，无锡市中级人民法院作出（2016）苏 02 民终 4149 号民事判决书，维持原判。在物流公司的破产清算程序中，产业集团（×× 产业发展集团有限公司）的债权金额经管理人核定为 7878 万余元，且有担保财产，产业集团经过两次债权转让取得上述债权，物流公司为该债权的抵押担保人，商业银行为抵押物的第一顺位抵押权人，产业集团因受让债权而享有第二顺位抵押权。

2017年，产业集团将其所享有的7188万余元债权以及全部从权利转让给合伙企业（上海××××股权投资合伙企业），并就此向物流公司破产管理人出具《债权转让通知书》，请管理人将该有财产担保的破产债权确认为合伙企业所有。

合伙企业以法院判决商业银行对物流公司享有破产债权侵犯其所有的债权为由，提起诉讼，请求判令撤销无锡市中级人民法院作出的（2016）苏02民终4149号民事判决书，改判商业银行不享有对物流公司的破产债权，并撤销无锡市中级人民法院作出的（2012）锡商初字第0066号民事判决的第二、三项。

商业银行辩称：首先，本行与季××之间的债权转让属实，但至今未将债权转让有关事宜告知物流公司，故债权转让对物流公司不发生效力。其次，季××支付的款项为债权转让款，而非代物流公司向本行偿还借款，物流公司的债务尚未消灭，仍应履行还款义务。最后，合伙企业在起诉时未通知物流公司债权转让的事实，其不具备债权人身份；同时，合伙企业为第二顺位抵押权人，而第三人提起撤销之诉为知道或应当知道其权利被侵害起6个月，判决生效后的6个月内合伙企业并未取得债权，不具有提起第三人撤销之诉的主体资格。

物流公司辩称：首先，合伙企业起诉时并未将债权转让事宜通知本公司，故其对本公司的债权尚无法确定。其次，合伙企业不符合法定的第三人身份，无权提起第三人撤销之诉。再次，涉案两份判决生效时，合伙企业尚不具有债权人身份，产业集团作为当时的债权人未提起撤销之诉，撤销权已经消灭。此外，涉案两份判决诉讼标的不同，当事人不同，合伙企业应分别起诉。最后，本公司已进入破产清算程序，债权人众多，若合伙企业有权提起第三人撤销之诉，则其他债权人也有权提起撤销之诉，故在破产案件中对第三人撤销之诉应不予受理。

季××述称：首先，本人与商业银行签订《债权转让协议》后，商业银行并未完成协议项下的债权交付。其次，合伙企业通过受让取得债权，其受让债权时已经超过了行使撤销权的法定时限，故合伙企业无权行使撤销权。最后，合伙企业受让的债权为第二顺位的抵押权，涉案两份判决并未危害其合法权益，故请求驳回合伙企业的诉讼请求。

判决主文

一审法院判决：驳回原告合伙企业的诉讼请求。

宣判后，双方当事人均未提起上诉，判决已经发生法律效力。

裁判要旨

同一抵押物上，第二顺位抵押权人的权益必然会因第一顺位抵押权的有无以及范围大小而受到影响。第一顺位抵押权是否存在以及对相应债权的认定，必将直接影响第二顺位抵押权人的物权利益，故第二顺位抵押权人属于有法律上利害关系的第三人，有权提起第三人撤销权之诉。

重点提示

司法实践中，针对同一抵押物设定多个抵押权的情况时有发生，多个抵押权的抵押顺位不同会直接影响抵押权人物权利益的实现。其中，认定抵押权人是否具有提起第三人撤销权之诉的主体资格时，应当注意以下几点：（1）提起第三人撤销权之诉的条件。所谓第三人撤销权之诉，是指非因自身原因没有参加到他人之间的审判程序，而针对双方当事人之间生效裁决对其不利部分予以撤销的请求。当事人提起第三人撤销权之诉，应当满足以下条件：首先，由适格的原告提起第三人撤销权之诉，所谓适格的原告，必须是对撤销权之诉享有诉讼利益的原诉讼当事人之外的第三人，且其利益因不可归责于自身的事由而未受到程序保障，只有其合法权益受到生效裁判的侵害，才具有提起第三人撤销权之诉的前提条件。其次，根据《民事诉讼法》的有关规定，第三人提起撤销权之诉的时限为自知道或应当知道其民事权益受到生效裁判侵害之日起 6 个月内，该时效为第三人行使撤销权的除斥期间，超过该期限则权利消灭。《民事诉讼法》作出该规定的目的在于维护法院裁判的公信力，避免因生效裁判而产生的法律关系长期处于不稳定的状态下。（2）第三人撤销权之诉中无独立请求权第三人的认定标准。如前所述，提起第三人撤销权之诉的适格原告应当是原诉讼当事人之外的第三人，诉讼中的第三人包括有独立请求权的第三人和无独立请求权的第三人，对于有独立请求权的第三人的认定较为清晰，其可以选择的救济途径也较多，故在第三人撤销权之诉的案件中，对无独立请求权第三人的审查与判断才是重点。所谓无独立请求权第三人，是指在民事诉讼中，对原被告双方争议的诉讼标的没有独立的请求权，但案件处理结果可能与其有法律上的利害关系，而参加到已经开始的诉讼中进行诉讼的人。就第三人撤销权之诉而言，其目的在于为在前诉中没有获得程序保障的主体提供事后的程序保障，若将诉讼当事人的范围限制在与原诉讼法律关系存在牵连关系的范围内，则会使第三人撤销权之诉失去应有的作用，有悖于立法目的。因此，在对第三人撤销权之诉的诉讼主体进行审查的过程中，只要第三人的利益受到裁判结果的影响，就应当认定其属于与案件处理结果有法律上利害关系的无独立请求权的第三人。（3）法律上具有利害关系的第三人的认定。关于法律上利害关系的认定问题，尚无具体的法律法规及相关司法解释作出明确规定，故应当通过具体的案件事实进行判断。在对同一抵押物设定了多个不同顺位的抵押权的情况下，第二顺位抵押权人能否实现债权以及实现债权的范围大小必然会受到第一顺位抵押权是否存在以及抵押数额大小的影响，故可认定第一顺位抵押权对第二顺位抵押权的利益存在直接影响，此时应认定第二顺位抵押权人属于法律上具有利害关系的第三人，其在法定期限内可以作为第三人提起第三人撤销权之诉。

2. 以与未成年子女共有的房产设定抵押的效力及责任承担

案例来源

中国 ×× 银行股份有限公司 ×× 市支行诉陈 ×、刘 ××、陈 ×× 金融借款合同纠纷案

发布单位：江苏法院网《案例评析》

审判法院：江苏省靖江市人民法院

判决日期：2013 年 6 月 19 日

案　　号：（2013）泰靖商初字第 0132 号

基本案情

陈 × 与刘 × × 是夫妻，两人儿子陈 × × 于 1998 出生。2009 年 12 月 23 日，陈 × 与刘 × × 打算购买房产公司（靖江市 × × 房地产开发有限公司）开发的涉案房屋，遂向 × × 支行（中国 × × 银行股份有限公司 × × 市支行）申请个人住房按揭贷款 328 万元，并承诺以涉案房屋作为贷款的抵押担保。5 日后，陈 ×、刘 × ×、陈 × ×（买受人）与房产公司签订商品房买卖合同，约定陈 ×、刘 × ×、陈 × × 于合同签订当日支付购房款 829 026 元，余款 328 万元向 × × 支行申请按揭贷款；该合同上陈 × × 的名字由其父母代签。

次年 1 月，× × 支行与陈 ×、刘 × × 签订个人购房担保借款合同，约定陈 × 向 × × 支行借款 328 万元用于购买涉案房屋，超过 90 天未足额偿还借款本息或陈 × 影响 × × 支行债权实现，× × 支行有权提前收回已发放借款并行使担保权；陈 ×、刘 × × 以涉案房屋设定抵押，自合同签订之日起至办理抵押登记手续前，房产公司承担连带担保责任；抵押担保的范围包括借款本金、利息、罚息、复利、违约金、损害赔偿金以及诉讼费、律师费、处置费、过户费等原告实现债权和抵押权的一切费用。同日，× × 支行按约将 328 万元借款划入合同约定的账户内，陈 × 对此出具个人借款凭证，载明借款金额 328 万元，到期日期为 2025 年 1 月 7 日，月利率 4.158%，每月 8 日归还等额本息。

此后，陈 ×、刘 × ×、陈 × × 作为涉案房屋共有人领取了房屋所有权证。2012 年 9 月 8 日前，陈 × 如约偿付贷款本息。同月 25 日，× × 支行与陈 ×、刘 × × 办理了涉案房屋的抵押登记手续，由陈 × 代理陈 × × 签名，× × 支行领取了三份房屋他项权证，债权数额分别为 109.4 万元、109.3 万元、109.3 万元。但从 2012 年 10 月起至 2013 年 3 月，陈 × 未再依照约定偿还借款本息。

× × 支行以陈 ×、刘 × × 未足额偿还借款本息超过 90 日为由，提起诉讼，请求判令陈 ×、刘 ×× 立即归还借款本金 2 760 033.82 元及利息，并确认其对涉案房屋享有优先受偿权。

人民法院受理本案后，×× 支行申请追加陈 ×× 为本案被告。

刘 ×× 辩称：本人向 ×× 支行申请贷款购买涉案房屋是基于陈 ×× 长大后需成家的考虑，现陈 ×× 随陈 × 生活，本人没有能力一次性偿还贷款，只能考虑转卖涉案房屋或由法院拍卖后偿还贷款。

陈 × 书面答辩称：本人向 ×× 支行申请按揭贷款系事实，但目前本人无能力一次性偿还该贷款，只能考虑转卖涉案房屋或由法院拍卖后偿还贷款，但陈 ×× 不应清偿涉案房屋折价或拍卖、变卖后不足部分的债务。

诉讼过程中，陈 × 归还部分贷款本息，之后未再还款。至 2013 年 6 月 4 日，陈 × 尚欠 ×× 支行借款本金 2 760 033.82 元、利息 16 474.23 元（含罚息、复利）。

判决主文

一审法院判决：被告陈 ×、刘 ×× 共同归还原告 ×× 支行借款本金 2 760 033.82 元及利息（计算至 2012 年 6 月 4 日欠息 16 474.23 元，从 2012 年 6 月 5 日起至还款之日以原告系统生成账单为准）；原告 ×× 支行对陈 ×、刘 ××、陈 ×× 名下涉案房屋的折价、变卖或拍卖所得价款在 328 万元债权范围内享有优先受偿。

宣判后，双方当事人均未提起上诉，一审判决已发生法律效力。

裁判要旨

父母作为未成年子女的法定监护人，出于维护未成年子女利益对其财产设定的抵押合法有效。在按揭贷款购房中，父母将未成年子女登记为共有人的，未成年人因此受益，即使因购房资金不足申请贷款时以该房屋整体抵押，但若不对未成年子女所有的份额设定抵押，则会导致抵押财产价值减少，抵押权人采取措施后会损害未成年人的利益，因此，应认定此时对未成年子女所有的房产份额设定抵押的行为是出于维护其利益的目的，合法有效。

重点提示

司法实践中，认定未成年人父母以其与未成年子女共有房产设定抵押的效力以及责任承担问题时，应当注意以下几点：（1）以未成年子女为共有人购房的应认定未成年子女为受益人，以该房屋设定的抵押有效。《民法典》第35条规定：监护人除为维护被监护人利益外，不得处分被监护人的财产。父母作为未成年子女的法定监护人，以其与未成年子女共有的房产设定抵押的行为是对未成年子女财产的处分行为，此时判断该抵押行为是否具有法律效力，应当以父母是否出于维护未成年子女的利益设定抵押的角度进行分析。父母在购房过程中将未成年子女登记为共有人，后因资金不足申请贷款，且只有以该房产整体作为抵押银行才会提供贷款，从而实现购房目的的，应认定未成年人作为房屋共有人在该抵押行为中获益，因此，银行就该房产的全部份额享有抵押权。（2）对未成年子女份额设定抵押是对其利益的保护。我国《民法典》第408规定：抵押人的行为足以使抵押财产价值减少的，抵押权人有权请求抵押人停止其行为；抵押财产价值减少的，抵押权人有权请求恢复抵押财产的价值，或者提供与减少的价值相应的担保。抵押人不恢复抵押财产的价值，也不提供担保的，抵押权人有权请求债务人提前清偿债务。此外，本法还规定：债务人无偿转让财产的行为影响债权人债权实现的，债权人可以请求人民法院撤销债务人的行为。由此可知，在父母以未成年子女作为房屋共有人购房，若不对未成年子女享有的共有份额设定抵押，则必然会导致抵押财产价值减少的情况下，银行为了保障资金安全，维护合法权益而依法采取相应的措施，则必然会造成未成年子女的利益受损，故此时应认定父母为未成年子女所有的房产份额设定抵押的行为是出于保障未成年子女利益的目的，应认定该抵押行为合法有效。此后，在抵押借款合同履行过程中，若父母到期未能按时偿还贷款，应认定银行对抵押财产享有优先受偿权，就抵押财产拍卖、变卖的价款优先受偿，其中，超出债权数额的部分归抵押人所有，不足部分由债务人即未成年子女的父母负责清偿，未成年子女不承担清偿责任。

3. 拆迁人因发放补偿款致抵押权人利益受损的法律责任

案例来源

中国建设银行股份有限公司上海 ×× 支行诉上海 ×× 工程建设管理有限公司、上海 ×× 房屋拆迁有限公司建筑物和其他土地附着物抵押权纠纷案

发布单位：最高人民法院《人民司法·案例》2013 年第 12 期（总第 671 期）

审判法院：上海市第一中级人民法院

判决日期：2013 年 1 月 22 日

案　　号：（2012）沪一中民六（商）终字第 187 号

基本案情

2005 年，张 ××、李 ×× 与 ×× 支行（中国建设银行股份有限公司上海 ×× 支行）签订《个人额度借款及担保合同》，约定 ×× 支行向张 ××、李 ×× 给予 45 万元贷款用于经营周转，李 ×× 以距离 ×× 支行一公里的涉案房产提供抵押担保。合同签订后，双方办理了抵押登记手续，抵押权证载明涉案房产价值 90 万元，债权数额为 45 万元，抵押担保范围包括借款本金、利息、违约金以及 ×× 支行为实现债权发生的一切费用。合同履行期间，建设公司（上海 ×× 工程建设管理有限公司）取得涉案房产的拆迁许可证，并委托拆迁公司（上海 ×× 房屋拆迁有限公司）负责具体拆迁事宜。之后，建设公司、拆迁公司与李 ×× 签订拆迁补偿安置协议，李 ×× 收取了拆迁款 2 578 677.24 元，其中涉案房产价格为 1 824 842.40 元。

嗣后，×× 支行以张 ××、李 ×× 未按期偿还贷款为由，提起诉讼，要求张 ××、李 ×× 偿还贷款本息、逾期利息等并行使涉案房产抵押权。受诉法院认定涉案房产已被拆除，×× 支行的抵押权消灭，遂判决张 ××、李 ×× 向 ×× 支行偿还借款本金 447 693.01 元以及利息等，驳回 ×× 支行要求行使抵押权的诉讼请求。判决生效后，×× 支行向执行法院申请执行，

执行法院冻结了张 ×× 持有股份的销售公司（上海浦东 ×× 汽车销售有限公司）的银行账户，但账户余额不足，故未能全额冻结。同时，因张 ××、李 ×× 均无财产可供执行，涉案房产已被拆除且没有保留抵押权份额，执行法院裁定终结执行程序。经查，销售公司注册资本 500 万元，张 ×× 认缴并实缴出资额 450 万元。

×× 支行以建设公司、拆迁公司的拆迁行为致使其抵押权无法实现为由，提起诉讼，请求判令建设公司、拆迁公司共同赔偿其贷款损失 538 980.10 元及相应利息、逾期利息，并赔偿律师费等。

判决主文

一审法院认定：原告 ×× 支行基于借款合同法律关系诉请张 ××、李 ×× 偿还借款，该案已经由受诉法院作出生效判决，本案系因被告建设公司、拆迁公司拆迁行为致使原告 ×× 支行抵押权消灭的抵押权纠纷，两案分属不同法律关系，不构成一案两诉，原告 ×× 支行对本案享有合法诉权。根据相关规定，被拆迁人的确定以房屋拆迁许可证核发之日合法有效的房产证为准，故被告建设公司、拆迁公司应当知晓涉案房产的抵押情况，其应当向原告 ×× 支行告知拆迁事宜。由于被告建设公司、拆迁公司未能履行告知义务，亦未将涉案房产拆迁款进行提存，致使原告 ×× 支行的抵押权消灭，侵害了其合法权益。同时，原告 ×× 支行距离拆迁地仅一公里，其作为抵押权人应关注抵押房产的状况，因其未尽谨慎注意义务，故原告 ×× 支行应自行承担一部分责任。涉案房产灭失后所得赔偿金应作为抵押财产，被告建设公司应在 1 824 842.40 元范围内对原告 ×× 支行的损失承担一半责任。鉴于被告拆迁公司系被告建设公司的代理人，负责具体拆迁事宜，实际拆迁人系被告建设公司，故被告拆迁公司无须与被告建设公司承担连带责任。

一审法院判决：被告建设公司赔偿原告 ×× 支行贷款本金损失人民币 221 958.50 元、利息 43 245.52 元、逾期利息 4286.05 元；被告建设公司赔偿原告 ×× 支行律师费损失 10 290.50 元；被告建设公司赔偿原告 ×× 支行自 2012 年 3 月 28 日起至实际清偿之日止的 50% 利息及 50% 逾期利息；驳回原

告 ×× 支行的其他诉讼请求。

原告 ×× 支行不服一审法院判决，提起上诉称：本行始终监测张 ×× 还款情况，并且在张 ×× 未按期还款后以诉讼方式主张债权，故本行并未疏于管理。上诉人建设公司未能提供证据证明其于拆迁过程中告知本行拆迁事宜，不能因拆迁地距离本行较近进而推定本行应当知晓拆迁事宜。上诉人建设公司未能将拆迁款提存致使本行抵押权消灭，本行无法直接处分抵押物或抵押物补偿款所造成的损失应当由上诉人建设公司承担全部赔偿责任，本行对抵押权消灭不存在任何过错。综上，请求撤销原判，支持本行全部诉讼请求。

上诉人建设公司答辩称：上诉人 ×× 支行向张 ××、李 ×× 提起诉讼且法院已经作出生效判决后，再次向本公司及被上诉人拆迁公司主张权利属于一案两诉。上诉人 ×× 支行无法实现全部债权系因其怠于行使权力所致，该行存在明显过错。即使本公司应当承担赔偿责任，因上诉人 ×× 支行的请求权基础系担保物权，故本公司应当在抵押物登记公示的债权数额 45 万元范围内承担次要责任，而不应根据上诉人 ×× 支行与张 ××、李 ×× 签订的借款合同来确定赔偿数额。

被告建设公司不服一审法院判决，提起上诉称：（1）本公司拆迁行为并未对上诉人 ×× 支行造成损害后果。张 ××、李 ×× 与上诉人 ×× 支行的金融借款合同纠纷执行终结系因上诉人 ×× 支行未能提供充分执行线索，不能证明张 ××、李 ×× 无任何财产可供执行，故不能认定上诉人 ×× 支行债权受损。（2）上诉人 ×× 支行应当知晓涉案房产被列入拆迁范围，但该行未尽注意义务，怠于行使抵押权，其具有明显过错，应自行承担全部责任。综上，请求撤销原审判决一、二、三项，依法改判驳回 ×× 支行的全部诉请。

二审法院判决：撤销一审判决；上诉人建设公司在张 ××、李 ×× 债权金额不能清偿的范围内向上诉人 ×× 支行承担 50% 的补充赔偿责任。

裁判要旨

拆迁人在确定拆迁房屋状况时，除查明房屋所有权权属状况外，还对房屋是否设定抵押负有必要的注意和审查义务。拆迁人未通知抵押权人即向抵押人发放安置款，致使抵押权人失去对代位物的控制并无法实现优先受偿权的，应就抵押权人的损失承担相应的补充赔偿责任。

重点提示

司法实践中，已被设定抵押权的房产被拆迁导致抵押权人失去对抵押房产的优先受偿权，且拆迁人未通知抵押权人即向抵押人发放安置款时，抵押权人的利益是否因此而受到损害以及拆迁人在此过程中是否应当承担责任的问题始终是争议的焦点，对于该问题应当注意以下几点：（1）抵押标的被拆迁，并非抵押权人的抵押权消灭。抵押消灭是指抵押不复存在，任何人都不再享有抵押权的情形。根据《民法典》第 393 条的规定："有下列情形之一的，担保物权消灭：（一）主债权消灭；（二）担保物权实现；（三）债权人放弃担保物权；（四）法律规定担保物权消灭的其他情形。"其中第四项内容是法律规定的兜底条款，即除却前述三种情形外，只要引起担保物权消灭的情形，就属于法律规定的其他情形。法律明确规定担保物权消灭的，担保物权依法律的规定而消灭。而抵押标的被拆迁只是抵押物消灭，抵押权并不因此而消灭，而是转移到抵押标的拆迁后的补偿金或者调换的产权房上。（2）抵押权人优先受偿权受损的认定。基于前述分析可知，抵押物拆迁的，并不代表抵押权随之消灭，而是转移到相关的补偿金、调换后产权房的产权上。根据《民法典》第 390 条的规定："担保期间，担保财产毁损、灭失或者被征收等，担保物权人可以就获得的保险金、赔偿金或者补偿金等优先受偿。被担保债权的履行期限未届满的，也可以提存该保险金、赔偿金或者补偿金等。"由此可知，该规定对抵押权人赋予了物上代位权，即在抵押物的形态或性质发生变化时，抵押权人可以对抵押物的代位物行使权利，以保障自身合法权益。抵押房产被拆迁，应当认定为担保财产已经灭失，此时抵押房产的代位物是抵押人在拆迁过程中应当取得的拆迁安置款，抵押权人对拆迁安置款享有代位权。故此时正确的做法应当是：若债务的履行期限尚未届满，抵押权人有权提存拆迁安置款，在履行期限届满而债务人未履行时，抵押权人直接就被提存的安置款优先受偿。但在拆迁人未告知抵押权人即将安置款发放给抵押人的情况下，抵押权人就失去了对安置款的控制权，其优先受偿权必然会受到损害。（3）拆迁人的法律责任。根据2001年建设部《城市房地产抵押管理办法》的有关规定可知，因国家建设需要，将已设定抵押权的房地产列入拆迁范围的，抵押人应当及时书面通知抵押权人；抵押双方可以重新设定抵押房地产，也可以依法清理债权债务，解除抵押合同，且在抵押人违反上述规定的情况下，抵押权人可以向人民法院提起诉讼。也就是说，抵押人对于抵押房产的拆迁事宜，负有向抵押权人告知的义务。拆迁人作为实施拆迁行为的第三方，相对于抵押人来说其在法律地位上更加中立，其也应当主动通知抵押权人抵押房产被拆迁的情况，以保障抵押权人的合法权益。此外，由于拆迁行为会导致被拆迁房产上设立的所有权利的灭失，故拆迁人在实施拆迁行为之前更应当对拆迁房屋尽到审查义务，确认该房屋是否被设定抵押权，以及拆迁行为是否会对抵押权人的权益造成损害。若拆迁人未对拆迁房屋上设定的权利进行审查，亦未对抵押权人履行告知义务，直接将拆迁安置款发放给抵押人，则应当认定拆迁人对抵押权人优先受偿权灭失的损害后果存在一定的过错。拆迁人对抵押权人损失应承担赔偿责任。

4. 以商品房买卖合同为借款提供担保的法律效力

案例来源

朱 ×× 诉山西 ××× 房地产开发有限公司商品房销售合同纠纷案

发布单位：《最高人民法院公报》2014年第12期（总第218期）

审判法院：最高人民法院

判决日期：2012年12月8日

案　　号：（2011）民提字第344号

基本案情

2007年1月25日，朱 ×× 与房地产公司（山西 ××× 房地产开发有限公司）就其向房地产公司购买位于百桐园小区十号楼的14套商铺一事，分别签订了14份《商品房买卖合同》。同日，房地产公司为14份合同办理了销售备案登记手续。次日，房地产公司向朱××出具了两张总额1035.4554万元人民币的销售不动产发票。并与朱××签订了《借款协议》，约定：朱××向房地产公司出借1100万元，借款期限至2007年4月26日止；房地产公司将其开发的十号楼商铺以每平方米4600元的价格抵押给朱××，抵押方式为房地产公司与朱××签订商品房买卖合同并办理备案手续，开具发票；若房地产公司按期偿还借款，则朱××将抵押手续（合同、发票、收据）退回；若房地产公司逾期未能偿还借款，则以抵押物抵顶借款，双方互不支付对方任何款项。《借款协议》签订后，朱××向房地产公司发放了1100万元借款，房地产公司出具了等额收据。至2007年4月26日，房地产公司未能清偿借款。

另查明，《商品房买卖合同》中约定的14套商铺与房地产公司抵押给朱××的商铺系同一标的。双方在《借款协议》中约定的“若房地产公司按期偿还借款，则朱××将抵押手续（合同、发票、收据）退回”中的合同即为14份《商品房买卖合同》；发票即为房地产公司出具的两张总额1035.4554万元的不动产发票；收据即为房地产公司出具的1100万元借款收据。

朱××以其向房地产公司出借1100万元借款，为保证还款，其与房地产公司签订了商品房买卖合同，约定：若房地产公司逾期未清偿借款则以涉案房产抵顶债务，现房地产公司未能按期清偿借款为由，提起诉讼，请求确认其与房地产公司签订的14份《商品房买卖合同》有效，判令房地产公司履行商品房买卖合同。

房地产公司辩称：（1）本公司实际向朱××借款1023万元，其余77万元为利息。（2）本公司与朱××签订《商品房买卖合同》实为就借款债务提供抵押担保，并未形成真实的房屋买卖合同关系，亦未办理房产抵押登记。双方约定的条款系绝押条款，抵押无效。（3）本公司与朱××之间系借款担保纠纷，而非房屋买卖合同纠纷，朱××以房屋买卖合同纠纷提起本案诉讼系案由错误。综上，请求驳回朱××的诉讼请求。

判决主文

一审法院判决：原告朱××与被告房地产公司签订的14份《商品房买卖

合同》有效；被告房地产公司应当按照《商品房买卖合同》的内容履行合同。

被告房地产公司不服一审法院判决，提起上诉称：（1）虽然本公司向被上诉人朱××出具的收据记载借款数额为1100万元，但本公司实际收到的借款为1023万元，借款时扣除了利息77万元。而本公司出具的发票金额为1035.4554万元，系根据借款抵押的房地产面积和单价折算而来，与收据金额不一致。（2）本公司与被上诉人朱××之间系借款关系，《商品房买卖合同》及发票实际上是《借款协议》的抵押手续，并未形成真实的房屋买卖合同关系。而双方未办理抵押登记，故《商品房买卖合同》违反了担保法有关司法解释的规定，应属无效。综上，请求撤销一审法院判决，驳回被上诉人朱××的诉讼请求。

被上诉人朱××辩称：《商品房买卖合同》办理了登记备案手续，该合同已经成立并生效。《借款协议》系本人在付房款过程中按照上诉人房地产公司的要求签订的，签约目的在于保证本人的合法权益，不影响《商品房买卖合同》的效力，故请求维持一审法院判决。

二审法院判决：驳回上诉，维持原判。

上诉人房地产公司不服二审法院判决，依法向检察机关提出申诉。

检察机关审查后提起抗诉称：二审判决认定事实的证据不足，适用法律错误：

（1）《借款协议》系主合同，《商品房买卖合同》系从合同。双方在《借款协议》中约定了抵押担保，商品房买卖合同的真实意思系以房屋作为借款协议的抵押担保，若申诉人房地产公司未按期还款则房屋转让给被申诉人朱××，若申诉人房地产公司按期还款，则商品房买卖合同解除。由此可认定，商品房买卖合同系借款协议的从合同。

（2）主合同中关于抵押担保的约定无效，商品房买卖合同亦无效。申诉人房地产公司就其向被申诉人朱××借款以房屋提供抵押担保，但双方未办理房产抵顶登记，根据《担保法》第41条的规定，抵押合同未生效。而且借款协议关于申诉人房地产公司一次性清偿借款后，被申诉人朱××将抵押手续退回，若申诉人房地产公司未能清偿借款，则以房产抵押债务的约定，实质上属于绝押条款，因违反法律禁止性规定而无效。

被申诉人朱 ×× 辩称：双方之间系商品房买卖合同法律关系，借款协议系对商品房买卖合同的补充约定，故商品房买卖合同合法有效。

再审法院认定：涉案借款协议明确约定，申诉人房地产公司系为了保证被申诉人朱 ×× 的资金安全将涉案 14 家商铺抵押给被申诉人朱 ××，并为合同办理了备案手续，故被申诉人朱 ×× 的真实意思表示系申诉人房地产公司以涉案 14 家商铺提供抵押担保。因此，应认定商品房买卖合同是借款合同的抵押担保。但借款协议约定的抵押物抵顶借款的条款违反了法律禁止性规定，无效。而被申诉人朱 ×× 在法院释明争议法律关系后仍拒绝变更诉讼请求，故其关于涉案商品房买卖合同有效并继续履行的诉讼请求不能获得支持。

再审法院判决：撤销一审法院判决及二审法院判决；驳回被申诉人朱 ×× 的诉讼请求。

被申诉人朱 ×× 不服再审法院判决，申请再审称：涉案 14 份《商品房买卖合同》系双方当事人的真实意思表示，合法有效。《借款协议》为《商品房买卖合同》设定了解除条件，若被申请人房地产公司按期清偿借款，则解除条件成就，若被申请人房地产公司未能清偿借款，则解除条件未成就，双方继续履行《商品房买卖合同》。因此，《借款协议》为《商品房买卖合同》设定了解除条件，而非设定房产抵押。综上，请求确认《商品房买卖合同》有效，判令被申请人房地产公司继续履行合同。

被申请人房地产公司辩称：（1）本公司与申请人朱 ×× 之间系借贷关系，而非商品房买卖合同关系，涉案 14 份《商品房买卖合同》的真实意思系为借款提供抵押担保，而非进行商品房买卖。（2）《借款协议》关于“到期不能还款用抵押物抵顶借款，双方之间互不再支付对方任何款项”的约定违反法律禁止性规定，应属无效。

最高人民法院判决：撤销再审法院判决；维持二审法院判决。

裁判要旨

双方当事人基于同一笔款项先后签订《商品房买卖合同》和《借款协议》，

并约定如借款到期偿还借款，则《商品房买卖合同》不再履行；若借款到期不能偿还借款，则履行《商品房买卖合同》。在合同、协议均依法成立并已生效的情况下，应认定当事人之间同时成立商品房买卖和民间借贷两个民事法律关系。该行为并不违反法律、行政法规的强制性规定。借款到期，借款人不能按期偿还借款，对方当事人要求通过履行《商品房买卖合同》取得房屋所有权的行为不违反“禁止流押”的规定，应予支持。

重点提示

司法实践中，在双方当事人就同一笔款项先后签订商品房买卖合同和借款合同，并约定若借款人到期未能归还借款，则履行商品房买卖合同的纠纷案件中，认定双方当事人之间的法律关系，以及借款人到期未归还借款时，应否支持对方要求履行商品房买卖合同进而取得房屋所有权的请求等问题时，应当注意以下几点：（1）双方当事人基于同一笔款项先后签订《商品房买卖合同》和《借款协议》的法律关系认定。双方当事人就同一笔款项签订商品房买卖合同以及借款合同，并约定若借款人到期未能偿还借款时，继续履行商品房买卖合同的，只要双方当事人签订的商品房买卖合同以及借款合同均出于真实意思表示，同时符合合同生效的其他法定构成要件，就应当认定双方当事人就该同一笔款项分别设立了买卖合同关系和借贷法律关系，该行为并不违反法律以及行政法规的强制性规定，因此，应当认定《商品房买卖合同》和《借款协议》均合法有效。（2）流押条款的认定及其效力。所谓流押条款，是指当事人之间关于债务人届期不履行债务时，债权人（抵押权人）有权直接取得抵押财产所有权的约定。通常情况下，抵押权的本质为优先受偿权，抵押权人一般不以取得抵押财产为目的，故流押条款在抵押合同中也并不常见。关于流押条款的效力问题，《民法典》第401条作出了有关规定，即抵押权人在债务履行期限届满前，与抵押人约定债务人不履行到期债务时抵押财产归债权人所有，只能依法就抵押财产优先受偿。该条款虽然并未明确规定流押条款的法律效力，但若《民法典》认为流押条款具有法律效力，则可直接规定抵押权人可根据约定享有抵押财产的所有权，而不必要求抵押权人依法就抵押财产优先受偿，因此，可以推定《民法典》将流押条款视为无效条款。（3）借款协议中约定的借款人到期不能还款则继续履行商品房买卖合同的条款的性质。在借款人到期不能偿还借款的情况下，对方当事人并非通过借款协议的不履行而取得抵押物的所有权，而是通过继续履行商品房买卖合同取得抵押物的所有权，因此，借款协议中的该条款只能认定为是对商品房买卖合同附设了解除条件，而不符合流押条款的表现形式。故此时应当认定对方当事人要求通过履行商品房买卖合同取得房屋所有权的请求不违反法律对“禁止流押”的规定，依法应予支持。

5. 虚假贷款案中银行善意取得抵押权的认定

案例来源

倪 × 培诉中国 ×× 股份有限公司上海市 ×× 支行、唐 ×× 抵押合同纠纷案

发布单位：最高人民法院《人民司法·案例》2013 年第 10 期（总第 669 期）

审判法院：上海市第一中级人民法院

判决日期：2012 年 3 月 28 日

案　　号：（2012）沪一中民六（商）终字第 39 号

基本案情

2002 年 10 月，唐 ×× 以伪造的《公有住房出售合同》、个人购房交款凭证等证明文件，冒用熊 ×× 的名义办理了涉案房屋的产权登记，并以其名义签订了《房地产买卖合同》，将涉案房屋转让给孙 ×。次月，房地产公司（上海 ×× 房地产经营有限公司）与建设公司（上海市 ×× 区市政建设有限公司）将涉案房屋作为拆迁安置房安置给倪 × 培的父亲倪 × 人居住。2003 年 6 月，倪 × 人与房改办（××× 区住房制度改革办公室）签订《公有住房出售合同》，以人民币 22 580 元的价格购买了涉案房屋，房改办出具了缴纳凭证。次年 1 月，唐 ×× 以自己的名义从孙 × 处受让涉案房屋，并与 ×× 支行

（中国××上海市××支行，后变更为中国××股份有限公司上海市××支行）签订《个人住房抵押借款合同》，约定借款金额为17万元。自2005年2月开始唐××未能按时履行还款义务，××支行遂起诉要求唐××立即归还贷款本息。该案生效判决判令唐××归还××支行借款本金、利息、罚息及律师费。倪×人办理涉案房屋产权关系时，发现产权已登记在唐××名下，遂于2005年4月起诉房改办，要求房改办继续履行公有住房出售合同，将涉案房屋产权登记在倪×人名下。受案法院认为倪×人要求房改办履行合同须以涉案房屋无他人权利为前提，故于次年6月判决驳回了倪×人的诉讼请求。

2010年11月，倪×人与房改办签订了《公有住房出售合同》并支付了相应的购房款。2011年1月，唐××因以伪造证明文件获取涉案房屋产权证、冒用他人名义订立合同等方法诈骗银行贷款，数额巨大，以贷款诈骗罪，判处其有期徒刑七年六个月，罚金5万元。同年5月，涉案房屋产权登记至倪×培名下。

倪×培以××支行拒不注销涉案房屋上的抵押权为由，提起诉讼，请求确认××支行与唐××签订的抵押借款合同无效，判令××支行注销涉案房屋上的抵押权。

判决主文

一审法院判决：被告××支行与被告唐××签订的《个人住房抵押借款合同》无效；被告××支行注销涉案房屋上所设的抵押权登记。

被告××支行不服一审法院判决，提起上诉称：首先，本行在被上诉人唐××未按期还款时提起的诉讼中，法院生效判决已认定本行与被上诉人唐××签订的《个人住房抵押借款合同》有效，一审法院仅因被上诉人唐××的诈骗行为即认定《个人住房抵押借款合同》无效系认定事实错误。其次，本行对涉案房屋享有的抵押权应当受到法律保护，一审法院认定本行并非善意取得涉案房屋的抵押权，系适用法律错误。因此，请求撤销一审法院判决，改判驳回被上诉人倪×培的全部诉讼请求。

被上诉人倪×培辩称：一审法院认定事实清楚，适用法律正确，请求驳回上诉，维持原判。

二审法院判决：驳回上诉，维持原判。

裁判要旨

当银行发放了贷款并就不动产办理了抵押登记后，真正的权利人主张抵押无效时，银行可在符合法定条件的情况下，主张适用不动产善意取得制度来保护自身合法权益。法院在审查银行是否构成善意时，应该考虑到商业银行作为从事抵押贷款业务的特殊商事主体，其经营活动应该较一般民事主体更加慎重。若银行未遵守基本商业准则、管理规范，或者未履行审慎经营义务，应认定其欠缺“善意”要件，不能适用不动产善意取得制度。

重点提示

司法实践中，在经刑事审判程序判定购房人以不动产抵押贷款的行为构成虚假贷款的案件中，认定银行能否基于善意取得制度取得不动产抵押权的问题时，应当注意以下几点：（1）抵押合同效力与不动产抵押权效力并无必然关联。经过刑事审判程序认定构成贷款诈骗罪的，涉案贷款合同自然应认定为无效，而附属于主合同的抵押合同也应当无效。同时，《民法典》第215条规定：“当事人之间订立有关设立、变更、转让和消灭不动产物权的合同，除法律另有规定或者当事人另有约定外，自合同成立时生效；未办理物权登记的，不影响合同效力。”由此可知，签订抵押合同的行为仅在当事人之间设立办理抵押权登记的义务，属于债权行为，而不具有设定抵押权的法律效力。因此，根据不动产物权变动原因与结果相区分原则，即使抵押合同因主债权合同构成诈骗无效而无效，但基于抵押合同设定的抵押权并不必然无效，在银行构成善意取得的情况下，仍可取得不动产抵押权。（2）不动产抵押权善意取得的构成要件。《民法典》第311条是对不动产物权善意取得制度的规定，根据本条的规定可知，无处分权人将不动产或者动产转让给受让人的，所有权人有权追回，且规定了善意取得所有权应当满足的构成要件，即善意受让不动产或者动产，以合理的价格受让，受让的不动产或者动产依照法律规定应当登记的已经登记，不需要登记的已经交付给受让人。具体到不动产抵押权的善意取得，则应满足以下构成要件：抵押人具有不动产登记簿记载的权利人身份，但无权处分用于抵押的不动产；抵押权人取得抵押权时主观上出于善意；抵押权人有偿取得抵押权，即支付了抵押权的相应对价；就不动产抵押办理了抵押登记手续。（3）银行善意取得抵押权中“善意”的认定。就银行贷款而言，上述构成要件中，通过有偿方式取得抵押权以及办理抵押登记通常不存在争议，故认定银行能否基于善意取得抵押权的关键就在于银行“善意”的认定，对此应从以下方面进行审查：首先，银行是否对抵押物权属进行了审查，在不动产抵押贷款中，银行对抵押财产负有一定的审查义务，具体的审查内容包括抵押人是否持有产权证书、是否为证书记载的权利人、证书与登记簿记载是否一致以及权利人身份等内容，银行对上述内容进行审查，不仅可以规避经营风险，同时也是对真正权利人合法权益的保障。其次，银行在发放贷款过程中负有审慎经营义务，即有义务对贷款申请人的借款用途、收入情况、还款能力、还款来源等进行调查，对银行能力范围内的审查内容银行未遵守基本商业准则及管理规范进行审慎调查的，应认定银行在客观上存在过失，不构成“善意”，不能基于善意取得制度取得不动产的抵押权。

6. 婚姻证明对不动产抵押权善意取得的意义

案例来源

黄××诉王×、××银行（中国）有限公司××分行确认合同无效纠纷案

发布单位：最高人民法院《人民司法·案例》2012年第16期（总第651期）

审判法院：上海市第一中级人民法院

判决日期：2012年6月6日

案　　号：（2012）沪一中民二（民）终字第1127号

基本案情

黄××为精神发育迟滞的限制民事行为能力人，涉案房屋（××市××区古龙路1065弄1号404室）系黄××名下房产。2009年3月，王×（于2005年与前夫登记离婚）与黄××登记结婚。同日，王×与黄××至区房地产登记部门，申请将涉案房屋产权变更登记为王×所有，登记机关核准后向王×发放了产权证。次月，王×以涉案房屋作抵押向××分行［××银行（中国）有限公司××分行］申请按揭贷款。次日，××分行向登记机关查询了涉案房屋的产权人为王×所有。15日后，王×向××分行出具了单身承诺函，声明其与前夫叶××离婚，至今未再婚，并提交了离婚证、户口簿以证明其婚姻状况为离异。同日，王×与××分行签订房产抵押贷款合同，并办理了抵押登记。之后，××分行向王×发放贷款人民币65万元，并取得了涉案房产的他项权利（抵押）证书。同年9月，黄××向法院提起诉讼，要求确认其与王×之间关于涉案房屋的赠与行为无效，恢复产权登记至其名下。法院经审理判决王×将涉案房屋产权恢复登记至黄××名下，但因涉案房屋涉及××分行的抵押登记，法院的生效判决至今尚未执行。

黄××遂以王×与××分行签订的抵押合同无效为由，提起诉讼，请求判令注销王×与××分行办理的涉案房屋抵押登记。

××分行辩称：本行已尽到合理的审查义务，即使王×对涉案房屋不具有所有权，本行也已经善意取得涉案房屋的抵押权，不同意黄××的诉讼请求。

判决主文

一审法院认定：依据不动产登记，可推定被告王×为涉案房屋权利人，其享有物权权利，并受法律保护。被告××分行在收到被告王×递交的抵押贷款申请后，对抵押物进行了调查，并核实了被告王×系抵押物的唯一权利人，且其提供的离婚证和户口簿可以证明被告王×确实已与前夫离婚的事实，故被告××分行已履行了谨慎、合理的审查和注意义务。基于对涉案房屋产权登记的信赖，被告 ×× 分行与被告王 × 签订抵押贷款合同，取得涉案房屋的抵押权，不存在过失，亦无恶意。

一审法院判决：驳回原告黄 ×× 的诉讼请求。

原告黄 ×× 不服一审法院判决，提出上诉。

二审法院判决：撤销一审法院判决；被上诉人王 × 与 ×× 分行就涉案房屋实行的抵押行为无效，双方应至房地产交易中心注销涉案房屋的抵押登记。

裁判要旨

申请人以其所有的不动产向银行申请抵押贷款时，银行应对不动产的权利归属及申请人的婚姻状况等进行合理审核。如若该不动产的真正所有权属于申请人的配偶或者申请人与其配偶共有，银行因未对申请人的婚姻状况进行必要地合理审核就认定申请人具有处分权而取得抵押登记，则不符合善意取得的构成要件，其无权据此取得该不动产的抵押权。

重点提示

司法实践中，在抵押贷款纠纷案件中，抵押人以登记在其名下的不动产为抵押物向金融机构申请抵押贷款时，认定金融机构的审查义务以及其是否因构成善意取得而据此取得不动产抵押权等问题时，应当注意以下几点：（1）不动产抵押权善意取得的构成要件。善意取得应当具备以下构成要件：首先，抵押人无权处分用于抵押的不动产。就不动产而言，其所有权的取得以登记为要件，抵押人应当为不动产登记簿上的权利人，若构成无权处分，则应认定不动产权利的实际归属与登记簿上的权利人并非同一人，即存在登记错误。其次，抵押权人应当为善意，即其不知或应当不知抵押人不是该不动产的实际产权人，即抵押权人主观上不存在故意或者重大过失时，应当认定为善意。再次，抵押权人取得不动产抵押权具有合法合理的事实，如通过借贷等交易方式，支付了一定的代价，取得了抵押权。最后，抵押权人已就该不动产完成了抵押登记，只有经过不动产登记，抵押权人才具有对抗真正权利人的请求权。（2）金融机构对不动产抵押物负有的审查义务的界限。申请人向金融机构申请抵押贷款时，金融机构对于申请人提交的涉及当事人身份及财产情况的材料负有审查义务，但若要求金融机构对申请人提交的全部材料进行实质审查，虽可以避免风险，防止错误抵押和贷款，但无疑赋予了金融机构过重的审查义务，因此，应将金融机构对抵押物的审查义务限定在形式审查范围内。但在申请人存在婚姻关系的情况下，即使不动产登记在申请人名下，仍存在不动产是夫妻双方共同财产的情况，此时对申请人的婚姻状况进行审核就成为金融机构认定不动产实际权利人的重要环节，故应当要求申请人提供足以证明其婚姻状况的文件，并对此进行形式审查。而申请人个人出具的承诺书，显然不具有证明其婚姻状况的效力，金融机构仅依据申请人出具的承诺书即认定其系不动产抵押物的唯一权利人从而为其发放贷款并办理抵押登记的，应当认定金融机构存在重大过失，不符合善意取得的构成要件，无法取得不动产的抵押权。（3）抵押合同效力与抵押权设定行为的效力应予区分。《民法典》第 209 条第 1 款规定："不动产物权的设立、变更、转让和消灭，经依法登记，发生效力；未经登记，不发生效力，但是法律另有规定的除外。"由此可知，我国对物权变动的原因及变动结果采用区分原则，即签订抵押合同的行为仅是在当事人之间设立了办理抵押登记义务的债权行为，仅是产生物权变动的原因，而实际办理不动产抵押登记才是导致抵押权设立的物权行为。因此，根据前述论述可知，虽然抵押人抵押其配偶不动产的行为系无权处分，但导致抵押权设立的行为并不是抵押合同的签订行为，而是双方就不动产抵押物办理抵押登记的行为。综上，应认定抵押人与金融机构之间设定抵押权的行为不具有法律效力，但依法成立的抵押贷款合同仍有效，金融机构有权依据合同约定向申请人主张还款责任。

（四）抵押权的实现（4 例）

1. 关于抵押财产变价款的处理及优先分配的范围问题

案例来源

上海浦东新区 ×××× 小额贷款有限公司诉中国 ×× 银行股份有限公司 ×× 分行、洪 ×、上海徐汇 ×× 小额贷款股份有限公司执行分配方案异议之诉案

发布单位：最高人民法院《人民司法·案例》2019 年第 8 期（总第 847 期）

审判法院：上海市第一中级人民法院

判决日期：2018 年 3 月 30 日

案　　号：（2018）沪 01 民终 344 号

基本案情

小额贷款公司（上海市浦东新区 ×××× 小额贷款有限公司）与洪 × 等金融借款合同纠纷两案，已于 2012 年经主审法院作出判决，法院判令若债务人 A 公司及 C 公司未履行还款义务，则小额贷款公司有权以王 × 名下所有的涉案房屋（位于上海市黄浦区 ×× 路 ×× 弄 ×× 号 ×× 室的房产）作为抵押物折价，或申请以拍卖、变卖该抵押物所得价款优先受偿。2014 年 1 月，前述案件的受案法院再次作出民事调解书，调解事项为：洪 × 应归还 ×× 银行（中国 ×× 银行股份有限公司 ×× 分行）借款本金、利息、逾期利息以及律师费等费用；×× 银行就涉案房屋拍卖、变卖等处置所得的价款享有优先受偿权。涉案房屋在执行过程中经人民法院拍卖后，×× 银行于 2016 年 8 月向受案法院申报了优先受偿债权并申请参与分配，申报的债权包括借款本金 22 312 359.32 元、利息 4 739 225.08 元、逾期利息 2 820 737.21 元、迟延履行期间的加倍债务利息 3 451 721.99 元、律师费 100 000 元、案件受理费 80 702

元，合计33 504 745.60元。

2016年10月，执行法院作出的（2013）浦执字第13512号执行款分配方案：对优先受偿的第一抵押权人，优先受偿部分包括本金，利息部分按照合同约定计算至拍卖成交日，逾期利息按照合同约定在贷款利率基础上加收40%，计算至拍卖成交日，迟延履行期间的债务利息，按本金从判决生效之日算至拍卖成交日，另外包括律师费及诉讼费。对小额贷款公司及贷款股份公司（上海徐汇××小额贷款股份有限公司）也按上述标准进行计算。

另查明，2016年7月，执行法院作出执行裁定书，裁定王×所有的涉案房屋及人防车位的所有权归买受人杨×所有。另外，涉案房屋的抵押状况显示××银行为第一顺位一般抵押，债务履行期限为2011年6月21日至2020年6月21日；贷款股份公司分别为第二、三顺位最高额抵押，债务履行期限为2011年9月20日至2014年9月19日；小额贷款公司为后顺位最高额抵押，债务履行期限为2012年5月30日至2014年5月29日。

小额贷款公司以不同意执行法院作出的执行款分配方案为由，提起执行分配方案异议之诉。

另查明，执行法院于2013年7月26日立案受理小额贷款公司申请执行该院（2012）浦民六（商）初字7637号生效民事判决，执行案号为（2013）浦执字第13512号。

判决主文

一审法院判决：撤销执行法院作出的（2013）浦执字第13512号执行款分配方案。

原告小额贷款公司不服一审法院判决，提起上诉称：被执行人洪×可供执行的财产系其母亲王×名下的涉案房屋，该房屋抵押登记信息显示，上诉人××银行作为第一顺位的抵押权人，其债权金额为人民币2500万元。因此，根据《物权法》的有关规定，上诉人××银行所享有的抵押优先受偿范围应当以抵押登记金额为限，不包括主债权的利息、违约金、损害赔偿金和实现抵押权的费用。综上，请求撤销一审法院判决，改判上诉人××银行仅有权对办理抵押登记的2500万元债权金额为限享有优先受偿，并指令执行法院（2013）浦执字第13512号案件执行款重新分配。

被告××银行不服一审法院判决，提起上诉称：被执行人迟延履行期间的加倍债务利息属于抵押担保优先受偿的范围，且本银行享有的抵押权是第一顺位一般抵押，而非最高限额抵押，抵押优先受偿的范围依法应包括主债权的利息、违约金、损害赔偿金和实现抵押权的费用，原执行分配方案并无不当。因此，请求撤销一审法院判决，改判驳回上诉人小额贷款公司的诉讼请求，维持执行法院（2013）浦执字第13512号案件执行款原分配方案。

二审法院判决：驳回上诉，维持原判。

裁判要旨

抵押权的担保范围以当事人的约定为准，应及于主债权及其利息、违约金、损害赔偿金、保管担保财产和实现担保物权的费用，但迟延履行法院生效法律文书产生的加倍债务利息不在优先受偿范围之列。若抵押合同中未约定债权人可优先受偿法院罚息，则在执行程序中应作一般债权予以分配。

重点提示

在执行程序中，抵押财产变价款的处理以及优先分配的范围等问题始终是司法实践中争议的焦点，在解决此类问题的过程中，应当注意以下几点：（1）抵押财产变价款的处理。根据《民法典》规定，债务人不履行到期债务或者发生当事人约定的实现抵押权的情形，抵押权人可以与抵押人协议以抵押财产折价或者以拍卖、变卖该抵押财产所得的价款优先受偿，这就是所谓的抵押财产的变价。而对于抵押财产变价款的处理，本法亦有规定，即抵押财产折价或者拍卖、变卖后，其价款超过债权数额的部分归抵押人所有，不足部分由债务人清偿。债权人要求为债务设定抵押的目的在于实现债权，因此，若抵押财产的变价款已经超出债权数额，则应认定债权已经得到清偿，故超出债权数额的部分应当归抵押人所有；但若抵押财产的变价款不足以清偿债权，而抵押人已经以其抵押财产为限承担了担保责任，则剩余不足部分应当由债务人承担清偿责任。（2）一般抵押情形下，抵押权人优先受偿的范围不以登记机构登记的债权金额为限。抵押登记中记载的债权金额与抵押财产变价的受偿范围的关系，与担保人提供抵押担保的方式有关。在最高额抵押中，担保人所承担的担保责任以最高限额为限，抵押登记中记载的登记金额也就是最高限额，故在最高额抵押中，对于抵押财产变价的优先受偿范围并无争议。但在一般抵押中，则不应将抵押登记中记载的债权金额视为抵押权人优先受偿的范围，这是由于抵押合同中法定应当包含的条款有被担保债权的数额以及担保范围，而我国法定的担保物权的担保范围又已经包括主债权及其利息、违约金、损害赔偿金、保管担保财产和实现担保物权的费用，但我国并无相关法律法规及司法解释将主债权金额以外的其他担保物权的范围应在权利证书上予以登记作为其生效要件，对利息等担保物权范围进行登记也并非法定义务，且担保物权范围是双方当事人在合同中约定的。因此，无论是出于法律规定还是出于当事人意思自治原则，认定抵押权人对抵押财产变价款的优先受偿范围应以抵押合同中双方约定的抵押担保的范围为准。（3）迟延履行生效判决的加倍债务利息不在抵押财产变价款的优先受偿范围内。首先，根据《民事诉讼法》规定，被执行人迟延履行法院生效裁判文书指定义务的，应当支付迟延履行金，这是被执行人的法定义务，其因被执行人不履行生效法律文书确定的金钱给付义务而产生，是对被执行人拒不执行判决的惩罚，法律作出此项规定的目的在于督促被执行人及时履行义务，而非弥补抵押权人的损失。其次，迟延履行生效判决的加倍债务利息并非法定的担保范围，若抵押合同中对此未进行约定，则在执行过程中对其优先受偿并无事实和法律依据。最后，根据先本后息的清偿顺序，也不应对迟延履行生效判决的加倍债务利息优先受偿。

2. 抵押权预告登记权利人无过错时优先受偿权的认定

案例来源

中国 ×× 银行股份有限公司 ×× 城北支行诉周 ××、高 ×、福州 ×× 房地产发展有限公司金融借款合同纠纷案

发布单位：最高人民法院《人民司法·案例》2016 年第 14 期（总第 745 期）

审判法院：福建省福州市中级人民法院

判决日期：2016 年 3 月 24 日

案　　号：（2015）榕民终字第 5965 号

基本案情

2012 年 11 月，周 ××、高 × 为购房向省分行（中国 ×× 银行股份有限公司 ×× 省分行）抵押借款 51 万元，并与城北支行（中国 ×× 银行股份有限公司 ×× 城北支行）签订《个人住房借款合同》，约定：借款期限为 2012 年 11 月 30 日起 10 年；房地产公司（福州 ×× 房地产发展有限公司）在保证条款生效之日至办妥抵押登记、向城北支行交付抵押财产他项权利证书等证明文件期间内承担保证责任；贷款发放后，省分行将合同项下的所有权利和义务转让给城北支行。合同签订后，福州市房地产交易管理部门进行了抵押权预告登记。

次年 1 月，省分行向周 ××、高 × 发放了 51 万元贷款，但周 ××、高 × 未按约定还款。同年 7 月，福州市房屋登记中心发出《初始登记通知书》，向房地产公司确认其申请初始登记及房屋面积，但周 ××、高 × 未配合办理产权登记，至今未取得他项权利证书。同年 11 月，周 ××、高 × 交付了房屋差价，之后房地产公司向周 ×× 交付了房屋。2014 年 9 月，房地产公司向城北支行偿还了人民币 18 136.05 元，12 月又偿还了 18 195.24 元。截至 2015 年 2 月 27 日，周 ××、高 × 仍欠 438 373.60 元本金及 6898.80 元利息和罚息，共计 445 272.40 元。

城北支行以周 ××、高 × 未按约定偿还贷款为由，提起诉讼，请求判令周 ××、高 × 偿还贷款本金 458 019.64 元及利息、罚息 4740.67 元，房地产公司对周 ××、高 × 的前述债务承担连带责任，并确认其有权对抵押房产行使优先受偿权。

判决主文

一审法院认定：首先，涉案借款合同依法成立，真实有效，被告高 ×、周 ×× 不履行还款义务的行为构成违约，依法应当承担相应的违约责任，向原告城北支行归还借款本金及利息、罚息。其次，案涉房产仅办理抵押权预告登记，未办理本登记，且无权属登记证明，原告城北支行也未取得他项权利证书，不享有优先受偿权。

一审法院判决：被告高 ×、周 ×× 偿还原告城北支行借款本金 438 373.60 元及至还款之日的利息、罚息和复息（利息、罚息按合同约定暂计至 2015 年 2 月 27 日为 6 898.80 元，此后利息、罚息根据合同约定计至两被告还清贷款之日止）；被告房地产公司对被告高 ×、周 ×× 应偿还的借款本息承担连带责任；驳回原告城北支行其他诉讼请求。

原告城北支行不服一审法院判决，提起上诉称：本行已取得案涉房产抵押权证明，即产生对抗第三人的效力，一审法院认定本行不享有优先受偿权系认定错误；若按一审判决，银行为规避购房人不还按揭贷款时债权无物权保障的风险，势必延缓放款，相应地，房地产开发商将资金成本转嫁给购房人，对房地产市场将造成不良影响。因此，请求维持一审判决第一、二项，撤销一审判决第三项，改判支持本行对案涉抵押房产享有优先受偿权的诉请。

原审被告房地产公司辩称：上诉人城北支行不应因被上诉人周 ×× 怠于办理房屋抵押登记而丧失优先受偿权；一审法院有失公正；实践中多认定银行对已办理预购商品房抵押权预告登记的房屋享有优先受偿权。

二审法院判决：维持一审判决第一、二项；撤销一审判决第三项；被上诉人周 ××、高 × 协助上诉人城北支行办理不动产抵押登记手续，原审被告房地产公司应督促上诉人周××并配合其办理抵押登记，抵押登记手续办妥之日，原审被告房地产公司的保证责任终止；涉案房产抵押登记办妥后，或被上诉人周××、高×逾期仍未办理抵押登记的，上诉人城北支行有权就房产拍卖、变卖所得价款对一审判决第一项确定的主债权优先受偿；上诉人城北支行对涉案房产拍卖、变卖所得价款优先受偿后尚有余款的，应优先清偿原审被告房地产公司垫付的款项及相应利息，再有余款的退还被上诉人周××、高×；原审被告房地产公司就其承担保证责任而代垫的款项本息受偿不足的部分，有权继续向被上诉人周××、高×追偿。

裁判要旨

预购商品房抵押权预告登记不产生设立抵押权的法律后果。商品房已办理抵押权预告登记，且已具备物权登记条件，法院应责令购房人限期协助办理抵押登记手续。购房人拒不办理而导致抵押登记无法完成的，为维护交易安全和合同稳定，法院可依据《民法典》第229条的规定判决债权人对抵押房产的处置价款行使优先受偿权。债权人对处置款优先受偿后尚有余款的，应优先清偿提供阶段性担保的开发商的垫款本息，再有余款的，退还购房人。

重点提示

在商品房预售中，购房人通常以其所购房屋作为抵押向银行申请按揭贷款，但由于预售的商品房尚无房屋产权证明，当事人只能就该房屋办理抵押权预告登记。此种情况下，认定银行能否就商品房优先受偿的问题时，应当注意以下几点：（1）办理抵押权预告登记后已具备物权登记条件的，人民法院应当责令购房人限期协助办理抵押登记手续。根据《民法典》的相关规定可知，不动产抵押权的设立方式是办理抵押权登记，而所谓抵押权预告登记的本质就是为保全不动产物权请求权而将此权利进行的预先登记，其不具有设立抵押权的法律效力。但基于物权公示公信原则，在办理抵押权预告登记后已经具备办理抵押登记条件的，人民法院应当责令购房人协助债权人即银行办理抵押登记。在办理抵押登记后，银行自然取得抵押房屋的抵押权，在购房人不能按时履行还款义务时，银行就有权对抵押房产优先受偿。（2）购房人拒绝办理抵押登记时，债权人可对抵押房产的处置价款优先受偿。如前述分析可知，在购房人配合办理抵押登记的情况下，银行有权就抵押房产优先受偿；在购房人拒不配合办理抵押登记的情况下，银行虽然未取得抵押权，但抵押权预告登记仍具有一定的公示效力，同时，在此情况下若认定银行取得优先受偿权，则有利于惩治购房人的违约行为，维护诚信原则。因此，出于保证银行作为债权人合法权益的目的，人民法院可以根据《民法典》第 229 条，即“因人民法院、仲裁机构的法律文书或者人民政府的征收决定等，导致物权设立、变更、转让或者消灭的，自法律文书或者征收决定等生效时发生效力”的规定，通过生效裁判文书确认银行对抵押房产的处置价款行使优先受偿权。（3）抵押房产处置款的受偿顺序。基于上述分析，银行作为债权人无疑对抵押房产的处置价款享有优先受偿权。在银行行使优先受偿权后处置价款尚有余款的情况下，应当优先偿还作为担保人的开发商的垫付款项，从而尽可能避免二次诉讼的发生，而开发商就其垫付款项未能受偿部分仍有权向购房人追偿。此后，若结清上述款项，抵押房产的处置价款仍有剩余的，应当退还给购房人。

3. 公司变更名称、性质等登记事项时如何实现抵押权

案例来源

中国 ×× 银行新疆维吾尔自治区分行营业部诉新疆 ×× 娱乐有限公司、×× 国际房地产发展有限公司、×× 资源集团有限公司金融借款合同纠纷案

发布单位：最高人民法院民事审判第二庭《最高人民法院商事审判指导案例》（合同与借贷担保：2012）

审判法院：最高人民法院

判决日期：2012 年 12 月 18 日

案　　号：（2012）民二终字第 113 号

基本案情

汪××投资设立了独资企业性质的娱乐公司（新疆××娱乐有限公司），于1995年7月21日授予聂×对娱乐公司和未来成立的“××集团公司”企业发展权、企业经营管理权和资产继承权，此后汪××再未参与娱乐公司的经营。1999年10月12日，娱乐公司、资源公司（××资源集团有限公司）、房地产公司（××国际房地产发展有限公司）共同签订《股权转让协议》，将娱乐公司60%股权、40%股份分别转让给资源公司、房地产公司，娱乐公司更名为中外合资性质的新疆××资源公司（新疆××资源科技发展有限公司）并办理相应的变更登记。

2003年1月21日，汪××以合法权益受到侵犯为由，起诉资源公司、房地产公司，乌鲁木齐中院作出第186号民事判决［（2002）乌中民初字第186号民事判决］支持汪××，判决资源公司、房地产公司将各自从娱乐公司取得的股权予以返还。同年11月，乌鲁木齐中院依法强制执行，将新疆××资源公司的名称在工商行政管理部门变更为娱乐公司，恢复至独资企业性质。新疆××资源公司在存续期间，与新疆分行营业部（中国××银行新疆维吾尔自治区分行营业部）签订第54-4号、第54-4号、第20号［（新营）农银借字（2000）第54-4号、（新营）农银借字（2000）第54-5号、（新营室）农银借字（2000）第20号］《借款合同》，借款金额合计4 100万元，并约定了借款利息。新疆××资源公司与新疆分行营业部签订抵押合同，以××广场第一、二、三、四、五层作为抵押财产为第54-4号、第54-5号《借款合同》的借款金额2 600万元的债权提供担保；××广场负二层、负一层、正六层、正七层作为抵押财产为第20号《借款合同》的借款金额1 500万元债权提供担保。截至2005年6月20日，新疆分行营业部未取得4 100万元还款及利息19 543 915.50元。另查明：××广场所有权原登记在房地产公司名下，此后基于《股权转让协议》，××广场所有权登记在新疆××资源公司名下。第186号民事判决强制执行抵押财产××广场所有权登记在房地产公司名下。

2012年6月8日，乌鲁木齐中院第14号执行裁定书撤销了房地产公司据以将抵押房产从娱乐公司过户到其名下的民事裁定书，房地产公司提出申诉，现 ×× 广场所有权归属尚未确定。

新疆分行营业部以娱乐公司、房地产公司、资源公司不归还借款，构成违约为由，请求判令娱乐公司、房地产公司、资源公司共同向其返还借款 4100 万元、利息 19 543 915.50 元；确认其就 2600 万元借款及相应利息对 ×× 广场第一、二、三、四、五层，及相应的土地使用权享有优先受偿权；确认其就 1500 万元借款及相应利息对 ×× 广场第六、七层和负一、二层房屋，及相应的土地使用权享有优先受偿权。

判决主文

一审法院判决：被告娱乐公司向原告新疆分行营业部返还借款 4 100 万元及利息 19 543 915.50 元；原告新疆分行营业部对 ×× 广场第一、二、三、四、五层，及所占用的国有土地使用权享有抵押权和优先受偿权；原告新疆分行营业部对 ×× 广场的负一、二层，第六、七层及所占用的国有土地使用权享有抵押权和优先受偿权；驳回原告新疆分行营业部的其他诉讼请求。

被告娱乐公司不服一审判决，提起上诉称：首先，本公司与新疆 ×× 资源公司之间不存在权利义务承继关系，新疆 ×× 资源公司是上诉人房地产公司和被上诉人资源公司非法成立的，在非法成立期间的债务应由侵权人资源公司与房地产公司直接承担，且本公司是由司法强制程序予以变更工商登记信息，并非一般的形式上的名称、股东变更，故不能简单地以形式上名称、股东变更情况推定本公司与新疆 ×× 资源公司存在权利义务承继关系进而判决本公司承担责任。其次，被上诉人新疆分行营业部并非“善意当事人”，其对新疆 ×× 资源公司非法成立的过程及聂 × 无处分权是知情的，且新疆 ×× 资源公司未使用 ×× 广场的土地证复印件办理贷款抵押手续，被上诉人新疆分行营业部未经审查的情况下违规放贷，存在过错，并且在信贷资金使用情况审查监督上存在严重过错。最后，被上诉人资源公司是新疆 ×× 资源公司的实际控制人，是违法贷款的发起者和受益人，理应承担还款责任；被上诉人农行新疆分行营业部、资源公司恶意串通，造成国家贷款无法追回、受害人的巨额财产遭受巨大损失的后果。故请求撤销一审判决并依法改判驳回被上诉人农行新疆分行营业部对本公司的诉讼请求。

被告房地产公司不服一审判决，提起上诉称：首先，本公司对40%股权并非无偿取得，是将××广场转入新疆××资源公司作未取得股权的对价；其次，涉案贷款并未用于装修等用途，而是多数用于向被上诉人新疆分行营业部高管行贿，部分转到他处，遂被上诉人新疆分行营业部与被上诉人资源公司是恶意串通违法放贷，该营业部并非无过错的善意第三人；再次，抵押物××广场由新疆××资源公司恢复至本公司名下，因抵押权追及效力仅限于抵押人自行转让抵押物的情形，而本公司取得抵押物的所有权并非基于抵押人的转让，而是基于法院司法权的行使，且所有权与抵押权冲突的情况下，应优先保护本公司的所有权，故被上诉人农行新疆分行营业部对××广场的抵押权不具有追及效力，本公司不应承担抵押责任；最后，因乌鲁木齐中院第14号执行裁定书撤销了本公司取得××广场所有权的法律依据，至今××广场所有权的归属尚未确定，故请求法院中止审理。另，被上诉人资源公司是第186号判决中的主要侵权人及贷款人新疆××资源公司的实际控制人，是违法贷款的发起者和受益人，应当承担责任。故请求撤销一审判决被上诉人新疆分行营业部对××广场房产及土地使用权享有优先受偿权部分，依法改判驳回被上诉人新疆分行营业部对本公司的诉讼请求。

被上诉人新疆分行营业部辩称：首先，本方与上诉人娱乐公司之间的借款合同、抵押合同关系意思表示真实，不违反法律、行政法规的强制性规定，合法有效。上诉人娱乐公司、房地产公司无证据证明本方与被上诉人资源公司恶意串通，损害第三人利益，亦无证据证明本方受贿、违规放贷。其次，上诉人娱乐公司的名称、股东变更不影响其民事主体资格，第186号民事判决已对上诉人娱乐公司股权变更等争议作出处理。同时，被上诉人娱乐公司变更为新疆××资源公司后，公司治理结构完善，并无控股股东或高层管理人员滥用股东地位的事实，故上诉人娱乐公司、房地产公司主张被上诉人资源公司控股后滥用股东地位不属实。最后，本方对抵押房产及其土地享有抵押权，××广场抵押权不受房产所有权变更登记影响，根据物权优先原则，本方的抵押权成立早于上诉人房地产公司将房产过户至其名下的时间，办理抵押登记手续时，抵押财产登记在新疆 ×× 资源公司名下，具有公信力，且本方是善意第三人，根据“房地一体”原则，对 ×× 广场的土地亦享有优先受偿权。虽然第 14 号民事裁定书撤销 ×× 广场所有权登记在上诉人房地产公司名下的裁定，但 ×× 广场的所有权应归属于上诉人娱乐公司，不应中止审理。故请求驳回上诉，维持一审判决。

被上诉人资源公司辩称：首先，与被上诉人新疆分行营业部签订《借款合同》的债务人是新疆 ×× 资源公司，该公司实际是由上诉人娱乐公司变更而来，此后第 186 号民事判决将新疆 ×× 资源公司变更回娱乐公司，企业类别由中外合资变更回独资企业，说明新疆 ×× 资源公司与上诉人娱乐公司具有承继关系，是一个公司法人，因此，上诉人娱乐公司应承担原公司新疆 ×× 资源公司的债权债务；其次，上诉人娱乐公司、房地产公司主张本公司凭借控股股东地位滥用股东权利，属于股东侵权之诉，无权在本诉主张，且上诉人娱乐公司已就此提起侵权赔偿诉讼未得到法院支持。因此，上诉人娱乐公司、房地产公司主张本公司滥用股东地位、侵害公司利益应对《借款合同》债务承担责任不成立。故请求驳回上诉，维持一审判决。

二审法院判决：驳回上诉，维持原判。

裁判要旨

公司变更法人名称、性质以及股东等内容的，不符合公司终止的要件，不应认定为原公司终止而成立了新公司，故更名后的公司仍应承担原公司签订的合同赋予的民事责任。且抵押权一旦经登记而设立，抵押权人即对抵押物享有排他的优先受偿的权利，该权利不受所有权变动的影响，在抵押权人未明示放弃的情况下，其均有权就抵押财产行使权利。

重点提示

司法实践中，公司在签订抵押借款合同并办理抵押登记后，对公司法人名称、性质以及股东等进行变更的情况下时有发生，这种情况下如何确定抵押权的效力及实现，应当注意以下几点：（1）公司变更登记事项并非终止公司经营。所谓公司变更登记，是指公司改变名称、住所、法定代表人、经营范围、企业类型、注册资本、营业期限、有限责任公司股东或者股份有限公司发起人的登记。根据《民法典》第64条规定，“法人存续期间登记事项发生变化的，应当依法向登记机关申请变更登记。”由此可知，依法变更企业名称、性质及股东是法律赋予企业的权利，上述内容变更的，企业应当依法办理变更登记，并换发营业执照。但公司终止的法定程序，则需要清算组在公司清算结束后制作清算报告，报股东会、股东大会或人民法院确认，并报送公司登记机关，申请注销公司登记，公告公司终止。由此可知，公司因企业名称、性质及股东等变更而依法办理营业执照变更登记的，并没有变更或消灭公司主体，所以公司仍然存在。（2）公司变更登记事项不就抵押借款合同免责。基于前述分析可知，公司变更法人名称、性质等登记事项并不意味着公司终止而成立另一个公司，遂变更后的公司仍应继承原公司存续期间的全部权利及义务，并对其民事行为承担相应的民事责任。而且《民法典》第532条也规定：“合同生效后，当事人不得因姓名、名称的变更或者法定代表人、负责人、承办人的变动而不履行合同义务。”因此，公司在企业名称、性质及股东等变更前签订的抵押借款合同的效力及于变更后的公司，只要借款合同是出于双方当事人真实的意思表示，且不违反法律及行政法规的强制性规定，就应当认定该抵押借款合同对名称变更后的公司仍有效，其仍应承担该抵押借款合同所赋予的义务。（3）因公司违法更名导致的抵押财产所有权变动，不影响抵押权人实现抵押权。不动产抵押权自抵押物办理抵押登记时起在抵押物上设立，其本质是在不转移占有和所有的情况下约定的债权人对特有的财产享有的直接支配和排他的权利，因此，抵押权的本质实际上为“对物权”而非“对人权”。在抵押权设立后，抵押权人即对抵押财产享有了排他的优先受偿的权利，即使随后抵押财产的所有权可能会因为抵押人的转让行为，或司法机关的强制执行行为而发生一定的变动，甚至于权属不明，但抵押财产所有权的变动并不影响抵押权的效力，只要抵押权人未以明示方式表示同意放弃抵押权的，抵押权人就有权基于有效的抵押权追及抵押财产行使权利。

4. 购买已抵押房屋的买受人连带还款责任的认定

案例来源

中国 ×× 资产管理公司武汉办事处诉 ×× 实业（武汉）有限公司、×× 信托有限责任公司、中国 ×× 人寿保险股份有限公司、北京 ××× 百货商业物业管理有限公司、武汉 ×× 商业银行股份有限公司金融借款合同纠纷案

发布单位：最高人民法院民事审判第二庭《最高人民法院商事审判指导案例》（合同与借贷担保卷）

审判法院：最高人民法院

判决日期：2011 年 7 月 7 日

案　　号：（2011）民二终字第 28 号

基本案情

1996 年 9 月，工行湖北分行（中国工商银行湖北分行营业部）与实业公司［×× 实业（武汉）有限公司］签订金额为 4000 万元的借款合同及抵押合同，约定：实业公司以其房产为上述借款提供担保。同月 15 日，双方办理了房屋他项权证。同月 28 日至次年 2 月 28 日，工行湖北分行先后向实业公司发放贷款 6000 万元，其中 2000 万元实业公司已完成还款。1997 年 1 月 30 日，实业公司将抵押房产中的部分房产出售给信托公司（×× 信托有限责任公司）。次月 20 日，实业公司又将已设立抵押的部分房产出售给物业公司（北京 ××× 百货商业物业管理有限公司）。同年 8 月 1 日，工行中山大道办事处（中国工商银行武汉市中山大道办事处）与实业公司签订金额 1200 万元的借款合同及抵押合同，抵押物为实业公司的房产。次月，双方办理了房屋他项权证。同月 15 日，实业公司再次将已设立抵押的部分房屋出售给营业部（武汉市 ×× 信用社联合营业部），之后双方因房屋买卖发生纠纷，法院判决实业公司将争议房屋的所有权证办理至对方名下。经查明，营业部于 2009 年改制为武汉商行（武汉 ×× 商业银行股份有限公司）。

1998年3月17日，信托公司取得所购房屋的所有权证。嗣后，双方就房屋买卖合同发生争议，法院判决房屋买卖合同有效。次月4日，工行湖北分行与实业公司申请对房屋他项权证进行抵押变更登记，申请解除部分抵押房屋，并办理了市字第0001447号期房抵押证明。同年12月，双方申请对市字第0001447号期房抵押证明办理抵押变更登记。同月，实业公司承诺于1999年3月底前偿还所欠贷款2000万元的本息并出具承诺书。1999年1月，物业公司取得所购房屋的所有权证。次月，工行江汉区支行（中国工商银行武汉市江汉区支行，原工行中山大道办事处）与实业公司签订金额1200万元的借款合同，借款用途为借新还旧。实业公司为该借款合同提供抵押担保，并约定另行签订担保合同，之后双方未另行签订抵押合同。同日，工行江汉区支行将1200万元贷款发放给实业公司。

2001年9月21日，实业公司对1996年借款800万元、1997年借款1200万元、1999年借款1200万元予以确认，并在工行湖北分行的银企借款余额及欠付利息复息金额核对清单上盖章。截至当日，实业公司仍欠工行湖北分行和工行江汉区支行借款本金3200万元。嗣后，工行江汉区支行先后三次向实业公司催收3200万元借款本息，并发出催收逾期贷款本息通知书，实业公司在三份通知书上均予盖章确认。2004年9月，实业公司向工行江汉区支行归还2万元本金。工行江汉区支行于同年10月、12月两次向实业公司催收剩余的3198万元借款本息，并发出催收通知书，实业公司对欠款本金予以确认并在通知书上盖章。

2005年7月，工行湖北分行将对实业公司的3198万元债权本息转让给资产公司（中国××资产管理公司武汉办事处）。同年12月，双方以在《湖北日报》上发布债权转让暨债务催收联合公告的方式，将债权转让情况通知实业公司并对其所欠贷款进行催收。2007年8月21日，资产公司再次发布债权催收公告。之后，实业公司未主动归还所欠借款。

资产公司以实业公司未主动偿还逾期贷款本息为由，提起诉讼，请求判令实业公司偿还借款本金3198万元及至实际给付之日的利息，确认实业公司为上述借款提供的抵押担保有效，对抵押物的拍卖、变卖款项其享有优先受偿权，物业公司、信托公司、人寿公司和武汉商行在其受让的抵押物价值范围内对上述债务承担连带偿还责任。

判决主文

一审法院认定：本案的债权转让有效，且债权并未超过诉讼时效，被告实业公司应向原告资产公司偿还贷款本金 3198 万元并支付逾期利息。另外，在抵押期限内，因原债权人工行湖北分行未向被告实业公司主张抵押权，抵押权因诉讼时效届满已消灭，原告资产公司以房抵押证明记载的房屋主张抵押权无法律依据。同时，因债权人工行中山大道办事处与被告实业公司签订的借款合同的权利义务已终止，抵押权亦应一并消灭，且新旧借款的出借人名称不同，双方应另行签订新的抵押合同。双方在 1994 年 2 月 10 日的借款合同将从属于 1997 年 8 月 1 日借款合同的抵押合同作为该合同项下的担保，违反了《担保法》的禁止性规定，应认定无效。原告资产公司作为债权受让人，以房屋他项权证主张抵押权无法律依据。被告物业公司、信托公司、人寿公司、武汉商行对被告实业公司的债务无承担连带责任的合同约定和法律明确规定，原告资产公司请求其承担连带责任无法律依据。

一审法院判决：被告实业公司向原告资产公司偿还借款本金 3198 万元，并按借据约定支付期内利息，逾期利息按中国人民银行同期一年期流动资金贷款利率分段计算支付至付清之日止（1996 年 12 月 23 日的 800 万元借款，从 1996 年 12 月 23 日至 1997 年 8 月 31 日按本金 800 万元、月利率 8.4% 计算期内利息，从逾期之日开始计算逾期利息；1997 年 2 月 27 日的 1200 万元借款，从 1997 年 2 月 27 日至 1997 年 8 月 27 日按本金 1200 万元、月利率 9.24% 计算期内利息，从逾期之日开始计算逾期利息；1999 年 2 月 10 日的 1200 万元借款，从 1999 年 2 月 10 日至 1999 年 8 月 9 日按本金 1200 万元、月利率 5.8575% 计算期内利息，逾期利息按 1200 万元本金从逾期之日计算至 2004 年 9 月 28 日，从次日按本金 1198 万元计算逾期利息）；驳回原告资产公司的其他诉讼请求。

原告资产公司不服一审法院判决，提起上诉称：债权人工行湖北分行就主合同债权向被上诉人实业公司进行了连续催收，被上诉人实业公司对此予以确认，主合同债权并未届满。一审法院作出抵押权已消灭的认定事实不清，适用法律错误，且债权人工行中山大道办事处是在机构调整中更名为工行江汉区支行，二者为同一主体，一审法院认定新、旧借款合同的出借人名称不一致是错误的。同时，被上诉人实业公司对抵押物分别转让的行为，均发生在抵押存续期间，其擅自转让抵押物未告知债权人工行湖北分行，转让行为对抵押权的行使不产生影响。而房地产管理部门将已抵押的房产办理过户手续，是违法行为，被上诉人物业公司、信托公司、人寿公司、武汉商行即使取得所有权，亦应替被上诉人实业公司清偿所欠债务，以消灭抵押权。综上，请求撤销一审判决第二项，确认被上诉人实业公司为本案所涉借款提供的抵押担保有效，被上诉人物业公司、信托公司、人寿公司、武汉商行在所受让的抵押物价值范围内对本案所涉借款承担连带偿还责任。

被上诉人信托公司和人寿公司共同辩称：一审判决未查清被上诉人实业公司的债务性质，债权人工行湖北分行亦无法证明其已向被上诉人实业公司发放了贷款，4000万元的借款合同不具有真实性，且未查明上诉人资产公司是否为本案的适格原告。即使债权真实存在，债权人工行湖北分行未在2年内主张抵押权，该抵押权因超过诉讼时效而消灭，应丧失对被上诉人实业公司的胜诉权。同时，根据武汉市土地登记发证中心提供的查询结果，争议土地登记于被上诉人实业公司名下，无抵押记录，根据规定，在土地未设立抵押的情况下房屋不能单独抵押，且本方取得的《房屋所有权证》上亦无抵押记载，足以证明本方购买的房屋无抵押，享有完全所有权，此外，法院生效判决也确认由本方享有房屋的所有权。

被上诉人物业公司辩称：根据物权法定原则，抵押权和抵押合同不能由当事人自由约定，其中不动产物权的设立、变更必须依照法律进行登记，债权人工行湖北分行与被上诉人实业公司签订的借新还旧合同对应的担保为抵押担保，双方的自由约定无效，应驳回债权人工行湖北分行的上诉请求。另外，抵押权消灭适用除斥期间，期限届满即消灭，不得中止、中断或延长。而债权人工行湖北分行未在法定期间内行使抵押权已导致抵押权消灭，在无合同依据和法律明确规定的情况下，应驳回其上诉请求。

被上诉人武汉商行辩称：4000 万元的债权已履行完毕，债权已消失，其中 2000 万元债权对应的抵押权亦应随主债权的消灭而消灭，且上诉人资产公司提出的新证据不符合条件，对其在上诉过程中新提出的诉讼请求和变更的诉讼请求应予驳回。被上诉人实业公司已将部分抵押物转让给本行，本行已支付合理对价并取得所有权，根据善意取得制度，本行不应承担任何责任。此外，该房屋买卖合同的效力已得到法院的司法确认，抵押物应认定已由本行取得所有权。

被上诉人实业公司辩称：本案借款发生在 1998 年之前，本公司现任负责人对该笔借款的相关情况并不了解。另外，上诉人资产公司就新增的诉讼请求所提供的证据不能认定为新证据，不应采信，对上诉人资产公司新提出的诉讼请求，亦不应进行审理。因此，请求驳回上诉人资产公司的上诉请求。

二审法院判决：维持一审判决第一项；撤销一审判决第二项；确认被上诉人实业公司向第三人工行湖北分行和工行江汉区支行提供的抵押担保有效，上诉人资产公司对上述抵押物的拍卖、变卖款享有优先受偿权。抵押物的涉案买受人可以替代被上诉人实业公司清偿债务，清偿后对其享有追偿权；驳回上诉人资产公司的其他诉讼请求。

裁判要旨

在债权债务关系中，应严格适用连带责任的承担方式，非法律规定或当事人明确约定不宜适用。对于购买了抵押物的买受人来说，不应以其买受行为认定其具有过错，而应综合判断买受人对财产抵押的情况是否知情。因房产登记部门的原因，买受人在不知房屋已设立抵押登记的情况下取得抵押房屋的所有权的，抵押权人无权要求买受人对房屋担保的债务承担连带责任。

重点提示

司法实践中，出现买受人购买的房屋已被设定抵押的情形时，若抵押权人要求买受人对抵押财产担保的债务承担连带责任，在认定买受人应否承担连带责任时应当注意以下两点：（1）承担连带责任应具备的要件。首先，连带责任的主体必须为两人或两人以上，这是成立连带责任的前提。其次，连带责任人与债权人之间必须存在债的关系，若无债的关系就没有民事责任，更不存在连带责任。连带责任所指向的债的性质应当为不可分之债，连带责任要求各连带责任人对共同负担的债务不分份额地承担清偿义务，这就要求连带责任所指向的债必须具有不可分割性，这也是构成连带责任的重要要件。再次，连带责任的客体应当为种类物，特定物不得作为连带责任的客体。最后，应有法律的明文规定或者当事人之间的明确约定，才承担连带责任。（2）不应以房产设定抵押认定买受人具有过错。根据我国相关法律规定，通常情况下，以抵押方式设定担保的，抵押物不得转让，但在经过抵押权人同意后可以转让，且应将转让所得价款向抵押权人提前清偿债务或者提存；若未经抵押权人同意，则不得转让抵押财产，但受让人代为清偿债务消灭抵押权的除外。在买受人购买的房屋被设定抵押的情况下，不应仅以买受人的购买行为认定其具有过错，而应通过出卖人是否蓄意隐瞒抵押情况、房屋所有权凭证是否对设定抵押的情况有所记载等综合判断买受人对所购房屋已设定抵押是否知情。根据不动产善意取得制度的立法原意，在买受人不知情的情况下不宜认定买受人具有过错，在法律并未明文规定购买抵押物的买受人应当对债务承担连带责任，且双方当事人对此未作明确约定的情况下，抵押权人无权要求买受人对该抵押房屋担保的债务承担连带偿还责任。

（五）抵押权的消灭（2例）

1. 未办理受让抵押权转移登记是否丧失抵押权

案例来源

黄×民与黄×云申请实现担保物权案

发布单位：最高人民法院《人民司法·案例》2019年第2期（总第841期）

审判法院：陕西省宝鸡市渭滨区人民法院

判决日期：2017 年 3 月 24 日

案　　号：（2017）陕 0302 民特 1 号

基本案情

2015 年 4 月，农村信用联社（××县农村信用合作联社）向工贸公司（宝鸡市××工贸有限公司）提供借款 300 万元（借期 1 年，年利率 8.64%），由黄×云以其所有的两套房屋为工贸公司提供抵押担保，并办理了抵押登记手续。之后，农村信用联社依约向工贸公司发放了贷款。次月，中滩路支行（××银行股份有限公司××中滩路支行）向工贸公司提供借款 400 万元（借期 1 年，年利率 8.415%），并由黄×云以其所有的已设立抵押的两套房屋中的一套房屋提供抵押担保，且办理了抵押登记手续。之后，中滩路支行依约向工贸公司发放了贷款。

2016 年 3 月，中滩路支行将其对工贸公司、黄×云享有的债权（包括本金 400 万元，利息 91 762.76 元）及抵押权转让给机械公司（宝鸡市××机械制造有限公司）。同年 10 月，农村信用联社将其对工贸公司、黄×云享有的债权（包括本金 300 万元，利息 41.82 万元）及抵押权转让给机械公司。对上述两笔受让的债权，机械公司分别向中滩路支行和农村信用联社支付了债权对价。同时，工贸公司、黄×云知悉两笔债权的转让且无异议，并同意按原借款合同向机械公司还本付息。次月，机械公司将其对工贸公司、黄×云享有的两笔债权（第一笔：本金 300 万元，利息 41.82 万元及以 300 万元为基数从 2016 年 10 月 26 日起至款清之日按年利率 8.64% 计算的利息；第二笔：本金 400 万元，利息 91 762 元及以 400 万元为基数，从 2016 年 3 月 28 日起至款清之日止按年利率 8.415% 计算的利息）及抵押权一并转让给黄×民，并与黄×民、黄×云签订了《债权转让协议》，约定：黄×云于该协议生效之日起 30 日内向黄×民履行还款义务，否则黄×民有权申请实现抵押权。之后，黄×云未按照《债权转让协议》中约定的期间履行还款义务。

黄×民遂以《债权转让协议》约定的还款期限已过，黄×云未按约定还款为由，向法院提出申请，请求依法裁定拍卖或变卖黄 × 云抵押的两套房产，其在拍卖或变卖所得价款在欠付本金 300 万元，利息 41.82 万元及以 300 万元为基数从 2016 年 10 月 26 日起至担保物权实现之日止按年利率 8.64% 计算的利息范围内，以及拍卖或变卖所得价款在欠付本金 400 万元、利息 91 762 元及以 400 万元为基数，从 2016 年 3 月 28 日起至担保物权实现之日止按年利率 8.415% 计算的利息的范围内优先受偿。

判决主文

法院裁定：对被申请人黄 × 云名下的一套房屋准予采取拍卖、变卖等方式依法变价，申请人黄 × 民对所得价款，在本金 400 万元、利息 91 762 元及以 400 万元为基数，从 2016 年 3 月 28 日起至担保物权实现之日止按年利率 8.415% 计算的利息的债权范围内优先受偿；对被申请人黄 × 云名下的两套房屋准予采取拍卖、变卖等方式依法变价，申请人黄 × 民对所得价款，在欠款本金 300 万元，利息 41.82 万元及以 300 万元为基数从 2016 年 10 月 26 日起至担保物权实现之日止按年利率 8.64% 计算的利息的债权范围内优先受偿。

裁判要旨

抵押权作为主债权的从权利，在主债权转让的情况下，附属于主债权的抵押权也随之转让。受让人取得抵押权不以办理抵押权转移登记为要件，故未办理不动产抵押权转移登记的，受让人不因此丧失抵押权。

重点提示

司法实践中，认定附属于主债权的抵押权随主债权转让而转让时，未办理不动产抵押权转移登记的，是否影响受让人取得抵押权的问题，应当注意以下几点：（1）受让人取得抵押权不以办理转移登记为要件是法律规定。对于债权转让时，其从权利的处理问题，《民法典》第 407 条规定："抵押权不得与债权分离而单独转让或者作为其他债权的担保。债权转让的，担保该债权的抵押权一并转让，但是法律另有规定或者当事人另有约定的除外。"第 547 条第 2 款规定："受让人取得从权利不因该从权利未办理转移登记手续或者未转移占有而受到影响。"此外，《全国法院民商事审判工作会议纪要》第 62 条规定："抵押权是从属于主合同的从权利，根据'从随主'规则，债权转让的，除法律另有规定或者当事人另有约定外，担保该债权的抵押权一并转让。受让人向抵押人主张行使抵押权，抵押人以受让人不是抵押合同的当事人、未办理变更登记等为由提出抗辩的，人民法院不予支持。"综上可知，附属于主债权的抵押权随主债权转让时，即使未办理抵押权转移登记，仍不影响受让人取得抵押权。（2）抵押权的从属性决定了受让人取得抵押权不以办理转移登记为要件。抵押权作为主债权的从权利，其主要的属性之一就是从属性，从权利的从属性具体表现在三个方面：成立上的从属性、转移上的从属性以及消灭上的从属性，其中，所谓转移上的从属性，是指抵押权必须附随于其所担保的债权，而不能单独让与或成为其他债权的担保。正是由于抵押权随主债权转让的规定，决定了受让人取得抵押权不以办理转移登记为要件。原因在于：首先，若要求受让人先办理转移登记才取得抵押权，则在抵押人不配合办理转移登记的情况下，抵押权并未随主债权的转让而转让，显然有悖于抵押权的从属性。其次，办理抵押权转让登记往往需要先注销前一个抵押权登记，再对新抵押权进行登记，此过程可能导致抵押权的顺位发生变化，或者在办理新的抵押权登记之前，抵押物失去了办理抵押登记的可能。此种情况对受让人的合法权益会造成极大的损害，显失公平，同时也不符合抵押权随主债权转让而转让的法律规定。（3）未办理抵押权转移登记受让人仍取得抵押权符合公平原则。认定受让人在取得主债权时一并取得抵押权更符合公平原则的要求：首先，抵押权在办理过抵押权登记后就已经具有了公示效力，不对其办理转移登记并不影响该公示效力，也不违反我国物权法律关系中的公示公信原则，对于善意第三人的合法权益也不造成影响；其次，抵押权随债权一并转移使得抵押权的归属问题更为明确，也更容易避免纠纷的产生。因此，应当认定受让人在受让主债权后，其附属的抵押权也一并归受让人所有。

2. 超出主债权诉讼时效后抵押权是否消灭

案例来源

周 × 林诉重庆农村商业银行股份有限公司 × × 支行抵押合同纠纷案

发布单位：《人民法院报》2011 年 12 月 1 日

审判法院：重庆市 × × 县人民法院

案　　号：（2011）铜法民初字第 3091 号

基本案情

周 × 峰于 1997 年向原 × × 信用社（重庆市 × × 县 × × 信用社）贷款 6 万元，约定贷款期限 1 年，还款方式为一次性还款。周 × 林以其所有的私有房屋为周 × 峰提供抵押担保。2008 年 6 月 29 日，因农村信用社的合并组建，× × 信用社的所有债权债务由 × × 支行（重庆农村商业银行股份有限公司 × × 支行）承继。前述贷款到期后，× × 支行一直未向周 × 峰主张债权，亦未向周 × 林主张抵押权。

2011 年 7 月 5 日，周 × 林以其借款已过诉讼时效为由，提起诉讼，请求确认 × × 支行丧失抵押权，判令其归还抵押房屋产权证书。

判决主文

一审法院判决：被告 × × 支行丧失对周 × 林抵押房屋的抵押权；驳回原告周 × 林的其他诉讼请求。

宣判后，双方当事人均未提起上诉，判决已发生法律效力。

裁判要旨

抵押权人应当在主债权诉讼时效期间行使抵押权，未行使的，不受法律保护。当主债权已过诉讼时效，变成不受法律强制保护的自然权利时，作为从权利的抵押权也将失去法律的强制保护。

重点提示

在抵押财产上设立抵押权后，可能出现抵押权人长时间怠于行使抵押权的情况，在这种情况下，抵押权人是否继续享有抵押权就成为实务中争议的焦点，故司法实践中，确认主债权诉讼时效之后抵押权是否消灭，应当注意以下几点：（1）抵押权的存续期间认定。若在实务中允许抵押权一直存续，则有可能导致抵押权人怠于行使抵押权，不利于保障市场经济的快速运转以及交易的正常进行，不符合设立抵押担保的初衷。因此，为了督促抵押权人积极行使抵押权，《民法典》第419条规定："抵押权人应当在主债权诉讼时效期间行使抵押权；未行使的，人民法院不予保护。"由此可知，若抵押权人未能在抵押权的存续期间内行使抵押权，则抵押权人的抵押权就不再受法律的强制力保护。（2）抵押权的丧失与消灭的区分。由前述分析可知，抵押权人未能在主债权诉讼时效期间内行使抵押权的，人民法院不予保护。应当注意的是，此处的规定并非抵押权消灭而是抵押权丧失。所谓抵押权消灭，是指抵押权的彻底灭失，具体消灭的情形由《民法典》第393条规定。而抵押权丧失则是指抵押权人失去了行使抵押权的法律强制力保护，但抵押权本身并未灭失，而是由受法律强制力保护的权利变更为不受法律强制力保护的自然权利。（3）抵押权丧失的法律后果、救济。基于《民法典》第419条规定可知，"人民法院不予保护"的是抵押权人的胜诉权，抵押权本身并未消灭，只是成为抵押权人的自然权利，也是抵押人的自然债务。但是自然债务并非抵押人与抵押权人之间的法律上的权利义务关系当然解除，对于抵押权人来讲，其只是不能通过司法途径救济权利，在抵押人自愿以抵押财产履行担保责任的情况下，抵押权人仍然可以就抵押财产优先受偿，或者选择与抵押人协议的方式就抵押财产优先受偿。

二、最高额抵押权（2例）

1. 最高额抵押权的效力是否及于被转入的债权

案例来源

中国××银行股份有限公司宣城××支行诉宣城柏×贸易有限公司、江苏××置业有限公司等金融借款合同纠纷案

发布单位：最高人民法院2018年6月20日发布（指导案例95号）

审判法院：安徽省高级人民法院

判决日期：2014年10月21日

案　　号：（2014）皖民二终字第00395号

基本案情

2012年4月，宣城支行（中国××银行股份有限公司宣城××支行）作为债权人与兰×公司（宣城兰×贸易有限公司）、柏×公司（宣城柏×贸易有限公司）、航×公司（宣城航×贸易有限公司）、金××公司（宣城金××贸易有限公司）、闽×公司（宣城闽×物资贸易有限公司）作为保证人签订《最高额联保合同》，约定各保证人组成联保小组，小组成员一方作为债务人时，其他各方对其债务按本合同约定承担连带保证责任，且各保证人独立地、不分先后顺序地就主合同项下的债务承担全额连带保证责任，保证范围包括主债权本金、利息、复利、罚息等以及实现债权的费用；担保的主债权为2012年4月16日至2014年4月15日期间在3100万元的最高余额内，但实现债权的费用不包括在最高余额内；此外各保证人均应在宣称支行开立保证金账户，缴纳保证金60万元，当债务人违约时，宣城支行可直接扣划任一保证人的保证金。同日，宣城支行与担保公司（宣城市×××融资担保有限公司）签订《最高额保证合同》，约定担保公司自愿向宣城支行提供担保，担保的主债权在 600 万元的最高余额内，宣城支行依据与柏 × 公司签订的借款合同而享有的债权担保期限为 2 年，保证方式为连带责任保证，且无论物的担保是由债务人提供还是由第三人提供，宣城支行均有权要求担保公司先承担担保责任。同日，宣城支行分别又与管理公司（宣城市 ××× 市场管理有限公司）、黄 ×× 签订了《最高额保证合同》，约定除管理公司、黄 ×× 担保的主债权限额为 2000 万元、600 万元以外，其余约定均与宣城支行与担保公司签订的《最高额保证合同》相同。

同月 20 日，宣城支行与柏 × 公司签订《小企业借款合同》，约定：柏 × 公司向宣城支行借款 300 万元，期限为 7 个月，同年 11 月 1 日还款 100 万元，同月 17 日还款 200 万元。合同签订后，宣城支行向柏 × 公司发放了该笔借款。同年 10 月，置业公司（江苏 ×× 置业有限公司）召开股东会，决定将该公司名下的房产抵押给宣城支行，用于管理公司商户柏 × 公司、闽 × 公司、航 × 公司、金 ×× 公司在宣城支行办理融资抵押，由此产生的经济纠纷由置业公司负责。7 日后，置业公司向宣城支行出具承诺函，同意上述抵押担保，并承诺若其他公司不能按期履行债务，在抵押物处置后不足偿还的部分，由置业公司偿还。次日，宣城支行与置业公司签订《最高额抵押合同》，约定：置业公司以 201104767 号房地产权证下商铺为 2012 年 10 月 19 日至 2015 年 10 月 19 日期间，在 4000 万元的最高余额内，宣城支行依据与柏 × 公司、闽 × 公司、航 × 公司、金 ×× 公司签订的借款合同享有的债权，无论该债权在上述期间内届满时是否到期，也无论该债权是否在最高额抵押权设立之前已产生，提供抵押担保，担保范围包括主债权本金、利息、实现债权的费用等。同日，双方办理了抵押登记，宣城支行取得他项权证。次月，置业公司再次召开股东会议，并向宣城支行出具房产抵押承诺函，内容与前述相同。同时，置业公司与宣城支行签订《补充协议》，明确《最高额抵押合同》担保范围包括前述四份贷款合同项下的债权。上述借款到期后，柏 × 公司并未按期偿还。

另查明，宣城支行共向航 × 公司、兰 × 公司、柏 × 公司、金 ×× 公司、闽 × 公司发放了 2100 万元贷款，上述五公司及管理公司、担保公司共向保证金专户缴交了 420 万元保证金。

宣城支行以柏 × 公司未按期偿还借款为由，提起诉讼，请求判令柏 × 公司偿还借款 300 万元及利息、实现债权的费用，黄 ×× 对柏 × 公司的债务在 600 万元范围内承担连带清偿责任，兰 × 公司、金 ×× 公司、闽 × 公司、航 × 公司在 3100 万元限额内承担连带清偿责任，担保公司在 600 万元限额内承担连带清偿责任，管理公司在 2000 万元限额内承担连带清偿责任；并确认其有权就柏 × 公司的债务以置业公司抵押的房地产折价或拍卖、变卖所得价款优先受偿，优先受偿后的余额置业公司应承担连带清偿责任。

判决主文

一审法院判决：被告柏 × 公司给付原告宣城支行借款本金 300 万元及利息，并支付律师代理费 11 万元；被告兰 × 公司、金 ×× 公司、闽 × 公司、航 × 公司、担保公司、管理公司及黄 ×× 对被告柏 × 公司的上述给付义务承担连带清偿责任；其中对借款本息的给付义务，由被告金 ×× 公司、闽 × 公司、兰 × 公司、航 × 公司在 3100 万元限额内承担连带清偿责任，由被告担保公司在 600 万元限额内承担连带清偿责任，由被告管理公司在 2000 万元限额内承担连带清偿责任，由被告黄 ×× 在 600 万元范围内承担连带清偿责任；如被告柏 × 公司未履行上述给付义务，原告宣城支行以被告置业公司提供的房产折价或者以拍卖、变卖该房产所得的价款优先受偿，不足部分由被告置业公司承担连带清偿责任；被告兰 × 公司、金 ×× 公司、闽 × 公司、航 × 公司、担保公司、管理公司、置业公司及黄 ×× 承担连带清偿责任后，有权向被告柏 × 公司追偿。

被告置业公司不服一审法院判决，提起上诉称：首先，被上诉人柏 × 公司虚构事实骗取银行贷款的行为已构成犯罪，被上诉人宣城支行明知仍违规发放贷款，与被上诉人柏 × 公司构成恶意串通，故双方签订的借款合同无效。其次，本公司对借款事宜并不知情，2012 年 11 月签订的《补充协议》系被上诉人宣城支行采取欺诈手段所签订，该协议无效，本公司不应承担抵押担保责任。即使《补充协议》有效，被上诉人宣城支行要求本公司对被上诉人柏 × 公司的借款承担抵押责任也无法律依据，涉案抵押权并未成立。最后，本案已由公安机关于 2013 年 9 月 16 日立案侦查，应中止审理。综上，请求撤销一审法院判决，改判本公司不承担担保责任。

被上诉人宣城支行辩称：本案的借款合同及其补充协议合法有效，本行并无恶意欺诈行为，且涉案抵押物已依法登记，最高额抵押担保的范围及于借款合同项下的贷款。即使被上诉人柏 × 公司构成诈骗，本行亦无过错，民事合同效力不受影响，故本案不存在中止审理情节。综上，请求驳回上诉人置业公司的上诉，维持原判。

二审法院判决：驳回上诉，维持原判。

裁判要旨

当事人另行达成协议将最高额抵押权设立前已经存在的债权转入该最高额抵押担保的债权范围，只要转入的债权数额仍在最高额抵押担保的最高债权额限度内，即使未办理最高额抵押权变更登记手续，最高额抵押权的效力仍及于被转入的债权，但不得对第三人产生不利影响。

重点提示

司法实践中，在未办理最高额抵押权变更登记手续的情况下，认定最高额抵押权的效力是否及于被转入的抵押权设立之前的债权，应当注意以下几点：（1）当事人约定将最高额抵押权设立前的债权转入最高额抵押担保的债权范围，只要债权数额未超过最高债权额限度，即合法有效。最高额抵押权相较于一般抵押权而言，其最为显著的特点为：最高额抵押权是对一定期间内将要连续发生的债权提供的担保，其设立时所担保的债权虽然有确定的最高额度限制，但后续实际会发生的债权数额尚未确定，即其所担保的债权数额是不确定的，是可以发生变动的。而一般抵押权设立时其所担保的债权数额就已经确定，通常不会发生变动。正是基于最高额抵押权的该特点，《民法典》第 420 条第 2 款规定："最高额抵押权设立前已经存在的债权，经当事人同意，可以转入最高额抵押担保的债权范围。"该规定赋予了双方当事人根据意思自治原则，将最高额抵押权设立之前的债权纳入最高额抵押担保范围内的权利。（2）

被转入的债权即使未办理最高额抵押权变更登记手续，最高额抵押权的效力仍及于被转入的债权。《民法典》第422条规定："最高额抵押担保的债权确定前，抵押权人与抵押人可以通过协议变更债权确定的期间、债权范围以及最高债权额。但是，变更的内容不得对其他抵押权人产生不利影响。"由此可知，将最高额抵押权设立之前的债权转入最高额抵押权担保范围内并非设立新的抵押权，确定的抵押担保的债权数额也并非抵押登记权利证书上必须记载的事项。因此，只要该行为未对第三人造成不利影响，即使未就被转入的债权办理最高额抵押权变更登记手续，也不影响最高额抵押权的效力及于被转入的债权。（3）转入最高额抵押担保范围的债权应具有一定的限制。虽然我国法律允许双方当事人协议将最高额抵押权设立之前的债权转入最高额抵押担保的债权范围，但该转入也并非无限制转入。由前述分析可知，最高额抵押权所担保的债权虽然不在抵押权设立时确定，但该抵押权所担保的债权最高限额应随抵押权的设立而确定。若允许抵押权设立之前的债权随意转入最高额抵押权的担保范围，则有可能导致最高额抵押权担保的债权范围超出其最高债权限额，严重损害抵押人的合法权益，也有悖于最高额抵押权的立法目的。因此，对转入最高额抵押权担保范围内的债权，应当以最高债权额为限，超出最高债权额部分的转入无效。

2. 关于抵押财产被查封、扣押后最高额抵押债权的确定问题

案例来源

上海××发展银行股份有限公司××分行诉温州市××革业有限公司等金融借款合同纠纷案

发布单位：最高人民法院《人民司法·案例》2015年第4期（总第711期）

审判法院：浙江省温州市中级人民法院

判决日期：2014年7月28日

案　　号：（2014）浙温商终字第1657号

基本案情

2011 年 5 月，革业公司（温州市 ×× 革业有限公司）与 ×× 分行（上海 ×× 发展银行股份有限公司 ×× 分行）签订《最高额抵押合同》，约定革业公司以房产作抵押为其于 2011 年 5 月 5 日至 2016 年 5 月 5 日期间与 ×× 分行签订的一系列主合同项下的借款提供担保，担保债权最高额为 5000 万元。之后，双方办理了房屋所有权及土地使用权抵押登记。同年 7 月，王 ××、钱 ×、林 × 与 ×× 分行签订《最高额保证合同》，约定王 ××、钱 ×、林 × 为革业公司于 2011 年 7 月 13 日至 2014 年 7 月 13 日期间内与 ×× 分行签署的一系列合同提供连带保证，担保债权最高额为 5500 万元；若革业公司未能按时还本付息，无论 ×× 支行是否拥有其他担保权利，×× 支行均有权先要求王 ××、钱 ×、林 × 在约定的保证范围内承担保证责任，王 ××、钱 ×、林 × 在此明确放弃要求先履行革业公司提供的抵押财产的抗辩。同月 29 日，另案法院查封了革业公司用于抵押的房产。

同年 9 月，革业公司与 ×× 分行签订《流动资金借款合同》，约定贷款金额 250 万元，期限 1 年，年利率为 9.184%，贷款逾期时按约定的贷款利率加收 50% 逾期息，不能按时支付的利息，自逾期之日起，按约定的逾期罚息利率在约定的付息日计收复利。之后，×× 支行依约向革业公司发放了贷款，但革业公司未能按时偿还贷款本息。

2012 年 7 月，×× 分行以革业公司未能按时偿还贷款本息、王 ××、钱 ×、林 × 未履行保证责任为由，提起诉讼，请求判令革业公司支付借款本金 250 万元及利息，并支付逾期息至实际履行完毕之日止，并判令其对抵押物折价或者拍卖、变卖所得价款享有优先受偿权，王 ××、钱 ×、林 × 对革业公司归还上述贷款本息承担连带保证责任。

革业公司辩称：本案的抵押房产已于 2011 年 7 月 29 日被另外法院查封，而 ×× 分行于 2011 年 9 月 27 日发放贷款，属于在抵押财产被查封后确定的债权，根据物权法及担保法司法解释的规定，抵押财产被查封后新发生的债权不属于抵押担保范围，故 ×× 分行对本公司提供的抵押财产不享有优先受偿权。此外，另案法院已于2013年7月9日受理本公司提起的破产清算申请，××分行要求的利息应计算至该日止。

判决主文

一审法院认定：当事人签订的《流动资金借款合同》《最高额保证合同》《最高额抵押合同》均具有法律效力。原告××分行按合同约定发放贷款后，被告革业公司未按约定支付本金及利息，应承担违约责任。在合同规定的保证范围内，被告王××、钱×、林×应按约承担保证责任。被告革业公司以房产作抵押并办理了抵押登记手续，虽然抵押物在原告××分行发放贷款前已被查封，但无证据证明原告××分行发放贷款时已知道或应当知道抵押财产被查封的事实，故原告××分行对抵押物享有优先受偿权。

一审法院判决：被告革业公司偿还原告××分行借款本金250万元、利息59 939.44元、复利6852.72元、逾期利息（利息从2012年6月21日至2012年9月27日止，逾期利息从2012年9月28日起至2013年7月9日止，利息、逾期利息、复利按借款合同约定的利率计算至判决确定的履行之日止，逾期利息不计收复利）；若被告革业公司未履行第一项债务，则依法拍卖、变卖其提供的抵押财产，所得价款由原告××分行优先受偿，但优先受偿债权与优先受偿《最高额抵押合同》所担保的其他债权的总和不超过5000万元；被告王××、钱×、林×对第一项债务承担连带清偿责任，但连带偿还债务与连带偿还《最高额保证合同》所担保的其他债务的总和不超过5500万元；被告王××、钱×、林×向原告××分行承担担保责任后，有权就承担责任的部分向被告革业公司追偿；驳回原告××分行的其他诉讼请求。

被告革业公司不服一审法院判决，提起上诉称：在被上诉人××分行发放贷款之前，本公司提供的最高额抵押物已被法院查封，根据《物权法》第206条及最高人民法院《关于适用〈中华人民共和国担保法〉若干问题的解释》第81条的规定可知，查封后发生的债权不属于最高额抵押担保的范围，即使最高人民法院《关于人民法院民事执行中查封、扣押、冻结财产的规定》规定抵押权人收到法院的查封、扣押通知书之后发生的债权才不属于最高额抵押所担保的范围，但因两者的规定相矛盾，而《物权法》属于上位法，应优先适用《物权法》，故本公司提供的抵押财产因在被上诉人 ×× 分行发放贷款之前被法院查封而不属于最高额抵押担保的范围。因此，请求撤销一审法院判决第二项。

被上诉人 ×× 分行辩称：本案中就查封行为的程序及法律后果，分别有最高人民法院《关于人民法院民事执行中查封、扣押、冻结财产的规定》第 27 条、最高人民法院《关于适用〈中华人民共和国担保法〉若干问题的解释》第 81 条、《物权法》第 206 条等法律规范，上述规范之间互相补充并不矛盾，其中后二者规定了查封系导致最高额抵押债权确定的事由，而前者系规定了查封的程序以及人民法院查封应负有通知的义务。《物权法》属于实体法，而最高人民法院《关于人民法院民事执行中查封、扣押、冻结财产的规定》属于程序法，二者不存在矛盾，亦不存在上位法优于下位法的问题。因此，在本行知道查封事实之前所发生的债权数额，都在最高额抵押担保范围之内。

一审法院判决后的 2013 年 7 月，革业公司申请破产清算，法院受理申请后查明，革业公司已支付借款利息至 2012 年 6 月 20 日。截至 2013 年 8 月 13 日，革业公司尚欠借款本金 250 万元，利息 59 939.44 元，期内复利 6852.72 元、逾期利息及其复利。

二审法院判决：维持一审法院判决第一、三、四、五项及诉讼费负担部分；撤销一审法院判决第二项。

裁判要旨

最高额抵押财产被查封、扣押后，抵押权人的债权确定并不以法院通知抵押权人抵押财产被查封、扣押，或有证据证明抵押权人知道查封、扣押的事实为前提，最高额抵押财产被查封、扣押，抵押权人的债权即确定。抵押权人在设定债权时应尽到审查抵押财产状况的义务，但出于公平，若抵押权人有证据证明其在设定债权前的合理时间内已尽到审查抵押物状况的义务，因时间差的原因致使设定的债权属于抵押财产被查封、扣押后发生的债权，该笔债权仍应作为最高额抵押权担保的债权范围。

重点提示

抵押财产被扣押、查封是实务中的常见现象，由于最高额抵押权所担保的是一段时间内连续发生的债权，故在此情况下，最高额抵押债权的确定时间就成为争议的焦点。最高人民法院《关于人民法院民事执行中查封、扣押、冻结财产的规定》第25条规定："人民法院查封、扣押被执行人设定最高额抵押权的抵押物的，应当通知抵押权人。抵押权人受抵押担保的债权数额自收到人民法院通知时起不再增加。人民法院虽然没有通知抵押权人，但有证据证明抵押权人知道或者应当知道查封、扣押事实的，受抵押担保的债权数额从其知道或者应当知道该事实时起不再增加。"因此，在司法实践中关于抵押财产被扣押、查封，最高额抵押债权的确定是否以抵押权人知道抵押财产被查封、扣押时为节点，应当从以下几点分析：（1）最高人民法院《关于人民法院民事执行中查封、扣押、冻结财产的规定》第25条规定的立法目的。抵押财产被查封、扣押，通常有两种原因：一是抵押权人依法行使抵押权；二是抵押人的其他债权人主张实现债权。首先，抵押权人申请行使抵押权，意味着其就抵押财产的优先受偿范围已经确定，而优先受偿范围的确定即表示最高额抵押债权已经确定，故该种情况下最高额抵押债权通常并不存在争议。其次，执行程序查封抵押财产的目的是保证对财产的顺利换价，并不代表债权已经确定，故因执行程序导致的查封、扣押行为，最高额抵押债权额不能以抵押权人知道抵押财产被查封为前提。若认定最高额抵押债权额以有证据证明抵押权人知道抵押物被法院采取强制措施为前提，则在此期间内产生的债权就会纳入最高额抵押的担保范围，还有可能导致抵押人与抵押权人互相串通制造虚假债权的情况发生，导致查封、扣押申请人的合法权益受损，显然有悖于立法目的。（2）抵押权人未尽审查义务造成的损失应当自行担责。抵押权人作为债权债务关系中出借款项的一方，其为了确保自身出借的资金安全，对于抵押物的状况自然负有审查及注意的义务。且在最高额抵押中，抵押物所担保的价值始终处于抵押权人的控制下，这对抵押人或第三人均存在不利影响，故出于平衡各方当事人利益的角度而言，应当将审查抵押财产是否被查封、扣押的义务赋予抵押权人。且我国建立了完善的不动产登记制度，在该制度下将审查抵押财产是否被查封、扣押的义务赋予抵押权人并不会对抵押权人造成过重的负担，故若抵押权人未对抵押物状况尽到应尽的审查义务，其对因此造成的损失应当自行承担相应的责任。（3）与查封、扣押存在合理时间差的债权仍在最高额抵押担保范围内。基于前述分析可知，抵押财产被查封、扣押后最高额抵押债权不能增加，抵押权人在设定债权时对抵押财产的权属情况负有审查义务。但因实务中可能存在查封在前、债权发生在后的时间差问题，即抵押权人在设定债权之前尽到了审查义务，此时抵押物尚未被法院采取强制措施，而在抵押权人查询抵押财产的权属状态后的返回途中抵押物被法院采取了强制措施，若此时认定该债权不能纳入最高额抵押债权范围内，对于已经尽到审查义务的抵押权人而言显失公平，故对于此处产生的时间差，我们应当认定为合理的时间差，在此范围内产生的债权，即使发生于抵押财产被查封、扣押之后，仍应将该笔债权纳入最高额抵押权担保的债权范围内。

第四章 质押担保（14 例）

一、动产质押（5 例）

1. 动产质物交付的效力辨析

案例来源

海城市 ×× 建筑工程有限公司诉海城市 ×× 耐火材料有限公司确认合同有效纠纷案

发布单位：最高人民法院《人民司法·案例》2019 年第 8 期（总第 847 期）

审判法院：辽宁省鞍山市中级人民法院

判决日期：2018 年 10 月 16 日

案　　号：（2018）辽 03 民终 3103 号

基本案情

2014 年 1 月，材料公司（海城市 ×× 公司耐火材料有限公司）向实业公司［辽宁 ×× 实业（集团）有限公司］借款，并与之签订借款合同，约定：借款本金 1000 万元，期限 6 个月，合同签章处实业公司一方未盖章。合同签订当月，实业公司分两次共向材料公司电汇 1000 万元。2016 年 1 月，材料公司与实业公司就上述 1000 万元借款重签借款合同，该合同约定：（1）借款到期日为 2016 年 1 月 20 日，材料公司无法按时还款的，借款到期日顺延至 2016 年 5 月 30 日，已产生的本息 1240 万元自 2016 年 1 月 21 日始按月利率 1% 计息到 5 月 30 日；（2）材料公司 5 月 30 日仍无法还款的，最晚还款期限为 2017 年 1 月 20 日，已产生的本息自 2016 年 1 月 21 日始按月利率 2% 计息到 2017 年 1 月 20 日；（3）建筑公司（海城市 ×× 建筑工程有限公司）及张 ×× 为贷款提供担保。

同月 26 日，材料公司向建筑公司提供反担保，双方签订了质押合同，质物为材料公司 2000 吨 10% 镍含量的镍铁。合同签订后，质物仍存放于材料公司的仓库内，张 ×× 委托了刘 ××（系材料公司员工）负责看管，刘 ×× 收受了 5000 元看管费。

同年 9 月，建筑公司、实业公司与张 ×× 协商并签订《借款合同》的补充协议，约定建筑公司将其牌楼分公司在牌楼镇人民政府债权中的 1400 万元债权转让给实业公司，用以偿还材料公司欠付的全部本息。协议签订后，双方完成债权转让。

另查明，张 ×× 系建筑公司、材料公司共同法定代表人。2017 年 6 月，材料公司申请破产重组，法院已裁定受理，同时指定破产重整管理人。次年 7 月，材料公司管理人在张 ×× 签字同意后，将质物 2000 吨镍含量为 10% 的镍铁全部出售。现场出售过程中，由刘 ×× 处理相关事宜。出售后，所得货款在材料公司管理人处保管。

建筑公司以与材料公司已签订书面质押合同且其已实际占有材料公司出质的 2000 吨镍含量为 10% 的镍铁为由，提起诉讼，请求判令质押合同有效且对质物享有质权。

判决主文

一审法院判决：原告建筑公司与被告材料公司之间的质押合同合法有效；原告建筑公司对被告材料公司提供的质物 2000 吨镍含量为 10% 的镍铁享有质权。

被告材料公司不服一审法院判决，提起上诉称：（1）上诉人材料公司与被上诉人建筑公司签订的质押合同并未生效。双方签署的质押合同系附生效条件的合同，生效条件是上诉人材料公司到期不能清偿欠付实业公司的债务，该债务并未到期，被上诉人建筑公司以债权转让方式提前清偿该债务的行为，不应认定为承担了担保责任。因此，质押合同生效条件不成就，合同未生效。（2）诉争质物并未依法转移交付，被上诉人建筑公司依法不享有质权。依据我国法律的规定，质权的有效设立以质物交付给质权人为前提条件。而涉案质物2000吨镍铁一直存放于上诉人材料公司的库房中并未转移，仅是张××通知刘××“在镍铁不足2000吨时告诉他”。刘××不是上诉人材料公司的仓库管理员，没有看管镍铁的职责，且2015年12月到2016年7月刘××已放假并未上班，刘××并没有实际看管和控制镍铁的能力。同时，刘××作为上诉人材料公司的普通员工，并不能代表上诉人材料公司向被上诉人建筑公司交付镍铁，因此，涉案质物2000吨镍铁并未交付给被上诉人建筑公司，质权未有效设立。此外，张××是上诉人材料公司与被上诉人建筑公司共同的法定代表人，被上诉人建筑公司在充分知晓上诉人材料公司出现破产的情况下，仍为上诉人材料公司无担保的借款提供担保，并在借款未到期前提前清偿债务，违反了《企业破产法》第31条的强制性规定，侵犯了全体债权人的合法权益，质押合同依法应予以撤销。综上，一审判决事实认定不清，适用法律不当，请求:（1）撤销一审法院判决;（2）改判质押合同未生效，被上诉人建筑公司对2000吨镍含量10%的镍铁不享有质权或依法发回重审。

被上诉人建筑公司答辩称:（1）上诉人材料公司所指的附生效条件的内容，实际是违约条款，合同并未附生效条件。（2）上诉人材料公司与实业公司的借款合同到期日是2016年5月30日，归还日期在2017年1月20日后则应承担2%的逾期利息（本息超过1800万元）。被上诉人在借款到期后及时偿还本息1 400万元的行为，避免上诉人材料公司的违约及损失扩大，维护了上诉人材料公司及全体债权人的利益。上诉人材料公司上诉理由称应在违约后再还款，故意违约可维护上诉人材料公司和其债权人的利益，违背了诚实信用、善意履行合同的基本原则。（3）被上诉人建筑公司并未违反《企业破产法》的规定，在破产申请前1年内为无担保的借款提供担保。原借款合同有担保人，被上诉人建筑公司并不是为无担保的借款提供担保，而是补充协议中新增加的担保人，且反担保协议是对被上诉人建筑公司承担的担保责任的反担保。此外，反担保协议签订日期是2016年1月，上诉人材料公司破产重组在2017年

6月，时间在1年以外。（4）质物虽一直存放于上诉人材料公司的仓库，但被上诉人建筑公司委托了刘 ×× 进行看管，已经实际控制了质物，质权已经设立且生效。因质物转移费用高，转移困难且易造成损耗，因而并未实际发生转移，但由张 ×× 和保管员刘 ×× 以监管方式对质物进行了看管，基于二人的特殊身份，他们的看管行为既是经上诉人材料公司同意，也是受被上诉人建筑公司委托，他们也成功看管了质物直至破产清算时申报登记质权。被上诉人建筑公司派人看管、控制质物，可以理解为指示交付，此种交付可以有效设立质权且在审判实践中已获得支持和认可。综上，一审法院判决认定事实清楚，适用法律正确。

二审法院判决：驳回上诉，维持原判。

裁判要旨

动产质权有效设立，应满足一定的条件，而动产质物的交付是设立的必要条件。因动产质物的交付是实现质权人对物的占有的方式和手段，占有本身才是享有质权的核心，故交付不应以质物的物理位置的移动作为必要条件。只要质权人能够有效领受质物，并对质物实现事实上的管理、控制与影响，即完成《民法典》上的交付与占有，从而设立生效质权。

重点提示

动产质权，是指债务人或者第三人将其动产交由债权人占有，当债务人不履行债务时，债权人就该动产依法享有优先受偿的权利。司法实践中，分析动产质物由质权人交付委托人管制时质权是否成立，应注意以下两点：（1）动产质权设立的相关法律规定。根据《民法典》第426条的规定："法律、行政法规禁止转让的动产不得出质。"第427条规定："设立质权，当事人应当采用书面形式订立质押合同。质押合同一般包括下列条款：（一）被担保债权的种类和数额；（二）债务人履行债务的期限；（三）质押财产的名称、数量等情况；（四）担保的范围；（五）质押财产交付的时间、方式。"第429条规定："质权自出质人交付质押财产时设立。"由此可知，动产质权有效设立应具备三个条件：一是质物为法律法规规定可以转让的动产；二是签订书面质押合同；三是动产质物完成交付。（2）动产质权设立的形式要件。质权人与出质人签订书面合同，是动产质权成立的形式要件。即质权的设立以签订真实、合法、有效的书面合同为前提条件。合同生效是质权生效的基础，除满足合同主体适格、真实意思表示、不违反法律法规及社会公共利益等一般性合同的生效要件外，质押合同还需要具备一定的形式，其内容包括但不限于第427条第2款规定的条款。（3）动产质权设立的实质要件。出质人将动产质物交付与质权人占有，是质权成立的实质要件。这是因为质押合同系实践合同，合同签订后并不必然生效，故第429条明确规定动产的质权自质物交付时才生效。而动产质物的交付，是将动产标的物由一方交给另一方占有，根据《民法典》物权编中关于动产交付的相关规定，可知法律规定了现实（直接）交付、简易交付、指示交付、占有改定等多种动产交付方式。由于交付的目的是使质权人实现对质物的占有，进而控制和管理质物，遂占有本身才是质权人享有物权的核心，不应以质物物理位置的移动作为判断交付与否的必要条件。也就是说，交付的具体方式并不影响质权的设立和生效，只要质权人实现对质物的控制和支配，即成为占有人，那么其就是质权人。且不论是自己实际占有，还是通过他人实际有效占有，都不影响占有的成立，不影响质权生效。

2. 金钱质押的成立要件

案例来源

中国农业发展银行××省分行诉张××、安徽××融资担保集团有限公司质权纠纷案

发布单位：最高人民法院2015年11月19日公布（指导案例54号）

审判法院：安徽省高级人民法院

判决日期：2013年11月19日

案　　号：（2013）皖民二终字第00261号

基本案情

2009 年 4 月，农发行 ×× 分行（中国农业发展银行 ×× 省分行）以合作面向中小企业开展担保贷款业务为目的，与担保公司（安徽 ×× 融资担保集团有限公司）签订贷款担保业务合作协议。其中，协议第 3 条载明“担保方式及担保责任”：担保公司向农发行 ×× 分行提供的保证担保为连带责任保证；主债权、利息、复息、罚息、违约金、损害赔偿金和实现债权的费用均包括在保证担保的范围内。协议第 4 条为“担保保证金（担保存款）”，约定：担保公司以农发行 ×× 分行营业部为担保保证金专户行在该行开立担保保证金专户，担保公司在签订保证合同前，将具体担保业务所约定的保证金存入上述担保保证金专户，担保公司应缴纳不低于贷款额度 10% 的保证金，在未获得农发行 ×× 分行允许的情况下，担保公司不得动用担保保证金专户内的资金。协议第 6 条为“贷款的催收、展期及担保责任的承担”，该条约定：在借款人未能足额还款的情况下，担保公司接到农发行 ×× 分行书面通知后 5 日内，按照上述第 3 条约定，向农发行 ×× 分行承担责任，并将相应款项划入农发行 ×× 分行指定账户。协议第 8 条为“违约责任”，该条约定：担保公司若违反上述第 6 条约定，未按时履行保证责任，则农发行 ×× 分行有权从担保公司在其处开立的担保基金专户或其他任一账户中扣划相应的款项。担保公司在农发行 ×× 分行处所开立的担保专户余额小于约定的额度时，不论原因，担保公司均应在接到通知后的 3 个工作日内补足，农发行 ×× 分行在补足前可以对本协议项下的业务予以终止。协议签订后，担保公司按约在农发行 ×× 分行处开立担保保证金账户、缴存担保保证金，且据此为相应额度的贷款提供连带保证责任担保。

2009 年 10 月、2010 年 10 月，农发行 ×× 分行与担保公司分别签订了两份与上述合作协议内容相似的信贷担保业务合作协议。2009 年 7 月至 2012 年 12 月期间，上述账号共发生业务 100 余笔，包括贷方业务与借方业务。

2011 年 12 月，另案法院在审理张 ×× 与食品公司（安徽省 ×× 食品有限责任公司）、担保公司民间借贷纠纷一案时，依据张 ×× 申请，保全担保公司上述保证金账户内的资金 14 957 852 元。案件判决生效后，另案法院将上述保证金账户内的资金 13 383 132.57 元划至该院账户。农发行 ×× 分行对此提出案外人执行异议，被该院裁定驳回。

农发行 ×× 分行以依合作协议的约定其对担保公司在其处开设的担保保证金账户内资金享有质权为由，提起诉讼，请求判令：农发行 ×× 分行对上述资金享有质权，人民法院对该账户内资金停止强制执行。

判决主文

一审法院认定：被告担保公司并无就保证金账户内资金提供质押担保的意思表示。原因在于：（1）被告担保公司与原告农发行 ×× 分行所签合同为合作协议，并非质押合同，合同中并未包含任何质押条款，据此可以判断双方并无将金钱作为质押的意思表示。（2）合作协议中并未约定在债务人不清偿到期债务时农发行 ×× 分行就保证金享有优先受偿权的相关内容。（3）保证金账户是被告担保公司开立，不符合法定的"移交债权人占有"形式要件。（4）账户内资金数额不断浮动，违反法律规定的特定化要求。

一审法院判决：驳回原告农发行 ×× 分行的诉讼请求。

原告农发行 ×× 分行不服一审判决，提起上诉。

二审法院判决：（1）撤销一审民事判决；（2）上诉人农发行 ×× 分行对被上诉人担保公司账户内的 13 383 132.57 元资金享有质权。

裁判要旨

根据最高人民法院《关于适用〈中华人民共和国民法典〉有关担保制度的解释》第 70 条的规定，当事人依约为出质的金钱开立保证金专门账户，且质权人取得对该专门账户的占有控制权，符合金钱特定化和移交占有的要求，即使该账户内资金余额发生浮动，也不影响该金钱质权的设立。

重点提示

货币作为一般等价物具有流通的功能，具有"占有即所有"的特殊属性，基于货币这一特性，金钱质押区分于普通动产质押之处就在于，金钱需特定化后才可质押，即完成从种类物向特定物转化的过程。遂在司法实践中，分析金钱质押是否成立，应注意以下几点：（1）金钱质押的法律依据。最高人民法院《关于适用〈中华人民共和国民法典〉有关担保制度的解释》第70条规定："债务人或者第三人为担保债务的履行，设立专门的保证金账户并由债权人实际控制，或者将其资金存入债权人设立的保证金账户，债权人主张就账户内的款项优先受偿的，人民法院应予支持。当事人以保证金账户内的款项浮动为由，主张实际控制该账户的债权人对账户内的款项不享有优先受偿权的，人民法院不予支持。"该规定是保证金质押的明确法律依据。（2）金钱质押的成立要件。根据《民法典》及前述解释的规定，金钱作为特殊的动产质押须具备以下要件：一是双方当事人要签订质押合同，有将金钱作为质押的意思表示；二是要对质押物的金钱进行特定化，并移交债权人占有。此处的占有，是将保证金账户的控制权交由质权人，由其实际控制和管理账户，此种控制权移交符合出质金钱移交质权人占有的要求。即质权人对保证金账户及资金仅是有占有权，并无其他处分权利。（3）金钱特定化的认定。基于前述分析可知，金钱特定化是金钱质押成立的必备要件，按照最高人民法院《关于适用〈中华人民共和国民法典〉有关担保制度的解释》第70条的规定，金钱特定化的形式为"保证金账户"。保证金账户是由出质人在银行开立专款专用的账户，出质人将约定的一定金钱的保证金存入该账户，从而使金钱达到实质的特定化。也就是说，金钱以专门账户形式特定化并不等于固定化，账户内资金浮动符合银行账户资金的流动性特征，只要账户内资金浮动状态与保证金业务相对应，除缴存的保证金外，支出的款项均用于保证金的退还和扣划，未用于非保证金业务的日常结算，确保保证金账户及账户内的资金仍处于质权人的支配控制之下，即使该账户资金出现浮动，仍符合金钱作为质权的特定化和移交占有的要求，不影响金钱质权的设立。因此，账户资金浮动与否并非金钱特定化的判断标准。

3. 金融机构金钱质押的法律效力

案例来源

中信银行股份有限公司 ×× 分行诉中国银行股份有限公司 ×× 分行执行异议之诉案

发布单位：最高人民法院《人民司法·案例》2018 年第 29 期（总第 832 期）

审判法院：河南省安阳市中级人民法院

判决日期：2017 年 9 月 22 日

案　　号：（2017）豫 05 民终 3911 号

基本案情

2014 年 3 月，信用公司（×× 市信用担保投资有限责任公司）与中信银行 ×× 支行（中信银行股份有限公司 ×× 分行）签订保证合同和保证金协议，约定信用公司以 30 万元保证金为家电公司（×× 市 ×× 家电有限责任公司）向中信银行 ×× 支行贷款的 300 万元作担保。协议约定：保证金性质为动产质押，信用公司转入中信银行 ×× 支行设立的保证金专用账户，由中信银行 ×× 支行占有，该保证金存管至主合同项下债务清偿完毕为止。同年 3 月 24 日，信用公司按约定将 30 万元转入保证金账户 73×××97。2016 年 2 月，信用公司与中信银行 ×× 支行签订保证合同和保证金账户质押合同，约定信用公司为电器公司（×× 市 ×× 电器有限责任公司）向中信银行 ×× 支行贷款的 300 万元作担保，同时约定保证金数额为贷款金额的 10%，即 30 万元，由信用公司转入在中信银行 ×× 支行设立的保证金专用账户，该保证金由中信银行 ×× 支行占有、保管。合同签订当日，信用公司按约定将 30 万元转入保证金账户 81×××32。2017 年 12 月，另案法院依中国银行 ×× 分行（中国银行股份有限公司 ×× 分行）的执行申请，裁定对前述保证金账户 73×××97、81×××32 内的存款以及对应利息 11 295 元予以扣划执行。随后，中信银行 ×× 支行提出执行异议，但被另案法院裁定驳回。

中信银行 ×× 分行以其对 73×××97、81×××32 保证金账户内的款项 60 万元及利息享有质押权和优先受偿权为由，提起诉讼，请求确认中信银行 ×× 分行对信用公司在中信银行 ×× 支行设立的保证金账户内的款项 60 万元及利息享有质押权和优先受偿权。

判决主文

一审法院判决：原告中信银行 ×× 支行对第三人信用公司 81×××32、73×××97 账户内的 60 万元保证金及利息享有质权。

被告中国银行 ×× 分行不服一审法院判决，提起上诉，请求撤销一审法院判决，并依法改判驳回中信银行 ×× 分行的诉讼请求或发回重审。理由是：质押协议是上诉人中信银行 ×× 分行与第三人信用公司之间的约定，对外不发生效力。并且，质押成立必须符合法定的条件，被上诉人中信银行 ×× 分行未能证明其质押权符合法定构成条件，故其不具有质押权及优先受偿权。

被上诉人中信银行 ×× 分行辩称：本方与第三人信用公司之间签订的质押合同系双方真实意思表示，合同内容和形式符合法律规定，依法享有优先受偿权。

二审法院判决：驳回上诉，维持原判。

裁判要旨

出质人按照金融机构的要求设立存款账户，以此形式向金融机构提供质押担保，在符合法律有效构成要件的前提下，应充分肯定金融机构金钱质押的法律效力。

重点提示

司法实践中，分析金钱质押的法律效力应注意以下几点：（1）金钱质押的形式。金钱质押，是指出质人将金钱作为质物并向质权人转移金钱的占有，进而为其行为提供担保的一种担保方式。最高人民法院《关于适用〈中华人民共和国民法典〉有关担保制度的解释》在第70条规定中明确了金钱质押制度："债务人或者第三人为担保债务的履行，设立专门的保证金账户并由债权人实际控制，或者将其资金存入债权人设立的保证金账户，债权人主张就账户内的款项优先受偿的，人民法院应予支持。当事人以保证金账户内的款项浮动为由，主张实际控制该账户的债权人对账户内的款项不享有优先受偿权的，人民法院不予支持。"由此可知，金钱质押的形式从"特户""封金""保证金"统一为"保证金"，即出质人将金钱以保证金的形式转移占有成立金钱质押，同时"特定化"后确立质权人的优先受偿权。（2）金融机构质权成立的判断。结合《民法典》对于动产质押设立的规定及最高人民法院《关于适用〈中华人民共和国民法典〉有关担保制度的解释》第70条的规定，金钱质押的成立需满足以下三个条件：一是达成书面的质押合同；二是保证金账户符合特定化要求；三是移交债权人占有。对于金融机构来说，其成立金钱质权，即需要与出质人签订以实现债权为目的的质押合同，设立专门的保证金账户并对账户内的资金实现实际控制。只要金融机构实际掌控、支配该保证金账户，体现出质人实际上已经部分或者全部丧失了对出质财产的管理或控制权，则应认定质押财产已经拟制交付，质权发生法律效力。（3）金融机构金钱质押的效力把握。为了保证贷款的安全性，金融机构在放贷时一般会要求第三方担保机构出具一定数额的金钱担保，这种担保形式虽缺乏公示效果，但瑕不掩瑜，其仍是金融机构贷款工作中的一项创新举措。该种创新举措涉及的银行范围较广，从维护我国金融机构金融安全的角度出发，在司法实践中不能机械地以欠缺公示效果为由否定这种金融创新形式，"一刀切"的否定会对金融安全带来一定的负面连锁反应，不利于整个金融行业的健康发展。因此，当该种担保形式符合动产质押设立的全部构成要件，则应肯定此种质押的法律效力。

4. 保证金账户的认定

案例来源

瞿××与张××、苏州××复合材料有限公司、北京华北××电气有限公司案外人执行异议之诉案

发布单位：最高人民法院《人民司法·案例》2016年第8期（总第739期）

审判法院：浙江省乐清市人民法院

判决日期：2015年7月2日

案　　号：（2015）温乐执异字第18号

基本案情

2015年5月22日，××分行（广发银行股份有限公司××分行）与复合材料公司（苏州××复合材料有限公司）签订了一份金额为100万元的保证金质押合同。合同约定：为担保偿还贷款本息义务，复合材料公司提供金额为100万元的保证金质押担保，并将该公司已在该行开立的账户作为保证金账户。双方还约定，在固定的时间内账户存款余额不得低于100万元，该账户内的款项一经存入即认定为由××分行占有，未经允许，复合材料公司不得随意转出或支配，债权到期未能履行则××分行对该保证金享有优先受偿的权利。

另查明，保证金质押合同签订后，复合材料公司虽按约定向保证金账户转账100万元，但该账户之后交易频繁。自合同签订之日至2015年6月3日，该账户发生交易共95笔，借方发生额为219.72万元，贷方发生额为261.67万元。

××分行以其对保证金享有优先受偿权为由，提起诉讼，请求返还扣划款项，并解除对该账户的冻结。

判决主文

一审法院裁定：驳回案外异议人 ×× 分行的异议。

裁定后，双方当事人均未提起上诉，裁定已发生法律效力。

裁判要旨

名为保证金账户，但未明确约定账户及账户内资金专用于质押担保，实际上账户内资金可由存款人自由支取、支配，银行未能有效占有、控制，应认定未达到特定化的要求，该账户不属于保证金账户，不成立金钱质押，银行对账户内资金不享有优先受偿权，法院可依法予以扣划。

重点提示

保证金质押，是指借款人将金钱交存于其在银行开立的专用账户，并承诺以该账户中的款项作为偿还借款的保证。当借款人不履行债务时，贷款银行有权在保证金专用账户中直接扣划保证金用于偿还贷款的担保方式。关于保证金账户的认定，实质上就是对账户资金是否作为保证金为债权提供金钱质押的认定。因此，司法实践中，保证金账户的认定应注意以下几点：（1）明确约定资金专款专用于保证金质押。保证金账户的设立要求债务人或第三人与债权人达成质押合意，明确账户内的资金专款专用于保证金质押，并进行书面约定。该合意意味着在债务人不能清偿债务时，债权人可就该保证金账户内的保证金优先受偿。若账户并非特地为保证金设立，关于保证金的约定只对该账户某一个时间点作出金额限定，不能体现该笔资金是作为债务发生期间的一笔固定的保证金提供质押，更无法确保在债务履行不能时该笔资金是否存在可以让银行优先受偿，若保证金质押的合意存在瑕疵，保证金账户未设立。（2）保证金账户必须特定化。从最高人民法院《关于适用〈中华人民共和国民法典〉有关担保制度的解释》第 70 条规定的“债务人或者第三人为担保债务的履行，设立专门的保证金账户并由债权人实际控制，或者将其资金存入债权人设立的保证金账户，债权人主张就账户内的款项优先受偿的，人民法院应予支持”内容可以看出，保证金账户特定化并交由债权人实际控制，才能质权成立。实务中，对于保证金账户特定化，可从三个方面予以考量：第一，出质人将保证金存入保证金账户，将保证金与一般货币进行区分；第二，保证金账户与一般结算账户、基本账户相区分，即确保保证金账户的独立性，做到专款专用从而确保作为质物的保证金特定化；第三，出质人不能自由支配该保证金账户。即保证金账户的占有权为质权人，以占有对保证金账户享有"实际控制权"。（3）保证金账户内的资金必须移交质权人占有、控制。依据《民法典》第 429 条的规定，质权自出质人交付质押财产时设立，且最高人民法院《关于适用〈中华人民共和国民法典〉有关担保制度的解释》第 70 条也明确了设立专门的保证金账户应由债权人实际控制。原因在于，保证金账户内资金的所有权仍属于客户，账户资金特定化的要求本意也并非要求资金固定不变，而是确保资金的控制管理权由质权人实际掌握，即使出质人是资金的所有权人，也不能随意支配账户内的资金。因此，在保证金质押中，质权的设立条件之一即是要求质权人（银行）实际掌控、支配该保证金账户。

5. 单位定期存单在债权到期未受清偿时的兑付问题

案例来源

湖北 ×× 化工集团有限公司诉 ×× 汽车集团公司、三 × 集团公司质押合同纠纷案

发布单位：最高人民法院《人民司法·案例》2012 年第 12 期（总第 647 期）

审判法院：湖北省武汉市中级人民法院

案　　号：（2011）武民商再终字第 2 号

基本案情

2001 年 11 月 20 日，汽车集团（×× 汽车集团公司）与 ×× 支行（汉口银行股份有限公司汉 ×× 支行）签订借款合同，约定汽车集团向 ×× 支行借款人民币500万元。之后，化工公司（湖北 ×× 化工集团有限公司）与汽车集团及 ×× 支行签订了一份质押合同，约定化工公司自愿以其存款人民币500万元为汽车集团的借款合同提供质押担保，保证期限为1年，担保的范围为借款合同中的主债权及利息、违约金、损害赔偿金、质物保管费用和实现质权的费用。合同还约定："主合同约定的借款期限届满，债务人未清偿或未完全清偿债务时，质权人可以依法拍卖、变卖质物，或者兑现出质权利，所得价款用于清偿本合同第二条约定的各项债务和费用。"同月16日，化工公司依照约定在银行存款500万元，并将存款单交付给质权人 ×× 支行。债权到期后，汽车集团未能按借款合同约定履行付款义务，×× 支行于2002年12月31日行使质权划扣了化工公司作为质押的存款及利息共计511.73万元。其后，汽车集团未向化工公司偿还质押款。2004年年底，三 × 集团（三 × 集团公司）收购了其他资产管理公司所持有的汽车集团股权，实现统一管理，行使管理者职能。

2007年，化工公司以汽车集团未偿还质押款为由，提起诉讼，请求判令汽车集团偿还质押款，三 × 集团在接受汽车集团资产的范围内承担连带清偿责任。

三 × 集团辩称：其收购汽车集团时支付了相应的对价，其在本案中不应承担民事责任。

判决主文

一审法院认定：原告化工公司作为出质人有权向被告汽车集团行使追索权，被告汽车集团与 ×× 支行均未在 ×× 支行行使质权时通知原告化工公司，本案诉讼时效应自原告化工公司知道或者应当知道银行行使质权之日开始起算，未超过诉讼时效。

一审法院判决：（1）被告汽车集团偿还原告化工公司人民币511.73万元；（2）被告汽车集团支付原告化工公司人民币500万元的利息；（3）驳回原告化工公司的其他诉讼请求。

被告汽车集团不服一审判决，提起上诉称：首先，一审法院认定事实不清，上诉人汽车集团无义务通知被上诉人化工公司其出质权利已被质权人依法兑付；其次，本案应当适用民事诉讼时效的规定，但一审法院未适用。因此，上诉人汽车集团请求判令撤销一审判决，依法改判驳回被上诉人化工公司的诉讼请求。

二审法院判决：撤销一审法院判决；驳回被上诉人化工公司的诉讼请求。

被上诉人化工公司不服二审判决，申请再审。

再审法院判决：维持二审法院判决。

裁判要旨

单位定期存单只能为质押贷款的目的而开立和使用，在债权人的债权到期未受清偿的情况下，债权人可以直接行使质权将单位定期存单予以兑付。出质人承担担保责任后，出质人享有追偿权，但应当受普通诉讼时效的限制。

重点提示

司法实践中，分析单位定期存单在债权到期未受清偿时如何兑付，应注意以下几点：（1）单位定期存单的性质。单位定期存单，是指借款人为办理质押贷款而委托贷款人依据开户证实书向接受存款的金融机构（存款行）申请开具的人民币定期存款权利凭证。根据《单位定期存单质押贷款管理规定》第 3 条第 2 款的规定："单位定期存单只能以质押贷款为目的开立和使用。"由此可知，单位定期存单不同于一般存款单，其开立并非为了获得存款利益，而是为他人提供担保。也就是说，单位定期存单是一种特殊性质的债权，即出质债权，其只能为质押贷款的目的而开立和使用。（2）单位定期存单兑付的方式。从前述分析可知，单位定期存单是为了质押担保设立的一种特殊债权，质权人实现质权的条件自然与一般质权实现条件有所区别。依据《单位定期存单质押贷款管理规定》第 19 条的规定："出质人和贷款人可以在质押合同中约定，当借款人没有依约履行合同的，贷款人可直接将存单兑现以实现质权。"第 23 条第 1 项规定："质押贷款合同期满，借款人未按期归还贷款本金和利息的，贷款人可依法定方式处分单位定期存单。"由此可见，质权人对单位定期存单兑付的方式因质押合同有无约定而不同，即质押合同中对质权实现方式有约定的按照约定，没有约定则依法定。但需要注意的是，我国现行法律并未规定质权人实现兑付存单是否需要通知出质人，因此，原则上质权人并没有通知义务，其可以不经通知直接行使质权。（3）出质人行使追偿权的限制。《民法典》第392条规定：提供担保的第三人承担担保责任后，有权向债务人追偿。这种追偿权系出质人承担保证责任后产生的，针对债务人的新的债权请求权，应当受诉讼时效的限制且应单独适用诉讼时效。鉴于法律并未对出质人追偿权的诉讼时效作出特殊规定，故应适用普通诉讼时效的相关规定，诉讼时效从知道或应当知道权利被侵害时起算。

二、权利质押（9例）

1. 私募基金份额质押权成立的条件

案例来源

苏州高新区××农村小额贷款有限公司诉苏州××钢铁贸易有限公司、苏州××担保投资有限公司、张××质押合同纠纷案

发布单位：最高人民法院《人民司法·案例》2014年第12期（总第695期）

审判法院：江苏省苏州市虎丘区人民法院

判决日期：2013年8月16日

案　　号：（2013）虎商初字第0522号

基本案情

2012年8月3日，贷款公司（苏州高新区××农村小额贷款有限公司）与钢铁贸易公司（苏州××钢铁贸易有限公司）签订最高额借款合同，约定由贷款公司向钢铁贸易公司提供 300 万元的授信。合同订立后，贷款公司随即发放了 300 万元借款。为保证该主合同的履行，贷款公司与担保公司（苏州 ×× 担保投资有限公司）签订了一份最高额保证合同，约定担保公司在最高债权本金 300 万元的范围内对该笔借款承担连带保证责任。同时，张 ×× 经 ×× 企业（凯风 ×× 企业）第四次合伙人决议同意，将其在 ×× 企业的股权作价 300 万元，为该债务提供质押担保，并与贷款公司签订了一份补充协议，约定张 ×× 系 ×× 企业有限合伙人之一，其认缴出资额为 1000 万元，实缴出资额为 300 万元，张 ×× 以其实缴出资额及其享有的财产份额为上述债务提供质押担保，且该行为已经 ×× 企业同意；×× 企业进行任何收益分配时、张 ×× 退伙或被除名时、张 ×× 拟转让部分或全部出资额及其享有的财产份额时，负有通知贷款公司的义务。同时，归属于张 ×× 的任何收益在扣除必须的税收、政府收费以及由张 ×× 分担的必要费用后，×× 企业应当将该收益汇入贷款公司账户，未经书面同意，不应支付给张 ×× 或其他任何第三方。贷款公司实现质权时，可受让张 ×× 的实缴出资额及其享有的财产份额而成为 ×× 企业的合伙人。之后，钢铁贸易公司在贷款到期后未能按约还款。

贷款公司以钢铁贸易公司未能按约还款，担保公司和张 ×× 均应承担连带清偿责任为由，提起诉讼，请求判令：（1）钢铁贸易公司归还借款本金 300 万元人民币及利息 326 116.85 元；（2）钢铁贸易公司承担贷款公司为实现债权而支付的律师费 45 000 元；（3）担保公司对钢铁贸易公司的上述债务承担连带清偿责任；（4）贷款公司可就上述债权对张 ×× 所质押财产依法折价或拍卖、变卖，并对所得款项享有优先受偿权。

判决主文

一审法院判决：被告钢铁贸易公司归还原告贷款公司借款本金 300 万元及逾期利息；被告担保公司对被告钢铁贸易公司的上述债务承担连带清偿责任；原告贷款公司有权以被告张 ×× 质押的 ×× 企业实缴出资额 300 万元及其享有的财产份额折价或拍卖、变卖所得价款就被告钢铁贸易公司的上述债务优先受偿。

宣判后，双方当事人均未提起上诉，判决已发生法律效力。

裁判要旨

按照《证券法》规定，私募基金份额出质不再适用动产质权的规定，其质权自办理出质登记时设立。

重点提示

私募股权投资基金，是指有限合伙制的私募股权投资基金。司法实践中，分析私募股权投资基金份额质押权成立的条件时，应注意以下几点：（1）私募股权投资基金的特征。私募股权投资基金具有财产性和可转让性的特点。根据《证券投资基金法》第46条规定，“基金份额持有人享有下列权利：（一）分享基金财产收益；（二）参与分配清算后的剩余基金财产；（三）依法转让或者申请赎回其持有的基金份额……”“私募股权基金份额属于信托财产，是有价财产，具有可转让性”。（2）私募股权投资基金份额可以出质。有限合伙制私募股权投资基金，是指采取有限合伙的形式设立的股权投资基金，属于有限合伙人在合伙企业内所有的财产份额。而有限合伙企业的财产份额又是以有限合伙人的出资为基础，并且包含了有限合伙人的利润分享权和剩余财产分配权，具有财产性特征。《民法典》第440条规定：出质人可以以其有权处分的财产权利进行出质，又有《合伙企业法》第72条规定：“有限合伙人可以将其在有限合伙企业中的财产份额出质；但是，合伙协议另有约定的除外。”据此，有限合伙企业合伙人可将其实际出资及财产份额出质。（3）私募基金份额出质应登记。《民法典》第443条第1款规定：“以基金份额、股权出质的，质权自办理出质登记时设立”，结合《证券法》第157条第2款规定，“投资者申请开立账户，应当持有证明中华人民共和国公民、法人、合伙企业身份的合法证件”可知，出质人以其在合伙企业内占有的股权基金份额出质的，应进行出质登记，质权自证券登记结算机构办理登记时成立。

2. 以记账式国债设立质权的生效条件

案例来源

中国银行股份有限公司武汉 ×× 支行诉长 × 证券股份有限公司武汉 ×× 大道证券营业部等质押合同纠纷案

发布单位：最高人民法院民事审判第二庭《最高人民法院商事审判指导案例》（第五卷·上）

审判法院：最高人民法院

判决日期：2010 年 5 月 10 日

案　　号：（2009）民二终字第 146 号

基本案情

2003 年年初，在长 × 证券 ×× 营业部（长 × 证券股份有限公司武汉 ×× 大道证券营业部）工作的徐 ×× 得知中行 ×× 支行（中国银行股份有限公司武汉 ×× 支行）可以用国债质押获得贷款后，遂和营业部经理张 × 到中行 ×× 支行，与行长龚 ××、信贷员吕 × 等人商谈国债质押贷款一事，决定由长 × 证券 ×× 营业部负责找一家贷款企业，贷款企业在长 × 证券 ×× 营业部购买国债，再用国债作质押，向中行 ×× 支行申请贷款。张 × 将上述情况向长 × 证券（长 × 证券股份有限公司）经纪业务总部副总经理钟 × 汇报，钟 × 表示同意。钟 × 主动找朱 ×× 安排购买国债的资金，找一家武汉企业作贷款企业，并要朱 ×× 将贷款资金放在长 × 证券 ×× 营业部炒股，朱 ×× 表示同意，但要求钟 × 保证国债被及时回购，确保资金安全返回。此前，朱 ×× 以虚假出资方式，成立并控制了苏 × 公司（湖北苏 × 贸易有限公司）、宁 × 公司（湖北宁 × 贸易有限公司）、中 × 公司（湖北中 × 租赁有限公司）三家在汉企业。朱 ×× 提供宁 × 公司为贷款企业，中行 ×× 支行经考察后发现宁 × 公司的账面显示亏损，不能作为贷款企业，便主动联系了汽车销售公司（湖北 ×× 汽车销售有限公司）为贷款企业。同年 3

月1日，中行××支行向中行××省分行（中国银行股份有限公司××省分行）上报了汽车销售公司和武汉公司（武汉××公司）各1亿元的贷款额度申请，得到批准。因武汉公司提出只贷5000万元，龚××擅自决定将武汉公司剩余的5000万元贷款额度调整给汽车销售公司，使汽车销售公司的贷款额度增加了5000万元。同年3月28日，朱××将3500万元汇入汽车销售公司在中行××支行的账户中。同年4月8日，朱××借款13 200万元汇入汽车销售公司在中行××支行的账户上，又通过汽车销售公司将自己组织的上述16 700万元资金转到长×证券××营业部的账户上购买了161 409手记账式国债（每手面值人民币1000元）。朱××再通过回购的办法，随即收回资金16 127.9万元。至同年4月18日，朱××共转走资金16 333万元。

同年3月28日，汽车销售公司与中行××支行签订贷款合同，约定中行××支行向汽车销售公司发放贷款15 000万元，长×证券××营业部出具承诺函对此承担连带保证责任。后，中行××支行将贷款转入汽车销售公司在中行××支行的账户上。又通过汽车销售公司将上述资金，转到长×证券××营业部的账户上购买了161 409手记账式国债。为此长×证券××营业部与中行××支行签订关于161 409手国债的托管协议。汽车销售公司按朱××的要求将贷款转至由朱××控制的苏×公司的账户上，随后朱××将该笔贷款又分别转入其在长×证券××营业部开设的7个账户中炒股。朱××用贷款中的4300万元用于投资及还债，剩余的10 700万元，朱××用8700万元购买爱使股份等股票，2000万元用于归还其借款。后，朱××“做庄”的爱使股份等4只股票崩盘，朱××、钟×逃跑。汽车销售公司所得“过桥费”120万元已由公安机关收缴并上缴国库。

龚××、朱××、钟×、张×四人因操纵15 000万元贷款构成违法放贷罪经法院一审，二审分别判处有期徒刑十年、九年六个月、六年、三年缓刑三年。随案赃款赃物已发还给中行××支行，15 000万元贷款所造成的损失7477.483 624万元无法追回。汽车销售公司所得“过桥费”120万元已收缴并上缴国库。

另查明，2007年1月23日，炼油化工公司（×××炼油化工股份有限公司）和长 × 证券公司（长 × 证券有限责任公司）签署了吸收合并协议，长 × 证券公司及公司的全部资产负债及业务均并入炼油化工公司，炼油化工公司接收长 × 证券公司的全部资产、负债、业务和员工。经中国证券监督管理委员会核准，炼油化工公司吸收合并了长 × 证券公司，自 2007 年 12 月 19 日起公司名称变更为长 × 证券股份公司（长 × 证券股份有限公司）。

中行 × × 支行以长 × 证券 × × 营业部、长 × 证券、汽车销售公司、朱 × × 尚欠贷款为由，提起诉讼，请求判令长 × 证券 × × 营业部、长 × 证券股份公司、汽车销售公司、朱 × × 连带清偿本金 15 000 万元及利息、罚息。

判决主文

一审法院判决：被告朱 × × 赔偿原告中行 × × 支行借款本金 7477.483 624 及利息；被告长 × 证券股份公司及长 × 证券 × × 营业部在被告朱 × × 不能清偿上述借款本金及利息部分承担 1/3 的清偿责任，其承担清偿后有权向被告朱 × × 追偿；驳回原告中行 × × 支行的其他诉讼请求。

原告中行 × × 支行不服一审判决，提起上诉称：原审判决以赃款冲抵 15 000 万元本金不当，且在适用法律方面存在错误。本案构成犯罪的是各方当事人的工作人员，非为各方当事人。且本案认定借款合同有效为宜，上诉人长 × 证券 × × 营业部作为分支机构应当依据《担保法》第 5 条第 2 款承担责任；即使借款质押关系无效，监管关系也应认定为有效；上诉人长 × 证券股份公司及其营业部应对未能收回的贷款本息承担连带赔偿责任。请求撤销原判，支持上诉人中行 × × 支行的全部诉讼请求。

被告长 × 证券股份公司及长 × 证券 × × 营业部不服一审法院判决，提起上诉称：（1）上诉人中行 × × 支行应对其违法发放贷款的重大过错承担民事责任，且对于贷款不能收回的损失应当由其承担主要过错责任。故本案贷款未被偿还的本金数额应是 7296.058 624 万元。（2）被上诉人汽车销售公司在本案中的过错与上诉人中行 × × 支行的资金损失存在因果联系，应当承担赔偿责任；（3）上诉人长 × 证券 × × 营业部的无效担保不应当由长 × 证券股份公司承担法律责任。因此请求：①撤销原审关于“赔偿中行 × × 支行借款的利息”的判决，并驳回上诉人中行 ×× 支行所提的利息诉讼请求；②撤销原判关于“长 × 证券股份公司及长 × 证券 ×× 营业部在原审被告朱 ×× 不能清偿上述借款本金及利息部分承担三分之一的清偿责任”部分，改判上诉人长 × 证券股份公司不承担责任，而由上诉人长 × 证券 ×× 营业部承担；③判决被上诉人汽车销售公司对上诉人中行 ×× 支行贷款损失承担连带赔偿责任。

针对上诉人长 × 证券股份公司及其长 × 证券 ×× 营业部的上诉请求，上诉人中行 ×× 支行答辩称：（1）上诉人中行 ×× 支行收取利息符合法律规定；（2）上诉人长 × 证券 ×× 营业部的担保应当由上诉人长 × 证券股份公司承担法律责任；（3）被上诉人汽车销售公司应当承担民事责任，但不影响上诉人长 × 证券股份公司承担民事责任。综上所述，请求依法驳回上诉人长 × 证券股份公司、长 × 证券 ×× 营业部的上诉请求。

针对上诉人中行 ×× 支行的上诉请求，上诉人长 × 证券股份公司、长 × 证券 ×× 营业部答辩称：本案所涉借款合同、国债质押合同、国债托管合同、承诺函等协议均属非法无效，本案已追回的赃款应当全部冲抵 15 000 万元本金。上诉人中行 ×× 支行应当为本案无效合同承担主要过错责任。被上诉人汽车销售公司出借银行账户、公章用于涉案违法贷款，其行为与本案损失之间存在直接的因果关系，应当对损失承担连带清偿责任。上诉人长 × 证券 ×× 营业部无权签订国债保管协议、承诺函，涉案国债质押尚未生效即被处置，上诉人中行 ×× 支行亦明知。因此，上诉人长 × 证券 ×× 营业部不应承担国债托管、返还义务，上诉人长 × 证券不应为此承担连带责任。

被上诉人汽车销售公司答辩称：被上诉人汽车销售公司出借银行账号，系上诉人中行 ×× 支行和长 × 证券股份公司及长 × 证券 ×× 营业部欺骗所导致，不应承担连带责任。被上诉人长 × 证券股份公司及长 × 证券 ×× 营业部所述“汽车销售公司在本案中的过错与中行 ×× 支行的资金损失存在因果关系”与事实不符。

原审被告朱 ×× 提交书面意见称：原审判决认定事实不清，上诉人长 × 证券股份公司及长 × 证券 ×× 营业部是本案幕后操纵者。本人无经济能力提起上诉及聘请律师，请求法律援助。

二审法院判决：驳回上诉，维持原判。

裁判要旨

记账式国债可以作为权利进行质押，但我国法律对于记账式国债的质押生效条件并无明确规定，但参照关于股权出质的规定，国债质权应自办理出质登记时设立。但质权设立必须以合法有效的质押合同为前提条件，质权人明知自己没有取得质押物，却仍与另一方当事人签订国债托管协议的，质押合同无效，应认定双方之间形成的是监管法律关系。

重点提示

国债，又称国家公债，是国家以其信用为基础，按照债的一般原则，通过向社会筹集资金所形成的债权债务关系。国债是由国家发行的债券，是中央政府为筹集财政资金而发行的一种政府债券，是中央政府向投资者出具的、承诺在一定时期支付利息和到期偿还本金的债权债务凭证，种类有凭证式国债、无记名（实物）国债、记账式国债三种。其中，记账式国债又名无纸化国债，是由财政部通过无纸化方式发行的、以电脑记账方式记录债权，并可以上市交易的债券。故司法实践中，如何认定以记账式国债设立质权的效力，应注意以下几点：（1）记账式国债质押的性质分析。从国债及记账式国债的定义可知，记账式国债是一种政府债券，可以用于上市交易，可以划入权利凭证范围。《民法典》第 440 条列举了 7 项债务人可以出质的权利范围，虽然没有细化至国债出质的内容，但该规定第 2 项是“债券、存款单”，所谓“债券”，是指政府、企业、银行等债务人为筹集资金，按照法定程序发行并向债权人承诺于指定日期还本付息的有价证券。故记账式国债属于债券的范围，可以质押。（2）记账式国债质权的成立。《民法典》第 441 条规定：“以汇票、本票、支票、债券、存款单、仓单、提单出质的，质权自权利凭证交付质权人时设立；没有权利凭证的，质权自办理出质登记时设立。法律另有规定的，依照其规定。”由此可知，有权利凭证的国债出质的，质权自权利凭证交付时设立；没有权利凭证的，质权自办理出质登记时设立。按照中国证券监督管理委员会 2018 年《证券登记结算管理办法》第17条、第18条、第19条规定，投资者进行记账式证券买卖，必须在证券交易所设立账户。因此，记账式国债质押应当在国债登记管理机构办理质押登记为生效条件，经审查后出具证券质押登记证明，从而达到权利质押担保的公示效力和法律证明力。（3）记账式国债的质权成立的前提条件。设立质权，当事人应当采用书面形式订立质押合同，即合法有效的质押合同是质权设立的前提条件。若当事人存在恶意串通、以合法形式掩盖非法目的等合同无效事由，应认定质押合同无效，质权未设立。此时，虽然质权未成立，质权人不能就质押标的实现优先受偿权，但可要求对质权未成立具有过错的出质人、债务人等承担过错责任，请求违约损害赔偿。

3. 出质人怠于办理股权质押登记时质权的设立问题

案例来源

中国高×投资集团公司诉张家港市×××铜业有限公司、郭××金融借款合同纠纷案

发布单位：最高人民法院民事审判第一庭《民事审判指导与参考》2015年第3辑（总第63辑）

审判法院：最高人民法院

判决日期：2015年4月22日

案　　号：（2014）民一终字第162号

基本案情

2007年12月20日，铜业公司（张家港市×××铜业有限公司）法定代表人孙××授权公司财务科科长沙×全权代理其在兴业银行（兴业银行股份有限公司）办理各项融资事宜，并承诺其所签合同均由公司及法人代表承担相应责任。同月28日，高×集团（中国高×投资集团公司）作为委托人、兴业银行××支行（兴业银行股份有限公司北京××支行）作为贷款人、铜业公司作为借款人，三方签订了《委托借款合同》，约定：由委托人提供资金2

亿元，贷款人根据委托人确定的借款对象等要求代为发放并协助收回借款，借款用于日常经营需要，利率为固定利率。该合同加盖了高 × 集团和铜业公司的公章，并有高 × 集团法定代表人及铜业公司经办人沙 × 的签名。合同签订当日，高 × 集团通过兴业银行 ×× 支行向铜业公司放款 2 亿元。随后，高 × 集团作为债权人，铜业公司作为债务人，郭 ×× 等人作为出质人，共同签订了《质押协议书》，约定：出质人郭 ×× 以其持有的高新 ×× 公司（高新 ×× 股份有限公司）的股权（证券代码 002075）作为质押物，对债务人铜业公司的债务提供连带责任担保。上述协议加盖了高 × 集团、铜业公司公章，及郭 ×× 等出质人的签名，并于签订当日办理了公证。而后，上述各方又签订了一份《质押协议书》，其中增加了郭 ×× 等出质人对铜业公司的保证担保。高 × 集团通过兴业银行 ×× 支行向铜业公司放款 2 亿元，《委托借款合同》到期后，铜业公司未偿还借款本金及利息，担保人郭 ×× 等人亦未履行担保义务。

另查明，出质人郭 ×× 用于质押的股票未办理质押登记。高 × 集团于起诉时同时申请了财产保全并提供担保，法院依法进行了诉讼保全。因为高新 ×× 公司改制的原因，前述股票名称变更为“沙 × 股份”（证券代码 002075）。

《委托借款合同》上的签署日期，高 × 集团为 2007 年 12 月 25 日，兴业银行 ×× 支行与铜业公司为 2007 年 12 月 28 日。2007 年 12 月 10 日，郭 ×× 签署《备忘录》(《关于解决高新 ×× 股份有限公司在上市过程中相关问题的备忘录》)，约定为妥善解决高新 ×× 公司在上市过程中的相关问题，采取措施如下：（1）高 × 集团在 2007 年 12 月 15 日前借款 2.5 亿元给铜业公司，由资产经营公司（张家港市 ×× 镇资产经营公司）、周 ×、许 ×、郭 ×× 四位股东协助办理相关抵押担保手续。资金到账后，先归还高 × 集团借给江苏 ×× 集团（江苏 ×× 集团有限公司）的相关款项。（2）资产经营公司借出 1 亿元给江苏 ×× 集团。（3）周 ×、许 ×、郭 ×× 设法出售非限售股票，以不少于 3000 万元现金借入江苏 ×× 集团。（4）高 × 集团在 2008 年 4 月底前收购铜业公司，或者收购其 95% 以上的资产控股铜业公司。收购时，以评估价格来收购，以解决部分损失。

高 × 集团以借款到期，铜业公司未依约偿还借款为由，提起诉讼，请求判令铜业公司向高 × 集团偿还委托借款本金 2 亿元，并支付利息；郭 × × 以出质的股票承担质押担保责任，并与铜业公司共同承担连带偿还责任。

铜业公司辩称：（1）合同项下 2 亿元实际借款人为高新 × × 公司，是高新 × × 公司的股东为解决该公司上市的遗留问题，而由各股东借入相关款项，铜业公司只是名义上的借款人；（2）《质押协议书》为高 × 集团应付内部审查之用，并非各方真实意思表示，且注意高 × 集团提交了两份质押协议书。

郭 × × 辩称：本人系高新 × × 公司原法定代表人，为了解决高新 × × 公司的资金困难签署了一份《备忘录》，约定：高 × 集团向铜业公司通过走账形式借款给高新 × × 公司，同时为应付内部检查本人及其他股东提供质押担保；未公证的《质押协议书》未通过高 × 集团审查，后重新起草再次签订并办理公证手续；放款之前，鉴于实际使用人为高新 × × 公司，各发起人股东协商由铜业公司出面接受款项，而高新 × × 公司在放款之前控制了铜业公司公章，并于兴业银行 × × 支行开设账户用作接受该款项，资金到账当日即被按高新 × × 公司需要使用完毕；且实际签订的《质押协议书》为经过公证的那份，后因未进行权利登记，质押权不产生，本人不承担任何担保责任。《质押协议书》不经登记是因为协议本身就是为了应付检查，高 × 集团放款之后没有要求办理质押登记，本人并非过错方，无须承担任何担保责任。

判决主文

一审法院判决：被告铜业公司向原告高 × 集团偿还借款本金 2 亿元及利息 439.2 万元；被告郭 × × 以其持有的 14 154 500 股“沙 × 股份”（证券代码 002075）股票及提存至一审法院的部分股票变现款 1 641 527.55 元，对第一项所判债务未清偿部分承担赔偿责任；被告郭 × × 对第一项所判债务承担连带清偿责任，在其承担连带清偿责任后，有权向被告铜业公司追偿；驳回原告高 × 集团的其他诉讼请求。

被告郭 × × 不服一审判决，提起上诉称：（1）原判决认定事实错误，未认定《备忘录》与《委托借款合同》的关联性；（2）原判决适用法律错误，本人未就质押权利进行质押登记无过错，不应承担担保责任；（3）一审判决存在程序错误，未依职权追加其他股权出质人为共同被告。综上所述，请求撤销一审判决，驳回被上诉人高 × 集团的诉讼请求，诉讼费用由被上诉人高 × 集团负担。

被上诉人高 × 集团辩称：（1）案涉《委托借款合同》系当事人真实意思表示，合法有效；（2）原审被告铜业公司取得借款证据充分，上诉人郭 ×× 关于借款使用人的上诉理由与本案无关，本集团亦无义务了解；（3）《委托借款合同》与《备忘录》不具有关联性，上诉人郭 ×× 的理由不成立；（4）案涉《质押协议书》不存在疑点和矛盾，上诉人郭 ×× 的理由不成立，且不能因此否定其连带责任；（5）一审法院认定的借款担保法律关系并无错误，本集团只选择上诉人郭 ×× 为本案被告属于诉讼权利。综上所述，请求维持一审判决。

二审法院另查明：（1）《备忘录》系铜业公司一审期间提交，被上诉人高 × 集团在二审中认可其真实性，就第四条约定事项问题，原审被告铜业公司称不清楚，上诉人郭 ×× 称未完成；（2）上诉人郭 ×× 于一审期间提交被上诉人高 × 集团制作的 2007 年度合并会计报表附注，被上诉人高 × 集团认可其真实性，而上诉人郭 ×× 在二审中称关于 2007 年 12 月 29 日质押协议书的表述内容不真实；（3）上诉人郭 ×× 于二审庭审中提交十组新证据，还向本院提交证人出庭作证申请，因证人自身原因无法出庭，申请被退回；（4）上诉人郭 ×× 向本院提交司法鉴定申请书，申请对 2007 年 12 月 29 日《质押协议书》签署页文字形成时间与该协议条款文字形成时间的一致性进行鉴定；（5）据原审被告铜业公司章程及工商局记载，江苏 ×× 集团为其公司法人股东。

二审法院判决：驳回上诉，维持原判。

裁判要旨

主合同无法定无效情形，且权利质押合同合法有效的，质权具备设立的形式要件。但出质人以股权质押的，质权自证券登记结算机构办理出质登记时设立。故当出质人怠于办理质押登记，导致质押权未设立，存在过错时，应当对质押权人承担损害赔偿责任，责任范围为债务人未清偿部分债务。

重点提示

司法实践中，关于出质人怠于办理股权质押登记时，质权是否设立，应注意以下几点：（1）股权质押的法律依据。《民法典》第440条规定："债务人或者第三人有权处分的下列权利可以出质：（一）汇票、本票、支票；（二）债券、存款单；（三）仓单、提单；（四）可以转让的基金份额、股权；（五）可以转让的注册商标专用权、专利权、著作权等知识产权中的财产权；（六）现有的以及将有的应收账款；（七）法律、行政法规规定可以出质的其他财产权利。"由此可知，出质人可以将股权作出质物质押。股权质押，是指出质人以其所拥有的股权作为质押标的物而设立的质押。（2）股权质权设立的条件。《民法典》第443条第1款规定："以基金份额、股权出质的，质权自办理出质登记时设立。"由此可知，股权质押不同于一般的权利质押，其采取登记生效制，质权自办理出质登记时设立。股权质权的设立应具备以下要件：一是形式要件。出质人与质权人签订合法有效的权利质押合同。股权质押协议属于担保合同，是主债权债务合同的从合同，具有从属性，主债权债务合同无效的，从合同随之无效。当作为主合同的借款合同无法定无效情形时，采取书面形式签订并在合同中明确约定了出质人担保义务和方式的权利质押合同合法有效，符合权利质权设立的形式要件。二是实质要件。《民法典》第443条第1款规定了股权出质登记，股权出质登记，是指出质人、质权人就双方协商一致的股权出质事宜，持相关证明材料，向工商行政管理机关申请登记，工商行政管理机关依法办理登记并将相关登记事项记载于股权出质登记簿的行为。（3）股权出质未登记的法律后果。基于前述分析可知，股权质权的设立必须签订有效的质押合同并进行股权出质登记，未办理质押登记，导致质押权未设立的，质权人不能主张对股票的质押优先受偿权。但质押未成功设定责任在于出质人时，由于《民法典》第577条规定："当事人一方不履行合同义务或者履行合同义务不符合约定的，应当承担继续履行、采取补救措施或者赔偿损失等违约责任。"因此，出质人在签订股权质押合同后，怠于履行合同义务，因未办理质押登记导致质权未设立的，出质人存在过错，应当对质权人承担损害赔偿责任，责任范围为债务人未清偿部分债务。

4. 以特定增值税应退税款设立质押担保的效力

案例来源

安徽 ×× 银行股份有限公司与 ×× 县 ×× 铜业有限公司、戴 ××、安徽省 ×× 县国家税务局金融借款合同纠纷案

发布单位：最高人民法院中国应用法学研究所《人民法院案例选》2015 年第 4 辑（总第 94 辑）

审判法院：安徽省宣城市中级人民法院

判决日期：2014 年 7 月 10 日

案　　号：（2014）宣中民二初字第 00040 号

基本案情

铜业公司（×× 县 ×× 铜业有限公司）因资金不足无法购置原料，经股东会决议以其在 ×× 县国税局（安徽省 ×× 县国家税务局）的增值税完税凭证的应退税款作质押向 ×× 银行（安徽 ×× 银行股份有限公司）提出贷款申请。×× 银行向 ×× 县国税局核实情况后，分三次向铜业公司发放三笔贷款，期限均为 6 个月，年利率均为 5.6%。戴 ×× 书面承诺对三笔贷款承担连带清偿责任。×× 县国税局承诺及时将退税款划到 ×× 银行指定的退税账户，但该局未将应退税款转入账户。

另查明，铜业公司与 ×× 农村合作银行营业部（×× 银行原为 ×× 农村合作银行，其原债权债务转为 ×× 银行债权债务）三次借款时均签订过《流动资金借款合同》和《权利质押合同》，约定了借款金额、期限、年利率、逾期罚息利率、还款方式、指定的委托扣款账户；铜业公司以两张增值税完税凭证为权利质物提供质押担保，质押担保的范围为借款本金和利息、逾期利息、罚息等以及实现债权的一切费用，并与 ×× 农村合作银行营业部三次借款时均办理了上述凭证的交付手续。戴 ×× 向 ×× 农村合作银行出具《贷款承诺书》，承诺愿意承担三笔贷款的连带保证责任。

××银行以铜业公司因国税局没有退税拒绝归还借款为由，提起诉讼，请求判令：（1）铜业公司归还借款本金利息；（2）铜业公司承担质押担保责任，确认××银行享有优先受偿权；（3）戴××承担连带清偿责任；（4）××县国税局按照承诺内容及时退税，用于归还铜业公司在××银行的贷款。

庭审中，××银行当庭请求增加诉讼请求，即请求判令××县国税局承担连带清偿责任。

铜业公司和戴××辩称：（1）确有贷款事实，××银行对该贷款有质押权，但××银行已经实施了质押，铜业公司并无贷款逾期，因此不应承担逾期利息。（2）涉案贷款有质押担保在先，戴××应在质押担保范围以外承担责任。

××县国税局辩称：（1）本案是借款合同纠纷，当事人为借贷双方，其并非适格被告，归还借款无事实和法律依据。（2）其出具的承诺书不具有担保效力，仅有证明作用，其无须因此承担民事责任。（3）承诺书具有行政承诺性质，不是民事担保，与该案不属同一法律关系。（4）××银行当庭增加诉讼请求不符合在举证期限届满前提出的法律规定时间。（5）××银行与铜业公司以应退税款质押不符合法律规定，该质押应属无效。综上所述，其不应承担民事责任。

判决主文

一审法院判决：被告铜业公司归还原告××银行借款本金2000万元及利息；原告××银行对被告铜业公司提供质押的应退税款账户中的特定应退税款在质押担保范围内有优先受偿权；被告戴××对被告铜业公司的借款本金及利息在原告××银行行使质押优先受偿权未能实现部分范围内承担连带清偿责任。被告戴××实际承担连带清偿责任后，有权向被告铜业公司追偿；驳回原告××银行的其他诉讼请求。

宣判后，各方当事人均未提起上诉，判决已发生法律效力。

裁判要旨

借款合同当事人约定以特定增值税的应退税款提供质押担保，出质人将应退税款账户特定化，将已缴增值税完税凭证作为权利质物交付给债权人转移退税凭证占有的，应当认定质押合法有效。

重点提示

从我国现行法律及相关司法解释的规定来看，质押标的包括：一是汇票、支票、本票、债券、存款单、仓单、提单；二是依法可以转让的股份、股票；依法可以转让的商标专用权、专利权、著作权中的财产权；三是依法可以质押的其他权利。法律并未否定特定增值税应退税款作为质押标的。因此，司法实践中，分析以特定增值税应退税款为金融借款质押担保的效力，应注意以下两点：（1）特定增值税应退税款可以进行质押担保。我国法律将质权分为动产质权和权利质权，而权利质权中的权利必须具有财产性和可转让性，即这种权利可以变成为人所有的物质财富并且具有交换价值。特定增值税应退税款是可以期待在将来实现退税得到退税款的，应退税款账户具有变现功能，而这种变现功能使权利具有可转让性。同时，对于特定增值税应退税款账户质押，我国法律、行政法规并无禁止性规定，并且应退税款账户质押贷款在实践中已经客观存在并成为一种较为有效的企业融资方式，不同于对行政主体“法无授权即禁止”的限制，对于民事主体而言，“法无禁止即可为”，特定增值税应退税款账户作为一种可预期的权利，既具有财产性又具有可转让性，因此可以进行权利质押。（2）特定增值税应退税款质押成立的条件。特定增值税应退税款作为一种可期待利益，其实现与税收征管部门息息相关，因此，以特定增值税应退税款进行权利质押不仅需要签订书面的合法有效的质押合同，而且要通过出质人指定并经税收征管部门承诺将应退税款划入相应账户，对应退税款账户进行特定化，赋予质权人对指定应退税款账户中退税款项的直接处置权，约定质权人可以将指定账户内的特定退税款项直接划收清偿债权本息，因此，质权自出质人将约定的已缴增值税完税凭证作为权利质物交付给质权人时才设立，债权人对指定应退税款账户内的特定应退税款依法享有优先受偿权。

5. 以证券客户交易结算资金提供质押担保的效力

案例来源

× × 证券股份有限公司诉广发银行股份有限公司郑州科 × 支行质押合同纠纷案

发布单位：最高人民法院审判监督庭《审判监督指导》2014 年第 2 辑（总第 48 辑）

审判法院：最高人民法院

判决日期：2014 年 6 月 5 日

案　　号：（2013）民抗字第 30 号

基本案情

2002 年 12 月 27 日，× × 路营业部（× × 证券有限责任公司郑州 × × 路证券营业部）在广发行 × × 路支行（广东发展银行郑州分行 × × 路支行）开设了 0621 账户（88×0621）。同日，双方共同向广东发展银行（广东发展银行股份有限公司）申请将上述账号用作客户交易结算资金专用存款账号。同年 12 月 26 日，广发行 × × 路支行作出《情况说明》，向 × × 路营业部确认了 0621 账户的性质。2003 年 3 月 4 日，广发行 × × 路支行为燃气设备公司（郑州 × × 燃气设备有限公司）办理银行承兑，双方签订编号为 03××××52 的银行承兑合同，约定银行承兑汇票金额共计不超过人民币 5000 万元，约定了承兑期限，× × 路营业部作为该银行承兑合同的担保人。同日，广发行 × × 路支行与 × × 路营业部签订保证合同，为了确保广发行 × × 路支行与燃气设备公司签订的编号为 03××××52 的承兑合同的履行，× × 路营业部自愿为借款人向贷款人借款提供连带责任保证，担保的主债权为广发行 × × 路支行依据主合同发放的全部贷款，金额为人民币 5000 万元。该保证合同担保人名称为 × × 路营业部，有时任总经理樊 × 签字，加盖的是原黄 × 证券 × × 路营业部（黄 × 证券有限责任公司郑州 × × 路证券营业部）柜台专用章。同日，×× 路营业部向广发行 ×× 路支行出具了质押声明书，声明书上有樊 × 签字和 ×× 路营业部公章。同日，×× 路营业部向 0621 账户存入了 5000 万元承兑保证金，广发行 ×× 路支行予以确认。之后，广发行 ×× 路支行承兑了燃气设备公司 5000 万元汇票。广发行 ×× 路支行分别于 2003 年 9 月 4 日和 22 日从 ×× 路营业部 0621 账户中扣划 21 584 368.88 元和 84 988.45 元。

另查明，2002 年 9 月 4 日，中国证监会下属机构下发文件，同意将“黄 × 证券有限责任公司郑州 ×× 路证券营业部”变更为“×× 证券有限责任公司郑州 ×× 路证券营业部”，×× 路营业部取得营业执照，未取得企业法人营业执照。

又查明，编号为 03××××52 的银行承兑合同第 3 条约定：“作为结算方式与凭据，汇票仅用于真实执行乙方与收款人所订的合同（协议）(编号为：2003–1–18）项下的商品交易，不得挪作他用及套用甲方的信用，否则为违约”。编号 2003–1–18 合同是燃气设备公司与第三方签订的工业品买卖合同。×× 路营业部出具质押声明书时，0621 账户内资金余额不足 5000 万元，后有 3000 万元转入，截至广发行 ×× 路支行出具确认书并冻结该账户内资金时，资金余额为 7000 万余元。0621 账户被广发行 ×× 路支行采取冻结措施后，该账户发生多次支取业务，至广发行 ×× 路支行扣划款项时，已低于 5000 万元。2004 年 9 月 24 日，广发行 ×× 路支行变更名称为广东发展银行股份有限公司郑州科 × 支行。

×× 证券公司（×× 证券有限责任公司）以 0621 账户中的资金为客户交易结算资金，×× 路营业部与广发行 ×× 路支行质押该资金的约定无效为由，提起诉讼，请求判令广发行 ×× 路支行返还上述款项并赔偿相应的利息损失。

判决主文

一审法院判决：驳回原告 ×× 证券公司对被告广发行 ×× 路支行的诉讼请求。

原告 ×× 证券公司不服一审判决，提起上诉。

二审法院判决：驳回上诉，维持原判。

最高人民检察院提起抗诉。

再审法院判决：维持二审判决。

裁判要旨

客户的交易结算资金必须全额存入指定的商业银行，单独立户管理，严禁挪用，故证券经营机构用客户交易结算资金专用存款账户作质押担保的行为违法违规，但在存在合法有效合同的前提下，其不能以此为由逃脱应承担的保证责任。

重点提示

客户交易结算资金，是指证券经营机构的客户为保证足额交收证券而存入的资金、出售有价证券所得到的所有款项（减去经纪佣金和其他正当费用）、持有证券所获得的股息、现金股利、债券利息、上述资金获得的利息以及证监会认定的其他资金。根据中国证券监督管理委员会2001年《客户交易结算资金管理办法》第2条规定："客户交易结算资金必须全额存入具有从事证券交易结算资金存管业务资格的商业银行，单独立户管理。严禁挪用客户交易结算资金"。可知，客户交易结算资金不能挪用。故司法实践中，分析证券经营机构用客户交易结算资金专用存款账户作质押担保的效力时，应注意以下几点：（1）客户交易结算资金专用存款账户非权利质押标的。权利质押，是指债务人或者第三人将其拥有的权利凭证移交债权人占有，并以凭证上的财产权利作为债权的担保。根据《民法典》第440条的规定，债务人或者第三人可以出质的权利必须是其有权处分的，是法律、行政法规规定的可以出质的财产权利。而对于客户交易结算基金，《客户交易结算资金管理办法》第2条明确规定了证券经营机构严禁挪用。证券经营机构对客户交易结算基金属于无权处分，客户交易结算资金账户不能成为质押标的。（2）证券经营机构不能以客户交易结算资金为他人提供担保。《客户交易结算资金管理办法》第23条规定："客户交易结算资金只能用于客户的证券交易结算和客户提款。证券公司和结算公司不得以客户交易结算资金、清算备付金为他人提供担保。"综合类证券公司必须将其经纪业务和自营业务分开办理，客户的交易结算资金必须全额存入指定的商业银行，单独立户管理，严禁挪用。事实上，应严禁客户交易资金与券商自有资金同在一户，客户交易结算资金账户不能作为质押账户使用。（3）以客户交易结算资金专用存款账户作质押担保无效。基于前述分析可知，法律规定了证券经营机构不能以客户交易结算资金提供担保，不能以客户交易结算资金账户作为质押标的，证券经营机构对前述相关法律和法规的内容系明知，明知其对于客户交易结算资金专用账户应当单独管理、专户专用，而证券经营机构以客户交易结算账户作质押，系违法违规行为，质权人不能设立质权。但因质权不能设立的原因在于出质人证券经营机构，故在存在合法有效保证合同的情况下，证券经营机构应为其行为导致不能有效设立质权的后果承担保证责任。

6. 污水处理特许经营收益权的质押问题

案例来源

福建海峡银行股份有限公司 ×× 支行诉长乐 ×× 污水处理有限公司、福州 ×× 工程有限公司金融借款合同纠纷案

发布单位：最高人民法院 2015 年 11 月 19 日公布（指导案例 53 号）

审判法院：福建省高级人民法院

判决日期：2013 年 9 月 17 日

案　　号：（2013）闽民终字第 870 号

基本案情

2003 年，长乐市建设局在长乐市财政局的见证下，授予工程公司（福州 ×× 工程有限公司）投资、建设、运营和维护长乐市城区污水处理厂项目及其附属设施的特许权。三方签订《长乐市城区污水处理厂特许建设经营合同》，约定工程公司可将特许经营权作为本项目的融资抵押或担保，但不得转让他方。2004 年 10 月 22 日，工程公司为履行上述合同设立污水处理公司

（长乐 ×× 污水处理有限公司）。2005 年 3 月 24 日，污水处理公司为长乐市城区污水处理厂 BOT 项目向商业银行 ×× 支行（福州市商业银行 ×× 支行）借款 3000 万元，签订《单位借款合同》，约定借款期限自 2005 年 3 月 25 日至 2018 年 3 月 25 日，并对权利义务作了详细约定。工程公司以《长乐市城区污水处理厂特许建设经营协议》授予的特许经营权为上述借款提供质押担保。商业银行 ×× 支行、污水处理公司、工程公司、长乐市建设局共同签订《特许经营权质押担保协议》，约定以污水处理费优先清偿污水处理公司的债务，如未清偿，商业银行 ×× 支行有权拍卖实现质押权利，长乐市建设局同意上述担保。2007 年 4 月 28 日，商业银行 ×× 支行变更为福州市商业银行股份有限公司 ×× 支行，2009 年 12 月 1 日，变更为海峡银行 ×× 支行（福建海峡银行股份有限公司 ×× 支行）。2007 年 10 月 21 日，污水处理公司未足额偿还贷款 3000 万元及利息。

海峡银行 ×× 支行以污水处理公司未能按期偿还贷款本金和利息为由，提起诉讼，请求判令：（1）污水处理公司偿还贷款本息；（2）污水处理服务费优先用于清偿债务；（3）拍卖质物，优先受偿价款；（4）工程公司承担连带清偿责任。

判决主文

一审法院判决：被告污水处理公司偿还借款本金 2871 万余元及利息；原告海峡银行 ×× 支行有权直接向长乐市建设局收取污水处理服务费，并对服务费优先受偿；被告工程公司承担连带清偿责任；驳回原告海峡银行 ×× 支行的其他诉讼请求。

被告污水处理公司、工程公司不服一审判决，提起上诉。

二审法院判决：驳回上诉，维持原判。

裁判要旨

污水处理特许经营权的收益权作为应收账款的一种未来的金钱债权，可以质押，作为应收账款进行出质登记。特许经营权的收益权依其性质不宜折价、拍卖或变卖，质权人主张优先受偿权的，人民法院可以判令出质债权的债务人将收益权的应收账款优先支付质权人。

重点提示

污水处理特许经营权，是指政府按照有关法律、法规的规定及要求，通过市场竞争机制选择市政公用事业投资者或者经营者，授权其在一定期限和范围内经营某项市政公用事业产品或者提供某项服务的制度。故司法实践中，分析污水处理特许经营权能否质押，应注意以下几点：（1）污水处理特许经营收益权的性质属于应收账款。应收账款，是指权利人因提供一定的货物、服务或设施而获得的要求义务人付款的权利，包括现有的和未来的金钱债权及其产生的收益，但不包括因票据或其他有价证券而产生的付款请求权。按照前述分析可知，污水处理项目的特许经营权，是由经营者对污水处理厂进行运营和维护，并因此获得相应收益的权利，即污水处理项目收益权是基于提供污水处理服务而产生的将来的金钱债权，按其性质可归入“应收账款”的范畴。（2）污水处理特许经营收益权可以出质。首先，《民法典》第 440 条规定：“债务人或者第三人有权处分的下列权利可以出质：（一）汇票、本票、支票……（六）现有的以及将有的应收账款；（七）法律、行政法规规定可以出质的其他财产权利。”由此可知，应收账款可以出质。故特许经营收益权是应收账款的一种，作为特定化的财产权利，可以出质。其次，我国现行法律并未禁止此种权利质押，在国务院办公厅转发国务院西部开发办《关于西部大开发若干政策措施实施意见》的通知中提出，“对具有一定还贷能力的水利开发项目和城市环保项目（如城市污水处理和垃圾处理等），探索逐步开办以项目收益权或收费权为质押发放贷款的业务”。该意见首次明确可试行将污水处理项目的收益权进行质押。最后，最高人民法院《关于适用〈中华人民共和国民法典〉有关担保制度的解释》第 61 条第 4 款规定了“基础设施和公用事业项目收益权”可以出质，污水处理收益权作为公用事业项目收益权，亦应允许出质。综上所述，污水处理项目的收益权作为特定化的财产权利，当然可以出质。（3）以特许经营收益权出质的质权实现方式。最高人民法院《关于适用〈中华人民共和国民法典〉有关担保制度的解释》第 61 条第 4 款规定："以基础设施和公用事业项目收益权、提供服务或者劳务产生的债权以及其他将有的应收账款出质，当事人为应收账款设立特定账户，发生法定或者约定的质权实现事由时，质权人请求就该特定账户内的款项优先受偿的，人民法院应予支持；特定账户内的款项不足以清偿债务或者未设立特定账户，质权人请求折价或者拍卖、变卖项目收益权等将有的应收账款，并以所得的价款优先受偿的，人民法院依法予以支持。"由此可知，特许经营者系经政府特许授权，特许经营收益权主体具有特定性，不宜折价、拍卖、变卖，债务人未清偿到期债务的，质权人可以对特许经营收益权的应收账款优先受偿以实现质权。

7. 以商铺租赁权出质的效力

案例来源

招商银行股份有限公司 × 企业信贷中心诉杨 ××、朱 ××、符 ××、王 ×× 金融借款合同纠纷案

发布单位：国家法官学院《中国审判案例要览》(2013 年商事审判案例卷)

审判法院：江苏省苏州工业园区人民法院

判决日期：2012 年 12 月 19 日

案　　号：(2012) 园商初字第 0913 号

基本案情

2011 年 12 月 27 日，杨 ×× 与招行信贷中心（招商银行股份有限公司 × 企业信贷中心）签订《借款合同》，双方约定借款金额 450 万元、借款期限、借款利率等内容；以符 ××、王 ××、朱 ××、杨 ×× 作为保证人承担连带责任，于当日出具《不可撤销担保书》；杨 ×× 以其所有的两处商铺使用权及 40 年的优先续租权，提供质押担保并签订三方协议。协议中三方约定，杨 ×× 向 ×× 服装城（×× 服装城集团有限公司）申请发放对于此次贷款的监管登记卡，并交纳服务费；杨 ×× 在协议期间保证该商铺使用权及优先续租权不转让；在杨 ×× 未能按时还款时，×× 服装城应同意处理该营业用房的申请，并解除双方的关系；×× 服装城有权在杨 ×× 无力还款时，将抵押商铺进行公开处置，所得费用优先偿还贷款本息，处置多余部分归其所有。随后，杨 ×× 向 ×× 服装城承租营业用房，并约定 40 年优先续租权的起始日期。合同签订后，招行信贷中心向杨 ×× 发放贷款 450 万元，规定还款期限为 2012 年 7 月 5 日。借款到期后，杨 ×× 未按约偿还欠款，招行信贷中心对质押商铺申请拍卖，并告知 ×× 服装城。

招行信贷中心以杨 ×× 未按照合同约定还本付息为由，提起诉讼，请求判令：（1）杨 ×× 归还贷款本息及律师费；（2）朱 ××、符 ××、王 ×× 对债务承担连带清偿责任；（3）对杨 ×× 质押的商铺使用权及优先续租权享有优先受偿权。

×× 服装城述称：应按三方协议约定，就质押商铺的使用权和优先续租权由其公开处置变现。

判决主文

一审法院判决：被告杨 ×× 归还原告招行信贷中心借款本金 450 万元，利息 143 759.42 元，以及罚息、复利，偿付律师费 102 475 元；被告朱 ××、符 ××、王 ×× 对被告杨 ×× 的上述债务承担连带清偿责任；被告杨 ×× 未能履行债务时，第三人 ×× 服装城应对被告杨 ×× 承租的营业用房的承租权（包括优先续租权）折价或者拍卖、变卖，所得款优先受偿原告招行信贷中心。

宣判后，双方当事人均未提起上诉，判决已发生法律效力。

裁判要旨

借款人将自身所有的商铺租赁权质押给出借人，并与其在双方自愿的情况下签订质押合同，同时约定在到期未还款的情况下，出借人有权处置借款人的商铺租赁权。由于双方在未胁迫、欺骗的情况下平等、自愿地订立合同，符合合同成立的要件，合同内容亦未违反法律规定，且商铺租赁权属于财产性权利，因此商铺租赁权可以作为质押标的进行质押。

重点提示

司法实践中，分析商铺租赁权出质的效力，应注意以下几点：（1）商铺租赁权可以出质。商铺承租权，是指商铺出租人以订立书面合同的形式将商铺交付承租人占有、使用与收益，承租人向出租人支付租金的权利，即商铺租赁权是承租人所有的一项财产性权利，虽然《民法典》第440条列举的可以出质的权利项并不包括商铺租赁权，但该条规定第（7）项“法律、行政法规规定可以出质的其他财产权利”是可以出质的权利的兜底条款。同时，法律中并未对商铺承租权作出禁止质押规定，依据“法无禁止即可为”的私法原则，商铺租赁权具有可流转、可特定化、效力物权化，属于财产权利且具备权利凭证特征，符合权利质权的法律特征，所以商铺租赁权可以成为权利质押标的。（2）商铺租赁权出质的生效要件。商铺租赁权作为一项财产性权利，以其设立的权利质权，应具备以下条件：首先，签订合法有效的质押合同。根据《民法典》中关于民事法律行为效力部分的规定，当事人不是在胁迫、欺诈的情况下签订以商铺租赁权为质物的权利质押合同的，质押合同并不符合民事法律行为无效的规定，即权利质押合同是合法有效的，具有法律效力。其次，商铺租赁权出质必须完成“公示”。《民法典》第441条至第445条规定的权利质权的生效要件可以归结为，质权自交付权利凭证或者办理出质登记时设立。换言之，权利质权出质是否进行了公示以及公示方法是否符合权利质权的要求。而商铺租赁权不存在独立的权利凭证，无法通过交付权利凭证的方式进行出质，同时因缺失适当的登记部门和完善的配套制度，其也无法通过登记设立质权。故实践中，商铺租赁权质押常见的操作模式是，出借人（商业银行）、借款人（商户即商铺承租人）与商铺所有人（商铺出租人）签订三方协议，以商铺租赁权的财产价值作为优先偿债的担保，在商铺出租人处办理质押登记，并限制商铺承租人将商铺租赁权以任何形式进行转让、转租或重复质押。由此，出借人在质押合同到期，借款人未偿还借款的情况下，才有权处置借款人的商铺租赁权。

8. 以核押的虚假存单设立质权的效力分析

案例来源

内蒙古银行股份有限公司诉中国工商银行股份有限公司呼和浩特 ×× 支行存单质权纠纷案

发布单位：最高人民法院《人民司法·案例》2013 年第 22 期（总第 681 期）

审判法院：内蒙古自治区高级人民法院

判决日期：2012 年 7 月 20 日

案　　号：（2012）内商终字第 33 号

基本案情

2007 年 11 月 27 日，内蒙古银行金 × 支行（内蒙古银行股份有限公司金 × 支行）与矿业公司（内蒙古 ×× 矿业有限公司）签订了金额为 500 万元的借款合同，并进行了公证。同日，内蒙古银行金 × 支行与安 ×× 签订质押合同，以安 ×× 金额为 750 万元、账号为 06×××××××××××××121 的中国工商银行定期存折为矿业公司的上述借款提供质押担保，该合同亦经过公证。内蒙古银行金 × 支行于当日向工行 ×× 支行（中国工商银行股份有限公司呼和浩特 ×× 支行）×× 路分理处递送了盖有公章的冻结通知书，通知安 ×× 的上述存折已作为质物被冻结，在内蒙古银行金 × 支行未出具解冻通知前不得办理挂失、支取等手续，如同意通知书上所述，请盖章予以证明等。商业银行（呼和浩特市商业银行股份有限公司）金 × 支行和工行 ×× 路分理处分别在上述冻结通知书上加盖公章和业务公章。内蒙古银行金 × 支行已持有安 ×× 的上述存折，并向矿业公司发放了借款，后矿业公司未按期还款。

12 月 21 日，内蒙古银行联 × 支行就王 × 的个人存单向工行 ×× 支行 ×× 路分理处查询存单及其记载款项的真实性，并递送盖有加盖了己方公章的冻结通知书，通知书载明王×名下账号为06××××××××××××××569的定期存单、06××××××××××××××445的存折现已被内蒙古银行联×支行作为质押物予以冻结，在其未出具解冻通知前不得办理挂失、支取等手续。工行××支行××路分理处经理柳×回复确认上述存款真实，并冻结了该存款。工行××支行业务专用个人金融业务科、工行××路分理处及其经理柳×以及质押人王×分别在该冻结通知书上加盖公章、签字。同月28日，内蒙古银行联×支行与王×签订金额为300万元的借款合同，王×以其上述两个存折为该借款提供质押担保，并签订质押合同。次日，双方对两份合同进行了公证。内蒙古银行联×支行持有王×的上述存单，并向王×发放了借款，后王×到期未还款。

另查明，内蒙古银行联×支行持有的王×的400万元存单不存在真实存款，系安××将王×名下的工行定期一本通存折挂失后，由工行××支行个人金融业务科科长齐×在该存折上空打存款400万元而伪造的。另案法院认定柳×、齐×伪造存折并以虚假存款进行质押诈骗银行800万元贷款，均已犯贷款诈骗罪，并判处有期徒刑。同时，安××因涉嫌贷款诈骗，已被公安机关逮捕。

内蒙古银行以质押合同有效，工行××支行应承担质押存单的兑付责任为由，提起诉讼，请求判令工行××支行依法兑付质押借款本金800万元及相应利息。

判决主文

一审法院认定：本案纠纷系因被告工行××支行拒绝向原告内蒙古银行兑付其持有的质押存单而引起的，故案由应为储蓄存款合同纠纷。由于内蒙古银行金×支行及联×支行已向工行××支行××路分理处递送了相应的冻结通知书，并明确载明了质押该存单和要求冻结的内容，工行××路分理处、工行××支行对该冻结通知书盖章确认，即对该质押存单及其所记载的兑付款项均已进行核押，故虽然原告内蒙古银行要求兑付的存单并非存在真实存款，但经被告工行××支行核押后依法产生质押效力。由于被告工行××支行不能举证证明己方未对原告内蒙古银行的冻结通知书进行核押，亦不能证明原告内蒙古银行与被告工行××支行的工作人员、安××、王×恶意串通以虚假存单质押并骗取银行贷款，故原告内蒙古银行善意取得核押质押存单的法律效力。同时，被告工行××支行关于原告内蒙古银行工作人员柳×、齐×无权加盖公章或签收冻结通知书的主张也没有相应证据支持，故柳×、齐×在冻结通知书上加盖公章及签字、签收行为系职务行为，且真实有效，无论是否经过被告工行××支行内部审批手续，其均应向存单质权人承担民事法律责任。根据最高人民法院《关于审理存单纠纷案件的若干规定》的规定，前后两份质押合同均为有效合同，被告工行××支行应当依法向原告内蒙古银行承担兑付存单的法律责任。

一审法院判决：被告工行××支行依法兑付给原告内蒙古银行质押借款本金800万元及相应利息，800万元质押借款本金截至2008年12月3日产生的利息为549 091.78元，利息计算至案件执行完毕（2008年12月3日后500万元本金月利率按15.491 25‰计算，另外300万元本金月利率按14.006 25‰计算）；驳回原告内蒙古银行的其他诉讼请求。

被告工行××支行不服一审判决，提起上诉称：本行未曾与被上诉人内蒙古银行就涉案存单签订质押合同，故不是质押合同中的当事人，不受合同约束。冻结通知书是柳×、齐×等人实施犯罪行为的一部分，并非符合本行规定的质押流程办理的合规手续，故冻结通知书应当无效，质押合同以此为基础签订，亦应无效。同时，涉案争议的银行存折系柳×、齐×等伪造，根本没有任何存款，被上诉人内蒙古银行在发放贷款和质押存单过程中对此存在严重过错，其应当自行承担不能收回借款的法律后果，本行不应向被上诉人内蒙古银行承担涉案存单的兑付责任。

被上诉人内蒙古银行辩称：本案是本行以核押过的质押存单为依据要求上诉人工行××支行承担兑付义务而发生的争议，上诉人工行××支行在本行递送的冻结通知书中加盖公章已发生法律效力，尽管该存单核押系上诉人工行××支行的工作人员实施的犯罪行为，依然不能免除其因存单核押行为而应承担的法律后果。同时，质押存单虽系伪造，但确实为上诉人工行××支行以本行名义开具的正规存单，且上诉人工行××支行在本行对质押存单进行查询时回复确认该存单的真实性，本行亦与出质人签订了完整的质押合同，并持有该存单。因此，上诉人工行××支行应当自行承担核押虚假存单而发生的法律风险，即承担经核押的质押存单所记载的全部兑付款项。

二审法院判决：维持一审民事判决第二项；变更一审民事判决第一项为：上诉人工行××支行依法以存单记载的款项，兑付给被上诉人内蒙古银行质押借款本金800万元及相应利息，800万元质押借款本金截至2008年12月3日产生的利息为549 091.78元，并且利息计算至案件执行完毕；2008年12月3日500万元本金月利率按15.491 25‰计算，另外300万元本金月利率按14.006 259‰计算。

裁判要旨

银行工作人员采用虚打存折的方法为他人出具虚假存单，用作质押贷款，后又利用职务便利为该质押存单核押，依据最高人民法院《关于审理存单纠纷案件的若干规定》第8条第3款的规定，在核押行为有效的情况下，即使存单虚假，上述质押合同仍应认定为有效，持有存单的质权人依法享有质权。当质权人要求核押存单的出票银行兑付存单时，该出票银行应当无条件予以兑付。

重点提示

存单是银行凭已办理储蓄业务的一种信用凭证。根据《民法典》第441条规定："以汇票、本票、支票、债券、存款单、仓单、提单出质的，质权自权利凭证交付质权人时设立；没有权利凭证的，质权自办理出质登记时设立。法律另有规定的，依照其规定。"由此可知，存单可以出质，该质权是在存单的特定债权上设定的担保物权，其性质属于权利质押。司法实践中，以虚假存单设立质权并金融机构核押的，质权的效力如何认定，应注意以下几点：（1）存单核押的法律意义。存单核押，是指质权人将存款单质押的情况告知金融机构，并就存款单真实性向金融机构咨询，金融机构对存款单的真实性予以确认并在存款单上或以其他方式签章的行为。根据最高人民法院《关于审理存单纠纷案件的若干规定》第 8 条第 2 款规定："存单持有人以金融机构开具的、未有实际存款或与实际存款不符的存单进行质押，以骗取或占用他人财产的，该质押关系无效。接受存单质押的人起诉的，该存单持有人与开具存单的金融机构为共同被告。利用存单骗取或占用他人财产的存单持有人对侵犯他人财产权承担赔偿责任，开具存单的金融机构因其过错致他人财产权受损，对所造成的损失承担连带赔偿责任。接受存单质押的人在审查存单的真实性上有重大过失的，开具存单的金融机构仅对所造成的损失承担补充赔偿责任。明知存单虚假而接受存单质押的，开具存单的金融机构不承担民事赔偿责任。"由此可知，存单核押的法律意义有两点：第一，确定存单的真实性，质权人可以凭存单核押来证明存单质押的真实性，有效性及出质人知晓权利被出质的法律意义；第二，判断金融机构是否承担法律责任的依据，金融机构对存单进行核押后，即便存款事实并未发生，金融机构也因核押行为而不能对抗质权人。（2）有效存单核押的判断。对于存单核押的方式，我国并未有法律、司法解释进行明确规定，但实务中通常采取以下方式进行：一是金融机构签发核押书，确定存单的开户名、开户行、账号、存单金额、存款期限、利率等基本信息，并加盖核押专用章或者公章；二是金融机构在存单上签注"核押"字样，作出核押的意思表示。（3）虚假存单出质的效力。基于前述分析可知，存单核押虽然不是存单质权的设立要件和必经程序，但从前述司法解释规定来看，核押是保护质权人合法权益的必要方式。且最高人民法院《关于审理存单纠纷案件的若干规定》第 8 条第 3 款规定："以金融机构核押的存单出质的，即便存单系伪造、变造、虚开，质押合同均为有效，金融机构应当依法向质权人兑付存单所记载的款项。"可见，核押行为是否有效直接影响存单质押的效力，只要是有效的核押，如存单是经过出具存单的金融机构核押以后出质的，尽管存单虚假，质押合同也认定为有效，存单质权也有效。

9. 电子仓单质押合同纠纷的司法审查路径

案例来源

上海××资产管理有限公司诉平安银行股份有限公司××分行金融借款合同纠纷案

发布单位：最高人民法院《人民司法·案例》2019年第2期（总第841期）

审判法院：上海市第一中级人民法院

判决日期：2017年7月20日

案　　号：（2017）沪01民终6125号

基本案情

××公司（深圳××有限公司）与平安银行××分行（平安银行股份有限公司××分行）、金属冶炼公司（栾川县××金属冶炼有限责任公司）签订了《委托贷款合同》，约定××公司委托平安银行××分行向金属冶炼公司发放委托贷款。金属冶炼公司以注册仓单为上述委托贷款提供质押担保，与××公司签订了三份《注册仓单质押合同》，对担保范围、质权的实现等作出了约定，并约定质权设立的方式为：金属冶炼公司通过电子交易市场/电子交易平台提交仓单打印申请，同时提交仓单质押申请书，××公司对注册仓单质押申请的审核通过后与金属冶炼公司签订仓单质押合同即通知电子交易市场/电子交易平台完成设质并启动质物监管。此外，××公司与A股份公司（西双版纳A股份有限公司）签订了《注册仓单质押业务合作协议》，约定：××公司对注册仓单质押申请审核通过并通知A股份公司设质后，A股份公司将该批质押信息纳入质押监控清单，向××公司指定邮箱发送系统截屏图，并启动价格监控及实物商品监管；前述动作完成后，A公司向金属冶炼公司发放贷款。兵工公司（中国兵工物资××有限公司）与A股份公司签订了《西双版纳商品交易所指定交割仓库合作协议》，约定：兵工公司指定交割仓库，向

A 公司申请为指定人员开通电子舱单系统操作权限，并在商品到达指定仓库后及时做好接运、入库验收及向存货人出具存货凭证；兵工公司接到存货人要求将指定库存商品制成 A 股份公司注册仓单的指令后，应及时核实商品和回收凭证，在电子仓单系统中录入符合交割标准的商品信息制作电子仓单，并根据存货人的指令向 A 股份公司申请注册电子仓单。根据上述协议的安排，金属冶炼公司向兵工公司真实交付了其所有的钼精矿，兵工公司按照金属冶炼公司的实际存货情况出具了三张钼精矿存货凭证，又按照金属冶炼公司和 A 股份公司的要求将存货凭证相关信息录入 A 股份公司交易系统，自动生成仓单编号，制成注册仓单。仓单注册后，A 股份公司将上述《注册仓单质押合同》对应的记载交易商名称为金属冶炼公司、仓库名称为兵工公司、商品名称为钼精矿的注册仓单出质给 ×× 公司，并将上述备注为“质押”的系统截屏图发送至 ×× 公司指定邮箱。×× 公司依约向金属冶炼公司发放贷款，但借款到期后，金属冶炼公司未按约定还本付息。此后，×× 公司通过与资产管理公司（上海 ×× 资产管理有限公司）签订《确认书》的形式，将上述《委托贷款合同》及《注册仓单质押合同》等关联法律文件项下的主债权、担保权等全部权利转让给了资产管理公司，且资产管理公司已支付全部债权转让款。《确认书》签订当日，×× 公司向金属冶炼公司邮寄了《债权转让通知书》。

资产管理公司以其对金属冶炼公司享有委托贷款债权及对其名下注册仓单享有质权为由，向法院提起诉讼，请求判令：（1）金属冶炼公司向资产管理公司返还贷款本金；（2）金属冶炼公司向资产管理公司支付逾期利息（利率按照每日千分之一计算）；（3）金属冶炼公司承担原告为实现债权支付的律师费、保全担保费等费用；（4）金属冶炼公司不履行任何给付义务的，资产管理公司以金属冶炼公司质押的注册仓单项下货物协商折价或者拍卖、变卖所得价款优先受偿。

判决主文

一审法院判决：第三人金属冶炼公司向原告资产管理公司返还贷款本金；第三人金属冶炼公司向原告资产管理公司支付逾期利息（利率按照年利率 24%

计算）；第三人金属冶炼公司于判决生效之日起 10 日内向原告资产管理公司支付律师费；若第三人金属冶炼公司不履行上述给付义务，原告资产管理公司可以第三人金属冶炼公司质押的注册仓单项下货物协商折价或者以拍卖、变卖后的价款优先受偿；驳回原告资产管理公司的其他诉讼请求。

原审第三人金属冶炼公司不服一审法院判决，提起上诉称：（1）本案贷款人为银行，应当适用罚息上限位贷款利率水平加收 30%~50% 的规定，一审法院依职权将罚息年利率调整为 24% 的做法无法律依据；（2）被上诉人资产管理公司提交的纸质仓单不符合法定要件，一审判决关于质权成立并生效的认定错误；（3）一审开庭程序存在瑕疵，开庭传票未送达上诉人。综上所述，请求法院改判驳回除本金之外的被上诉人资产管理公司的其他诉讼请求。

被上诉人资产管理公司辩称：本案涉及的是一种新颖的电子仓单业务，争议电子仓单系有关各方协商确认采用的仓单形式。法律并未规定仓单必须以实物形式出具。A 股份公司已经确认仓单的存在并依约采取了质押登记、监控等措施，且原审第三人兵工公司也确认了相关货物真实存在，仓单的真实性已经得到确认。电子仓单质押系通过 A 股份有限公司设立，该质押行为是由合同安排确立，原审第三人兵工公司也确认涉案货物存在，故质押成立。

原审被告平安银行 ×× 分行称：一审判决无误，请求驳回上诉，维持原判。

原审第三人兵工公司称：同意上诉人金属冶炼公司的上诉意见。

二审法院判决：驳回上诉，维持原判。

裁判要旨

电子仓单质押是一种具有非传统纸质化、电子化等特点的新型质押形式。交易登记平台在其交易系统中公示电子仓单信息，将电子仓单注明“质押”字样，并以电子邮件形式通知质权人，即视为电子仓单交付。仓单所有人以电子仓单不符合法定形式、仓单未进行纸质实物的交付为由否定电子仓单质押法律效力的事实，应不予支持。

重点提示

随着信息网络科技的发展，仓单不再限于纸质模式，电子仓单开始出现并在金融市场中广泛应用，由此产生的电子仓单质押问题也越来越多，解决此类问题则需要通过审查确定电子仓单质押的效力。司法实践中，电子仓单质押效力的审查，应注意以下几点：（1）电子仓单的内容缺少并非必然否定效力。按照《民法典》第 910 条规定，“仓单是提取仓储物的凭证。存货人或者仓单持有人在仓单上背书并经保管人签名或者盖章的，可以转让提取仓储物的权利。”可知，仓单是提取仓储物的凭证，法律未对仓单的形式作出要求，故纸质形式并非仓单的唯一表现形式。电子仓单作为一种电子商务领域的金融服务创新产品，属于仓单。关于仓单的记载内容，《民法典》第 909 条作出了明确规定，但是对于欠缺记载事项是否影响仓单的效力并未提及，且第 909 条规定的是“仓单包括下列事项”，其含义应是指导性事项而非法定必要事项，故如仓单缺乏的事项不足以影响权利义务的确定和仓储物的一致性，就应认定为有效，反之认定为无效。（2）电子仓单质押的性质。从前述分析可知，电子仓单是仓单的一种表现形式，其属性与仓单一致。根据《民法典》第 440 条规定，“债务人或者第三人有权处分的下列权利可以出质：（一）汇票、本票、支票；（二）债券、存款单；（三）仓单、提单；（四）可以转让的基金份额、股权；（五）可以转让的注册商标专用权、专利权、著作权等知识产权中的财产权；（六）现有的以及将有的应收账款；（七）法律、行政法规规定可以出质的其他财产权利。”由此可知，仓单属于权利凭证，故电子仓单亦属于权利凭证。（3）电子仓单质权的设立。由于电子仓单质押属于权利质权，原则上电子仓单质权的设立需要具备权利质权设立的条件，即订立质押合同，交付权利凭证或进行权利出质登记。但因电子仓单具有无纸化和电子化的特征，其出质无法像传统纸质仓单一样通过物理空间上的占有转移来完成交付，故在交付设立的要件上，电子仓单质押的交付要区别于纸质仓单的交付方式，不能以物质上交付作为判断电子仓单交付的标准，而是从实质上衡量和判断交付的方式是否能够实现电子仓单权利的转让。在涉及银行、仓储企业、融资企业以及交易登记平台四方关系的电子仓单质押关系中，交易登记平台作为第三方，具有一定的独立性、权威性和公开性，电子仓单在交易登记平台中备注“质押”字样，并将相应系统界面截屏图发送至质权人指定邮箱等电子介质中，这种电子仓单物权权利的确认及转让，应视为交付。此时应肯定电子仓单质押的法律效力。

第五章　留置担保（2 例）

1. 基于劳动关系产生债权的留置权适用

案例来源

× × × 商品交易有限公司诉卢 × × 返还原物纠纷案

发布单位：《最高人民法院公报》2017 年第 1 期（总第 243 期）

审判法院：江苏省无锡市中级人民法院

判决日期：2014 年 11 月 17 日

案　　号：（2014）锡民终字第 1724 号

基本案情

卢 × × 系商品交易公司（× × × 商品交易有限公司）副总经理，为提高公司高管人员的福利待遇，商品交易公司将其享有所有权的涉案车辆（捷达苏 B× × × × × × 轿车）交予卢 × × 使用。2014 年 2 月，商品交易公司以卢 × × 连续旷工，已严重违反公司规章制度，且拒还涉案车辆为由，向卢 × × 发出处罚通知，表明其与卢 × × 解除劳动关系。卢 × × 收到该处罚通知后，表示同意解除与商品交易公司的劳动关系，但以商品交易公司解除劳动关系后，未向其支付拖欠的工资及经济补偿金等为由，拒绝将涉案车辆返还。

另查明，2014 年 6 月，卢 × × 以商品交易公司拒绝支付解除劳动关系后拖欠的工资及经济补偿金为由提起仲裁，仲裁委员会受理后作出审查，裁决商品交易公司向卢 × × 支付工资差额及违法解除劳动合同的经济赔偿金共计 20 余万元。商品交易公司不服该仲裁裁决，向法院提起诉讼。

商品交易公司以其与卢 × × 系劳动纠纷，涉案车辆系提供给职工的福利，与工资及经济补偿金纠纷并非同一法律关系，因此，卢 ×× 无权依据《物权法》行使留置权，且在双方解除劳动关系后，卢 ×× 对涉案车辆不具有合法占有权为由，提起诉讼，请求判令卢 ×× 返还涉案车辆并支付涉案车辆的使用费。

卢 ×× 辩称：本人对涉案车辆系基于劳动关系的合法占有，且对商品交易公司享有请求支付工资及经济补偿金的债权，同时，该占有与债权均属于劳动关系，故本人对涉案车辆有权行使留置权。

判决主文

一审法院认定：被告卢 ×× 基于担任原告商品交易公司高管的劳动关系而合法占有涉案车辆，又因该劳动关系，原告商品交易公司拖欠被告卢 ×× 工资及赔偿金，故被告卢 ×× 对涉案车辆可以行使留置权。

一审法院判决：驳回原告商品交易公司的诉讼请求。

原告商品交易公司不服一审判决，提起上诉称：（1）因劳动关系产生的债权不能适用留置权。根据《物权法》及《担保法》的规定，留置权仅适用于平等主体之间因合同纠纷等产生的债权债务关系，而不适用于存在管理与被管理关系的劳动关系纠纷中，故被上诉人卢 ×× 对涉案车辆行使留置权无法律依据。（2）被上诉人卢 ×× 占有涉案汽车系非法占有。在本公司与被上诉人卢 ×× 解除劳动关系后，被上诉人卢 ×× 即丧失占有使用涉案车辆的权利，其行为不属于合法占有。综上所述，请求二审法院依法改判被上诉人卢 ×× 返还涉案车辆。

被上诉人卢 ×× 辩称：本人系因职务关系而占有涉案车辆，属于合法占有。同时，留置权因《物权法》的扩大适用，已不仅局限于因合同等产生的债权债务纠纷，在劳动关系纠纷中亦可适用。本人在上诉人商品交易公司拖欠工资及经济补偿金的情况下，有权对合法占有的涉案车辆行使留置权。故请求维持原判。

二审法院判决：撤销一审法院判决；被上诉人卢 ×× 向上诉人商品交易公司返还涉案车辆。

裁判要旨

留置权是平等主体之间实现债权的担保方式，除企业之间留置的以外，债权人留置的动产，应当与债权属于同一法律关系。劳动关系主体双方在履行劳动合同过程中处于管理与被管理的不平等关系；用人单位供劳动者使用的工具、物品等，不是劳动合同关系的标的物，与劳动债权不属于同一法律关系。劳动者以用人单位拖欠劳动报酬为由，主张对上述动产行使留置权，人民法院不予支持。

重点提示

司法实践中，基于劳动关系产生的债权能否适用留置权，应注意以下几点：（1）留置权适用的条件。留置权属于担保物权，而担保物权是平等主体之间为确保债权的实现而设定的权利，本质在于平衡债权人预先在物质或劳力上的付出，以平等保护法律关系主体。根据《民法典》第447条第1款规定："债务人不履行到期债务，债权人可以留置已经合法占有的债务人的动产，并有权就该动产优先受偿。"第448条规定："债权人留置的动产，应当与债权属于同一法律关系，但是企业之间留置的除外。"可知，留置权适用需具备以下要件：第一，债权人占有债务人之动产；第二，债权已过清偿期；第三，动产与占有与债权属同一法律关系。（2）留置权中"同一法律关系"的正确理解。《民法典》第448条明确规定："债权人留置的动产，应当与债权属于同一法律关系。"所谓"同一法律关系"，是指债权人占有动产是基于与其债券发生的同一法律关系产生，如保管人因托管人不支付保管费用而留置保管物，法律设定留置权适用限制条件，是为了防止债权人任意留置债务人的与债权无关的财产，故对于"同一法律关系"不能作扩大解释，以免造成留置权的滥用。留置权人留置的动产必须是某一法律关系的标的物或者因该法律关系占有的标的物，债权人的债权也必须因同一法律关系产生。否则，债权人无权留置标的物。（3）基于劳动关系产生的债权不适用留置权。根据前述分析可知，基于劳动关系产生的债权，原因有三点：首先，劳动关系是用人单位和劳动者基于劳动合同而产生的管理与被管理的关系，劳动者因其处于被管理的弱势地位而受到立法的倾斜性条款保护。同时，劳动者完全可以通过法定的正当途径保护自己的劳动债权，若允许劳动者行使留置权这种私力救济手段将导致法律关系的失衡，不仅影响劳动生产和管理秩序，还将造成债权债务保护的不公平性，故留置权不适用于劳动关系。其次，在劳动关系履行过程中，用人单位为劳动者提供的工作便利条件所涉及的动产，如代步工具等，与劳动者主张的劳动债权并非同一法律关系。最后，留置权的成立要求债权人合法占有债务人的动产。用人单位为劳动者提供的工作便利条件所涉及的动产在劳动关系存续期间系合法占有，在双方劳动关系解除后，合法占有的法律基础丧失，转变为非法占有，此时劳动者继续占有不可能成立留置权，反而因拒不返还构成对单位的侵权。

2. 仓储合同中留置权的行使问题

案例来源

北京瑞达 ×× 商贸有限公司诉北京 ×× 公铁快运有限责任公司仓储合同纠纷案

发布单位：最高人民法院中国应用法学研究所《人民法院案例选》2013 年第 3 辑（总第 85 辑）

审判法院：北京市第二中级人民法院

判决日期：2012 年 2 月 28 日

案　　号：（2012）二中民终字第 192 号

基本案情

2007 年 4 月 30 日，商贸公司（北京瑞达 ×× 商贸有限公司）与快运公司（北京 ×× 公铁快运有限责任公司）签订《仓储协议》，约定：商贸公司委托快运公司储存、管理空桶，每个价值 50 元，并按约定结算方式每月支付 750 元仓储管理费给快运公司，快运公司按每平方米 0.6 元的标准收取仓储费；

若一方提前终止合同，应以书面方式提前7日向对方履行通知义务，双方均进行确认后生效。协议在签订之日起，经双方签字生效。2007年5月27日至同年8月28日，商贸公司分多次储存了2094个水桶到快运公司的仓库，水桶上印有“龙宫天然矿泉水”字样，快运公司为此出具了入库单给商贸公司。商贸公司上述水桶支付了100 000元押金给商贸公司。2008年7月29日，快运公司致函商贸公司，将结算方式列为2007年5月27日至6月27日、2007年6月27日至10月27日、2007年10月27日至2008年6月27日三个时间段内的结算金额分别为750元、3000元与6000元，并提出若商贸公司继续履行原仓储合同，需将2008年6月27日至2008年12月27日的4500元仓储费结算清楚，结算期限为2008年8月15日前，否则其将会自行处理商贸公司的货物。收到该函后，商贸公司支付了6000元的仓储费给快运公司库管员李××，李××在函件中的“应结算6000元”处进行了签字确认。商贸公司提交的收据与发票显示：其于2007年5月28日、2007年8月29日、2008年7月25日及2008年9月2日分别向快运公司支付仓储费750元、3750元、6000元、750元。

商贸公司以其因与案外人发生诉讼而无法开展业务，但在诉讼结束后，其已向快运公司将2008年8月31日前的仓储费结清，并向快运公司说明，在该案执行完毕后在结清剩余仓储费，其系因案外人原因而未能结清剩余仓储费，且向快运公司尽到了说明义务，但商贸公司未对其尽到通知义务即将水桶出售，致其无法履行另案生效判决，遭受经济损失，其因水桶向案外人支付押金100 000元，扣除2008年9月至2010年3月的仓储费的剩余部分应由快运公司赔偿为由，提起诉讼，请求判令快运公司赔偿其损失85 750元。

快运公司以商贸公司在签订《仓储合同》并将水桶运往其仓库后，多次无故拖欠保管费，且拒绝与其协商解决仓储费问题，其在发函列明结算明细并告知商贸公司应补缴15 000元仓储费后，为避免损失扩大而以短信告知商贸公司将对水桶行使留置权，但商贸公司未作出答复，遂以5240元的价格将水桶销售为由，提起反诉，请求快运公司补缴仓储费9760元，并承担诉讼费、可能发生的取证费、评估费、误工费。

商贸公司辩称：调整仓储费应经双方协商一致，但双方并未协商。本公司在2008年7月30日之后，仍缴纳过750元仓储费给快运公司，且向快运公司告知了与案外人的另案进展情况。快运公司于2008年7月29日发函给本公司时，并未指明其将对水桶行使留置权，因此其无权销售本公司水桶，且快运公司在函件中要求本公司支付多个月的仓储费违反合同约定。因此，不同意快运公司的反诉请求。

在诉讼中，快运公司提出2007年5月28日收据中的750元包含在2007年8月29日金额为3 750元的发票中，其补开发票后未将该750元的收据收回，2007年5月27日至2008年7月27日期间的仓储费商贸公司已缴纳。商贸公司不同意上述说法，主张其缴纳仓储费的期间为2007年5月27日至2008年8月27日。快运公司称其可买到水桶并返还给商贸公司，商贸公司对此提出异议。快运公司主张该种水桶的购买价值应为18元至25元。

判决主文

一审法院判决：被告快运公司赔偿原告商贸公司45 000元；驳回原告商贸公司的其他诉讼请求；驳回被告快运公司的其他反诉请求。

被告快运公司不服一审判决，提起上诉。

二审法院判决：驳回上诉，维持原判。

裁判要旨

仓储保管合同生效后，委托人未按约支付仓储费，保管人系依据仓储保管合同合法占有货物，且保管费已到期，其占有货物与保管费之间存在牵连关系，其有权对货物行使留置权。但在未约定结算保管费期限，且委托人已履行了部分付款义务时，保管人在未通知委托人取走货物的情况下即将货物变卖，属错误行使留置权，应对委托人损失承担赔偿责任。

重点提示

仓储合同，是双方当事人约定，由一方存储对方交付的物品，由对方支付费用的合同。遂在仓储合同成立后，保管人负有接受和验收货物入库的义务和返还保管物的义务，存货人则负有按照合同的约定及时提取货物，支付仓储费用的义务。因此司法实践中，在存货人未按照约定支付费用的情况下，保管人如何行使留置权，应注意以下几点：（1）保管人行使留置权的法律依据。关于仓储合同纠纷引起的留置权问题，虽然《民法典》中在“第二十二章仓储合同”部分未进行明确规定，但第918条规定：“本章没有规定的，适用保管合同的有关规定。”同时按照《民法典》中“第二十一章保管合同”部分的第903条规定：“寄存人未按照约定支付保管费或者其他费用的，保管人对保管物享有留置权，但是当事人另有约定的除外。”可知，仓储合同中无特别约定的，存货人未按照约定支付仓储费用的情况下，保管人有权对仓储物行使留置权。（2）留置权的行使方式。依据《民法典》第453条规定的内容“债务人逾期未履行的，留置权人可以与债务人协议以留置财产折价，也可以就拍卖、变卖留置财产所得的价款优先受偿”。可知，行使留置权主要有三种方法：一是以留置物折价；二是依法拍卖留置物；三是依法变卖留置物。遂保管人对于仓储物实现留置权，可以采取前述方式进行优先受偿。（3）不当行使留置权的法律后果。《民法典》第453条规定了行使留置权的正确方式，即“留置权人与债务人应当约定留置财产后的债务履行期限；没有约定或者约定不明确的，留置权人应当给债务人六十日以上履行债务的期限，但是鲜活易腐等不易保管的动产除外”。可知，在无约定留置财产后的履行债务期间时，欲正确行使留置权，留置权人应是依法给予债务人60日以上的履行期限，否则在2个月以内擅自将货物变卖实现留置权的，构成不当行使留置权。按照《民法典》第451条规定，“留置权人负有妥善保管留置财产的义务；因保管不善致使留置财产毁损、灭失的，应当承担赔偿责任。”可知，保管人错误行使留置权造成存货人损失的，应对存货人损失承担赔偿责任。

第六章 定金担保（5例）

1. 商品房认购书中的定金返还问题

案例来源

吴 ×× 诉无锡 ×× 国际服务外包产业发展有限公司商品房预售合同纠纷案

发布单位：最高人民法院中国应用法学研究所《人民法院案例选》2013 年第 1 辑（总第 83 辑）

审判法院：江苏省无锡市中级人民法院

判决日期：2012 年 8 月 20 日

案　　号：（2012）锡民终字第 0619 号

基本案情

2011 年 8 月，经相关部门审批，产业公司（无锡 ×× 国际服务外包产业发展有限公司）取得了无锡市纺城大道西侧、东安路南侧 ×× 都会广场一期创新广场及商业裙房的房屋预（销）售许可。之后，产业公司举行了“新经济财富增值计划”活动，吴 ×× 参加并缴纳了 10 万元的整层购房意向金。9 月，吴 ×× 与产业公司签订房屋认购单，约定：吴 ×× 认购上述房屋中的 9 幢 1801–1826 共 26 套房屋，认购总价为人民币 1358 万元，签订认购书时付定金人民币 52 万元；签署认购书后，吴 ×× 应在 2011 年 10 月 10 日前携带相关证明文件及本房屋认购单至售楼处签约，逾期按违约处理，产业公司可不经催告将房屋另行处置；吴 ×× 所交定金不予退还；签约时支付首付款 679 万元（含定金），并在签约的同时申请商业贷款 679 万元。同日，吴 ×× 向产业公司支付了 52 万元（含 2011 年 8 月 10 日支付的整层意向金 10 万元），产

业公司向吴 ×× 开具收据，收款事由系“订金”。同年 10 月 10 日，双方在协商花园问题时未达成一致意见，致认购书约定需签署的商品房买卖合同未能订立。4 日后，产业公司向吴 ×× 发出违约告知函，称认购单已失效，吴 ×× 所交定金 52 万元不予返还。

另查明，双方对花园问题的协商说法不一，吴 ×× 主张是因产业公司不同意在商品房买卖合同中明确承诺其对赠送的花园享有专属使用权造成的；而产业公司则主张是因吴 ×× 要求将赠送的花园登记在房屋产权证书上造成的。

吴 ×× 以双方在订立正式商品房买卖合同时，产业公司未能将其承诺的花园在合同中明确归其使用，所以双方没有签订正式的房屋买卖合同，且产业公司拒绝返还其预付房款为由，提起诉讼，请求判令产业公司立即向其退还预付款人民币 52 万元。

产业公司辩称：吴 ×× 要求本公司为花园办理产权证书系造成正式房屋买卖合同没有订立的原因，系吴 ×× 自己的原因导致的违约，本公司不应退还收取的定金。故请求驳回吴 ×× 的诉讼请求。

判决主文

一审法院判决：被告产业公司返还原告吴 ×× 定金 52 万元。

被告产业公司不服一审法院判决，提出上诉。

二审法院判决：驳回上诉，维持原判。

裁判要旨

商品房预售合同中的定金仅是双方在一定期限内继续就商品房买卖进行诚信谈判的一种担保。商品房预售合同签订后，只要双方当事人为签订商品房买卖合同进行了诚信磋商，未能订立商品房买卖合同的原因是双方磋商不成，而非一方当事人对认购协议的无故反悔，则应认定双方均已履行了认购书约定的义务，对未能签订商品房买卖合同均无过错，定金罚则不适用，卖方应向买方返还定金。

重点提示

商品房认购书是双方当事人在签订商品房预售合同或商品房现房买卖合同之前所签订的文书，是对双方交易房屋有关事宜的初步确认。认购书中通常会约定购房人向开发商支付一定数额的定金，并于此后一定期限内签订商品房买卖合同，但商品房买卖合同未能签订的情况也时有发生。司法实践中，在商品房买卖合同未能签订的情况下认定认购书中的定金应否返还的问题时，应当注意以下几点：（1）商品房认购书中的定金性质认定。定金，是指合同当事人为了证明合同的成立，保证合同的履行，依照法律规定或者合同约定，由一方当事人在合同订立时或订立后履行前，按合同总价款的一定比例或在法律规定的范围内，预先向对方支付一定数额的货币。定金主要包括立约定金、成约定金、解约定金、违约定金、证约定金。其中，立约定金，是指在合同订立前交付，目的在于保证正式合同的订立。因此，认购书中载明“购房人应当在签订认购书之日起多少日之内前来与开发商签订正式合同”的，应认定该认购书中的定金性质属于立约定金，即该定金仅是担保双方的诚信谈判义务，以求最终签订正式的商品房买卖合同。（2）商品房认购书中的定金返还的法律依据。根据前述论述可知，商品房认购书中的定金系立约定金，故在商品房买卖合同未达成时，该定金应予返还。但具体应如何返还，则应按照法律规定予以认定。最高人民法院《关于审理商品房买卖合同纠纷案件适用法律若干问题的解释》第4条规定：“出卖人通过认购、订购、预订等方式向买受人收受定金作为订立商品房买卖合同担保的，如果因当事人一方原因未能订立商品房买卖合同，应当按照法律关于定金的规定处理；因不可归责于当事人双方的事由，导致商品房买卖合同未能订立的，出卖人应当将定金返还买受人。”据此可知，因开发商一方原因未签订商品房买卖合同，则定金应双倍返还；因购房人一方原因未订立则定金不予返还。但若因不可归责于购房人、开发商的事由，导致未能签订商品房买卖合同的，则开发商应当将定金返还给购房人。（3）不可归责于双方当事人的事由。基于前述分析可知，在签订商品房认购书且购房人已交付定金后，因不可归责于任何一方当事人的原因致本约合同不能订立的，不适用定金罚则，开发商应将定金返还给购房人。其中，对“不可归责于当事人双方的事由”的情形，虽然法律没有作出明确规定，但从前述司法解释第 4 条的立法原意可推定概括为购房人与开发商诚信磋商，并且磋商过程中全面、忠实地履行了认购书中诚信谈判的义务，但仍未达成本约协议的情形。实务中，通常包括两种情形：一是认购书双方均未违约，仅是就相关条款未能协商一致；二是因不可抗力和其他当事人意志以外的因素，导致未签订商品房买卖合同。这里的“意志以外的因素”可以是不能办理贷款、购房的相关政策重大变化等。

2. 关于保证金适用定金罚则的问题

案例来源

广西 ×× 经济开发总公司诉中国 ×× 矿业总公司定金合同纠纷案

发布单位：最高人民检察院民事行政检察厅《人民检察院民事行政抗诉案例选》第二十二集

审判法院：广西壮族自治区南宁市中级人民法院

判决日期：2011 年 7 月 22 日

案　　号：（2011）南市民二终字第 253 号

基本案情

2008 年 5 月，经济开发公司（广西 ×× 经济开发总公司）与矿业公司（中国 ×× 矿业总公司）就进口印尼铁矿石签订《合作购销铁矿石合同》，约定：（1）经济开发公司负责确定货源，与外商商定合同具体条款，签订购销合同后向矿业公司支付合同金额 10% 的保证金；（2）矿业公司在收到保证金后的 5 个银行工作日内，负责开出信用证，委托国际商贸公司（×× 国际商贸有限公司，CITICINTERNATIONALCO.LTD）签订合同、对外开证和进口报关手续；（3）如标的物不能按期发运或因品质与合同规定不符拒付时，矿业公司有权在经济开发公司所付保证金中扣除合同总价款的 5% 作为补偿；如信用证不能按时交付卖方，则矿业公司承担因此造成的损失，并退还保证金。5 日后，经济开发公司委托的卖方 PTCITYINSIGHTGLOBAL 与买方国际商贸公司签订《购销合同》，约定双方以信用证作为支付手段，并约定了开证行、账户受益人、卖方等信息。次日，经济开发公司向矿业公司支付保证金 240 万元。同月 27 日，国际商贸公司作为开证申请人向卖方 PTCITYINSIGHTGLOBAL 出具不可撤销跟单信用证。此后，因《购销合同》的货物未能如约发放，合同不能完全履行。同年 10 月，矿业公司在保证金中自行扣除合同总价款的 5% 作为补偿后，将剩余保证金退还给经济开发公司。

经济开发公司以矿业公司未按合同约定委托国际商贸公司签订购销合同，且开出信用证的受益人不符合合同约定导致卖方未能按时收到货款，构成违约为由，提起诉讼，请求判令矿业公司返还自行扣除的保证金并支付利息、赔偿利润损失。

判决主文

一审法院判决：被告矿业公司应向原告经济开发公司返还保证金 1 191 900 元；被告矿业公司应向原告经济开发公司支付利息（以 1 191 900 元为基数，自 2010 年 6 月 8 日起计至本案生效判决规定的履行期限届满之日止，按照中国人民银行规定的同期流动资金贷款利率分段计付）；驳回原告经济开发公司要求被告矿业公司赔偿利润损失 1 657 500 元的诉讼请求。

被告矿业公司不服一审法院判决，提起上诉称：本公司依照合同约定开具了信用证，完全履行了《购销合同》中约定的义务，而被上诉人经济开发公司委托的 PTCITYINSIGHTGLOBAL 公司未按照约定履行供货义务，依照合同约定，本公司有权扣除保证金作为补偿；一审法院在《购销合同》未经仲裁的情况下，无权对其履行情况进行评判；一审法院确认国际商贸公司按约定履行《购销合同》义务的情况下，又判决本公司返还被上诉人经济开发公司保证金，既不符合合同约定也不符合法律规定。因此，请求撤销一审法院判决第一、第二项，驳回被上诉人经济开发公司的诉讼请求。

被上诉人经济开发公司辩称：上诉人矿业公司在合同履行过程中开具的信用证与合同约定不符，出现严重过错，其行为已构成违约，应当全额退还本公司交付的保证金；委托代理合同与外贸合同是合作合同的组成部分，外贸合同对信用证的受益人有明确规定，一审判决认定上诉人矿业公司不存在违约行为，与本案事实不符，但判令上诉人矿业公司向本公司返还保证金的判决结果正确。综上所述，请求驳回上诉，维持原判。

二审法院判决：驳回上诉，维持原判。

裁判要旨

保证金的交付一般是用于保证订单交易的结算和履约，在判定其是否具备定金特性时应适用有关定金的法律规定。根据《民法典》第 587 条的规定，适用定金罚则应满足三个条件：存在违约行为、合同目的不能实现、违约行为与合同目的不能实现具有因果关系。因此，在保证金不符合前述三种条件的情况下，不能适用定金罚则，给付保证金方不能要求对方双倍返还保证金。

重点提示

定金罚则，是指给付定金方不履行合同义务的，无权请求返还定金；接受定金方不履行合同义务的，应当双倍返还定金。司法实践中，处理保证金在未实现合同目的时能否适用定金罚则的问题时，应当注意以下几点：（1）定金罚则适用的法律规定。《民法典》第 587 条规定：“债务人履行债务的，定金应当抵作价款或者收回。给付定金的一方不履行债务或者履行债务不符合约定，致使不能实现合同目的的，无权请求返还定金；收受定金的一方不履行债务或者履行债务不符合约定，致使不能实现合同目的的，应当双倍返还定金。”根据该规定，双倍返还定金的要件只有一个，即因收受定金一方的违约行为致合同目的不能实现。而适用定金罚则一般需要满足三个要件：存在违约行为；合同目的不能实现；违约行为与合同目的不能实现存在因果关系。由此可知，违约行为是适用定金罚则的前提，违约行为，是指违反合同约定的行为，一般包括迟延履行、不完全履行、不能履行等形态。而合同目的不能实现是适用定金罚则的条件，指的是主合同的目的或合同的主要目的不能实现。单纯的违约行为或者合同目的未实现并不能直接导致定金罚则的适用，只有二者同时具备且二者之间存在因果关系，才能适用定金罚则。（2）保证金可认定为定金的情形。

保证金，是指买方或卖方按照交易市场规定标准缴纳的资金，专门为订单交易的结算和履约提供保证。而定金是以合同订立或在履行之前支付的一定数额的价款作为担保的担保方式，故定金具有从属性、实践性、预先支付性、双重担保性的特征。所谓从属性，是指定金依附于合同，成立或消灭均受合同影响；实践性，是指仅在合同中约定定金条款的定金担保不能成立，只有实际交付定金才能成立；预先支付性，是指定金只有在合同履行前交付才能起到担保作用；双重担保性，是指定金担保的是合同双方的债权，交付方不履行债务的，丧失定金，接收方不履行债务的则双倍返还定金。因此，只要合同内容对保证金表述了符合定金特性的定金罚则，就应该将该保证金认定为定金。（3）具有定金特性的保证金可适用定金罚则。基于前述分析可知，在合同签订后履行前交付的保证金在具有双重担保性的情况下，其实质属性应为定金。而在认定为定金之后，对于保证金的相关处罚自然适用定金处罚的规定。根据《民法典》第587条的规定，在给付定金方或者收受定金方实施了不符合合同约定的履约行为造成合同目的不能实现时，才可适用定金罚则。因此，合同不能履行的原因不明的，即不能推定该不能履行是给付保证金方或收受保证金方的违约行为导致时，尽管合同目的未能实现，该保证金仍不符合定金罚则的适用条件，不能适用定金不予返还或双倍返还的规定，但给付保证金方有权请求对方返还其已交付的保证金。

3. 关于定金罚则的适用条件认定问题

案例来源

陈×× 诉吴×× 房屋买卖合同纠纷案

发布单位：国家法官学院《中国审判案例要览》（2011年民事审判案例卷）

审判法院：福建省厦门市思明区人民法院

判决日期：2010年6月9日

案　　号：（2010）思民初字3594号

基本案情

2009年4月，吴××向××酒店（厦门××大酒店）预订了涉案房屋（厦门××大酒店附属综合大厦×幢××室），并取得该房产的使用权，但双方未签订书面买卖合同。同年7月，吴××与房地产行销公司（厦门市××房地产行销策划代理有限公司）签订《独家房产销售委托书》，约定：吴××委托房地产行销公司代为转售涉案房屋。次月27日，房地产行销公司与陈××签订《房屋购买意愿书》，约定：陈××一次支付24.72万元购买涉案房屋，并缴纳保证金2000元。次日，陈××与吴××签署《房产买卖协议》，约定：房屋价款为24.72万元，直接由陈××与××酒店签订书面房屋买卖合同，陈××先支付购房定金20 000元，待陈××与××酒店签订书面合同的当日即2009年10月16日向吴××支付全部购房款，吴××于2010年4月30日交付涉案房屋。同月29日，陈××依约支付了购房定金20 000元。之后，陈××未依约与××酒店签订合同。2010年2月，吴××与××酒店签订涉案房屋的买卖合同书，并支付了涉案房屋的购房款。

陈××以吴××与房地产行销公司恶意串通，在吴××并非涉案房屋产权人的情况下向其出售涉案房屋，该房屋至今无《预售许可证》，根本无法办理过户手续，双方签订的《房屋买卖协议》无效为由，提起诉讼，请求判令吴××双倍返还购房定金40 000元。

吴××辩称：首先，陈××违约在先，其未依约于2009年10月与××酒店签订涉案房屋的买卖合同，且经本人与房地产行销公司多次督促未果。其次，本人在取得涉案房屋使用权的处置权的情况下，多次与房地产行销公司业务员告知陈××，本人出售的是房屋使用权，目前暂不能办理房屋产权，且涉案房屋是否取得预售许可证不影响本人处置房屋的使用权。故请求驳回陈××的诉讼请求。

吴××以陈××在其与房地产行销公司多次督促的情况下，不履行《房产买卖协议》中约定的与××酒店签订购买涉案房屋合同的行为构成违约，其根据协议的约定有权没收定金为由，提起反诉，请求判令其有权没收陈××

交付的购房定金 20 000 元。

陈 ×× 辩称：吴 ×× 所述理由不成立，其无权没收定金，且吴 ×× 并未提供证据证明本人具有违约行为。

判决主文

一审法院判决：确认反诉原告吴 ×× 有权没收反诉被告陈 ×× 的购房定金 20 000 元；驳回原告陈 ×× 的诉讼请求。

宣判后，双方当事人均未提起上诉，判决已发生法律效力。

裁判要旨

房产尚未取得权属证书时，当事人之间签订买卖合同，约定买卖标的仅限于房屋的使用权益而非所有权时，合同自成立时生效，定金条款亦生效。此后在合同履行过程中，购房者违约在先且无法定免责事由时，售房者有权按约没收购房定金。

重点提示

定金罚则规定在《民法典》第 587 条中，是指“给付定金的一方不履行债务或者履行债务不符合约定，致使不能实现合同目的的，无权请求返还定金；收受定金的一方不履行债务或者履行债务不符合约定，致使不能实现合同目的的，应当双倍返还定金”。司法实践中，认定定金罚则的适用条件时，应当注意以下几点：（1）主合同及定金合同皆为有效合同是适用定金罚则的前提条件。鉴于定金合同属于从合同，其效力依主合同的效力而转移。因此，当主合同无效或者被撤销时，定金合同亦属无效，即便合同一方已实际交付定金，定金合同亦不能成立，不能适用定金罚则。而定金合同属于实践合同，不仅需以书面形式进行约定，且其自实际交付定金之日起生效。因此，在房产尚未取得相应权属证书的情况下，当事人签订买卖合同交易房屋的使用权益的，在不存在合同无效的法定事由时，房屋买卖合同自成立时起生效，定金条款亦随合同的生效而生效。（2）一方当事人不履行债务或履行债务不符合约定致使合同目的不能实现是适用定金罚则的基本条件。作为一种担保形式，定金制度旨在担保债权的实现，其担保功能是通过一种惩罚性规则实现的，即定金罚则主要体现为两个方面：其一，借助定金的丧失和双倍返还这一规则对债务人施加压力，以令其适当履行债务而促成债权的实现；其二，如若债务人不履行债务，则债权人可依约取得其定金或者令其加倍返还定金，亦即以债权人取得定金而避免或者减少其利益损失。定金作为一种债的担保方式，通过适用定金罚则实现担保当事人之间的履约合意这一目的。（3）不履行债务或履行债务不符合约定的一方当事人不具有法定或约定的免责事由，是适用定金罚则的另一个基本条件。若一方当事人系因不可抗力、意外事件致使主合同不能履行的，其并无损害赔偿责任，即其违约责任被免除，此时，旨在担保违约不发生的定金罚则亦应被排除适用。换言之，定金罚则的适用以不履行债务或履行债务不符合约定的一方当事人不具有法定或者约定的免责事由为条件。

4. 主合同未订立时立约定金的返还问题

案例来源

黑河 ×× 实业有限责任公司诉黑河 ×× 经济合作区管理委员会、×× 市国土资源局和 ×× 市人民政府定金合同纠纷案

发布单位：最高人民法院民事审判第一庭《最高人民法院民事案例解析（2010卷）》

审判法院：最高人民法院

基本案情

1992年7月，实业公司（黑河 ×× 实业有限责任公司）陆续与合作区管委会（黑河 ×× 经济合作区管理委员会）所属的合作区土地分局、合作区建设局就购买六宗土地签订六份《协议书》，总价款为4417.5万元，并约定实业公司向合作区管委会预交定金3298万元，预留时限为1992年7月1日至1992年7月20日。同月28日，实业公司向合作区管委会缴纳定金2272万元，余款至今未缴纳。合同签订后，实业公司未按申请立项、审批和要求进行征地。自1996年起，实业公司委托资产公司（中国××资产管理公司）向合作区管委会索要定金。自2000年起，合作区管委会将实业公司购买的部分土地陆续出让给他人。2003年5月，合作区管委会就解决实业公司已缴定金问题请示市政府（××市人民政府）称：在定金问题上，资产公司提出两种解决办法：一是返还已缴定金的10%，即227.2万元；二是把已缴定金的10%，按目前土地价格，取得一块土地的使用权，供实业公司开发，如连续两年不开发建设，政府可根据有关法律法规收回土地使用权。合作区管委会认为第二种办法比较务实，可操作性比较强，请市政府批复。市政府责成国土局（××市国土资源局）答复，国土局认为资产公司提出的意见没有法律依据。次年7月，合作区管委会将此意见回复资产公司。

2005年12月，国土局向合作区管委会发出《关于明确国土局合作区直属分局职能的函》，明确该局成立前合作区管委会履行的土地管理职能有效，所涉及的责任由合作区管委会负责。目前，合作区管委会已将实业公司购买的六宗土地全部出让给他人，实业公司缴纳的定金2272万元已被合作区管委会用于基础设施建设。

另查明，实业公司于2001年9月20日成立清算小组，该公司企业法人营业执照被吊销，但未被注销。

2006年6月，实业公司以《协议书》中仅约定了其所订购地块、应交付的定金及合作区管委会为其预留土地的时间，无余款支付和土地开发时间及违约责任的约定，其依约向合作区管委会支付了定金，而合作区管委会未为其征地为由，提起诉讼，请求解除《协议书》，判令合作区管委会返还已缴纳的定金2722万元并赔偿利息损失，国土局、市政府承担连带返款及赔偿责任。

合作区管委会辩称：首先，实业公司于2003年被工商部门吊销营业执照，不具备诉讼主体资格。其次，实业公司缴纳完定金后，未依规定到计委立项，再到规划部门审批，然后到本管委会进行征地，且一直未支付余款，构成违约，并导致合同无法履行，本管委会不应退还定金。

国土局辩称：首先，本局未与实业公司签订任何《协议书》，不存在法律上的权利义务关系，不具备被告的主体资格。其次，实业公司违约在先，未与合作区管委会签订土地使用权出让合同，而所签订的《协议书》并非土地出让合同，只是一份订购土地定金《协议书》，基于以上理由，实业公司的诉讼请求不成立，请求依法驳回。

市政府辩称：实业公司提交的材料中只有行政机关内部的公文处理单，本政府与实业公司未发生任何民事法律关系，应驳回其要求本政府承担连带责任的诉讼请求。

判决主文

一审法院判决：被告合作区管委会给付原告实业公司定金 227.2 万元；驳回原告实业公司其他诉讼请求。

原告实业公司不服一审法院判决，提起上诉称：本案不存在双方就返还定金形成合意的事实，且本公司的行为不构成违约，不应适用定金罚则，被上诉人市政府和国土局应当承担责任。因此，请求判令被上诉人合作区管委会返还定金 2272 万元并赔偿利息损失，被上诉人市政府和国土局承担连带责任。

二审法院判决：驳回上诉，维持原判。

裁判要旨

土地预购协议中约定定金以担保土地使用权出让合同签订的，该定金的性质为立约定金。给付定金方未足额交付定金而对方未提出异议并接受的，视为对定金数额的变更。此后因给付定金方未提出订立土地使用权出让合同的要约，亦未主张定金合同不予履行等原因导致土地使用权出让合同未能订立的，已交付的定金不予退还。

重点提示

司法实践中，认定当事人在土地预购协议中约定以交付定金作为订立主合同担保，主合同未订立时定金罚则应如何适用的问题时，应当注意以下两点：（1）土地预购协议中约定的定金的性质认定。定金按照性质不同，可以分为违约定金、成约定金、立约定金、解约定金等，其中，立约定金，是指以交付定金作为订立主合同的担保，其目的在于担保将来能够正式缔约，而这一目的也是双方当事人的主要义务，一方或双方当事人一旦违背该义务则订立主合同的目的将无法实现，依法应当适用定金罚则。因此，若当事人在土地预购协议中约定以交付定金作为订立主合同的担保的，则可认定双方当事人约定该定金的目的在于担保主合同的订立，属于立约定金。（2）未足额交付定金时定金数额以及定金合同效力的认定。《民法典》第586条规定：当事人可以约定一方向对方给付定金作为债权的担保。定金合同自实际交付定金时成立。定金的数额由当事人约定；但是，不得超过主合同标的额的20%，超过部分不产生定金的效力。实际交付的定金数额多于或者少于约定数额的，视为变更约定的定金数额。据此可知，双方当事人在土地预购协议中约定一方应交付的定金数额后，在履行过程中给付定金方未足额交付定金，而另一方当事人并未提出异议且予以接受的，视为默认，此种情况下，应认定双方合意变更了约定的定金数额及定金合同，但定金合同的成立和效力不因此而受到影响。（3）当事人签订预购协议并交付定金后主合同未订立时定金罚则的适用。如前所述可知，预购协议中约定的定金性质是立约定金，即约定该定金的目的是担保主合同的订立。在主合同未订立的情况下，适用定金罚则时应区分如下两种情况：一是主合同因当事人一方的原因而未订立的，按照法律关于定金的规定处理。若因给付定金方的原因则定金不予返还，若因收受定金方的原因则双倍返还定金。二是主合同因不可归责于双方当事人的原因未订立的，不适用定金罚则的规定，收受定金方应当返还定金。

5. 超过合同总价20%的定金条款的效力认定

案例来源

厦门××进出口贸易有限公司诉福建××贸易有限公司买卖合同纠纷案

发布单位：最高人民法院《人民司法·案例》2011年第16期（总第627期）

审判法院：福建省厦门市中级人民法院

案　　号：（2010）厦民终字第2496号

基本案情

2008年7月，希腊客商与福建贸易公司（福建××贸易有限公司）签订购销合同，约定的付款方式为由厦门贸易公司（厦门××进出口贸易有限公司）向福建贸易公司支付30%的定金，剩余70%在货物装运前，由厦门贸易公司支付。10日后，厦门贸易公司与福建贸易公司签订代理采购合同一份，约定由厦门贸易公司向福建贸易公司订购商品用于出口外销，总货款63 657.6美元，约定定金为20 520美元，厦门贸易公司在预付人民币10万元后，剩余的定金在10日内支付，余款希腊客商以T/T方式结算。合同签订后，福建贸易公司收到厦门贸易公司预付定金人民币10万元。厦门贸易公司认为合同约定的定金超过了法定标准，遂未支付约定的剩余定金，而福建贸易公司因厦门贸易公司未足额交付定金，拒绝交货。

为此，厦门贸易公司以合同约定的定金20 520美元已超过合同价款的20%，其支付的10万元定金已履行了交付定金的义务，而福建贸易公司未按时交货，构成违约为由提起诉讼，请求判令福建贸易公司返还其已交付的双倍定金人民币共186 835.3元。

福建贸易公司辩称：厦门贸易公司混淆了定金和预付款的法律性质，法律规定的定金不得超过合同金额20%的目的在于一方依据合同约定向违约方主张定金违约时，不得超过合同金额的20%，而非合同中不得约定定金金额。

判决主文

一审法院认定：双方签订的代理采购合同中关于定金的约定已经超过了法定上限，超过部分无效。原告厦门贸易公司实际向被告福建贸易公司支付了人民币10万元，已经满足了法定定金上限的要求。因此，被告福建贸易公司以原告厦门贸易公司未足额交付定金为由，拒绝履行合同义务构成违约，依法应承担违约责任。

一审法院判决：被告福建贸易公司向原告厦门贸易公司返还 186 835.3 元。

被告福建贸易公司不服一审法院判决，提出上诉。

二审法院判决：撤销一审法院判决；驳回原告厦门贸易公司的诉讼请求。

裁判要旨

定金罚则的适用以合同总价的 20% 为限是为了避免定金罚则过于严厉。若当事人约定的定金数额高于合同价款的 20% 时，不能当然否定超过 20% 部分的约束力，应注意带有预付款性质的定金仍应当履行，但由于定金属实践性合同，他方不能要求定金履行方强制交付定金，其只能以行使履行抗辩权的形式来保护自己。在适用定金罚则时，也仍只能以合同价款的 20% 为限进行计算。

重点提示

司法实践中，认定超过合同总价 20% 的定金条款的效力时，应当注意以下几点：（1）定金罚则的适用以合同总价的 20% 为限。定金罚则具有一定的惩罚性，为了避免定金罚则惩罚过于严厉，《民法典》第 586 条第 2 款规定："定金的数额由当事人约定；但是，不得超过主合同标的额的百分之二十，超过部分不产生定金的效力"。结合限制定金数额的立法意图，该条中的"超过部分不产生定金的效力"应当理解为：当事人主张连同超过主合同标的额 20% 部分适用定金罚则的，人民法院应不予支持。因此，在实务中，即使合同一方当事人已交付的定金超过合同总价款的 20%，在适用定金罚则时，仍只能按照合同总价款的 20% 进行计算。（2）基于定金合同的实践性特点，定金不能被要求强制履行。《民法典》第 586 条明确规定："定金合同自实际交付定金时成立""实际交付的定金数额多于或者少于约定数额的，视为变更约定的定金数额"，因此，仅有当事人的约定，而没有定金的实际交付，则定金合同未成立，而定金合同的实践性使其即使依附于主合同的定金条款也不能被要求强制履行。（3）超过合同总价 20% 的定金条款不必然没有约束力。在当事人约定的定金数额高于合同总价款 20% 的情况下，判断该定金条款是否具有约束力，应判断该定金是否具有预付款的性质，而不能当然否定超过 20% 的部分不具有约束力。定金带有预付款的性质时仍应当继续履行，但基于定金合同的实践性，收受定金方不能要求给付定金方强制交付定金，而只能以行使履行抗辩权的形式来保护自己。在适用定金罚则时，为了避免定金罚则惩罚过于严厉，只能以合同总价的 20% 为限进行计算。

第七章　非典型担保（6 例）

一、让与担保（3 例）

1. 借贷关系中签订房屋买卖合同并备案登记的是否属于让与担保

案例来源

杨 ×× 诉广西 ×× 房地产开发有限责任公司民间借贷纠纷案

发布单位：最高人民法院《人民司法·案例》2014 年第 16 期（总第 699 期）

审判法院：最高人民法院

判决日期：2013 年 11 月 19 日

案　　号：（2013）民提字第 135 号

基本案情

2007 年 6 月 27 日，杨 ×× 与房地产公司（广西 ×× 房地产开发有限责任公司）签订房屋买卖合同，约定：（1）杨 ×× 以 340 万元的价款购买房地产公司所有的涉案 53 间商铺（商品房号为：1 — 6、1 — 29、1 — 30、1 — 47、1 — 51 至 1 — 53、1 — 57、1 — 94 至 1 — 102、1 — 104 至 1 — 128、1 — 129 至 1 — 132、1 — 134、1 — 1 — 4、1 — 1 — 10、1 — 1 — 11、1 — 1 — 18、1 — 1 — 19、1 — 1 — 20 号房），且当日缴纳全部购房款 340 万元；（2）房地产公司应于 2007 年 8 月 30 日前将商铺验收合格交付使用，并在交付使用后

360日内，由出卖人提供相关资料至产权登记机关办理权属登记备案。如房地产公司逾期交房，逾期不超过180天，按日向买受人支付其已交付购房款万分之一的违约金，合同继续履行；逾期超过180天后，杨××要求继续履行合同的，合同继续履行，房地产公司按日向杨××支付已交付房价款万分之一点五的违约金。（3）在杨××拥有上述53间商铺期间，杨××不得擅自改变商铺的建筑主体结构、承重结构和用途。合同签订当日，杨××依房地产公司指示将所支付的340万元价款汇入严×等五名房地产公司债权人的账户。房地产公司向杨××开具了销售不动产的统一发票，发票原件由房地产公司持有。合同签订次日，双方房产管理局对销售的涉案53间商品房进行了备案登记并取得《商品房备案证明》。后，房地产公司未按照约定交付涉案53间商铺。

另查明，2007年6月至12月，房地产公司分九次向杨××汇款总计61.1万元。

杨××以其与房地产公司之间具有商品房买卖关系，房地产公司未交付商铺为由，提起诉讼，请求判令：（1）确认杨××与房地产公司签订的商品房买卖合同有效；（2）房地产公司交付商铺，并支付违约金372 300元。

房地产公司辩称：双方当事人之间不属于商品房买卖关系，实际系民间借贷关系，商品房买卖合同仅为民间借贷行为进行担保。

判决主文

一审法院认定：首先，商品房买卖合同、销售不动产统一发票、原告杨××支付约定价款以及商品房备案均可证明原告杨××与被告房地产公司之间存在房产交易行为，涉案商品房买卖合同不违反法律、行政法规的禁止性规定，双方系商品房买卖关系，应认定合法有效。其次，合同合法有效，当事人应履行合同义务，原告杨××有权要求被告房地产公司按合同约定将商品房交付给原告杨××使用；因原告杨××未提供证据证明曾向被告房地产公司主张过权利，且其地址不明致被告房地产公司无法送达交房通知书，故被告房地产公司无须承担给付违约金的责任。

一审法院判决：原告杨 ×× 与被告房地产公司签订的商品房买卖合同有效；被告房地产公司将案涉 53 间商铺交付给原告杨 ××；驳回原告杨 ×× 的其他诉讼请求。

被告房地产公司不服一审判决，提起上诉称：一审判决仅根据合同的表面形式即认定涉案法律关系是商品房买卖关系，其认定事实有误，并且未对我方所提供的证据以及合同的实质内容进行论证和分析，该合同中的法律关系应认定为民间借贷关系，请求二审法院依法改判，驳回被上诉人杨 ×× 的诉讼请求。

被上诉人杨 ×× 答辩称：当事人双方均具有相应资质，合同主体适格，意思表示真实，合同内容合法有效，应认定涉案商品房买卖房合同的签订合同法有效。故本人与上诉人房地产公司之间系借贷关系没有事实和法律依据。请求二审法院驳回上诉人房地产公司的请求，维持一审判决。

二审法院判决：驳回上诉，维持原判。

上诉人房地产公司不服二审判决，申请再审称：其与被申请再审人杨 ×× 以备案登记产生抵押登记的法律效果，该行为属于房地产行业广泛采用的向个人、典当行、担保公司借款担保的常规形式，因公司管理不善造成借款合同失窃，从而使该民间借贷关系被认定为商品房买卖关系，故二审判决因对当事人之间法律关系定性错误导致法律适用错误。请求撤销一审、二审民事判决，驳回被申请再审人杨 ×× 的诉讼请求。

被申请再审人杨 ×× 辩称：申请再审人房地产公司无新证据、新理由就申请再审，不符合有关再审申请的条件；二审判决采信证据客观，认定事实清楚，适用法律正确，申请再审人房地产公司的证据不足以否认双方之间存在商品房买卖合同关系，故请求驳回申请再审人房地产公司的再审请求。

再审法院另查明，2007 年 2 月至 5 月，申请再审人房地产公司分别与严 × 等五人签订借款合同，共计三份。其中约定：借款金额共计 340 万元，利率为 2.3%，并就申请再审人房地产公司所有涉案 53 间商铺以销售方式办理了备案登记。本案中，申请再审人房地产公司与另一申请再审人杨 ×× 签订《商品房买卖合同》，所涉房屋即为申请再审人房地产公司原来向严 × 等五人出售的房屋。申请再审人房地产公司与被申请再审人杨 ×× 签订合同后将严 × 等五人的备案登记撤销。同年 6 月 28 日，被申请再审人杨 ×× 作为购房者与出卖人与申请再审人房地产公司一同前往产权登记机关就上述商铺进行了权属备案登记，并由房产管理局出具了商品房备案证明。2008 年 1 月 8 日，申请再审人房地产公司将销售不动产统一发票原件在税务机关缴销。

再审法院判决：撤销一审和二审判决；驳回被申请再审人杨 ×× 的诉讼请求。

裁判要旨

让与担保制度设立的目的是保障债权人的债权得到清偿，在债务人履行到期债务时，担保物的所有权仍是归属于担保人所有。故在借贷关系成立的前提下，签订商品房买卖合同并办理备案登记的行为，是为了清除已到期的债务以避免产生债权人取得涉案商铺所有权的法律后果，其行为是以所有权转移为手段实现债权担保之目的，符合让与担保的要件，构成让与担保。

重点提示

让与担保，是指债务人（或第三人）为担保债务清偿，将担保标的物之整体权利移转给债权人，在债务履行完毕后，标的物的整体权利又回归于担保人；在债务届时未能得到清偿时，债权人享有就担保物优先受偿的权利。因此，司法实践中，在借贷关系成立的情形下，认定债务人或第三人与债权人签订商品房买卖合同并办理备案登记手续的行为是否属于让与担保时，应注意以下几点：（1）让与担保是名为买卖实为借贷的担保行为，是“形式上转让”。从让与担保的定义可以看出，让与担保的目的在于担保债务的清偿，以担保物的所有权（权利）移转于债权人，债权人取得担保物的所有权（权利）的形式担保债权的清偿。也就是说，债权人取得让与担保的担保物之所有权，仅具有担保债权清偿的目的，如债务人清偿债务时，担保物的所有权仍归于担保人。同时，《全国法院民商事审判工作会议纪要》第 71 条第 1 款对让与担保合同的效力予以肯定，“债务人或者第三人与债权人订立合同，约定将财产形式上转让至债权人名下，债务人到期清偿债务，债权人将该财产返还给债务人或第三人，债务人到期没有清偿债务，债权人可以对财产拍卖、变卖、折价偿还债权的，人民法院应当认定合同有效”。（2）让与担保的设立行为包括债权行为和物权行为，前者指以合同形式订立担保契约，后者指变动担保物的所有权。让与担保须以当事人的意思表示而设定，一般为书面合同，又因让与担保是以所有权的让渡作为担保条件，故合同成立后还涉及物之所有权的变动问题。依我国立法例，交付为动产物权变动的公示方法，登记为不动产物权变动的公示方法。（3）让与担保的设立前提是已完成财产权利变动公示。从前述分析可知，让与担保物权的变动是以物权公示为主。具体来说，一是动产的公示方式为交付；二是不动产的公示方式为登记。但在实务中，不动产的公示登记事因，通常是以买卖为通例，很少以“为担保”或“为让与担保”作为登记。因此，在签订借贷合同后，又同时签订商品房买卖合同以及设立备案登记的，视为已具备了相应的公示方法，应认定构成让与担保。

2. 以预售商品房形式体现的借款担保关系的性质

案例来源

福建 ×× 房地产有限公司诉宁波 ×× 商贸有限公司、宁波 ×× 世纪商业广场开发有限公司、宁波 ×× 投资有限公司抵押合同纠纷案

发布单位：最高人民法院《人民司法 · 案例》2014 年第 16 期（总第 699 期）

审判法院：浙江省宁波市中级人民法院

判决日期：2013 年 7 月 1 日

案　　号：（2013）浙甬商终字第 447 号

基本案情

2007 年 9 月，工商银行 ×× 支行（中国工商银行股份有限公司 ×× 支行）受托于投资公司（宁波 ×× 投资有限公司），向浙江省台州 ×× 建设工程有限公司的名义发放定向贷款1亿元。该贷款的实际使用人为福建房地产公司（福建××房地产有限公司）的关联企业宁波房地产公司（宁波××××房地产开发管理有限公司），宁波房地产公司提供土地作为抵押，担保这笔贷款并支付贷款利息。贷款到期后，宁波房地产公司为偿还贷款，以其商服用地作为担保，向投资公司借款5000万元，承诺2008年4月28日前归还，并签订《补充协议》。投资公司按约将5015万元打入浙江省台州××建设工程有限公司账户。借款到期后，宁波房地产公司两次出具延期还款承诺，但均未还款。

2008年11月，福建房地产公司、宁波房地产公司、投资公司及其关联企业商贸公司（宁波××商贸有限公司）签订《债务重组协议》及《补充协议》，约定：投资公司将对宁波房地产公司享有的5000万元债权转让给商贸公司；解除"原有债务"设定的抵押担保；设立债务偿还及担保新方式，即以"货币偿还为主、房产担保为辅"，福建房地产公司以房地产开发项目中的地块上的商业小店铺为该笔债务重新设定担保，担保期限自2008年11月起至2009年9月止；具体方式为：由宁波房地产公司出资5000万元，以商贸公司名义购买福建房地产公司开发的房地产开发项目中的地块上的36套商铺，并签订《商品房预售合同》、办理房地产交易备案登记手续；在担保期间，福建房地产公司可以以清偿债务的形式回赎担保物，商贸公司应无条件配合；担保期限届满，经双方同意可以延长担保期限；否则，期限届满后，商贸公司可以要求福建房地产公司履行《商品房预售合同》并办理房产证，取得抵押房屋所有权；也可以解除《商品房预售合同》并书面要求福建房地产公司返还全部购房款，如福建房地产公司在规定期限内未返还，需承担未返还部分日千分之一的逾期付款违约金，宁波房地产公司对福建房地产公司的返还义务及违约责任提供连带清偿责任担保。协议还约定，《债务重组协议》《补充协议书》《商品房买卖合同》三份协议具有同等效力，如有冲突，以《补充协议书》为准。

随后，福建房地产公司与商贸公司签订36份《商品房预售合同》，并以商贸公司为权利人、福建房地产公司为义务人向福州市房地产交易登记中心提交备案，办理了预购商品房预告登记。2009年4月，宁波房地产公司进入破产重整程序，并于2011年1月变更为宁波商业广场公司（宁波××世纪商业广场开发有限公司），且在工商登记备案。

福建房地产公司以宁波房地产公司向投资公司的借款行为被另案法院认定为非法吸收公众存款的犯罪行为、三份协议含有流质契约条款为由，提起诉讼，请求确认《债务重组协议》《补充协议书》及福建房地产公司与商贸公司签订的36份《商品房买卖合同》无效。

商贸公司辩称：宁波房地产公司向投资公司借款5000万元是为了归还工商银行××支行的贷款，用途合法，是有效的民事法律行为，不属于非法集资。宁波房地产公司在借款几次延期后仍未还款且存在对外融资需要的情况下，才由其关联公司福建房地产公司重新提供抵押担保，并签订《债务重组协议》《补充协议书》及36份《商品房买卖合同》，办理商品房预告登记。宁波房地产公司破产期间，福建房地产公司也曾以申报债的方式，确认用房产代偿5000万元借款、将36套商铺抵偿给商贸公司。因此，福建房地产公司的请求不能成立，应驳回其诉讼请求。

宁波商业广场公司辩称：宁波商业广场公司作为破产重整人，对福建房地产公司与商贸公司、投资公司间的《债务重组协议》《补充协议书》并不知情。如本案中涉及宁波房地产公司重整前的债权，应按《框架协议》进行处理，根据破产重整中的《审计报告》，宁波商业广场公司欠投资公司5000万元债务并无事实依据，因此本公司与本案无牵连。

投资公司辩称：本公司同意商贸公司的主张，宁波房地产公司为归还工商银行××支行的贷款向投资公司的借款5000万元，实际代宁波房地产公司支付5015万元；投资公司根据《债务重组协议》将债权转让给商贸公司，宁波房地产公司将债务转移给福建房地产公司。据此，应驳回福建房地产公司的诉讼请求。

判决主文

一审法院判决：确认原告福建房地产公司与被告商贸公司、宁波商业广场公司、投资公司签订的《债务重组协议》《补充协议书》中逾期未还款商贸公司有权选择预售商品房抵偿债务并取得房屋产权的相关内容无效；驳回原告福建房地产公司的其他诉讼请求。

原告福建房地产公司不服一审判决，提出上诉称：（1）原审判决适用法律错误。《担保法》设定了五种法定的担保方式，除此之外的担保方式都应是无效的。本公司与被上诉人商贸公司之间以签订《商品房买卖合同》作为提供借款担保的方式，不是五种法定的担保方式中的任何一种，应当认定为无效。但原审判决只确认《债务重组协议》《补充协议书》中流质契约的相关内容无效，未确认36份《商品房买卖合同》无效，属适用法律错误。（2）宁波房地产公司非法吸收公众存款的犯罪行为已经认定，本案涉及的5000万元借款应属于宁波房地产公司非法吸收公众存款的犯罪行为而产生的款项，而不属于合法借贷关系而产生的债权债务，因此不能进行债权转让，也不能进行债务转移与担保；（3）基于以上事实，双方之间的借款主合同是无效的，主合同无效则导致从合同也没有法律效力。因此原审判决认定《债务重组协议》《补充协议书》约定的债权债务的变更、转让、偿还，以预售商品房的方式为借款提供担保等内容以及《商品房预售合同》为有效是错误的。（4）非金融机构企业之间的借贷行为，依据相关法律规定也应认定为无效。综上所述，请求二审法院依法撤销原审判决，判定《债务重组协议》《补充协议书》和36份《商品房买卖合同》均无效。

被上诉人商贸公司、投资公司共同答辩称：（1）宁波房地产公司为了归还银行贷款而向被上诉人投资公司借款5000万元，并签订了相应的借款协议，其用途合法，不属于非法吸收公众存款的行为；（2）被上诉人商贸公司和上诉人福建房地产公司之间约定的“流质契约”无效，并不导致双方之间的原有的债权债务关系无效，原有债权债务关系应当受到法律保护。据此，请求二审法院驳回上诉，维持原判。

被上诉人宁波商业广场公司答辩称：本公司与本案没有牵连，但原审认定部分与事实不符。

二审法院判决：驳回上诉，维持原判。

裁判要旨

以预售商品房形式体现的借款担保关系其本质为后让与担保，这种新型担保方式与物权法定原则并不冲突，其效力不应被一概否定，而应结合物权内容是否违反法律法规的强制性规定、物权变动是否依法进行了公示等综合判定。后让与担保在实行过程中，需对担保物价值进行清算，担保权人并不能直接取得担保物所有权以抵偿债务。

重点提示

《民法典》规定了担保形式包括人的担保和物的担保，其中，物的担保又包括抵押、质押和留置三种形式，此类统称为典型担保。非典型担保是与典型担保相对应的一种担保类型，主要是指法律上尚未予以类型化，在实务中还不具有典型意义，但为学说、判例所承认的担保方式。例如，让与担保、后让与担保、所有权保留等。遂在司法实践中，判断以预售商品房形式体现的借款担保关系的性质，应注意以下几点：（1）以预售商品房形式体现的借款担保形式的特征。首先，担保人通过签订商品房预售合同为债务人债权提供担保，并非由具备清偿能力的第三人承担清偿责任；其次，担保人并未把商品房抵押与债权人以及进行抵押权登记押；再次，担保标的物并非动产；最后，债权人并未基于某种法律关系实际占有商品房，不存在适用留置权的条件。因此，以预售商品房形式体现的借款担保形式并非典型担保中的任何一类。（2）后让与担保与让与担保的区别。所谓后让与担保，是指债务人或者第三人为担保债权人的债权，与债权人签订不动产买卖合同，约定将不动产买卖合同的标的物作为担保标的物，但权利转让并不实际履行，于债务人不能清偿债务时，须将担保标的物的所有权转让给债权人，债权人据此享有的以担保标的物优先受偿的非典型担保物权。而让与担保，是指债务人或者第三人为担保债务人的债务，将担保标的物的所有权等权利转移于担保权人，而使担保权人在不超过担保之目的范围内，于债务清偿后，担保标的物应返还于债务人或者第三人，债务不履行时，担保权人得就该标的物优先受偿的非典型担保物权。因此，后让与担保与让与担保主要区别有两点：第一，担保物权利转移时间不同。让与担保是在担保设定之初就将担保物的所有权等权利转移于担保权人，而后让与担保则是在债务人未依约履行债务后才转移担保物权利给担保权人。第二，担保权人的权利状态不同。就让与担保来看，虽然担保物权人取得的担保物权利具有从属性、暂时性和受限制性，但是让与担保权人是实际取得了担保物权利，即现实物权，其对担保物所享有的权利处于既得状态。而后让与担保权人则与之不同，其对担保物权利是处于期待状态，这是因为后让与担保人对担保仅取得的是期待权，期待后让与担保约定的条件成就时要求担保人转移担保物权利的权利。基于前述分析可知，以预售商品房形式体现的借款担保关系其本质为后让与担保。（3）后让与担保的物权效力。作为一种新型担保物权，后让与担保的效力不应被一概否定。事实上，后让与担保与物权法定原则相吻合，在具体案件中判断后让与担保的效力，应从约定内容是否违反法律法规的强制性规定、物权设立和变动是否依法进行了公示来综合判定。后让与担保权利人实现担保的方式。鉴于我国法律对于流质契约强制禁止的规定，结合后让与担保的原理，权利人实现权利的方式包括处分清算型及归属清算型两种，前者债权人可将担保物变卖，就价款优先受偿，后者对担保标的物进行估价，超出的价值归还担保人，债权人取得担保物权利。无论哪种方式，均体现了权利人在后让与担保的实现过程中负有清算义务，其不能直接取得担保物权利。

3. 让与担保合同的效力认定

案例来源

尤×园、尤×芳等诉尤×松合同纠纷案

发布单位：最高人民法院中国应用法学研究所《人民法院案例选》2014年第2辑（总第88辑）

审判法院：浙江省宁波市中级人民法院

判决日期：2012年3月21日

案　　号：（2012）浙甬商终字第14号

基本案情

2009年1月30日，尤×园、尤×芳、尤×涛作为甲方与乙方尤×松签订《抵押协议书》约定：登记在甲方尤×芳名下的178号房产（坐落于宁波市江北区颐和名苑28幢178号×室房屋一套及车库一间）、登记在甲方尤×涛名下的183号房产（坐落于宁波市江北区颐和名苑28幢183号×室房屋一套及车库一间）抵押给乙方。抵押后，乙方代甲方向银行贷款，所贷款项全额用于归还甲方所负债务。另外，贷款前乙方代为归还甲方原房地产按揭（抵押）的贷款155万元，乙方作如下承诺：（1）在甲方每月按时全额支付本人所贷款项银行利息的前提下，2年内甲方有权保留上述房地产的所有权，即2年内甲方有权同价（270万元）赎回，但二次转户的所有税收、费用均由甲方承担；（2）如甲方在2年内支付利息时出现三次逾期，并造成本人金融黑名单，本人有权处理上述房地产，因处理房地产后所得的一切利益甲方均不得享有。落款甲方处有尤×园的签字，乙方处有尤×松的签字。尤×芳、尤×涛对《抵押协议书》的内容予以认可，并对尤×园的代理行为事后追认。2009年2月12日，尤×涛委托案外人蔡××代为办理其名下坐落于宁波市江北区颐和名苑28幢183号×室房屋一套及车库一间的过户等手续。2009年2月16日、17日，尤×松还清了尤×芳、尤×涛名下的抵押贷款750 890.09元和805 131.75元。2009年2月17日，尤×松代尤×园归还了娄××的借款本息及诉讼费、保全费等共计787 420元。同日，尤×芳和蔡××与尤×松签订房产转让合同，将尤×芳、尤×涛名下的房产过户给尤×松。2009年2月19日，税务机关开具了房屋售房发票，付款方为尤×松。同日，尤×松缴纳了房产的契税、营业税等税费。尤×松于2009年3月3日办理了房产的房产证。2009年3月16日，尤×松以过户后的房产作抵押，为电器公司（宁波×××电器有限公司）向银行借款250万元，并办理抵押手续。2011年1月30日，尤×园以270万元赎回诉争房产时遭到拒绝。

另查明，尤×松为房产过户共支付契税等费用215 316.72元。电器公司、模塑公司（宁海县××模塑有限公司）的法定代表人均为尤×松。2009年

3 月 16 日至 2011 年 11 月 24 日，电器公司向银行借款 250 万元，共计支付利息 421 528.68 元。2009 年 8 月，尤 × 松就利息支付问题与尤 × 园、尤 × 芳、尤 × 涛进行过协商。电器公司还清银行借款后，模塑公司又于 2011 年 12 月 1 日向银行借款 250 万元，年利率为 8.528%，由铝业公司（宁波 ×× 铝业有限公司）作担保，2012 年 11 月 29 日到期，至 2011 年 12 月 20 日已支付利息 11 844.44 元。

尤 × 园、尤 × 芳、尤 × 涛以尤 × 松明知当初房产过户在尤 × 松名下，是为了以尤 × 松的名义向银行贷款，现尤 × 松要将房产占为己有，损害了尤 × 园、尤 × 芳、尤 × 涛的合法权益为由，提起诉讼，请求判令：以 270 万元赎回 178 号房产和 183 号房产。

判决主文

一审法院判决：原告尤 × 园、尤 × 芳、尤 × 涛支付给被告尤 × 松 270 万元；被告尤 × 松将登记在其名下的宁波市江北区颐和名苑 28 幢 178 号房产返还给原告尤 × 芳；将登记在其名下的 183 号房产返还给原告尤 × 涛，被告尤 × 松应协助原告尤 × 芳、尤 × 涛办理过户手续，过户所需缴纳的税费等费用由原告尤 × 园、尤 × 芳、尤 × 涛负担。

被告尤 × 松不服一审法院判决，提出上诉。

二审法院判决：撤销一审法院判决；被上诉人尤 × 园、尤 × 芳、尤 × 涛支付上诉人尤 × 松 3 348 689.84 元，并以 250 万元为基数按照年利率 8.528% 向上诉人尤 × 松支付从 2011 年 12 月 21 日起至实际履行日止的利息；被上诉人尤 × 园、尤 × 芳、尤 × 涛付清上述第二项款项后上诉人尤 × 松 178 号房产返还给被上诉人尤 × 芳，将登记在其名下的 183 号房产返还给被上诉人尤 × 涛，过户所需缴纳的税费等费用由被上诉人尤 × 园、尤 × 芳、尤 × 涛负担；若被上诉人尤 × 园、尤 × 芳、尤 × 涛未按本判决第二项确定的时间还款付息，上诉人尤 × 松有权以上述房产折价或者以拍卖、变卖该房产的价款优先受偿。

裁判要旨

债务人以担保债务清偿为目的与债权人订立将担保标的物所有权转移给债权人的合同，约定债务人可以通过清偿债务的方式赎回担保标的物的所有权，该合同性质属于让与担保合同。因合同约定系当事人真实意思表示，不违反法律法规禁止性规定，应认定其效力，债务人有权赎回担保标的物的所有权。但需要注意让与担保与流质契约不能混同，流质契约的条款无效并不能影响让与担保合同的效力。

重点提示

让与担保，作为非典型担保，实务中设立这种担保方式的案件并不常见，但在司法实践中仍存在让与担保纠纷。判断让与担保合同的效力，需要注意以下几点：（1）让与担保的构成要件。按照学术通说，让与担保，是指债务人或第三人为担保债权人的债权，将担保标的物的所有权等权利转移于债权人，于债务清偿后，担保标的物应返还于债务人或第三人，于债务不履行时，债权人得就该标的物优先受偿的担保物权。因此，让与担保的构成要件如下：一是合同主体为担保人、债权人；二是明确担保内容，如“债务人负有现实债务或者未来债务”“在债务人履行债务的情况下，债权人应将担保物返还给担保人；反之，债权人有权就该担保物享有优先受偿权”等；三是担保标的物权利转让，即担保人将担保标的的权利转让与债权人，使债权人实际取得担保标的物的所有权。（2）让与担保合同的效力认定。基于前述分析可知，让与担保的设定需要具备三个条件，在让与担保设定后，让与担保合同是否有效，必然关系到债权人、担保人、债务人等利益，并影响担保目的能否实现。《民法典》第215条规定：“当事人之间订立有关设立、变更、转让和消灭不动产物权的合同，除法律另有规定或者当事人另有约定外，自合同成立时生效；未办理物权登记的，不影响合同效力。”由此可知，在合同不存在《民法典》中关于民事法律行为的无效情形、合同的无效情形以及不违反其他相关法律规定的情况下，让与担保合同应有效成立。（3）让与担保合同与流质契约的区别。由于我国法律并未确定让与担保物权设立制度，所以当事人为了保证设立的担保有效，以签订房屋买卖合同的形式实现让与担保，此时该内容形式上类似流质契约，因流质契约不利于双方当事人利益的实现与平衡，为法律所禁止，故该担保合同实质上构成流质契约，违反了“流质契约禁止”的原则，应当无效。但若担保合同约定“担保物标的过户债权人名下后，到期债务人不履行债务，标的物归债权人所有，债权人有权拍卖或者变卖该标的物以偿还债务人的债务”时，应认定担保合同有效，但是关于“标的物归债权人所有”的流质契约则以无效处理。

二、所有权保留（2 例）

1. 约定未支付价款前所有权归出租方所有的合同性质及效力

案例来源

乔 ×× 诉荥阳市滨湖 ×× 社会福利服务中心买卖合同纠纷案

发布单位：《人民法院报》2013 年 10 月 31 日刊载

审判法院：河南省郑州市中级人民法院

判决日期：2013 年 1 月 27 日

案　　号：（2012）郑民四终字第 2181 号

基本案情

2007 年 5 月 23 日，乔 ×× 在与福利中心（荥阳市滨湖 ×× 社会福利服务中心）结算拉土方款项时确认：福利中心尚欠拉土方款 226 144 元，福利中心以一台机械公司（福建 ×× 机械有限公司）生产的涉案装载机（原价为 24.5 万元的装载机）向乔 ×× 进行抵偿。当日，乔 ×× 即向福利中心支付抵偿差额8800元，并约定待福利中心交付装载机发票时，乔××再行支付尚余的10 000元差价，如装载机购车手续出现经济纠纷，由福利中心负责。后乔××将该装载机开走。次年，张××依据该车的租赁合同、合格证等相关手续主张其为该装载机的车主，将装载机开走。

另查明，2007年3月，机械公司驻郑办事处负责人张××与樊××签订工程机械租赁合同，约定樊××向机械公司租赁涉案装载机，租期6个月，租赁期间装载机的所有权属于机械公司，樊××不得有将装载机销售、转租、抵押或其他任何侵犯机械公司所有权的行为。樊××出具委托收回车辆拍卖授权书一份，载明：本人在机械公司分期购买涉案装载机一辆，尚欠19.5万元未予支付。若到期未还清欠款，则委托机械公司依法收回该车辆并拍卖该车辆。其后樊××将涉案装载机交给福利中心以抵付购房款。樊××私自接收装载机至今，共向机械公司支付70 000元车款。

乔××以福利中心拖欠其拉土方款未还为由，提起诉讼，请求判令福利中心返还其拉土方款及其已支付的抵偿差额8800元。

判决主文

一审法院判决：被告福利中心支付原告乔××拉土方款226 144元；被告福利中心返还原告乔××所给付的现金8800元；驳回被告福利中心的反诉请求。

被告福利中心不服一审判决，提起上诉称：原审第三人樊××为偿还其购房款，将涉案装载机向本中心进行抵偿，本中心亦向其支付了相应的对价，故本中心系涉案装载机的合法持有人，有使用、收益的权利。本中心在诉讼阶段始知原审第三人樊××并未付清装载机的全部款项，亦未取得所有权。但本中心对涉案装载机的取得系在原审第三人樊××的实际控制之下进行交付的，系善意取得。况且，对于本案纠纷的发生，被上诉人乔××、原审第三人樊××、机械公司均具有一定的过错，均需承担相应的民事责任。请求撤销原判，依法改判。

被上诉人乔××辩称：其与上诉人福利中心签订的抵偿协议明确约定，

如装载机购车手续出现经济纠纷，由该中心负责。对于本案纠纷的发生，本人并不存在任何过错。况且，原审第三人樊 ×× 并不能举证证明涉案装载机系其所有，应承担举证不能的不利后果。故请求维持一审判决。

原审第三人机械公司辩称：上诉人福利中心在从原审第三人樊 ×× 处受让涉案装载机时，并未要求其出具购车发票和合格证，在主观上具有重大过错，不构成善意取得，故对于涉案装载机原审第三人福利中心系无权占有，不享有占有、使用、收益、处分的权利。本公司授权原审第三人张 ×× 收回装载机，已尽到了所有权人的责任。请求判令：维持原判。

原审第三人张 ×× 辩称：原审第三人机械公司系装载机的所有权人，本人经公司授权收回涉案装载机，系履行职务行为。请求判令：维持原判。

二审法院判决：驳回上诉，维持原判。

裁判要旨

当事人之间订立租赁合同，约定未支付价款前所有权归出租方所有的，双方之间的法律关系应认定为保留所有权的买卖合同关系。在买受人未取得所有权时无权处分合同标的物，其擅自处分标的时第三人能否善意取得应通过第三人是否履行注意义务、是否具有主观善意、是否构成善意取得的要件予以判断。

重点提示

司法实践中，约定未支付价款前所有权归出租方所有的合同性质及效力分析应注意以下几点：（1）约定未支付价款前所有权归出租方所有的合同应认定为保留所有权的买卖合同。《民法典》第641条第1款规定："当事人可以在买卖合同中约定买受人未履行支付价款或者其他义务的，标的物的所有权属于出卖人。"由此可知，所有权保留，是指在移转财产所有权的商品交易中，根据法律的规定或者当事人的约定，财产所有人移转标的物的占有于对方当事人，但仍保留其对该财产的所有权，待对方当事人支付部分或全部价款，或完成特定条件时，该财产的所有权才发生移转的一种法律制度。若当事人订立的合同虽名为租赁合同，但约定未支付价款前所有权归出租方所有的，应综合分析合同内容和当事人的履行情况。鉴于所有权保留是一种通过延缓所有权移转的方式来担保出卖人货款债权获偿的担保方式，故约定未支付价款前所有权归出租方所有的合同应认定为保留所有权的买卖合同。（2）买受人未取得所有权时无权处分合同标的物。基于前述分析可知，在所有权保留制度中，标的物所有权人不占有标的物，买受人占有标的物却并不享有所有权，此种权利构造模式使标的物的实际权属状态与其表象不符，因此极易引发利害关系人之间的权利冲突。实践中，经常发生买受人在未取得所有权时私自处分合同标的物的行为，买受人此种行为系无权处分，其无权处分行为如权利人不予追认的，则无权处分行为无效。（3）买受人无权处分标的物的，应判断第三人是否为善意，是否构成善意取得。《民法典》第641条第2款规定："出卖人对标的物保留的所有权，未经登记，不得对抗善意第三人。"而善意取得应符合如下条件：一是出让人无权处分；二是受让人受让该动产时是善意的；三是以合理的价格转让；四是转让的动产已经交付或登记。因此，在所有权保留中，买受人无权处分标的物时，第三人应尽到合理审查义务，主观状态为善意。需要注意的是，即使第三人不构成善意取得，不能取得标的物的所有权，但并不影响买受人承担无权处分的法律责任。

2. 分期付款买卖合同中所有权保留条款能否对抗善意第三人

案例来源

广东××电梯有限公司诉武夷山市××置业有限公司分期付款买卖合同纠纷案

发布单位：国家法官学院《中国审判案例要览》（2011年民事审判案例卷）

审判法院：福建省南平市中级人民法院

判决日期：2010年11月18日

案　　号：（2010）南民终字第971号

基本案情

2007年4月5日和2008年9月3日，电梯公司（广东××电梯有限公司）与置业公司（武夷山市××置业有限公司）先后签订了两部电梯买卖合同。合同约定：关于付款方式，27 800元预付款在合同签订后3日内支付，83 400元发货款在设备运到工地检验合格后3日内支付，26 410元验收款在技术监督部门在安装验收合格后支付，1 390元质量保修金的余款在技术监督部门的1年合格保修期结束后3日内支付；关于违约金，置业公司未按合同约定日期支付各阶段应付货款的，每日按拖欠金额的5‰向电梯公司支付违约金直至款项清偿为止；关于标的物所有权，置业公司在支付合同款项99%的价款后即取得设备所有权。随后，电梯公司依约定安装了电梯，并在2007年12月20日和2008年12月18日通过质量验收。置业公司在尚未付清安装于书画艺术创作交流中心的LTW630/1.0VF型号电梯57 200元余款的情况下与施××以500万元的价格签订了“武夷山中国书画艺术家创作交流中心A区”的《商品房买卖合同》。其后，在武夷山房地产交易管理所进行了备案，并于2009年9月30日办理了房产证。经查明，该房屋买卖合同中规定房屋附件设备包括“电梯一个”。

电梯公司以置业公司未在电梯检验合格后3日内支付第二部电梯的57 200元货款，在多次催收后仍未支付构成违约为由，提起诉讼，请求判令置业公司立即支付所欠57 200元货款，并支付违约金11 136元，同时确认其在置业公司清偿所有款项之前对安装于书画艺术创作交流中心的LTW630/1.0VF型号电梯拥有所有权。

置业公司辩称：对于57 200元电梯款不持异议，但请法院对违约金及电梯公司将电梯所有权保留问题酌情考虑。

施××述称：其已经就武夷山中国书画艺术家创作交流中心A区第一幢01–04号房与置业公司已签订房屋买卖合同，付清所有价款，并依法进行产权登记，取得了房屋产权证，其依法对该房屋及所包括的附属设施电梯拥有所有权，请求法院驳回电梯公司关于置业公司清偿所有款项前对该电梯拥有所有权的诉讼请求。

判决主文

一审法院判决：被告置业公司支付原告电梯公司电梯货款 57 200 元，并以尚欠的 57 200 元货款为基础，按照同期中国人民银行贷款利率的 130%向电梯公司支付违约金，其中，所欠 55 810 元款项的违约金计算期间为 2008 年 12 月 22 日至判决确定之日，所欠 1390 元款项的违约金计算期间为 2009 年 12 月 22 日至判决确定之日；驳回原告电梯公司的其他诉讼请求。

原告电梯公司不服一审判决，提出上诉称：一审法院对本方损失确认错误，第三人施 ×× 并非善意第三人，不能取得电梯所有权，本方依据合同依法对该电梯拥有所有权。请求二审法院撤销原审第二项判决，将原判决中违约金的计算方法更正为从 2008 年 12 月 22 日起按中国人民银行同期贷款利率 4 倍计算，确认本方在被上诉人置业公司支付 99%货款前对诉争电梯拥有所有权。

第三人施 ×× 辩称：一审判决事实认定清楚，法律适用正确，请求驳回上诉，维持原判。

被上诉人置业公司未参加诉讼。

二审法院判决：驳回上诉，维持原判。

裁判要旨

当事人之间订立分期付款买卖合同，约定在买受人支付钱款达到一定额度前保留对标的物所有权的，系所有权保留条款，该条款对买受人具有约束力，在所有权转移条件达成前买受人不得对标的物进行处分。但是，善意第三人以合理价格从买受人处受让标的物并完成所有权确权手续的，构成善意取得。鉴于所有权保留条款的效力只及于合同当事人，不能对抗善意第三人，基于物权优先原则，出卖人无权就标的物向第三人主张权利，只能追究买受人的违约责任。

重点提示

分期付款买卖合同是一种特殊的买卖合同类型，是指买受人将应付的总价款，在一定期限内分次向出卖人支付的买卖合同。所有权保留条款常见于分期付款买卖合同中，实务中对分期付款买卖合同中所有权保留条款的效力也是多有争议。因此，司法实践中，分析分期付款买卖合同中所有权保留条款的效力，应注意以下几点：（1）所有权保留条款及其效力范围。依据《民法典》第 641 条第 1 款规定："当事人可以在买卖合同中约定买受人未履行支付价款或者其他义务的，标的物的所有权属于出卖人。"于是，分期付款买卖合同中约定的，买受人支付钱款达到一定额度前保留标的物所有权的内容就是典型的所有权保留条款。依据合同的相对性，所有权保留条款对合同当事人具有约束力，即买受人在所有权转移条件达成前不得对标的物进行处分。（2）所有权保留中对第三人的例外保护。按照《民法典》第 641 条第 2 款规定："出卖人对标的物保留的所有权，未经登记，不得对抗善意第三人。"可知，未经保留登记的所有权，不得对抗善意第三人。因为在买卖合同中所有权保留成立的情况下，买受人在占有标的物时并不享有对该标的物的处分权，其擅自处分行为将构成对出卖人的侵权与合同违约，在买受人擅自处分被保留所有权的标的物时，出卖人在一定条件下享有对该标的物的取回请求权。但是，买受人向第三人处分该标的物之后，基于物权保护的原则，当受让人以善意第三人的身份在支付合理价款并已实际实现物权流转或进行了相关物权登记的，受让人即取得对该动产或不动产的所有权，构成善意取得。此时，出卖人不能行使标的物取回请求权。（3）分期付款买卖合同中所有权保留条款不得对抗善意第三人的法律依据。依据最高人民法院《关于审理买卖合同纠纷案件适用法律问题的解释》第 26 条第 2 款规定："在民法典第六百四十二条第一款第三项情形下，第三人依据民法典第三百一十一条的规定已经善意取得标的物所有权或者其他物权，出卖人主张取回标的物的，人民法院不予支持"，其中，《民法典》第 311 条规定："无处分权人将不动产或者动产转让给受让人的，所有权人有权追回；除法律另有规定外，符合下列情形的，受让人取得该不动产或者动产的所有权：

（一）受让人受让该不动产或者动产时是善意；（二）以合理的价格转让；（三）转让的不动产或者动产依照法律规定应当登记的已经登记，不需要登记的已经交付给受让人。受让人依据前款规定取得不动产或者动产的所有权的，原所有权人有权向无处分权人请求损害赔偿。当事人善意取得其他物权的，参照适用前两款规定。”第 642 条第 1 款规定：“当事人约定出卖人保留合同标的物的所有权，在标的物所有权转移前，买受人有下列情形之一，造成出卖人损害的，除当事人另有约定外，出卖人有权取回标的物：（一）未按照约定支付价款，经催告后在合理期限内仍未支付；（二）未按照约定完成特定条件；（三）将标的物出卖、出质或者作出其他不当处分。”因此，对于善意第三人，出卖人无权就标的物向第三人主张权利，只能追究买受人的违约责任，依双方间买卖合同的规定确定违约金。

三、融资租赁（1 例）

融资租赁案件三种保证金的性质甄别及回购价格确认

案例来源

××金融租赁有限公司诉内蒙古北方××汽车股份有限公司、闫×、北京北方天宇××工程机械有限公司融资租赁合同纠纷案

发布单位：最高人民法院《人民司法·案例》2013 年第 24 期（总第 683 期）

审判法院：上海市第二中级人民法院

判决日期：2012 年 3 月 19 日

案　　号：（2012）沪二中民六（商）终字第 30 号

基本案情

2008年3月，租赁公司［××租赁（中国）有限公司］与机械公司（北京北方天宇××工程机械有限公司）推荐的客户闫×签订《融资租赁合同》，约定：闫×以每月155 639元的价格向租赁公司融资租赁挖钻机一台，租赁期限为3年，租金共计6 102 004元；上述租金中包含499 000元首付租金、149 700元手续费、499 000元保证金、100元留购价；如果闫×逾期支付租金，则自租金到期日起，每迟延一日，闫×应按所欠租金额支付每日万分之六的复利；如果不支付租金或其他款项，则租赁公司有权将租赁保证金抵作租金或其他应付款的全部或一部分；闫×所支付的款项和租赁保证金款项应当按照各项费用、罚息、租金的顺序清偿；对于挖钻机存在的任何瑕疵或者其在安装、调试等过程中及质量保证期间存在的任何瑕疵，租赁公司均不负责；出现上述情况的，无论闫×是否能够向出卖人取得赔偿，均不影响《融资租赁合同》的履行。次月，租赁公司与机械公司签订《租赁合作协议》。协议约定：租赁公司为机械公司的客户提供融资租赁服务，机械公司为租赁公司提供融资租赁业务所需的工程机械设备，并对所出售的设备承担回购义务。嗣后，租赁公司与机械公司、汽车公司（内蒙古北方××汽车股份有限公司）签订《回购担保合同》，并将该合同作为《租赁合作协议》的补充合同。其中，三方在《回购担保合同》中约定：若租赁合同生效之日起闫×每单笔逾期超过10日或累计超过60日未支付租金，则回购条件成立；回购价格为租赁合同解约前全部未付租金总额减去租赁公司已经收取的租赁保证金数额；机械公司系第一顺位回购担保人；汽车公司系第二顺位回购担保人；如果机械公司收到租赁公司发出的履行回购义务通知的20个工作日后仍未履行，那么无论出于何种原因，租赁公司均有权要求汽车公司承担相应的责任。同时，租赁公司又与机械公司签订《补充协议》，约定：机械公司向租赁公司支付499 000元保证金，该保证金将作为闫×融资租赁业务的回购保证金。上述协议签订后，机械公司依约交付了499 000元保证金。

同年8月，机械公司又与租赁公司签订《租赁合作保证金协议》，双方在该协议中约定：机械公司向租赁公司提供保证金 273 万元，用于垫付其向租赁公司介绍的所有融资租赁项目承租人的逾期租金；如果租赁合作协议项下的承租人逾期付款，那么租赁公司有权从上述保证金中先行扣除垫付相应的逾期租金，且不影响对逾期租金的催收，合作保证金对逾期租金的冲抵亦不影响回购条件的成就。2009 年 3 月，闫 × 未能按约支付租金，租赁公司遂分别要求机械公司、汽车公司支付回购款 4 014 531 元。次月，租赁公司经国家工商行政管理总局核准变更企业名称为金融租赁公司（×× 金融租赁有限公司）。2009 年 7 月，金融租赁公司向机械公司发出其已按《租赁合作保证金协议》的约定垫付逾期租金的函件。该函件的附件中详细载明：机械公司为闫 ×、何 ×、何 B、徐 B 等 12 个承租人垫付合作保证金最终的金额合计达 313 万余元（其中，闫 × 为 92 727 元）。经查明，截至 2010 年 12 月，闫 × 已向金融租赁公司支付了首付租金 499 000 元、租金 1 089 473 元、保证金 499 000 元，尚欠金融租赁公司租金 4 513 531 元、罚息 1 000 835.24 元。

另查明，另案法院曾在判决中认定，金融租赁公司的倪 ×、王 B、林 × 于 2009 年 3 月 31 日与汽车公司的李 B 就汽车公司项下逾期问题召开的会议，并形成 3 月《会谈纪要》。但双方并未在该《会谈纪要》中签字确认，而是由林 × 通过电子邮件发送给李 B。2009 年 4 月 2 日，王 B 又与李 B 签订了一份 4 月《会谈纪要》，该《会谈纪要》中记载的会议标题、会议时间、会议地址与 3 月《会谈纪要》相同，但记载的参会人员为倪 ×、王 B、李 B、侯 ××。但实际上，4 月《会谈纪要》仅有王 B 一人参加并签字。

金融租赁公司以闫 × 违反约定拖欠租金为由，提起诉讼，请求判令闫 × 支付剩余租金及罚息；机械公司与汽车公司共同承担回购责任。

判决主文

一审法院判决：被告闫 × 支付原告金融租赁公司剩余租金 4 513 531 元，偿付原告金融租赁公司暂计至 2010 年 12 月 31 日止的迟延罚息 501 835.24 元，并偿付自 2011 年 1 月 1 日起至判决生效之日止的迟延罚息（以 4 513 531 元为计算基数，按融资租赁合同约定的每日万分之六计算）；被告机械公司、汽车公司共同支付原告金融租赁公司回购价款 3 515 531 元；若被告闫 ×、机械公司、汽车公司任何一方履行了上述判决主文中相应的给付义务，则其他当事人相对于原告金融租赁公司相应的给付义务予以免除。

被告汽车公司不服一审判决，提起上诉称：一审判决对于两份《会谈纪要》的效力认定存在错误，即一审判决把与事实不符、内容不完整且不具备法律效力的《会谈纪要》认定为有效。而把另一份具有相关负责人签字，表明双方当事人真实意思的《会谈纪要》认定为无效。根据《回购担保合同》的约定，双方可以另行签订补充协议，故上述应认定为有效的《会谈纪要》应被认定为对《回购担保合同》的内容进行变更。据此，被上诉人金融租赁公司应先向原审被告机械公司追究回购责任，再要求本公司承担回购责任，本公司只是在原审被告机械公司无能力承担回购责任的前提下才承担回购义务，这是一种补充责任。被上诉人金融租赁公司与原审被告机械公司已签订了合作保证金协议，即若出现承租人租金逾期情况，先从该保证金中扣除。既然被上诉人金融租赁公司已从合作保证金中扣除了原审被告闫 × 应支付的租金 92 727 元，那么本公司即使需要承担回购责任，也应将 92 727 元从回购款 3 515 531 元中予以扣除。综上所述，请求二审法院撤销原审判决，改判驳回被上诉人金融租赁公司的诉讼请求。

被上诉人金融租赁公司辩称：上诉人汽车公司所称应被一审判决认定为有效的《会谈纪要》没有该公司法定代表人的签字，未加盖公章，也未得该公司的追认，故该纪要不构成对《回购担保合同》条款的变更。此外，根据《回购担保合同》的约定，应当由上诉人汽车公司与机械公司共同承担回购责任。保证金 273 万元是本公司与原审被告机械公司签订的，与上诉人汽车公司没有直接关系，且原审被告闫 × 应支付的租金中没有扣除 92 727 元。综上所述，请求二审法院驳回上诉，维持原判。

原审被告机械公司辩称：一审法院关于回购价款的认定，事实依据比较清楚，对此本公司没有异议；上诉人汽车公司与被上诉人金融租赁公司签署的《会谈纪要》等系各方当事人的真实意思表示，已经产生变更《回购担保合同》的效力。综上所述，请求依法改判。

原审被告闫 × 经二审法院传票传唤，未到庭参加诉讼也未作书面答辩。

二审法院判决：驳回上诉，维持原判。

裁判要旨

在回购型融资租赁业务中，当回购条件成立时，保证人应当承担连带保证责任。但因此类合同纠纷通常涵盖了租赁保证金、回购保证金、合作保证金三种保证金，进而引发回购价格计算的问题。计算时应从保证金支付依据条款的解释，融资租赁交易习惯，商事交易习惯、原则等方面进行综合考量，对三种保证金性质合理甄别，准确处理争议点，此种情况下可计算出较为公平适当的回购价格。

重点提示

融资租赁合同纠纷涉及近年来新兴的回购型融资租赁业务，牵涉到出租人、承租人、出卖人、回购人四方主体的不同权利义务，其中，回购价格的确认又是该类型案件的难点。同时，租赁保证金、回购保证金、合作保证金三种回购型融资租赁业务易见的保证金，每种保证金处理的争议点较多，并进而引发回购价格计算的问题。因此，对该类纠纷中涉及的三种保证金性质合理甄别，是准确处理争议点的方式。司法实践中，对融资租赁案件三种保证金的性质进行甄别及回购价格确认时，应注意以下几点：（1）租赁保证金、回购保证金及合作保证金的性质。在融资租赁合同纠纷中，三种保证金的设立目的均为提高融资租赁债权安全性，并且保证金扣付的情形皆以承租人违约情形发生为前提条件。首先，租赁保证金支付的依据为融资租赁合同，是为了确保承租人履行合同义务，租赁期满后如承租人无违约情形则予以全额退还，若租赁期间承租人违约则抵作租金或其他应付款的全部或一部分。其次，回购保证金支付的依据为补充协议，是回购人为确保某项具体的回购义务履行而支付的保证金，租赁期满后如承租人无违约情形则予以退还，若租赁期间承租人违约则抵作部分回购价款。最后，合作保证金的依据为融资租赁合作协议，是回购人为确保其与出租人一系列融资租赁业务的按约履行而支付的保证金，若顺利合作且一系列融资租赁业务全部履行完毕，结算最后剩余的保证金予以退还，若该系列融资租赁业务中任一承租人发生违约情形，出租人均可以该笔保证金对未按约支付的租金进行先行垫付。若合作业务项下的逾期租金金额累积超过合作保证金数额时，除非回购人补足相应保证金，否则出租人将暂停与该回购人的合作。（2）三种保证金争议处理路径。前述分析了三种保证金的本质区别在于支付依据，保证金的支付依据是各项保证金的效力之源，对于保证金争议问题的处理至关重要。首先，租赁保证金支付依据为融资租赁合同，处理方式应紧扣出租人和承租人的真意，因此计算承租人应付的租金罚息时，其抵扣顺序理应按照融资租赁合同计算。其次，回购保证金的支付是为了保障融资租赁合同的正常履行，回购价格系融资租赁合同全部未付租金总额减去出租人已经收取的租赁保证金数额，所谓"已经收取的租赁保证金"，不仅包括承租人缴纳的租赁保证金，也应涵盖回购人缴纳的回购保证金。因此，对回购价格的计算，依照回购合同的约定对租赁保证金进行抵扣更为合理。但对于保证金的扣付是否可同时惠及其他回购人，由回购人之间内部解决更为有效。最后，合作保证金的依据是租赁合作协议，是用于保证回购人与出租人之间租赁合作协议项下所有融资租赁项目的债务履行。回购保证金的抵扣应从签订相关协议的目的以及商事交易习惯综合考察。（3）涉及保证金的回购价格认定。结合上述三种保证金的性质辨析，在处理涉及保证金的回购价格认定问题时，应具体分析：租赁保证金应在未付租金中全部扣除，不应先行扣付罚息；回购保证金也应在未付租金中全部扣除，且该扣除价格适用于所有回购担保人；合作保证金是对整体业务合作的担保，回购价格计算公式不应涉及合作保证金，即从保证金支付依据条款的解释，融资租赁交易习惯，商事交易习惯、原则等方面进行综合考量，计算出较为公平适当的回购价格。同时，对于涉及三种保证金的回购型融资租赁案件，可得出回购价格的计算公式：回购价格 = 承租人未付租金 – 租赁保证金 – 回购保证金。

附录 担保责任纠纷裁判精要与规则适用相关规定

一、基本法律类

1. 中华人民共和国刑法（2020年12月26日修正）
2. 中华人民共和国民法典（2020年5月28日）
3. 中华人民共和国证券法（2019年12月28日修订）
4. 中华人民共和国城市房地产管理法（2019年8月26日修正）
5. 中华人民共和国社会保险法（2018年12月29日修正）
6. 中华人民共和国农村土地承包法（2018年12月29日修正）
7. 中华人民共和国船舶吨税法（2018年10月26日修正）
8. 中华人民共和国公司法（2018年10月26日修正）
9. 中华人民共和国电子商务法（2018年8月31日）
10. 中华人民共和国农民专业合作社法（2017年12月27日修订）
11. 中华人民共和国中小企业促进法（2017年9月1日修订）
12. 中华人民共和国仲裁法（2017年9月1日修正）
13. 中华人民共和国民事诉讼法（2017年6月27日修正）
14. 中华人民共和国对外贸易法（2016年11月7日修正）
15. 中华人民共和国商业银行法（2015年8月29日修正）
16. 中华人民共和国保险法（2015年4月24日修正）
17. 中华人民共和国证券投资基金法（2015年4月24日修正）
18. 中华人民共和国税收征收管理法（2015年4月24日修正）
19. 中华人民共和国农村土地承包经营纠纷调解仲裁法（2009年6月27日）
20. 中华人民共和国合伙企业法（2006年8月27日修订）
21. 中华人民共和国企业破产法（2006年8月27日）
22. 中华人民共和国票据法（2004年8月28日修正）

二、行政法规类

1. 保障中小企业款项支付条例（2020 年 7 月 5 日）

2. 中华人民共和国外资银行管理条例（2019 年 9 月 30 日修订）

3. 中华人民共和国企业所得税法实施条例（2019 年 4 月 23 日修订）

4. 住房公积金管理条例（2019 年 3 月 24 日修订）

5. 中华人民共和国发票管理办法（2019 年 3 月 2 日修订）

6. 中华人民共和国海关事务担保条例（2018 年 3 月 19 日修订）

7. 融资担保公司监督管理条例（2017 年 8 月 2 日）

8. 中华人民共和国进出口关税条例（2017 年 3 月 1 日修订）

9. 期货交易管理条例（2017 年 3 月 1 日修订）

10. 中华人民共和国公司登记管理条例（2016 年 2 月 6 日修订）

11. 中华人民共和国税收征收管理法实施细则（2016 年 2 月 6 日修订）

12. 证券公司监督管理条例（2014 年 7 月 29 日修订）

13. 非法金融机构和非法金融业务活动取缔办法（2011 年 1 月 8 日修订）

14. 财政违法行为处罚处分条例（2011 年 1 月 8 日修订）

15. 中华人民共和国外汇管理条例（2008 年 8 月 5 日修订）

16. 中华人民共和国海关行政处罚实施条例（2004 年 9 月 19 日）

17. 中华人民共和国反补贴条例（2004 年 3 月 31 日修订）

18. 中华人民共和国反倾销条例（2004 年 3 月 31 日修订）

三、政策性文件类

1. 中共中央、国务院关于构建更加完善的要素市场化配置体制机制的意见（2020 年 3 月 30 日）

2. 中共中央、国务院关于营造更好发展环境支持民营企业改革发展的意见（2019 年 12 月 4 日）

3. 中共中央、国务院关于建立健全城乡融合发展体制机制和政策体系的意见（2019 年 4 月 15 日）

4. 中共中央办公厅、国务院办公厅印发《关于促进中小企业健康发展的指导意见》（2019 年 4 月 7 日）

5. 中共中央办公厅、国务院办公厅印发《关于加强国有企业资产负债约束的指导意见》(2018 年 9 月 13 日)

四、司法解释类

1. 最高人民法院关于适用《中华人民共和国企业破产法》若干问题的规定(三)(2020 年 12 月 29 日修正)

2. 最高人民法院关于执行和解若干问题的规定(2020 年 12 月 29 日修正)

3. 最高人民法院关于民事执行中财产调查若干问题的规定(2020 年 12 月 29 日修正)

4. 最高人民法院关于审理民间借贷案件适用法律若干问题的规定(2020 年 12 月 29 日修正)

5. 最高人民法院关于审理独立保函纠纷案件若干问题的规定(2020 年 12 月 29 日修正)

6. 最高人民法院关于人民法院办理财产保全案件若干问题的规定(2020 年 12 月 29 日修正)

7. 最高人民法院关于民事执行中变更、追加当事人若干问题的规定(2020 年 12 月 29 日修正)

8. 最高人民法院关于审理侵犯专利权纠纷案件应用法律若干问题的解释(二)(2020 年 12 月 29 日修正)

9. 最高人民法院关于人民法院办理执行异议和复议案件若干问题的规定(2020 年 12 月 29 日修正)

10. 最高人民法院关于适用《中华人民共和国民事诉讼法》的解释(2020 年 12 月 29 日修正)

11. 最高人民法院关于审理涉及农村土地承包经营纠纷调解仲裁案件适用法律若干问题的解释(2020 年 12 月 29 日修正)

12. 最高人民法院关于适用《中华人民共和国保险法》若干问题的解释(二)(2020 年 12 月 29 日修正)

13. 最高人民法院关于审理买卖合同纠纷案件适用法律问题的解释(2020 年 12 月 29 日修正)

14. 最高人民法院关于审理期货纠纷案件若干问题的规定（二）（2020年12月29日修正）

15. 最高人民法院关于人民法院民事执行中查封、扣押、冻结财产的规定（2020年12月29日修正）

16. 最高人民法院关于人民法院民事调解工作若干问题的规定（2020年12月29日修正）

17. 最高人民法院关于人民法院执行工作若干问题的规定（试行）（2020年12月29日修正）

18. 最高人民法院关于审理票据纠纷案件若干问题的规定（2020年12月29日修正）

19. 最高人民法院关于适用《中华人民共和国民事诉讼法》执行程序若干问题的解释（2020年12月29日修正）

20. 最高人民法院关于审理民事案件适用诉讼时效制度若干问题的规定（2020年12月29日修正）

21. 最高人民法院关于审理信用证纠纷案件若干问题的规定（2020年12月29日修正）

22. 最高人民法院关于人民法院民事执行中拍卖、变卖财产的规定（2020年12月29日修正）

23. 最高人民法院关于审理期货纠纷案件若干问题的规定（2020年12月29日修正）

24. 最高人民法院关于审理商品房买卖合同纠纷案件适用法律若干问题的解释（2020年12月29日修正）

25. 最高人民法院关于证券纠纷代表人诉讼若干问题的规定（2020年7月30日）

26. 最高人民法院关于民事诉讼证据的若干规定（2019年12月25日修正）

27. 最高人民法院关于内地与香港特别行政区法院就仲裁程序相互协助保全的安排（2019年9月26日）

28. 最高人民法院关于审查知识产权纠纷行为保全案件适用法律若干问题

的规定（2018 年 12 月 12 日）

29. 最高人民法院关于公证债权文书执行若干问题的规定（2018 年 9 月 30 日）

30. 最高人民法院关于人民法院办理仲裁裁决执行案件若干问题的规定（2018 年 2 月 22 日）

31. 最高人民法院关于适用《中华人民共和国行政诉讼法》的解释（2018 年 2 月 6 日）

32. 最高人民法院关于审理民事、行政诉讼中司法赔偿案件适用法律若干问题的解释（2016 年 9 月 7 日）

33. 最高人民法院关于首先查封法院与优先债权执行法院处分查封财产有关问题的批复（2016 年 4 月 12 日）

34. 最高人民法院关于海事法院受理案件范围的规定（2016 年 2 月 24 日）

35. 最高人民法院关于扣押与拍卖船舶适用法律若干问题的规定（2015 年 2 月 28 日）

36. 最高人民法院关于含担保的公证债权文书强制执行的批复（2014 年 9 月 18 日）

37. 最高人民法院关于审理企业破产案件确定管理人报酬的规定（2007 年 4 月 12 日）

38. 最高人民法院关于审理企业破产案件若干问题的规定（2002 年 7 月 30 日）

39. 最高人民法院关于能否将国有土地使用权折价抵偿给抵押权人问题的批复（1998 年 9 月 3 日）

五、司法指导性文件类

1. 最高人民法院、国家发展和改革委员会关于为新时代加快完善社会主义市场经济体制提供司法服务和保障的意见（2020 年 7 月 20 日）

2. 最高人民法院关于在执行工作中进一步强化善意文明执行理念的意见（2019 年 12 月 16 日）

3. 最高人民法院印发《关于进一步加强金融审判工作的若干意见》的通知

（2017 年 8 月 4 日）

4. 最高人民法院关于印发《企业破产案件破产管理人工作平台使用办法（试行）》的通知（2016 年 7 月 27 日）

5. 最高人民法院印发《关于人民法院为防范化解金融风险和推进金融改革发展提供司法保障的指导意见》的通知（2012 年 2 月 10 日）

6. 最高人民法院关于审理金融资产管理公司利用外资处置不良债权案件涉及对外担保合同效力问题的通知（2010 年 7 月 1 日）

六、部门规章类

1. 证券公司股权管理规定（2021 年 3 月 18 日修正）

2. 期货交易所管理办法（2021 年 1 月 15 日修正）

3. 中华人民共和国海关进出口货物减免税管理办法（2020 年 12 月 21 日）

4. 转融通业务监督管理试行办法（2020 年 10 月 30 日修正）

5. 金融控股公司监督管理试行办法（2020 年 9 月 11 日）

6. 商业银行互联网贷款管理暂行办法（2020 年 7 月 12 日）

7. 证券发行上市保荐业务管理办法（2020 年 6 月 12 日）

8. 中国银保监会非银行金融机构行政许可事项实施办法（2020 年 3 月 23 日）

9. 证券公司风险控制指标管理办法（2020 年 3 月 20 日修正）

10. 非上市公众公司收购管理办法（2020 年 3 月 20 日修正）

11. 上市公司收购管理办法（2020 年 3 月 20 日修正）

12. 上市公司证券发行管理办法（2020 年 2 月 14 日修正）

13. 应收账款质押登记办法（2019 年 11 月 22 日）

14. 不动产登记暂行条例实施细则（2019 年 7 月 24 日修正）

15. 事业单位国有资产管理暂行办法（2019 年 3 月 29 日修正）

16. 动产抵押登记办法（2019 年 3 月 18 日修订）

17. 证券登记结算管理办法（2018 年 8 月 15 日修正）

18. 税务行政复议规则（2018 年 6 月 15 日修正）

19. 商业银行流动性风险管理办法（2018 年 5 月 23 日）

20. 企业国有资产交易监督管理办法（2016 年 6 月 24 日）

21. 保险资金间接投资基础设施项目管理办法（2016 年 6 月 14 日）

22. 证券公司融资融券业务管理办法（2015 年 7 月 1 日）

23. 公司债券发行与交易管理办法（2021 年 2 月 26 日修订）

24. 融资性担保公司管理暂行办法（2010 年 3 月 8 日）

25. 纳税担保试行办法（2005 年 5 月 24 日）

七、部门规范性文件类

1. 中国银保监会等七部门关于做好政府性融资担保机构监管工作的通知（2020 年 8 月 5 日）

2. 中国银保监会关于印发融资担保公司非现场监管规程的通知（2020 年 7 月 14 日）

3. 财政部关于印发《政府性融资担保、再担保机构绩效评价指引》的通知（2020 年 5 月 22 日）

4. 财政部、人力资源社会保障部、中国人民银行关于进一步加大创业担保贷款贴息力度全力支持重点群体创业就业的通知（2020 年 4 月 15 日）

5. 财政部、农业农村部、银保监会、人民银行关于进一步做好全国农业信贷担保工作的通知（2020 年 4 月 7 日）

6. 财政部关于充分发挥政府性融资担保作用 为小微企业和“三农”主体融资增信的通知（2020 年 3 月 27 日）

7. 中国银保监会、发展改革委、工业和信息化部等关于印发融资担保公司监督管理补充规定的通知（2019 年 10 月 9 日）

8. 中国银行保险监督管理委员会、国家发展和改革委员会、工业和信息化部等关于印发《融资担保公司监督管理条例》四项配套制度的通知（2018 年 4 月 2 日）

9. 财政部、人力资源社会保障部、中国人民银行关于进一步做好创业担保贷款财政贴息工作的通知（2018 年 3 月 27 日）

10. 中国证券监督管理委员会、国务院国有资产监督管理委员会关于规范上市公司与关联方资金往来及上市公司对外担保若干问题的通知（2017 年 12

月 7 日修改）

11. 财政部、税务总局关于中小企业融资（信用）担保机构有关准备金企业所得税税前扣除政策的通知（2017 年 3 月 21 日）

12. 海关总署关于规范保税货物担保有关问题的通知（2016 年 12 月 26 日）

13. 海关总署关税征管司、财务司关于加强税款担保管理的通知（2016 年 7 月 4 日）

14. 中国银监会、发展改革委、工业和信息化部等关于融资担保机构支持重大工程建设的指导意见（2016 年 1 月 11 日）

15. 财政部农业司关于进一步做好财政支持农业信贷担保体系组建工作的补充通知（2015 年 8 月 31 日）

16. 工业和信息化部、国家税务总局关于中小企业信用担保机构免征营业税审批事项取消后有关问题的通知（2015 年 8 月 13 日）

17. 财政部、农业部、银监会关于印发《关于财政支持建立农业信贷担保体系的指导意见》的通知（2015 年 7 月 22 日）

18. 海关总署关于专业担保机构参与海关税款担保业务试点工作的通知（2014 年 10 月 20 日）

19. 中国银监会办公厅关于加强企业担保圈贷款风险防范和化解工作的通知（2014 年 7 月 28 日）

20. 中国银监会办公厅关于加强农村中小金融机构贷款保证担保管理的通知（2014 年 7 月 16 日）

21. 国家外汇管理局关于发布《跨境担保外汇管理规定》的通知（2014 年 5 月 12 日）

22. 人力资源和社会保障部办公厅关于贯彻加强小额担保贷款财政贴息资金管理通知的意见（2013 年 10 月 17 日）

23. 中国银监会办公厅关于近期银行业金融机构与融资性担保机构业务合作风险提示的通知（2012 年 5 月 3 日）

24. 中国银监会关于促进银行业金融机构与融资性担保机构业务合作的通知（2011 年 2 月 27 日）

25. 中国保监会关于规范保险机构对外担保有关事项的通知（2011 年 1 月 20 日）

26. 中国人民银行、中国银行业监督管理委员会关于印发《融资性担保公司接入征信系统管理暂行规定》的通知（2010 年 12 月 23 日）

27. 中国银监会关于印发《融资性担保公司信息披露指引》的通知（2010 年 11 月 25 日）

28. 财政部关于地方财政部门积极做好融资性担保业务相关管理工作的意见（2010 年 3 月 24 日）

29. 财政部关于坚决制止财政违规担保向社会公众集资行为的通知（2009 年 11 月 6 日）

30. 财政部、商务部关于印发《中小外贸企业融资担保专项资金管理暂行办法》的通知（2009 年 8 月 7 日）

31. 商务部办公厅关于落实 2009 年中小商贸企业融资担保和信用保险补贴政策有关工作的通知（2009 年 8 月 3 日）

32. 中国人民银行、财政部、人力资源和社会保障部关于进一步改进小额担保贷款管理，积极推动创业促就业的通知（2008 年 8 月 4 日）

33. 中国银监会关于有效防范企业债担保风险的意见（2007 年 10 月 12 日）

34. 建设部关于印发《关于在建设工程项目中进一步推行工程担保制度的意见》的通知（2006 年 12 月 7 日）

35. 中国人民银行、财政部、劳动和社会保障部关于改进和完善小额担保贷款政策的通知（2006 年 1 月 12 日）

36. 财政部、国家发展改革委关于印发《美国进出口银行主权担保融资管理暂行办法》的通知（2005 年 11 月 28 日）

37. 中国证券监督管理委员会、中国银行业监督管理委员会关于规范上市公司对外担保行为的通知（2005 年 11 月 14 日）

38. 财政部关于印发《担保企业会计核算办法》的通知（2005 年 11 月 9 日）

39. 财政部关于加强地方财政部门对中小企业信用担保机构财务管理和政策支持若干问题的通知（2003 年 7 月 17 日）

八、地方性法规类

1. 辽宁省促进中小企业发展条例（2021 年 5 月 27 日修正）

2. 河南省优化营商环境条例（2020 年 11 月 28 日）

3. 湖南省实施《中华人民共和国中小企业促进法》办法（2020 年 11 月 27 日修订）

4. 江苏省优化营商环境条例（2020 年 11 月 27 日）

5. 陕西省优化营商环境条例（2020 年 11 月 26 日修订）

6. 深圳经济特区绿色金融条例（2020 年 11 月 5 日）

7. 深圳经济特区优化营商环境条例（2020 年 11 月 5 日）

8. 厦门经济特区地方金融条例（2020 年 10 月 30 日）

9. 江西省中小企业促进条例（2020 年 9 月 29 日修订）

10. 北京市促进中小企业发展条例（2020 年 9 月 25 日修订）

11. 湖北省实施《中华人民共和国中小企业促进法》办法（2020 年 9 月 24 日修订）

12. 山西省促进中小企业发展条例（2020 年 7 月 31 日）

13. 山东省农民专业合作社条例（2020 年 7 月 24 日修正）

14. 上海市促进中小企业发展条例（2020 年 6 月 18 日修订）

15. 广西壮族自治区优化营商环境条例（2020 年 5 月 20 日）

16. 浙江省地方金融条例（2020 年 5 月 15 日）

17. 北京市优化营商环境条例（2020 年 3 月 27 日）

18. 烟台市民营经济促进条例（2020 年 1 月 15 日）

19. 浙江省民营企业发展促进条例（2020 年 1 月 16 日）

20. 山西省优化营商环境条例（2020 年 1 月 18 日）

21. 抚顺市促进民营经济发展条例（2019 年 11 月 28 日）

22. 重庆市土地房屋权属登记条例（2019 年 9 月 26 日修正）

23. 广东省促进中小企业发展条例（2019 年 9 月 26 日修订）

24. 内蒙古自治区中小企业促进条例（2019 年 9 月 26 日）

25. 长春市房屋登记条例（2019 年 8 月 15 日修正）

26. 天津市不动产登记条例（2019 年 5 月 30 日修正）

27. 深圳经济特区金融发展促进条例（2019 年 4 月 26 日修正）

28. 合肥市促进民营经济发展条例（2019 年 4 月 11 日修订）

29. 湖北省实施《中华人民共和国中小企业促进法》办法（2016 年 12 月 1 日修正）

30. 南宁市城市房地产交易管理条例（2016 年 4 月 21 日修正）

31. 山东省地方金融条例（2016 年 3 月 30 日）

九、地方规范性文件类

1. 河南省人民政府办公厅关于进一步发挥农业信贷担保作用助推农业高质量发展的实施意见（2021 年 1 月 20 日）

2. 北京市财政局、北京市人力资源和社会保障局、中国人民银行营业管理部关于北京市进一步加大创业担保贷款支持力度、推动创业带动就业的补充通知（2020 年 12 月 29 日）

3. 湖南省人民政府关于印发《湖南省融资担保公司监督管理实施细则》的通知（2020 年 12 月 11 日）

4. 江苏省财政厅、江苏省农业农村厅关于印发《江苏省农业融资担保费用补助及业务奖补实施办法》的通知（2020 年 12 月 9 日）

5. 江苏省财政厅、江苏省农业农村厅关于印发《江苏省农业融资担保有限责任公司绩效评价办法》的通知（2020 年 12 月 14 日）

6. 青海省地方金融监督管理局关于印发《青海省融资担保公司监督管理工作指引》的通知（2020 年 11 月 24 日）

7. 甘肃省住房和城乡建设厅关于进一步推动工程担保制度落实的通知（2020 年 11 月 10 日）

8. 北京市财政局、北京市经济和信息化局关于修订《北京市小微企业信用担保代偿补偿资金管理实施细则》的通知（2020 年 11 月 4 日）

9. 广州市财政局、广州市人力资源和社会保障局、中国人民银行广州分行营业管理部转发省财政厅、省人力资源和社会保障厅、中国人民银行广州分行关于进一步加大创业担保贷款贴息力度全力支持重点群体创业就业的通知

（2020 年 10 月 28 日）

10. 中山市金融工作局关于印发《中山市融资性担保公司风险补助实施细则》的通知（2020 年 10 月 28 日）

11. 珠海市工业和信息化局关于印发《珠海市促进实体经济高质量发展专项资金（小升规企业奖励和融资担保体系补助）管理实施细则》的通知（2020 年 10 月 27 日）

12. 青海省财政厅关于印发《青海省政府性融资担保、再担保机构绩效评价实施办法》的通知（2020 年 10 月 14 日）

13. 汕头市金融《工作局关于汕头市辖区内不予换发融资担保业务经营许可证有关事项的公告》(2020 年 9 月 30 日）

14. 河北省财政厅、河北省地方金融监管局关于印发《河北省政府性融资担保、再担保机构绩效评价暂行办法》的通知（2020 年 9 月 29 日）

15. 武汉市人民政府关于进一步完善政策性担保和纾困贴息机制促进中小微企业稳定发展的意见（2020 年 9 月 17 日）

16. 广州市地方金融监督管理局关于印发广州市融资担保公司监督管理暂行办法的通知（2020 年 8 月 28 日）

17. 宁夏回族自治区财政厅、宁夏回族自治区地方金融监督管理局、宁夏回族自治区工业和信息化厅关于修订《自治区本级小微企业融资担保风险补偿资金管理暂行办法》的通知（2020 年 8 月 7 日）

18. 宁夏回族自治区财政厅关于修订《宁夏担保体系建设专项资金管理办法》的通知（2020 年 8 月 7 日）

19. 青岛市人力资源和社会保障局、青岛市财政局、中国人民银行青岛市中心支行关于印发《青岛市创业担保贷款实施办法》的通知（2020 年 7 月 16 日）

20. 山东省农业农村厅、山东省财政厅关于印发《山东省农业发展信贷担保有限责任公司业务范围细分规定》的通知（2020 年 7 月 15 日）

21. 云南省人民政府关于印发云南省融资担保公司监督管理实施细则的通知（2020 年 7 月 10 日）

22. 百色市人民政府办公室关于印发百色市政府性融资担保机构资本金持续补充、风险分担、代偿补偿机制实施细则（修订）的通知（2020 年 7 月 5 日）

23. 四川省财政厅、四川省农业农村厅、四川省地方金融监管局等关于进一步做好农业信贷担保工作的通知（2020 年 6 月 28 日）

24. 广东省财政厅关于进一步发挥政府性融资担保作用加大小微企业和“三农”主体支持的意见（2020 年 6 月 12 日）

25. 哈尔滨市人民政府办公厅关于印发《哈尔滨市中小企业稳企稳岗基金担保贷款风险补偿实施办法（试行）》和《支持中小企业稳企稳岗融资奖励办法（试行）》的通知（2020 年 5 月 22 日）

26. 江苏省住房和城乡建设厅、江苏省发展和改革委员会、江苏省财政厅等关于印发《关于推进房屋建筑和市政基础设施工程实行担保制度的指导意见》的通知（2020 年 5 月 21 日）

27. 汉中市人民政府办公室关于调整汉中市 2019 年苏陕扶贫协作项目资金融资担保管理办法部分内容的通知（2020 年 5 月 18 日）

28. 陕西省财政厅、陕西省人力资源和社会保障厅、中国人民银行西安分行转发财政部、人力资源社会保障部、中国人民银行关于进一步加大创业担保贷款贴息力度全力支持重点群体创业就业的通知（2020 年 4 月 30 日）

29. 厦门市财政局、厦门市地方金融监督管理局关于《厦门市中小企业融资担保机构专项扶持资金管理办法》的补充通知（2020 年 4 月 30 日）

30. 珠海市人力资源和社会保障局、珠海市财政局、人民银行珠海市中心支行、珠海市金融工作局关于印发《珠海市创业担保贷款担保基金和贴息资金管理办法的通知》（2020 年 4 月 23 日）

31. 湖南省财政厅关于强化融资担保机构增信分险作用着力解决中小微企业融资难融资贵问题的通知（2020 年 4 月 20 日）

32. 湖南省财政厅、湖南省地方金融监督管理局关于印发《湖南省融资担保风险代偿补偿资金管理办法》的通知（2020 年 4 月 17 日）

33. 福州市地方金融监督管理局、福州市财政局关于印发《福州市政府性

融资担保业务管理实施办法》的通知（2020年4月17日）

34. 河南省金融局关于做好住房置业担保公司等四类机构监管工作的通知（2020年4月15日）

35. 甘肃省地方金融监督管理局关于印发《甘肃省融资担保公司退出工作指引》的通知（2020年4月14日）

36. 太原市人力资源和社会保障局关于印发《太原市创业担保贷款借款人资格核实工作操作实施办法》的通知（2020年4月13日）

37. 重庆市地方金融监督管理局、重庆市市场监督管理局、中国人民银行重庆营业管理部关于开展动产担保统一登记试点工作的通知（2020年4月9日）

38. 广州市人力资源和社会保障局、广州市财政局、广州市地方金融监督管理局、中国人民银行广州分行营业管理部关于转发创业担保贷款担保基金和贴息资金管理办法的通知（2020年4月7日）

39. 辽宁省地方金融监督管理局、中国银行保险监督管理委员会辽宁监管局、中国银行保险监督管理委员会大连监管局等关于贯彻落实中国银保监会等9部委《关于印发融资担保公司监督管理补充规定的通知》的通知（2020年4月1日）

40. 重庆市人民政府关于印发重庆市融资担保公司监督管理办法的通知（2020年3月30日）

41. 天津市人社局、天津市财政局、人民银行天津分行关于印发《天津市创业担保贷款管理办法》的通知（2020年3月23日）

42. 山东省人力资源和社会保障厅、山东省财政厅、中国人民银行济南分行关于印发山东省创业担保贷款实施办法的通知（2020年3月13日）

43. 贵州省国资委关于印发《贵州省国资委监管企业担保管理办法》的通知（2020年3月10日）

44. 贵州省地方金融监管局关于印发《贵州省融资担保公司监督管理条例实施细则（试行）》的通知（2020年3月3日）

45. 贵州省住房城乡建设厅等六部门关于加快推进房屋建筑和市政基础设施工程实行工程担保制度的实施意见（2020年3月1日）

46. 北京市发展和改革委员会、北京市规划和自然资源委员会、北京市交通委员会等关于印发《北京市公共资源交易担保金融服务管理办法（试行）》的通知（2020 年 2 月 27 日）

47. 汕头市金融工作局关于印发《汕头市防控新冠肺炎疫情融资担保公司担保费专项补贴实施细则》的通知（2020 年 2 月 27 日）

48. 北京市财政局关于优化融资担保服务实施流程细则（2020 年 2 月 7 日）

49. 广州市财政局、广州市科学技术局关于印发广州市科技型中小企业贷款担保资金管理办法的通知（2020 年 1 月 21 日）

50. 长治市人民政府办公室关于印发长治市加快推进政府性融资担保机构进一步发挥作用实施方案的通知（2020 年 1 月 20 日）

51. 沈阳市工业和信息化局、沈阳市财政局关于印发《沈阳市融资担保机构为小微企业融资担保风险补助资金管理细则》的通知（2020 年 1 月 16 日）

52. 河北省地方金融监督管理局关于进一步规范融资担保公司相关审批及备案工作的通知（2020 年 1 月 9 日）

53. 辽宁省地方金融监督管理局关于融资担保公司审批及备案有关事项的通知（2020 年 1 月 7 日）

54. 杭州市人民政府金融工作办公室、杭州市财政局关于印发《杭州市政策性融资担保业务风险补偿管理办法》的通知（2020 年 1 月 2 日）

55. 厦门市人力资源和社会保障局、厦门市财政局、中国人民银行厦门市中心支行关于进一步做好创业担保贷款财政贴息工作的通知（2019 年 12 月 31 日）

56. 福建省财政厅、福建省地方金融监督管理局关于印发《福建省融资担保发展专项资金管理办法》的通知（2019 年 12 月 31 日）

57. 上海市财政局、上海市人力资源社会保障局、中国人民银行上海分行关于进一步做好本市创业担保贷款利息补贴工作的通知（2019 年 12 月 30 日）

58. 宁波市人民政府办公厅关于推进全市政策性融资担保体系建设的实施意见（2019 年 12 月 24 日）

59. 重庆市财政局关于印发《重庆市小微企业融资担保代偿补偿资金管理暂行办法》的通知（2019 年 12 月 11 日）

60. 云南省财政厅关于印发《云南省融资担保体系建设专项资金管理办法》的通知（2019 年 12 月 2 日）

61. 甘肃省地方金融监督管理局关于印发《甘肃省融资担保公司现场检查规程》的通知（2019 年 11 月 14 日）

62. 湖北省地方金融监督管理局关于印发《湖北省融资担保公司设立、变更与退出工作指引》的通知（2019 年 10 月 9 日）

63. 湖州市人民政府办公室关于印发湖州市促进融资担保行业健康发展实施办法的通知（2019 年 9 月 29 日）

64. 江苏省财政厅关于印发《江苏省融资担保代偿补偿资金池管理暂行办法》的通知（2019 年 9 月 11 日）

65. 山东省财政厅关于印发山东省省级再担保风险补偿资金管理暂行办法的通知（2019 年 9 月 9 日）

66. 山西省财政厅、山西省地方金融监管局关于印发《政府性融资担保风险补偿资金管理办法》的通知（2019 年 9 月 6 日）

67. 四川省人民政府办公厅关于促进融资担保行业规范发展的实施意见（2019 年 7 月 31 日）

68. 无锡市地方金融监督管理局关于开展全市融资担保机构监管评级及换发新式业务经营许可证有关事项的通知（2019 年 7 月 23 日）

69. 福建省金融工作办公室关于印发福建省政府性融资担保机构经营指标评价及尽职免责暂行管理办法的通知（2019 年 6 月 27 日）

70. 广西壮族自治区人民政府办公厅印发关于进一步加快广西融资担保行业发展若干措施的通知（2019 年 6 月 19 日）

71. 广东省人力资源和社会保障厅、广东省财政厅、广东省地方金融监督管理局、中国人民银行广州分行《关于创业担保贷款担保基金和贴息资金管理办法》的通知（2019 年 5 月 21 日）

72. 石家庄市人民政府办公室关于贯彻落实《河北省人民政府办公厅关于支持融资担保行业健康发展的意见》的通知（2019年5月8日）

73. 河北省人民政府办公厅关于支持融资担保行业健康发展的意见（2019年4月15日）

74. 四川省融资担保业协会关于发布《四川省融资担保公司高级管理人员履职能力测试管理办法（试行）》的通知（2019年3月26日）

75. 四川省地方金融监督管理局关于印发融资担保公司退出工作指引的通知（2019年3月26日）

76. 北京市财政局、北京市人力资源和社会保障局、中国人民银行营业管理部关于北京市创业担保贷款担保基金和财政贴息资金管理办法的补充通知（2019年3月25日）

77. 上海市财政局、上海市农业农村委员会关于印发《上海市政策性农业信贷担保资金管理办法》的通知（2019年3月19日）

78. 宁波市经济和信息化局、宁波市财政局关于印发《宁波市小微企业融资担保业务降费奖补实施细则》的通知（2019年2月12日）

79. 河北省人力资源和社会保障厅、河北省财政厅、中国人民银行石家庄中心支行关于印发《河北省创业担保贷款实施办法》的通知（2019年2月3日）

80. 河北省人力资源和社会保障厅、河北省财政厅、中国人民银行石家庄中心支行关于印发《河北省创业担保贷款实施办法》的通知（2019年2月3日）

81. 晋中市人民政府办公室关于晋中市推动政府性融资担保机构协同发展的实施意见（2019年1月28日）

82. 浙江省人民政府办公厅关于促进融资担保行业健康发展的实施意见（2019年1月22日）

83. 青海省财政厅、青海省人力资源和社会保障厅、中国人民银行西宁中心支行、中国银行保险监督管理委员会青海监管局转发《关于进一步做好创业担保贷款贴息政策监测分析工作》的通知（2019年1月14日）

84. 七台河市人民政府办公室关于印发《七台河市科研担保资金管理办法》的通知（2019 年 1 月 11 日）

85. 江西省人民政府关于印发《江西省融资担保公司监督管理实施细则》的通知（2018 年 12 月 27 日）

86. 湖南省住房和城乡建设厅、中国银行保险监督管理委员会湖南监管局、湖南省地方金融监督管理局关于印发《湖南省房屋建筑和市政基础设施工程招标投标担保和经评审最低投标价中标履约担保管理暂行办法》的通知（2018 年 12 月 20 日）

87. 宿迁市政府办公室关于修订印发市属国有投资公司对外担保管理暂行办法的通知（2018 年 12 月 6 日）

88. 湖南省财政厅、湖南省工业和信息化厅关于开展小微企业融资担保业务降费奖补资金申报的通知（2018 年 12 月 4 日）

89. 广西壮族自治区财政厅、广西壮族自治区人力资源和社会保障厅、中国人民银行南宁中心支行、广西银保监局筹备组关于做好国家创业担保贷款贴息政策监测分析工作的通知（2018 年 11 月 26 日）

90. 汕头市人力资源和社会保障局、汕头市财政局、中国人民银行汕头市中心支行关于印发《汕头市人力资源和社会保障局、汕头市财政局、中国人民银行汕头市中心支行创业担保贷款操作办法》的通知（2018 年 11 月 19 日）

91. 青岛市财政局、青岛市经济和信息化委员会关于转发《关于对小微企业融资担保业务实施降费奖补政策的通知》的通知（2018 年 11 月 19 日）

92. 淄博市人民政府办公厅印发《关于全面推进农业信贷担保工作的实施意见》的通知（2018 年 11 月 13 日）

93. 北京市财政局、北京市人力资源和社会保障局、中国人民银行营业管理部、北京市妇女联合会关于印发《北京市创业担保贷款担保基金管理办法》和《北京市创业担保贷款财政贴息资金管理办法》的通知（2018 年 8 月 17 日）

十、地方司法文件类

1. 四川省高级人民法院印发《关于为全面推动高质量发展提供有力司法服务和保障的意见》的通知（2018 年 11 月 16 日）

2. 温州市中级人民法院关于印发《温州法院服务保障实体经济发展十五条措施》的通知（2013 年 11 月 1 日）

3. 广东省高级人民法院关于调整省法院机关审判业务部门管辖案件范围的通知（2012 年 12 月 20 日）

4. 江苏省高级人民法院关于为深化法治江苏建设提供坚强司法保障的实施意见（2012 年 5 月 16 日）

5. 江苏省高级人民法院关于印发《江苏省高级人民法院关于为实施创新驱动战略推进科技创新工程加快建设创新型省份提供司法保障的意见》的通知（2011 年 7 月 13 日）

6. 陕西省高级人民法院民二庭关于审理担保纠纷案件若干法律问题的意见（2007 年 12 月 6 日）

十一、团体、行业规定类

1. 中国证券登记结算有限责任公司关于质押式回购现金担保品有关事项的通知（2019 年 11 月 22 日）

2. 上海证券交易所关于修改《上海证券交易所融资融券交易实施细则》涉及维持担保比例若干条款的通知（2019 年 8 月 9 日）

3. 中央国债登记结算有限责任公司关于发布《中央结算公司担保品违约处置业务指引（试行）》的通知（2019 年 6 月 16 日）

4. 全国银行间同业拆借中心、中央国债登记结算有限责任公司、银行间市场清算所股份有限公司关于银行间债券市场国债预发行履约担保有关事宜的通知（2018 年 12 月 10 日）

5. 上海证券交易所关于发布《上海证券交易所债券担保品处置平台服务指引》的通知（2018 年 10 月 16 日）

6. 中央国债登记结算有限责任公司关于担保品管理服务系统签约方质押券子范围功能优化的通知（2017 年 9 月 27 日）

7. 中央国债登记结算有限责任公司关于发布《中央国债登记结算有限责任公司担保品管理服务指引》的通知（2017 年 6 月 8 日修订）

8. 中央国债登记结算有限责任公司关于发布《地方国库现金管理业务担保品管理服务指引》的通知（2017 年 3 月 29 日）

9. 中国证券业协会关于发布《融资担保公司证券市场担保业务规范》的通知（2016 年 1 月 22 日）

10. 中国证券金融股份有限公司关于转融通担保证券表决权行使相关事项的通知（2014 年 8 月 6 日）

11. 中国证券登记结算有限责任公司关于发布《中国证券登记结算有限责任公司担保品管理业务实施细则（适用于转融通）》的通知（2012 年 8 月 27 日）

12. 中国证券登记结算有限责任公司关于调整权证交收价差担保品最低限额和交收履约保证金初始缴纳金额及最低限额的通知（2012 年 2 月 23 日）

13. 中国证券登记结算有限责任公司关于发布中国证券登记结算有限责任公司《开放式基金全额非担保结算业务指引》的通知（2009 年 6 月 22 日）

14. 中国证券登记结算有限责任公司关于发布《交收担保品管理办法》的通知（2007 年 2 月 7 日）

15. 中国证券登记结算有限责任公司关于权证代理或担保结算相关问题的通知（2005 年 8 月 19 日）

16. 交通银行关于印发《交通银行担保业务管理办法》的通知（2002 年 12 月 30 日）

17. 中国农业发展银行关于印发《中国农业发展银行贷款担保暂行办法》的通知（2002 年 7 月 16 日）

18. 中国银行关于发送《关于中国银行为上市公司发行可转换公司债券提供担保业务的操作指南》的通知（2002 年 6 月 7 日）

19. 中国工商银行关于印发《中国工商银行外方股东担保项下贷款管理办法》的通知（2000 年 12 月 28 日）

20. 中国进出口银行关于印发《中国进出口银行对外担保管理办法》的通知（2000 年 11 月 20 日）